Xinshidai Zhongguo Tese Shehui Zhuyi de Daluoji

新时代中国特色社会主义的
大逻辑

韩庆祥　虞海波◎著

红旗出版社

图书在版编目（CIP）数据

新时代中国特色社会主义的大逻辑 / 韩庆祥, 虞海波著. -- 北京：红旗出版社, 2024.10. -- ISBN 978-7-5051-5429-2

Ⅰ.D610

中国国家版本馆CIP数据核字第20249UQ508号

书　　名	新时代中国特色社会主义的大逻辑		
著　　者	韩庆祥　虞海波		
责任编辑	赵　洁　刘云霞	装帧设计	张　敏
责任校对	吕丹妮	责任印务	金　硕
出　　版	红旗出版社		
地　　址	北京市沙滩北街2号	邮政编码	100727
	杭州市体育场路178号	邮政编码	310039
编 辑 部	0571-85310198		
E－mail	498416431@qq.com		
法律顾问	北京盈科（杭州）律师事务所	钱　航　董　晓	
发　　行	北京华景时代文化传媒有限公司	电　　话	010-83626929
印　　刷	北京文昌阁彩色印刷有限责任公司		
开　　本	710毫米×1000毫米　1/16		
字　　数	396千字	印　　张	22.5
版　　次	2024年10月第1版	印　　次	2024年10月第1次印刷
ISBN 978-7-5051-5429-2		定　　价	59.80元

序

理解把握新时代中国特色社会主义的大逻辑

习近平同志指出:"新时代中国特色社会主义是我们党领导人民进行伟大社会革命的成果,也是我们党领导人民进行伟大社会革命的继续,必须一以贯之进行下去。"① 新时代中国特色社会主义科学回答了"中国之问""世界之问""人民之问""时代之问",体现了历史逻辑、实践逻辑、世界逻辑、理论逻辑和哲学逻辑的高度统一,为当代中国发展进步提供了根本遵循,为解决人类问题提供了中国方案。

一、从世界社会主义 500 多年中演进而来的社会主义

"江河万里总有源,树高千尺也有根。"习近平同志曾系统深入地回顾总结世界社会主义数百年的历史演进,提出精辟的"六阶段论"思想,展现了新时代中国特色社会主义的历史渊源,昭示着新时代中国特色社会主义的光明前景。

在过去 500 多年中,社会主义历经了从空想到科学、从理论到现实、从一国到多国的发展历程。科学社会主义基本原则是新时代中国特色社会主义之本。正如习近平同志指出的:"中国特色社会主义是社会主义而不是其他什么主义,科学社会主义基本原则不能丢,丢了就不是社会主义。"② 实践证明,新时代中国特色社会主义不仅没有丢掉科学社会主义

---

① 《习近平谈治国理政》第三卷,外文出版社 2020 年版,第 69—70 页。
② 《习近平著作选读》第一卷,人民出版社 2023 年版,第 75 页。

基本原则，而且实现了科学社会主义新的重大发展。比如：深化党和国家机构改革，优化党的全面领导的体制机制，强化党的组织在同级组织中的领导地位，确保党的领导更加坚强有力；不断完善社会主义市场经济体制，加快国有经济布局优化、结构调整、战略性重组，推动国有资本做强做优做大，鼓励、支持、引导非公有制经济发展；坚持以人民为中心，用制度体系保证人民当家作主，把人民利益摆在至高无上的地位，不断满足人民日益增长的美好生活需要；等等。

世界社会主义500多年的历史告诉我们，新时代中国特色社会主义这条道路走得通、走得对、走得好。经过长期努力和接力奋斗，新时代中国特色社会主义让科学社会主义在21世纪的中国焕发出强大生机活力，使社会主义实现了从传统到现代的伟大飞跃，拓展了发展中国家走向现代化的途径，给世界上那些既希望加快发展又希望保持自身独立性的国家和民族提供了全新选择。

二、有着"五个得来"的社会主义

中国特色社会主义不是从天上掉下来的，而是我们党和人民历经千辛万苦、付出各种代价取得的宝贵成果。正如习近平同志强调的，它是在改革开放40年的伟大实践中得来的，是在中华人民共和国成立近70年的持续探索中得来的，是在我们党领导人民进行伟大社会革命97年的实践中得来的，是在近代以来中华民族由衰到盛170多年的历史进程中得来的，是对中华文明5000多年的传承发展中得来的。[①] 这"五个得来"说明中国选择社会主义殊为不易，说明中国特色社会主义来之不易，说明新时代中国特色社会主义得来极不容易。

"欲知大道，必先为史。"历史、现实、未来是相通的。历史是过去的现实，现实是未来的历史。"五个得来"从党和国家的改革史、国家的建设史、党的革命史、民族的奋斗史、文明的传承史诠释了新时代中国特色社会主义深厚的历史渊源和广泛的现实基础，表明新时代中国特色社会主义是植根于中国大地、反映中国人民意愿、适应中国发展进步要求的社会主义，具有无比广阔的时代舞台，具有无比深厚的历史底蕴，

---

① 参见《习近平谈治国理政》第三卷，外文出版社2020年版，第70页。

具有无比强大的前进动力。

"灭人之国，必先去其史。"一个政党、一个国家、一个民族的历史，不只是一个历史问题，更是一个事关党、国家、人民前途命运的重大政治问题。有些人企图放大党的失误和挫折，诋毁新中国的伟大成就，割裂改革开放前后两个历史时期，误读中华民族的历史，甚至抹黑党的历史、国家的历史、民族的历史，进而从根本上否定中国共产党的执政地位，动摇中国人民团结奋斗的共同思想基础。所以，习近平同志提醒全党要高度警惕历史虚无主义的危害。"五个得来"的重要论述是对历史虚无主义的根本否定，同时也告诉我们，党在推进革命、建设、改革的进程中是怎样经过反复比较和总结，历史地选择了马克思主义、选择了社会主义道路的，是怎样历经千辛万苦、付出各种代价、排除各种干扰，开创和发展中国特色社会主义、形成新时代中国特色社会主义的。

三、坚定和发展"四个自信"的社会主义

习近平同志指出："当今世界，要说哪个政党、哪个国家、哪个民族能够自信的话，那中国共产党、中华人民共和国、中华民族是最有理由自信的。"[①] 这里所说的自信，就是习近平同志反复强调的道路自信、理论自信、制度自信、文化自信。之所以最有理由自信，是因为我们的道路、理论、制度、文化具有独特优势。

新时代中国特色社会主义道路明确中国共产党是最高政治领导力量，因为党始终坚持人民主体地位、代表中国最广大人民的根本利益，这与代表极少数人利益、以资本主导为核心的西方道路有着本质区别。党总揽全局、协调各方，是各种政治力量和社会力量的领导者，从而有利于监督权力、调控市场、节制资本，既能有效防止历史上群龙无首、一盘散沙的现象，又能有效防止西方政治体制中相互掣肘、内耗低效的现象，有利于避免政府失灵和纠正市场失灵。习近平新时代中国特色社会主义思想明确新时代我国社会主要矛盾是人民日益增长的美好生活需要和不平衡不充分的

---

① 中共中央党史和文献研究院编：《十八大以来重要文献选编》（下），中央文献出版社2018年版，第348页。

发展之间的矛盾，着眼于解决当今中国如何走向共同富裕、如何推进国家治理体系和治理能力现代化、如何实现中华民族伟大复兴等"中国问题"，充满着中国国情、中国实际、中国实践、中国经验等"中国元素"，是当代中国马克思主义、21世纪马克思主义。新时代中国特色社会主义制度既坚持科学社会主义基本原则，又借鉴古今中外制度建设的有益成果。特别是中国共产党领导的多党合作和政治协商制度，能够有效避免旧式政党制度代表少数人、少数利益集团的弊端，有效避免一党缺乏监督或者多党轮流坐庄、恶性竞争的弊端，有效避免旧式政党制度囿于党派利益、区域和集团利益决策施政导致社会撕裂的弊端。新时代中国特色社会主义文化既有深厚的历史传承，又有宏阔的世界眼光，还有丰富的实践源泉，融中华优秀传统文化、革命文化和社会主义先进文化于一体，具有不忘本来、吸收外来、面向未来的文化气度，为建设社会主义现代化强国和实现中华民族伟大复兴注入了更基本、更深沉、更持久的力量。

中国特色社会主义道路、理论、制度、文化的优势有机统一于新时代中国特色社会主义，奏响了新时代"中国特色"最强音，承载着实现中华民族伟大复兴的梦想，也为人类对更好社会制度的探索提供了中国方案。

四、坚持"五大文明"整体推进的社会主义

当代中国的历史性变革、历史性成就证明，中国特色社会主义是经济、政治、文化、社会、生态文明全面发展的社会主义，新时代中国特色社会主义开创了中国特色社会主义新局面。

从事业布局看，党的十二大提出同时进行物质文明和精神文明的建设，党的十六大提出不断促进社会主义物质文明、政治文明和精神文明的协调发展，党的十七大提出全面推进经济建设、政治建设、文化建设、社会建设，党的十八大提出全面推进经济建设、政治建设、文化建设、社会建设、生态文明建设，党的十九大提出统筹推进"五位一体"总体布局、协调推进"四个全面"战略布局，这是新时代中国特色社会主义全面发展的事业布局。其中，经济建设是根本，政治建设是保障，文化建设是灵魂，社会建设是条件，生态文明建设是基础，共同致力于全面提升我国物质文明、政治文明、精神文明、社会文明、生态文明，统一

于把我国建成富强民主文明和谐美丽的社会主义现代化强国的新目标。

新时代中国特色社会主义坚持"五大文明"整体推进，不断建设社会主义市场经济、民主政治、先进文化、和谐社会、生态文明，有效防止和克服物质上的拜金主义、精神上的虚无主义、政治上的民主游戏、生态上的透支掠夺、民生上的民粹主义等世界各种"文明病"。这开辟了既不同于西方资本主义道路又不同于传统社会主义道路的人间正道，必将实现人类文明史上新的飞跃，进而成为实现中华民族伟大复兴的文明标志。

五、致力于构建人类命运共同体的社会主义

中国共产党始终把为人类作出更大贡献作为自己的使命。新时代中国特色社会主义致力于推动构建人类命运共同体，这样的社会主义自然有着重大世界意义。

当今人类面临着应对大规模流行性疾病、恐怖主义、自然灾害、气候变化等全球性挑战。由西方文明主导的世界秩序既是其中不少问题的诱因，又在加剧这些问题的复杂性。资本主义越来越明显地暴露出解决全球性问题的无力与无能，人类再次把目光投向社会主义。国外政要纷纷表示，社会主义中国是倡导和推动世界整体性发展的重要力量。

新时代中国特色社会主义着眼人类文明发展的历史进程，秉承"世界大同，天下一家""大道之行，天下为公"的理念，致力于推动构建人类命运共同体。近几年来，中国发起成立亚洲基础设施投资银行、设立丝路基金、推进金砖国家新开发银行建设，推动共建"一带一路"，给各参与国人民带来实实在在的利益，这是构建人类命运共同体的具体实践。作为构建人类命运共同体的首倡者和践行者，习近平同志在中国共产党与世界政党高层对话会上呼吁：努力建设一个远离恐惧、普遍安全的世界，让人人享有安宁祥和；建设一个远离贫困、共同繁荣的世界，让人人享有富足安康；建设一个远离封闭、开放包容的世界，让人人享有文化滋养；建设一个山清水秀、清洁美丽的世界，让人人都享有绿水青山。①这四点倡议勾画出人类命运共同体的清晰蓝图，回答了"世界怎么了、我们怎么办"②的重

---

① 参见《习近平谈治国理政》第三卷，外文出版社2020年版，第433—435页。
② 《习近平著作选读》第一卷，人民出版社2023年版，第561页。

大问题。这是中国人民向世界提交的关于人类未来的中国方案，表达了中国积极参与全球治理和公共产品供给的愿望，为人类发展贡献了中国智慧。

要全面深入研究新时代中国特色社会主义的大逻辑，就要从它回答"历史之问""现实之问""世界之问""理论之问""哲学之问"入手。

目 录

第一章
历史之问：新时代中国特色社会主义的历史逻辑

一、理论维度：马克思主义中国化时代化的历史进程 / 002

二、实践维度：中国共产党百年奋斗的历史经验 / 019

三、现实维度：新时代新的历史方位 / 025

四、历史维度：习近平新时代中国特色社会主义思想的
历史地位 / 038

第二章
现实之问：新时代中国特色社会主义的实践逻辑

一、"两个结合"的核心要义和思想精髓 / 062

二、中国式现代化的总体逻辑 / 081

三、中华民族现代文明的三维逻辑 / 091

四、作为一种学术分析框架的"中国道路" / 096

第三章
世界之问：新时代中国特色社会主义的世界逻辑

一、"新时代"和"大变局" / 108

二、21世纪马克思主义的基础问题 / 120

三、21世纪马克思主义的根本问题 / 143

四、创立21世纪马克思主义理论 / 158

五、开辟当代中国马克思主义、21世纪马克思主义新境界 / 171

第四章
理论之问：新时代中国特色社会主义的理论逻辑

一、深化研究习近平新时代中国特色社会主义思想的重要学理性问题 / 188

二、以学理方式把握习近平新时代中国特色社会主义思想的科学体系 / 206

三、建构中国式现代化的理论形态 / 219

四、为全面建成社会主义现代化强国提供理论支撑 / 236

五、掌握意识形态建设的话语权 / 250

第五章
哲学之问：新时代中国特色社会主义的哲学逻辑

一、马克思、恩格斯唯物主义辩证法的总体性 / 264

二、马克思主义实践生成论及其本源意义 / 282

三、哲学把握经济的基本方式 / 295

四、建构当代中国马克思主义哲学新范式 / 311

结语　阐释"四大之问" / 337

PART 1
第一章

历史之问：
新时代中国特色社会主义的历史逻辑

一、理论维度：马克思主义中国化时代化的历史进程

梳理马克思主义中国化时代化的历史进程，着眼的是理论维度。

马克思主义中国化时代化作为一种历史进程，从马克思主义传播到中国就起步了，它有百余年的历程。在对中国共产党百余年发展历程的哲学省思中，很有必要对马克思主义中国化时代化之历史脉络及其历史经验进行总结，并在反思中找寻启示。

（一）马克思主义中国化时代化的百年历程

关于马克思主义中国化的历史进程，理论界有一个说法，即将马克思主义中国化的历史进程分为新民主主义革命时期、从中华人民共和国成立到党的十一届三中全会和社会主义改革开放新时期三个阶段，并大致勾勒为三个"30年"：第一个"30年"（1921—1949年，实为28年）是历经曲折，但最终实现马克思列宁主义的基本原理同中国革命的具体实践相结合，创立了毛泽东思想，实现马克思主义中国化第一次历史性飞跃的"30年"；第二个"30年"（1949—1978年，实为29年）是第一次历史性飞跃的延伸和第二次历史性飞跃的准备；第三个"30年"（1978—2009年，实为31年）是马克思主义中国化走出困境，不断从一个胜利迈向又一个胜利的"30年"。这是从大历史的角度进行鸟瞰，呈现的是三个"分水岭"，但还有10多年的历史没有纳入。我们认为，尽管在各个时期，马克思主义中国化时代化的形式和内容各有所侧重，但不宜割裂开来单个地分析，而应整体观照。概括地说，马克思主义中国化时代化可划

分为七个时期。①

1. 引入与传播期（1917—1935 年）

这一时期就是我们通常讲的五四运动前后。马克思主义开始从日本、欧美（主要是法国）和苏俄三条渠道传入中国并得到传播。主要代表人物是李大钊、陈独秀、李达、陈望道、李汉俊、瞿秋白、蔡和森、毛泽东、艾思奇等。主要内容体现为对马克思主义的传播、初步解释，所采取的范式主要是"启蒙"，不但产生了一大批杰出的马克思主义者，而且他们运用唯物史观的基本原理分析社会历史，用通俗化的语言教化劳苦大众。可以说，这一时期既为中国革命准备了"干部种子"，又为中国社会准备了"理论种子"。五四运动前后，中国先进分子为了寻找救国救民的真理，掀起了留学高潮。这一留学高潮直接产生了许多杰出的马克思主义者和共产主义战士，其中大部分成为中国共产党的领袖人物，如李大钊、陈独秀、周恩来、刘少奇、任弼时、邓小平、瞿秋白、蔡和森、蔡畅、李维汉、赵世炎、向警予、李富春、李立三、王若飞、聂荣臻、陈毅、叶剑英、萧楚女、徐特立等，对中国革命的发展产生了深远的影响。

从日本留学归来的李大钊于 1920 年创立了北京大学马克思学说研究会，学习和研究马克思主义，其主要成员如邓中夏、黄日葵、高君宇等还深入工人群众进行实地宣传。1920 年 5 月，中国共产党早期领导人陈独秀在上海发起组织了马克思主义研究会，主要成员有李达、李汉俊、陈望道等，他们从日文翻译和介绍了马克思主义。这一时期陈独秀、李大钊等传播马克思主义的重点内容是历史唯物主义，主要介绍阶级斗争和社会革命理论。

1920 年 10 月，瞿秋白以"为国人开一条新路"为目的，以北京《晨报》驻莫斯科特派员的身份前往俄国，是较早全面地传播辩证唯物主义和历史唯物主义的人。1923—1924 年，瞿秋白先后出版了《社会哲学概论》《现代社会学》《社会科学概论》三本书。1927 年，他翻译出版了苏联学者哥列夫的《无产阶级之哲学——唯物论》一书，该书附录部分收入

---

① 参见陈曙光等：《马克思主义中国化时代化大众化的理论与历史研究》，学习出版社 2012 年版，第 99—112 页。

了他自己写的《唯物论的宇宙观概说》和《马克思主义之概念》两篇论文，进一步传播了辩证唯物主义的基本原理。

留学法国的蔡和森是中国共产党的创始人之一和早期卓越的领导人之一，是党的历史上较早系统传播唯物史观的人。蔡和森积极探索运用马克思主义理论研究中国革命实际。他指出："马克思主义列宁主义在世界各国共产党是一致的，但当应用到各国去，应用到实际上去才行的。"①在这里，他提出马克思主义理论应与各国革命实际相结合，在斗争中运用理论，又在斗争中发展理论，形成共产党"自己的理论武器"。蔡和森出版了《社会进化史》一书，全面宣传马克思发现的人类社会发展规律，初步介绍了历史唯物主义的基本原理，在当时中国是最早的宣传者之一。

这一时期，青年毛泽东尽管没有选择出国留学，但他通过研读马克思主义的译著，开始探索马克思主义与中国革命具体实际相结合的问题。1921年，毛泽东在总结亲身经历的革命斗争实践的基础上，初步探索了符合中国实际的革命道路问题。他明确指出：改良主义之社会政策"不成办法"；"无政府主义否认权力"，恐怕永远都达不到目标；"温和方法的共产主义，如罗素所主张极端的自由，放任资本家，亦是永世做不到的"。在中国，只有"激烈方法的共产主义，即所谓劳农主义，用阶级专政的方法，是可以预计效果的，故最宜采用"，所以"唯物史观是吾党哲学的根据"。②毛泽东在考察中国的具体国情后发现，农民问题是国民革命的基本问题，中国革命实质上是无产阶级领导的农民革命，将农民运动视为"痞子运动"是完全荒谬的。如果放弃党对农民运动的领导，实现无产阶级对国民革命的领导权则无从谈起。毛泽东认为，必须高度重视马克思主义与工农群众的结合，党领导农民运动，是将马克思主义与中国工农革命相结合的有效途径。1927年，毛泽东领导了秋收起义，经过"三湾改编"，将支部建在连上，实现了党对工农武装的绝对领导；秋收起义推动党的工作重心从城市转向农村，开始探索具有中国特色的新民主主义革命道路，这些都是马克思主义革命理论中国化的结果。1928年10月至1930年1月，为了使马克思主义普遍真理被人民群众所掌握，成为人

---

① 《蔡和森文集》（下），人民出版社2013年版，第807页。
② 参见《毛泽东文集》第一卷，人民出版社1993年版，第2、4页。

民群众的思想武器，毛泽东在总结中国革命斗争经验和同教条主义斗争经验的基础上，撰写了《中国的红色政权为什么能够存在？》《井冈山的斗争》《星星之火，可以燎原》等光辉著作，创造性地提出中国革命应当重视无产阶级领导下的"工农武装割据"的斗争方式，科学地回答了中国革命的道路问题。"工农武装割据"革命道路的开辟，推动马克思主义革命理论中国化不断地走向深入和具体。

中央苏区建立后，中国共产党构建了有效的马克思主义传播体系。党通过在苏维埃大学、马克思共产主义学校、红军大学等教育机构开设马克思主义基本原理、中共党史、联共（布）党史等课程，大力实施社会主义教育，提高全党的马克思主义理论水平。中央苏区建立了各式各样的理论宣传队，训练了专业的工农红色通讯员，各地成立了读报团、讲报队等组织，讲解政治理论文章，传播马克思主义理论和党的方针政策。中央苏区还创建了中央出版局、中央印刷局等机构，大量出版了马克思主义经典著作及其介绍解读著作。中央苏区创办出版了160余种报刊，向大众宣传马克思主义理论。为了充分发挥知识分子的作用，中央苏区成立了马克思主义研究会，负责翻译、编审马克思主义经典著作，有效地推进了马克思主义中国化大众化。中央苏区在进行理论宣传时，采用老百姓喜闻乐见的方式，多渠道多形式开展马克思主义宣传教育活动。如《红星》报就因其内容丰富、图文并茂、文章短小、通俗易懂而广受欢迎。中央苏区大力开展群众喜爱的戏剧、歌曲、舞蹈等文艺活动，既活跃了苏区的文艺生活，又普及了马克思主义基本知识。苏维埃政府考虑苏区群众文化程度较低的实际情况，最早用于传播马克思主义的载体多是红色标语和传单，如"只有苏维埃才能救中国""实行共产主义""共产党是工人农民的政党"等，通俗易懂，极富号召力。1931年7月，中央苏区创办了《青年实话》杂志，根据革命斗争的需要和青年群众学习理论的要求，适时选登马克思、恩格斯、列宁等革命导师的著作和语录，登载他们的革命事迹、革命故事，发表党的领导人的理论文章，有效地提升了青年群众的政治觉悟和革命热情。1931年11月，中华苏维埃共和国红色中华新闻台开播《赤都新闻》和《红色中华》等节目，传播马克思主义。对于电台和广播的作用，毛泽东高度评价道："由于无线电的存在，纵使我们在农村环境中，但我们在政治上却不是孤立的，我们和全国、全世界的关系是很密切的。同时，纵使革命在各个农村是被分割的，而经过无线电，也就能形成集中的指导了。"①中央苏区的马克思主义大众化实践，为后来提供了可资借鉴的宝贵经验。

艾思奇是当时推进马克思主义哲学通俗化的杰出代表，被誉为"马克思主义哲学大众化的第一人"。他的《大众哲学》结合大众所关心的问题宣传马克思主义哲学，是马克思主义哲学大众化的成功范例。毛泽东对此给予了充分的肯定，称赞《大众哲学》是一本"通俗的而又有价值的"②著作，认为自己从艾思奇的著作中"得益很多"③。《大众哲学》不仅受到许多共产党人的赞许，就连国民党败退到中国台湾后，蒋介石也感叹道："一本《大众哲学》冲垮了三民主义的防线，人心丧失乃败于艾思奇先生之《大众哲学》。"④《大众哲学》的成功关键在于用通俗生动的语言、群众熟知的事例和当时大家最为关心的问题，深入浅出地阐述了马克思主义的基本原理，引导人们用马克思主义的科学世界观和方法论分析解决实际问题。

2. 耕耘与收获期（1935—1949年）

这一时期是马克思主义深入传播时期，所采取的范式主要是"嵌入"，推动了马克思主义在中国由局部、简单走向系统、有序传播。主要代表人物是毛泽东、李达等。李达的贡献主要在于对经典马克思主义的系统传播；而毛泽东则是将经典马克思主义与中国的具体实际相结合，创立了属于人民大众自己的马克思主义——毛泽东思想。

李达是系统传播马克思主义哲学的杰出代表。在20世纪30年代，李达就已经精研了马克思、恩格斯、列宁等经典作家几乎所有的哲学著作，准确地把握了马克思主义哲学的实质。1937年5月，李达出版了《社会学大纲》，从唯物论、辩证法、认识论、唯物史观等方面，比较全面地阐述了马克思主义哲学。毛泽东称赞《社会学大纲》是中国人自己写的第一

---

① 参见杨昀潮、刘仲亚：《永不消逝的红色电波：革命战争时期的无线电事业发展》，《人民邮电报》2021年7月1日。
② 中央文献研究室编：《毛泽东书信选集》，中央文献出版社2003年版，第68页。
③ 《毛泽东文集》第二卷，人民出版社1993年版，第31页。
④ 参见樊伟伟、杨涓：《推进党的创新理论大众化普及化》，《解放军报》2018年11月24日。

本马列主义的哲学教科书。毛泽东不仅在书上写了许多批注，而且把《社会学大纲》推荐给抗日军政大学学员学习。历史学家侯外庐称赞说："抗战前，在北平敢于宣讲马克思主义学说的学者，党内外都有，大家都是很冒风险的。但是，就达到的水平和系统性而言，无一人出李达之右。"① 可见，李达对马克思主义在中国的系统传播作出了重大贡献。

毛泽东是马克思主义中国化事业的首倡者、率先践行者和推动者。在毛泽东看来，马克思主义要在中国生根开花，不仅要把它与中国的实践相结合，而且需要通过一定的民族形式使之中国化。他指出："成为伟大中华民族的一部分而和这个民族血肉相联的共产党员，离开中国特点来谈马克思主义，只是抽象的空洞的马克思主义。因此，使马克思主义在中国具体化，使之在其每一表现中带着必须有的中国的特性，即是说，按照中国的特点去应用它，成为全党亟待了解并亟须解决的问题。洋八股必须废止，空洞抽象的调头必须少唱，教条主义必须休息，而代之以新鲜活泼的、为中国老百姓所喜闻乐见的中国作风和中国气派。"② 在20世纪30年代初出版的《反对本本主义》中，毛泽东率先举起反对教条主义的旗帜。在1941年写作的《改造我们的学习》和1942年写作的《整顿党的作风》《反对党八股》三篇文章中，毛泽东再次指出主观主义、教条主义实质上是反马克思列宁主义的，要一切从实际出发、理论联系实际。毛泽东从实事求是的原则出发，为中国革命探索出了一条农村包围城市、武装夺取政权的正确道路。1937年写作的《实践论》《矛盾论》，是毛泽东推动马克思主义中国化的典范之作，是毛泽东辩证法和认识论思想的集中体现。在抗日战争时期，毛泽东系统地总结了中国革命的独创性经验，写下了《抗日游击战争的战略问题》《论持久战》《〈共产党人〉发刊词》《中国革命和中国共产党》《新民主主义论》《在延安文艺座谈会上的讲话》等一系列著作，完整地阐述了中国新民主主义革命的一系列基本问题，成功地实现了马克思列宁主义的基本原理同中国革命的具体实践相结合的第一次历史性飞跃，创立了中国化的马克思主义——毛泽东思想。从遵义会议到中华人民共和国成立这一时期，毛泽东通过对马克思主义中国化和大众化的

---

① 陶德麟：《〈李达全集〉总序》，载汪信砚主编：《李达全集》第一卷，人民出版社2016年版，第15页。
② 《毛泽东选集》第二卷，人民出版社1991年版，第534页。

探索和实践，使马克思主义真正进入广大人民群众的头脑中，焕发出强大的生命力、创造力和感召力，成为指导新民主主义革命不断走向胜利的思想武器。

3. 探索与曲折期（1949—1966年）

这一时期是新中国意识形态建设时期，采取的主要范式是"改造"，用马列主义、毛泽东思想武装了中国大众，占据了中国社会意识形态的主导地位。这一时期的主要代表人物是毛泽东、冯定、艾思奇等。

伴随着中华人民共和国的成立，中国共产党由革命党转变为执政党，这一转变客观上为马克思主义中国化时代化提供了重大契机。以毛泽东同志为主要代表的中国共产党人善于运用马克思主义研究解决中国实际问题，善于采用老百姓喜闻乐见的语言来阐发马克思主义的深邃思想，把深刻的道理融入生动的故事，从而把马克思主义基本原理有效地转化为广大干部和普通群众都能够掌握和运用的科学思想方法与工作方法。[①] 比如，中华人民共和国成立初期，毛泽东坚持"结合"的原则，领导中国共产党创造性地进行"三大改造"，找到了一条有中国特色的社会主义改造道路，成功地实现了从新民主主义到社会主义的过渡，为以后中国的发展进步奠定了根本的政治前提和制度基础。1956年"三大改造"基本完成后，毛泽东又及时总结经验，特别是以苏联为鉴戒，提出我们要进行第二次结合，制定自己的建设路线，以求努力找出在中国这块大地上建设社会主义的具体道路。1956年的《论十大关系》和1957年的《关于正确处理人民内部矛盾的问题》，就是探索"第二次结合"的理论奠基之作。再比如，冯定的《平凡的真理》、艾思奇主编的《辩证唯物主义 历史唯物主义》，均反映了当时马克思主义哲学的研究水平，对推进马克思主义中国化时代化功不可没。

这一时期，中国共产党加强了思想宣传工作，为推动马克思主义中国化时代化营造了浓厚的氛围。同时，还结合土地改革、抗美援朝、镇压反革命和"三反运动"等，在知识分子中开展思想改造和文化批判运动，以

---

① 参见陈曙光：《马克思主义大众化的历程、经验与反思》，《湖南社会科学》2012年第5期。

彻底打击封建、买办、法西斯思想，划清敌我界限，以暴露和批判资产阶级思想，划清工人阶级和资产阶级的思想界限，初步树立了工人阶级的思想领导。绝大部分知识分子在爱国主义的旗帜下完成了立场转变，成为新中国建设的重要力量。在抗美援朝期间，开展了爱国主义和国际主义教育；在全民文化扫盲过程中，卓有成效地开展马克思主义理论学习和宣传工作。广大理论工作者立足于新时期的现实国情，向党员干部和各界民众宣传马列主义、毛泽东思想，使人民群众对马列主义、毛泽东思想有了初步的认识，较大程度上改变了中华人民共和国成立初期人们的思想文化还不能适应的状况。

同时应该看到，中国共产党在推动马克思主义中国化时代化的过程中采取了一些过激的、"左"的、教条主义的做法，从而使马克思主义理论研究、宣传和教育普及工作脱离了中国社会的实际，出现了较大的失误。比如，马克思主义大众化一度和"左"的群众性政治运动结合在一起。1958年，伴随着经济"大跃进"，文化上也出现了"大跃进"，全国范围内开展了全民学哲学的运动，后来又出现了全民活学活用毛泽东思想的热潮，这就使得在马克思主义大众化的过程中，不可避免地出现了庸俗化、简单化、教条化的倾向，从而为后来的马克思主义大众化留下了隐患。① 再譬如，这一时期党内"左"的思想已开始抬头，反右斗争扩大化，且愈益严重。这无论是在20世纪50年代末关于"思维与存在同一性"的讨论中，还是在20世纪60年代中期关于"一分为二"与"合二而一"的讨论中，都暴露无遗。政治与学术的过度粘连窒息了马克思主义的活力，导致马克思主义的僵化，从而也影响了马克思主义中国化时代化的顺利推进。

4. 迷雾与负重期（1966—1977年）

这一时期是"文化大革命"时期，采取的主要范式是"斗争"。"文化大革命"给新中国带来了无法抹平的创伤，同样也给马克思主义中国化时代化事业造成了难以挽回的损失。因为它阉割了马克思主义的科学精神

---

① 参见孙熙国：《60年来马克思主义大众化的基本历程与基本经验》，《理论视野》2009年第11期。

和人文精神，丧失了大众化的本来意义，致使大众化演变成为意识形态斗争。从"文化大革命"开始到1977年前后，正常的马克思主义理论研究被打断，唯心主义盛行，形而上学猖獗，马克思主义中国化时代化受到了极大的冲击。在"文化大革命"中，马克思主义理论的研究和宣传工作一度被林彪及"四人帮"反革命集团控制和利用，他们肆意歪曲和篡改马列主义、毛泽东思想。在这一背景下，对马克思主义的宣传和研究逐渐演变为对毛泽东个人的崇拜，马克思主义理论被歪曲，"阶级斗争""反击右倾翻案风"等群众运动成了实践马克思主义理论的代名词。[①]"文化大革命"时期，在林彪集团的蓄意操纵和鼓动下，学马列演变为"在斗争中活学活用毛泽东思想""学习最高指示，执行最高指示，宣传最高指示，捍卫最高指示"的运动，鼓吹毛泽东的话"句句是真理""一句顶一万句"，毛泽东思想是"顶峰"，人手一本语录，天天背诵语录，甚至发展到中小学生以学语录为第一要务，大肆宣称只要背好"老三篇"就掌握了毛泽东思想。这种做法看起来是在普及马克思主义，但实际上背离了马克思主义的基本精神，歪曲了马克思主义的本来面目，损坏了马克思主义在人民群众心目中的形象。可以说，"文化大革命"的10年是马克思主义中国化时代化遭遇挫折的10年。

推进马克思主义中国化时代化，离不开马克思主义理论工作者的参与，他们是推动马克思主义中国化时代化的基础性力量，起着根本性的作用。如果没有理论工作者的研究和创造，杰出人物和领袖的理论创新就失去了坚实基础。"文化大革命"的10年，理论工作者正常的学习、研究和生活秩序被打乱，他们的学术话语权被剥夺。

5. 反思与涅槃期（1978—1982年）

这是拨乱反正的时期。按照我国著名学者龚育之的看法，这一时期是马克思主义中国化的第一次历史性飞跃的延伸和第二次历史性飞跃的准备时期。[②]这一时期，采用的主要范式可以概括为"精用"，即邓小平指出

[①] 参见孙熙国：《60年来马克思主义大众化的基本历程与基本经验》，《理论视野》2009年第11期。
[②] 参见"马克思主义中国化的历史进程和基本经验"课题组：《马克思主义中国化研究——历史进程和基本经验》（上），北京人民出版社2009年版，第243—443页。

的"学马列要精,要管用的"①,强调马克思主义要反映人民群众的实际利益,被大众认同和接受;对马克思主义的阐述要简明扼要,易被人掌握;马克思主义要对人民大众管用,对大众具有吸引力、感召力。正如邓小平所指出的:"长篇的东西是少数搞专业的人读的,群众怎么读?……我的入门老师是《共产党宣言》和《共产主义ABC》。"②在粉碎"四人帮"以后,马克思主义中国化时代化大众化的工作并没有立即步入正轨,因为"左"倾错误和影响短时间内不可能被马上清除,拨乱反正的任务也不可能一下子完成,诸多错误认识的纠正和思想误区的克服还需要一个较长的过程,因此马克思主义中国化时代化在这一时期还处在艰难前行的阶段。③

1978年5月11日,《光明日报》发表了特约评论员文章《实践是检验真理的唯一标准》,由此引发了一场关于真理标准问题的大讨论,推动了全国性的思想解放运动,为中国共产党重新确立马克思主义思想路线、政治路线和组织路线作了重要的理论准备。以此为标志,马克思主义中国化时代化逐步走上了正确的发展轨道。④1978年12月,党的十一届三中全会的召开,标志着中国从此进入了一个新的历史时期,也标志着马克思主义中国化时代化进入了一个新的发展阶段。从改革开放至1982年,马克思主义中国化时代化的主要贡献是重新恢复了实事求是的思想路线,组织开展了关于真理标准问题的大讨论和坚持四项基本原则的教育,破除了人民大众对马克思主义尤其是毛泽东思想的教条式理解,主要是让人民大众分清什么是真正的马克思主义、什么是教条式的马克思主义。关于真理标准问题的大讨论,确立了解放思想、实事求是的思想路线,将毛泽东思想和毛泽东晚年的错误区分开来,强调要完整准确地理解毛泽东思想。通过学习和讨论,人民群众从"两个凡是"的禁锢中解放出来,从僵化的苏联社会主义模式的束缚中解放出来,从马克思主义教条化的思想束缚中解放出来。党的十一届三中全会以来,马克思主义中国化时代化在反思和探索

---

① 《邓小平文选》第三卷,人民出版社1993年版,第382页。
② 《邓小平文选》第三卷,人民出版社1993年版,第382页。
③ 参见孙熙国:《60年来马克思主义大众化的基本历程与基本经验》,《理论视野》2009年第11期。
④ 参见孙熙国:《60年来马克思主义大众化的基本历程与基本经验》,《理论视野》2009年第11期。

中逐步走出大规模群众运动的误区、泛政治化的误区，开始紧紧围绕时代和经济社会发展所提出的实际问题展开研究，有序推进，健康发展。

6. 突破与创新期（1982—2011年）

1982—2011年，是马克思主义与中国改革和建设实际相结合的时期。马克思主义通过解决"四个重大问题"（什么是马克思主义、怎样对待马克思主义，什么是社会主义、怎样建设社会主义，建设什么样的党、怎样建设党，实现什么样的发展、怎样发展）而进一步中国化，所取得的主要成果是邓小平理论、"三个代表"重要思想、科学发展观。

1983—1992年，马克思主义中国化时代化的主要贡献是创立了邓小平理论，进行了反对全盘西化的斗争，主要是让人民大众分清什么是马克思主义、什么是非马克思主义。这一时期，邓小平是中国推进马克思主义中国化时代化的杰出代表。他尊重实践，敏锐地把握时代发展的脉搏和契机，既继承前人又突破陈规，既借鉴世界经验又不照搬别国模式，总是从中国的现实和当代世界发展的特点出发去总结新经验、创造新思想，第一次比较系统地初步回答了中国这样的经济文化比较落后的国家如何建设社会主义、如何巩固和发展社会主义的一系列基本问题，[①] 开辟了马克思主义中国化时代化的新境界。

1993—2002年，马克思主义中国化时代化的主要贡献是形成了"三个代表"重要思想，开展"三讲"教育，主要是让人民大众理解什么是真正的社会主义、什么是被误解的社会主义，坚定马克思主义的理想和社会主义的信念。随着苏联解体、东欧剧变，国际共产主义运动陷入低潮，加上西方各种文化思潮的涌入，不少人对什么是社会主义产生了误解，对社会主义的前途和命运产生了迷茫，对马克思主义的信仰和社会主义的信念产生了动摇。事实证明，马克思主义不去占领大众文化的阵地，就会有其他的文化去占领它。通过学习，人们从抽象地谈论姓"社"姓"资"以及"计划""市场"的思维定式束缚中解放出来，从对社会主义的各种错误认识中解放出来，对迷信思想特别是邪教也有了充分的认识。

---

① 参见甘文华、王伟：《马克思主义中国化、时代化、大众化的历史经验与内在逻辑》，《中共南京市委党校学报》2010年第6期。

2003—2011年，马克思主义中国化时代化的主要贡献是形成了科学发展观，组织学习中国特色社会主义理论体系，开展社会主义荣辱观教育，主要是让人民大众掌握马克思主义中国化的最新成果，用发展着的马克思主义指导新的实践。通过学习，广大人民群众进一步明确了中国在全面建设小康社会的新时期举什么旗、走什么路的大是大非问题。

7. 新的飞跃期（2012年至今）

实践永无止境，理论创新永无止境，马克思主义中国化时代化永无止境。随着实践的深入，马克思主义中国化时代化的亮丽新篇正在不断呈现。

党的十八大以来，以习近平同志为主要代表的中国共产党人，坚持马克思主义立场观点方法，科学把握基本国情，从理论和实践结合上系统回答了新时代坚持和发展什么样的中国特色社会主义、怎样坚持和发展中国特色社会主义这个重大时代课题，创立了习近平新时代中国特色社会主义思想。习近平新时代中国特色社会主义思想是马克思主义中国化最新成果。在当代中国，坚持和发展习近平新时代中国特色社会主义思想，就是真正坚持和发展马克思主义，就是真正坚持和发展科学社会主义。

习近平同志提出的"中国梦"，寓意深刻，内涵丰富，气势恢宏，坚持马克思主义立场观点方法，对人类理想作出中国表达，对历史使命作出时代回答，对共同愿景作出大众阐述，具有极强的亲和力、凝聚力、感召力，堪称马克思主义中国化时代化的典范，体现了马克思主义政治家非凡的理论勇气和高超的政治智慧，为中国特色社会主义事业注入了强大正能量。

随着社会的发展，人们的思想观念和文化需求呈现多元、多变、多样的趋势。在这样的社会背景下进行主流意识形态教育，如果仅仅采取传统的"说教"模式和"灌输"方法，其作用是很有限的，往往容易使人产生疲劳甚至反感。为此，中国共产党对如何有效地推进当代中国马克思主义大众化进行了积极的探索和尝试，充分利用图书、广播、影视、音像、网络、短信等大众传媒，利用多样化的宣传形式推进马克思主义大众化，取得了很大的突破。比如，在图书出版方面，强调可读性、趣味性，以图文结合的形式，实现了哲理性与通俗性的密切结合，为当代中国马克思主义大众化通俗化作出了榜样。同时，还采取相应的举措，将思想的魅力与艺术的魅力结合起来，如通俗理论对话节目《马克思是对的》，借力艺术性助推大众化，通过高雅艺术表现先进文化，使先进文化渗透于艺术之中，寓教于乐，让"高居庙堂"的理论真正为老百姓所喜闻乐见。

（二）马克思主义中国化时代化的历史经验

在百余年马克思主义中国化时代化进程中，中国的马克思主义先驱们和中国共产党积累了弥足珍贵的历史经验。

1. 必须坚持"一元主导"与"多元对话"的辩证统一

始终坚持马克思主义在意识形态领域的指导地位，是推动马克思主义中国化时代化的根本原则。百余年来，中国共产党及其先驱者们以马克思主义为指南，与各种非马克思主义思潮进行了对话和交锋，马克思主义的指导地位也因此得到检验和巩固。中国共产党诞生之前，曾发生"问题与主义之争""社会主义论战""无政府主义论战"，马克思主义在被中国共产党确立为指导思想后又经历与三民主义、自由主义、科学主义等思潮的交锋。在三次争论中，早期马克思主义者提及的关于中国革命的前途、马克思主义的指导、中国共产党的建立、阶级斗争的方式、暴力革命的道路、无产阶级专政的手段以及运用马克思主义必须和中国革命的实际相结合等思想主张，在后来中国革命的历程中都一一得到了印证。中国共产党在历经革命、建设和改革的百余年历史中，在把马克思主义基本原理同中国具体实践相结合的过程中，产生了毛泽东思想、邓小平理论、"三个代表"重要思想、科学发展观、习近平新时代中国特色社会主义思想。这些理论成果都是在与错误倾向进行斗争、克服错误倾向干扰的过程中形成和发展的。在坚持马克思主义"一元主导"的同时，马克思主义又以开放的姿态，积极吸收一切先进文明的有益成果，并在吸收中得到完善和发展。

2. 必须坚持领导主体与实践主体的心心相印

中国共产党是马克思主义中国化时代化的领导主体，人民群众是马克思主义中国化时代化的实践主体，两者缺一不可。对这一点绝不能含糊。缺乏前者，"化"不起来；缺乏后者，"化"不下去。历史证明，推进马克思主义中国化时代化与中国共产党相互依存、相得益彰。有无这个领导主体，是马克思主义中国化时代化能否成功进行的关键。一部中国共产党的历史，也是一部马克思主义中国化时代化的历史。中国共产党在不同历史时期面临的新的历史课题和历史任务、党的工作中心的确定和转换，都与马克思主义中国化时代化紧密相连。考察马克思主义中国化的历史，实际上在一定程度上也是考察中国共产党的历史。全世界宣称以马克思主义为指导的政党很多，但是高度自觉、始终不渝坚持马克思主义时代化的政党，则不多见。这正是今天中国的马克思主义能一枝独秀、脱颖而出、引领风骚的重要原因。同时，马克思主义理论的产生和发展就是为了最广大人民的根本利益，马克思主义中国化时代化也是人民群众的伟大实践。中国共产党总是在坚持以人为本，与人民群众心心相印，在把实现好、维护好、发展好最广大人民根本利益作为全部理论的出发点和落脚点的历史过程中逐步推进马克思主义中国化时代化。群众路线是党的工作路线，也是推进马克思主义中国化时代化的工作路线。中国共产党始终尊重人民群众的主体地位，充分发挥人民群众的首创精神，使人民群众与马克思主义良性互动。

3. 必须坚持基本国情与时代潮流的同频共振

历史经验深刻地告诉我们，马克思主义中国化时代化是中国共产党人在深刻认识中国基本国情的基础上，呼应和引领时代潮流，不断向前推进的，从而得以丰富和发展。一方面，立足于中国基本国情不迷失是中国共产党人成功的基本前提。没有对中国国情，包括对古代中国和现代中国，对中国经济、政治、文化、社会，尤其对中国社会性质和社会矛盾、社会各个阶级阶层的总体把握和具体分析，就不可能找准中国革命、建设、改革的基本问题、根本问题、核心问题、迫切问题、难点问题，就无法形成正确的适合各个时代实践要求的路线、方针和政策。另一方面，呼应和引领时代潮流是中国共产党人成功的又一秘诀。中国共产党推进马克思主义中国化时代化的进程同近代以来中国的现代化进程密不可分。现代化是近代以来人类社会发展的共同走向和时代潮流，也是百余年来中国人民的共同梦想和不懈追求。新民主主义革命的胜利、社会主义改造的成功、社会主义建设道路的艰辛探索,使中国共产党一次又一次地打开了通往现代化的新道路,马克思主义中国化时代化得到了顺利推进。党的十一届三中全会以来,邓小平以宽广的眼界对时代进行了分析,准确地对时代脉搏进行把握,作出了科学的判断,指出和平与发展是当今时代的主题。这一准确的判断把我国的社会主义建设事业推向了新的发展阶段。

4. 必须坚持文化根基与世界文明的互动融合

马克思主义中国化时代化,从理论渊源上看,既不是照搬照抄马克思主义,也不是中国马克思主义者完全"另起炉灶"、凭空创造的全新理论活动,而是创造性地把马克思主义基本原理与中华优秀传统文化和世界优秀文明成果融会贯通从而得到滋养和壮大的过程。长期以来,中国共产党在推进马克思主义中国化时代化的过程中,既面临着马克思主义与中国传统文化的关系问题,又面临着马克思主义与世界其他优秀文明成果的关系问题,还面临着中国传统文化与世界其他优秀文明成果的关系问题。对这三个问题的正确把握和科学解决,是马克思主义中国化时代化走向成功的主要经验。

在马克思主义与中国传统文化的关系上,马克思主义中国化时代化的过程就是马克思主义与中国传统文化彼此吸收与融合的过程。中国文化对外来文化的兼容并蓄性,为马克思主义中国化时代化创造了有利条件。中国共产党高度重视优秀传统文化对马克思主义中国化时代化所起到的巨大推动作用,领导中国人民在总结外来文化中国化历史经验的基础上,将传统文化的现代化与马克思主义中国化紧密地联系起来,用马克思主义的立场对传统文化进行分析,并根据时代发展的要求有选择地继承传统文化中的优秀遗产,将马克思主义与中国传统文化相结合,促进马克思主义在中国的创新发展,[①] 创造了中国有史以来最成功的外来文化中国化的范例。

在马克思主义与人类其他优秀文明成果的关系方面,用列宁的话说,"只有了解人类创造的一切财富以丰富自己的头脑,才能成为共产主义

---

① 参见俞红、徐长安:《传统文化:马克思主义中国化的双刃剑》,《南京政治学院学报》2009年第5期。

者"①。马克思主义理论本身吸收了众多人类优秀文明成果，批判地继承了德国古典哲学、英国古典政治经济学和英法空想社会主义，在这一系列人类优秀文明成果的基础上创立了崭新的无产阶级思想的科学体系，揭示了自然界、人类社会和人的思维发展的一般规律。马克思、恩格斯说过："历史不外是各个世代的依次交替。每一代都利用以前各代遗留下来的材料、资金和生产力；由于这个缘故，每一代一方面在完全改变了的环境下继续从事所继承的活动，另一方面又通过完全改变了的活动来变更旧的环境。"②列宁说过："如果你们不能利用资产阶级世界留给我们的材料来建设大厦，你们就根本建不成它，你们也就不是共产党人，而是空谈家。要进行社会主义建设，必须充分利用科学、技术和资本主义俄国给我们留下来的一切东西。"③习近平新时代中国特色社会主义思想具有鲜明的向世界开放的品格④，吸收借鉴人类优秀文明成果，又不照抄照搬。习近平同志有着开阔的世界眼光和战略思维，强调文明因交流而多彩，文明因互鉴而丰富。正是注重对国外有益文明成果的吸收借鉴，成就了习近平新时代中国特色社会主义思想的宽广视野和博大气度，增强了这一新思想引领时代发展和世界潮流的理论价值和思想光芒。

在中国传统文化与世界其他优秀文明成果的关系上，中国文化是世界上最具包容性的文化之一。从春秋战国起，汉民族即注意吸收各少数民族的文化精华。中国从东汉至隋唐对印度佛教文化的成功嫁接、移植和中国化，以及佛教文化对中国传统文化后来发生的重大影响，可以说是中国文化有容乃大、厚德载物的最好证明和范例。近代以来，洪秀全、康有为和孙中山对西方基督教、进化论和西方自由民主主义中国化的经验教训，对马克思主义中国化时代化都有重大启迪作用。同时，只有推进中国传统文化的现代化，才能使其积极作用得到充分的发挥，才能实现其与马克思主义的更好结合，以推进马克思主义在中国的发展。中国传统文化现代化的过程，就是在马克思主义指导下发掘自身的优

---

① 《列宁选集》第四卷，人民出版社 2012 年版，第 285 页。
② 《马克思恩格斯选集》第一卷，人民出版社 2012 年版，第 168 页。
③ 《列宁全集》第三十六卷，人民出版社 2017 年版，第 6 页。
④ 参见梁家峰：《习近平新时代中国特色社会主义思想的开放性品格》，《光明日报》2018 年 7 月 11 日。

秀遗产、吸收人类优秀文明成果、结合中国现代化的实践进行综合创新的过程。中国共产党深谙此理。毛泽东、邓小平、江泽民、胡锦涛、习近平同志成为马克思主义中国化时代化的优秀代表。毛泽东思想、邓小平理论、"三个代表"重要思想、科学发展观、习近平新时代中国特色社会主义思想，在把马克思主义普遍原理与中国革命和建设实践相结合的过程中，都注重吸收了现代自然科学、社会科学和思维科学的成果，从而创立和形成了科学理论体系。毛泽东在《民族的科学的大众的文化》一文中指出："中国应该大量吸收外国的进步文化，作为自己文化食粮的原料，……但是一切外国的东西，如同我们对于食物一样，必须经过自己的口腔咀嚼和胃肠运动，送进唾液胃液肠液，把它分解为精华和糟粕两部分，然后排泄其糟粕，吸收其精华，才能对我们的身体有益，决不能生吞活剥地毫无批判地吸收。所谓'全盘西化'的主张，乃是一种错误的观点。"[1] 当今，全世界紧密地联系在一起，中国的传统文化需要加强与外来文化的交流，对外来文化尤其是西方文化进行吸收借鉴，以培养新的积极向上的文化价值观念。在借鉴西方文明的过程中，同样应当辩证地看待西方文明中的意识形态部分。我们应当认识到，资本主义文化作为人类文明的重要组成部分，既存在着与社会主义文化的差异性，又具有人类文明的共同性因素。西方文化是侧重于发展的文化，注重的是文化变化的实际过程，不断涌现出新观念。西方文化强调个性自我，强调在经验和事实面前人人平等，强调真理是独立思考、大胆创新的产物。[2] 这都是我们的传统文化所应当吸收和借鉴的。所以应当加强中西方文化的对话与交流，根据时代发展不断充实中国传统文化的内涵，使其更加符合时代精神，并借鉴西方的科学理性精神，以推进文化创新，建设中国特色社会主义文化，推进马克思主义中国化时代化进程。

---

[1] 《毛泽东选集》第二卷，人民出版社 1991 年版，第 706—707 页。
[2] 参见桂立：《和谐文化建设中的中国传统文化和西方文化》，《民族艺术研究》2009 年第 6 期。

二、实践维度：中国共产党百年奋斗的历史经验

推进马克思主义中国化时代化历史进程同中国共产党百年奋斗历程是紧密相关的，前者侧重于理论维度，后者侧重于实践维度，中国共产党百年奋斗历程，在理论上就是推进马克思主义中国化时代化历程，而不断推进马克思主义中国化时代化也指引着中国共产党的百年奋斗历程。论述中国共产党百年奋斗的历史经验，着眼的是实践维度。

《中共中央关于党的百年奋斗重大成就和历史经验的决议》（简称《决议》）的核心内容之一，是运用唯物史观和正确党史观，系统总结党的百年奋斗的重大成就和历史经验。其中，如何运用唯物史观总结历史经验，就是一个十分重要并需要进一步探究的问题。

总结党的百年奋斗的历史经验，首先需要提供一种解释方法或分析框架。这种解释方法或分析框架自然应是坚持正确党史观。正确党史观之所以正确，在于它以唯物史观为哲学基础。唯物史观是分析一切历史最根本并具有总体性的方法论，它在党史领域的具体运用，内在要求坚持正确党史观。唯物史观和正确党史观是系统总结党的百年奋斗的历史经验必须坚持的哲学方法论，也是《决议》中所讲的十条历史经验的哲学基础。

十条历史经验是如何体现唯物史观和正确党史观，尤其是唯物史观的呢？唯物史观内在要求运用大历史观、历史辩证法、历史比较法、历史主客体辩证法、系统观念总结党的百年奋斗的历史经验。这十条历史经验的哲学基础，就是唯物史观和正确党史观。具体来说，就是大历史观、历史辩证法、历史比较法、历史主客体统一方法、系统观念是唯物史观和正确党史观的具体体现。

（一）大历史观与历史经验

习近平同志在党史学习教育动员大会上正式提出"树立大历史观"。习近平同志指出，要"树立大历史观，从历史长河、时代大潮、全球风云中分析演变机理、探究历史规律，提出因应的战略策略，增强工作的系

统性、预见性、创造性",并强调要"进一步把握历史发展规律和大势,始终掌握党和国家事业发展的历史主动"。①其中的关键词,是"历史长河""时代大潮""全球风云""历史发展规律和大势"。这里的"历史长河",讲的是历史时间;"时代大潮",讲的是基于历史发展趋势所提炼出的时代主题;"全球风云",讲的是世界历史发展进程中的风云变幻;"历史发展规律和大势",讲的是基于历史发展规律的历史发展大势。

基于习近平同志的重要论述,可以从历史时间、历史空间、历史主题、历史规律四个层面,从学理上来理解大历史观的基本含义。首先,在历史时间上,大历史观跳出特定的历史发展阶段,把特定历史发展阶段置于历史发展的过去、现在、未来之大的历史长河中进行思考分析,这是基于长远视野的长远史观。观察和把握历史,是着眼于特定的历史发展阶段,还是着眼于大的历史长河,所采取的方法不一样,得出的结论往往也不一样。其次,在历史空间上,大历史观跳出特定的历史空间,把特定的历史空间放在世界历史发展的进程中进行思考分析,这是基于宽广视野的世界史观。再次,在历史主题上,大历史观跳出具体的历史细节和片段,用历史发展主题统领各种历史细节和片段,这是基于完整视野的整体史观。最后,在历史规律上,大历史观跳出历史现象,走向历史深处,从历史发展的本质与规律把握历史现象,这是基于纵深视野的规律史观。

我们可以结合大历史观来理解和把握十条历史经验。总体来讲,这十条历史经验都是基于长远视野、宽广视野、整体视野、纵深视野,从我们党的百年奋斗历程中提炼概括出来的。党的百年奋斗历程,始终坚持党的领导,坚持人民至上,坚持理论创新,坚持独立自主,坚持中国道路,坚持胸怀天下,坚持开拓创新,坚持敢于斗争,坚持统一战线,坚持自我革命。具体来说,基于长远视野、整体视野看待党的百年奋斗历程,这十条历史经验不仅贯穿党的百年奋斗历程的始终,而且都聚焦于、服务于实现中华民族伟大复兴战略全局;基于宽广视野看待党的百年奋斗历程,我们党更加重视坚持党的领导、坚持理论创新、坚持独立自主、坚持中国道路、坚持胸怀天下、坚持敢于斗争、坚持统一战线;基于纵深视野看待党的百年奋斗历程,这十条历史经验都在党的百年奋斗历程中具有根本性、

---

① 习近平:《在党史学习教育动员大会上的讲话》,《求是》2021年第7期。

全局性，贯穿于我们党的百年奋斗历程的全过程、各方面。

（二）历史辩证法与历史经验

所谓历史辩证法，就是在总结我们党的百年奋斗历程的重大成就和历史经验的时候，要坚持唯物主义辩证法。唯物主义辩证法的内容丰富，核心观点就是强调对立统一规律是唯物主义辩证法的实质与核心。这一观点要求我们全面、联系和发展地看问题、看事物，将其运用到看历史，尤其是党史问题上，就要坚持历史辩证法。

历史辩证法既要求我们全面、系统地看待党史，以整体的眼光看待党史，把党的百年奋斗历程看作一个聚焦于、服务于实现中华民族伟大复兴战略全局的有机的系统整体；又要求我们抓住全面、系统、整体中的重点、主流、本质、根本，不能面面俱到、事无巨细，不能眉毛胡子一把抓，不能局限于历史细节、历史片段、历史碎片而无法自拔，更不能用支流否定主流、用局部否定整体、用历史表象否定历史根本、用党在某一历史时期的某种失误否定党的本质，如果这样做，那就是历史虚无主义，就是一种错误的历史观。

《决议》所讲的十条历史经验，都是运用历史辩证法总结概括出来的。以全面、系统、整体的眼光看待我们党的百年奋斗历程积累的历史经验，这十条历史经验都体现着全面性、系统性和整体性，并贯穿于党的百年奋斗历程的全过程、各方面。从抓重点、抓主流、抓本质、抓根本的角度看待我们党的百年奋斗历程积累的历史经验，这些历史经验都是贯穿我们党的百年奋斗历程中的根本、主流，体现了我们党的本质。

（三）历史比较法与历史经验

这里所讲的历史比较法，是指在具有根本性的重大问题上进行历史比较。有比较才有鉴别。比较辨真伪，比较辨是非，比较辨善恶，比较辨优劣。这里所讲的根本问题，主要指关乎政党、人民与道路、理论、制度、文化等问题。在这些具有根本性的重大问题上进行历史比较，就能识别道路、理论、制度、文化的优劣，也能识别哪一个政党是具有先进性与执政能力的政党，是不忘初心使命的政党，是具有坚强领导核心与领导力的政党，是为人民谋幸福、为民族谋复兴、为世界谋大同、为政党谋强大的政党。

《决议》提炼概括的十条历史经验，都具有比较优势，体现了历史比较法。坚持党的领导，表达了中国共产党是当今世界上最强大的政党，它具有鲜明的政治领导力、思想引领力、群众组织力、社会号召力，是我国国家制度的第一个显著优势。显然，它是世界上其他政党所无法比拟的，世界上有不少国家的政党和政府属于"弱政党""弱政府"。坚持人民至上，表达的是中国共产党是世界上所有政党中最讲"人民至上"的，它在本质上就是"人民政治"，它把为中国人民谋幸福当作初心，把人民对美好生活的向往作为奋斗目标，把人民作为执政最大的依靠力量的源泉，把民心看作最大的政治，把人民拥护不拥护、赞成不赞成、高兴不高兴、答应不答应作为评价的根本标准，把维护好、实现好、发展好最广大人民的根本利益作为一切工作的出发点和落脚点。这也是我国国家制度的一个显著优势，是世界上许多国家的政党所无法比拟的。坚持理论创新，表明的是世界上只有中国共产党，才真正把马克思主义基本原理同本国具体实际相结合、同本民族优秀传统文化相结合，创新发展马克思主义，创立和形成民族化的马克思主义及其理论创新成果，并把这种理论创新成果作为指导思想，以武装全党、教育人民、指导实践、解决问题、促进成功、创造奇迹，使人们能站在历史正确一边，掌握历史主动。不断推进马克思主义民族化（或本土化）时代化，除了我国，世界上没有哪个国家能够完全做到，这又是我国的一个比较优势。坚持自我革命，体现的是中国共产党具有高度的战略清醒和战略自觉，不断勇于自我革命，敢于"拿手术刀"并"刀刃向内"，向自身存在的突出问题开刀，反对形式主义、官僚主义，致力于保持自身的先进性和纯洁性，致力于使自身"硬"起来，即硬在政治、硬在信念、硬在精神、硬在能力、硬在作风、硬在纯洁、硬在担当，从而始终成为党和国家事业的坚强领导核心，成为人民的主心骨，成为"定海神针"。这也是世界上许多国家的政党不具备也做不到的。

（四）历史主客体统一方法与历史经验

历史主客体统一方法，是指坚持历史主体和历史客体的有机统一，既要看到二者的区别，也要看到二者的联系。

唯物史观强调，历史是从事历史活动的人所创造和推动的，历史是千百万人民群众的事业；同时，历史也是一个自然历史过程，有自身的发展规律。因此，历史是由主客体的统一而推进自身发展的。这就要求我们在总结历史经验的时候，运用历史主客体辩证法，从主客体辩证统一的关系上进行总结，既要看到历史发展的"客观"方面，也要看到历史发展的"主体"方面。

如果我们要不断推进自身的进步，更好地实现历史目标，完成历史伟业，肩负历史使命，就应当更加自觉主动地从主观、主体方面，从我们自身入手，总结经验教训。有句话说得好：如果我们自觉主动从自己身上找原因、找问题，一想就通，而从别人身上找原因、找问题，一想就疯，唯有归因向内，才能向外成长。所以，凡事都要自觉主动从自身找原因，常常主动并及时反省自己，只有这样，才有助于成长。同理，总结历史经验教训，我们主张多从自身找原因，这有助于我们自觉主动完善自身、发展自身，进而把事业做好。反之，如果我们总是把教训归结到"客观"原因上去，而不从主观自身找原因，这不仅是推卸责任，而且会错过悔过自新、完善自身、不断成长的机会。

我们党就是运用历史主客体辩证法总结百年奋斗的历史经验的，尤其是注重自觉从"主体"方面进行总结。这十条历史经验，都是把中国共产党作为执政主体进行总结。坚持党的领导、坚持自我革命表明：什么时候我们坚持党的正确领导，我们的事业就能取得成功；什么时候我们弱化党的领导，或不能实行正确领导，或党内存在严重问题，我们的事业就会遭受重大损失，正反两方面的经验教训，要求我们必须坚持党的领导，同时又必须坚持自我革命。坚持人民至上表明：在党的历史上，当我们紧紧团结依靠广大人民群众，把人民放在心中最高位置，并为人民谋幸福的时候，人民就支持我们的党；当个别党员干部脱离群众、消极腐败的时候，就会影响党的公信力、凝聚力、感召力，所以要坚持人民至上。坚持理论创新、坚持开拓创新表明：当我们在理论和实践上僵化保守，犯教条主义、本本主义错误的时候，我们党就遭遇曲折、挫折；而当我们党注重把马克思主义基本原理同中国具体实际相结合、同中华优秀传统文化相结合，与时俱进地推进理论创新和实践创新，创新发展马克思主义，用中国化马克思主义、发展着的马克思主义武装全党、教育人民、指导实践的时候，我们的事业就容易取得成功，所以必须坚持理论创新、坚持开拓创新。坚持独立自主和坚持中国道路表明：当我们依附于他人、他国的时候，会处处陷于被动；而当我们坚持独立自主、自力更生，坚定不移走适合中国国情、解决中国问题的中国特色社会主义道路时，我们的事业就能走向成功，并创造中国奇迹，所以必须坚持独立自主、坚持中国道路。坚持胸怀天下表明：中国什么时候封闭保守，就会陷入落后的境地；而什么时候实行改革开放，就能赶上时代发展的步伐，改革开放是决定中国前途命运的关键一招，所以必须坚持胸怀天下。坚持敢于斗争表明：当面对强大敌人与矛盾难题、障碍阻力、风险挑战而不敢于斗争时，我们会显得被动；相反，当我们有理有节进行斗争时，就能争取主动，所以必须坚持敢于斗争。坚持统一战线表明：在革命战争年代，我们党注重搞统一战线，从而壮大了我们的力量，取得了一个个胜利；而当我们党孤立无援的时候，就会处于被动的境地，所以必须坚持统一战线。

（五）系统观念与历史经验

所谓系统观念，也可称之为系统辩证法，就是要弄清这一事物和对象由哪些核心要素构成，然后厘清各要素之间的关系、顺序、比例及结构，再注重调整事物和对象的结构，使其处于最佳状态，从而使事物的功能得到最大限度的发挥。这实际上属于结构思维。其本质特征，就是要注重事物的系统整体，注重事物内部各要素之间的关系、顺序、比例，把每一个结构要素放在这一事物的系统整体中加以理解和把握，不能离开系统整体，把每一个要素从系统整体中完全独立出来单独加以理解。

《决议》提炼概括的十条历史经验，就是运用系统观念的结果。这十条历史经验是一个有机的系统整体，彼此之间相互贯通、相互作用。要理解和把握其中某一条历史经验，一定要结合其他九条历史经验。如果把其中一条历史经验与其他九条历史经验割裂开来，那么，这条历史经验就是抽象的、僵硬的，是难以真正有效发挥作用的。比如，如果离开坚持人民至上、坚持理论创新、坚持独立自主、坚持中国道路、坚持胸怀天下、坚持开拓创新、坚持敢于斗争、坚持统一战线、坚持自我革命，对坚持党的领导的理解就是不全面不深刻的，也难以真正有效地发挥党的领导作用。只有把坚持党的领导置于坚持人民至上、坚持理论创新、坚持独立自主、坚持中国道路、坚持胸怀天下、坚持开拓创新、坚持敢于斗争、坚持统一战线和坚持自我革命的系统整体之框架中，才能真正做到坚持党的领导，坚持党的领导也才能真正发挥作用。同理，坚持中国道路也是如此，离开坚持党的领导、坚持人民至上、坚持理论创新、坚持独立自主、坚持胸怀天下、坚持开拓创新、坚持敢于斗争、坚持统一战线和坚持自我革命，还能有中国道路吗？还能坚持中国道路吗？中国道路还能积极发挥作用吗？中国道路还能有助于实现中华民族伟大复兴吗？显然，这些都是不可能的！

目前，一些人在理解和把握这十条历史经验，尤其是理解和把握其中一条历史经验的时候，往往缺乏系统观念，把其中一条同其他九条割裂开来单独理解，而不是结合其他九条加以系统理解，这样是难以理解和把握这一条历史经验之精髓的。

三、现实维度：新时代新的历史方位

党的十八大以后，中国特色社会主义进入了新时代新的历史方位。论述新时代新的历史方位，着眼的是现实维度。

"经过长期努力，中国特色社会主义进入了新时代，这是我国发展新的历史方位。"[①]这是党的十九大报告提出的一个具有立论基础和根本前提意义且特别值得人文社会科学从学理上进行深入研究的重大论断。基于"用学术讲政治、从政治找学术"这一思路，我们认为，学界需要深入分析研究新时代新的历史方位及其发展逻辑，也就是使"大国成为强国"的

---

① 习近平：《决胜全面建成小康社会 夺取新时代中国特色社会主义伟大胜利——在中国共产党第十九次全国代表大会上的报告》，人民出版社2017年版，第10页。

依据、标志与逻辑。

（一）新时代新的历史方位的基本内涵

理解和阐释新时代新的历史方位的基本内涵，首先要理解和把握历史方位的哲学意蕴。方位，即方向和位置，通常意义上是判断某一物理实体所处时空状态而使用的概念。作为一般社会科学所使用的"历史方位"，则主要指某一社会历史事件所处的阶段或状态，如"我国社会主义所处的历史方位"[1]"中国私营经济存在的历史方位"[2]"邓小平理论的历史方位"[3]等。进入 21 世纪特别是党的十九大以来，学界围绕新时代中国特色社会主义掀起了历史方位的研究热潮。虽有众多研究成果问世，但从最为根本的哲学层面来研究历史方位的成果相对较少。

我们以为，全面理解和深入揭示新时代的本质特征与发展逻辑，有必要从哲学层面对历史方位加以审视。

从哲学层面来讲，历史方位可以从"从哪里来""现在何处""到哪里去"三个方面去理解。首先，"从哪里来"关涉的是历史方位的来源或依据。任何一种"实在"都不是无中生有，而是有其产生的依据，否则就会成为无源之水、无本之木。正如马克思所说，"历史的每一阶段都遇到一定的物质结果，一定的生产力总和，人对自然以及个人之间历史地形成的关系，都遇到前一代传给后一代的大量生产力、资金和环境"[4]。也就是说，新的历史方位的出现，首先必然是一种继承，必然有其来源或依据。

其次，"现在何处"回答的是"我是谁"，即历史方位的本质与内涵问题。它主要包括"历史"这一主体在时间上的起止与空间上的占位。时间上的起止，即历史方位的区间界定；空间上的占位，即历史方位的内容勘定。当然，对历史方位的总体界定，必然有其相对的参照系。

最后，"到哪里去"回答的是历史方位的去向问题，它必然内含着"从何出发"的问题，因而说到底是历史方位的起点与目标问题。这里的

---

[1] 陈荣富：《论我国社会主义所处的历史方位》，《马克思主义研究》1989 年第 2 期。
[2] 耿刚：《论中国私营经济存在的历史方位》，《吉林大学社会科学学报》1991 年第 4 期。
[3] 王兆铮：《邓小平理论的历史方位》，《中共中央党校学报》1997 年第 3 期。
[4] 《马克思恩格斯文集》第一卷，人民出版社 2009 年版，第 544—545 页。

起点与目标,都是历史方位在本区间内的问题,而对于作为整体的历史方位之去向的探讨,往往会超越当下、远离具体,因而难以详细阐述。

在厘清历史方位的哲学意蕴之后,我们再来理解和把握中国特色社会主义进入新时代这一历史方位的基本内涵。这同样离不开"从哪里来"、"现在何处"(或"我在哪里")、"到哪里去"(或"走向何方")三个维度。

关于中国特色社会主义进入新时代之"从哪里来"的问题。这实际上讲的是进入新时代或新的历史方位的根据。我们认为,从最直接也是最重要的来源而言,这一新的历史方位来自中国特色社会主义几十年的伟大实践。因为,这里的唯一主题和主语都是中国特色社会主义。当然,整个中国特色社会主义伟大成就的取得,亦离不开其历史基础和相关经验;就直接依据来讲,就是党的十九大报告第一部分所讲的,党的十八大以来,我们所取得的"历史性成就"、发生的"历史性变革"和产生的"历史性影响"。

关于中国特色社会主义进入新时代之"现在何处"(或"我在哪里")的问题。我们认为,从时间起止来说,这一历史方位是指自党的十八大至21世纪中叶这一历史区间;从空间占位来说,这一历史方位则指"我国发展起来以后",中国特色社会主义实现强起来的实践过程,而且是国家富强、民族振兴、人民幸福之全面强起来的过程。某些学者把中国特色社会主义进入新时代的时间节点或历史起点理解为党的十九大,是不符合历史事实和文本事实的:时代是思想之母,实践是理论之源,正是党的十八大以来的时代发展和实践发展,产生并形成了习近平新时代中国特色社会主义思想,如果我们把时间节点或历史起点理解为党的十九大,就会把习近平新时代中国特色社会主义思想变成"无源之水、无本之木";党的十九大报告第三部分明确指出,党的十八大以来,国内外形势变化和我国各项事业发展都给我们提出了一个重大时代课题,这就是必须从理论和实践结合上系统回答新时代坚持和发展什么样的中国特色社会主义、怎样坚持和发展中国特色社会主义,围绕这个重大时代课题,我们党进行艰辛理论探索,形成了习近平新时代中国特色社会主义思想。这里,显然是把新时代的时间节点或历史起点明确确定为党的十八大。

关于中国特色社会主义进入新时代之"到哪里去"(或"走向何方")

的问题。我们认为,中国特色社会主义进入新时代这一历史方位的未来去处,目前只能有一个简约而明白的判断,那就是走向更加高级的社会主义直至共产主义。而作为我们当下置身其中的历史方位,其去处却是清晰可见的:近者,即全面建成小康社会,这个目标已经实现;中者,即在2035年基本实现社会主义现代化;远者,即在21世纪中叶把我国全面建成富强民主文明和谐美丽的社会主义现代化强国,进而实现中华民族伟大复兴。当然,从人民的实践及其生活角度讲,这一历史方位的目标是全国各族人民团结奋斗、不断创造美好生活、逐步实现全体人民共同富裕;从民族进步的角度讲,则是实现中华民族伟大复兴中国梦;从世界影响的角度讲,则是日益走近世界舞台中央、不断为人类作出更大贡献。总之,就是党的十九大报告第一部分所讲的"五个是"。另外,我们认为,中国特色社会主义进入新时代之历史方位的目标去处必然包含着其"从何出发"这一历史方位的内在起点。而这个内在起点,我们以为,即是党的十八大以来以习近平同志为核心的党中央治国理政的新实践、新变革、新成就。

(二)新时代新的历史方位的主要依据

具体且深入来讲,确立新时代我国发展进入新的历史方位,是有其充分根据的。

1. 时代的概念含义

我们所使用的历史方位这一概念,作为对中国特色社会主义进入新时代的指涉,无疑是一种创新性引介。我们以为,从概念上对"新时代"与"新阶段"加以明辨,乃是明确中国特色社会主义进入新时代这一历史方位所不可或缺的一环。

关于"新时代"。毫无疑问,"时代"一词是一个具有多种指涉功能的概念,如:从生产力发展水平而言的石器时代、铁器时代、机器工业时代等,从生产关系角度而言的原始公社时代、私有制时代、公有制时代等,从社会形态而言的奴隶时代、封建时代、资本主义时代、社会主义时代等,从社会主题而言的战争与革命时代、和平与发展时代等,从社会发展状况而言的后工业社会时代、改革开放时代、知识经济时代、自媒体时代等。总之,"人们常常在多种意义上谈论时代、从多种角度去概括时代"①。而当今中国特色社会主义进入之"新时代",可以从四个层面来理解。一是相对于改革开放 40 多年来的发展程度而言,中国特色社会主义的发展进入了一个新境地;二是于近代以来中华民族的历史前进目标而言,中华民族迎来了实现伟大复兴的光明前景;三是在世界社会主义发展历程的视域中,中国特色社会主义使"科学社会主义在二十一世纪的中国焕发出强大生机活力"②;四是从现代化的角度而言,中国特色社会主义为世界发展中国家走向现代化提供了全新的路径参考。可见,"新时代"作为中国特色社会主义发展的新的历史方位,其概念之能指与所指皆为"殊相",即有特指。

关于"新阶段"。我们不能否认,"阶段"或者"新阶段"作为一般性概念,可以用来指涉不同的对象和范围,其功能具有明显的相对性。在这里,我们单说中国特色社会主义,即中国特色社会主义进入"新时代",在一定意义上,也可以说是中国特色社会主义进入了"新阶段"。但是必须明确,这里的"新阶段"并不是相对于整个中国特色社会主义而言的"新阶段",而是在中国特色社会主义这一历史坐标范围内,相对于改革开放以来中国特色社会主义 40 多年的实践而言的"新阶段",因而可以说是"阶段中的阶段"。讲"进入新时代",会增强我们的自信,不要妄自菲薄;讲"社会主义初级阶段",会使我们保持清醒,不要狂妄自大。

2. 中国特色社会主义进入新时代的现实依据

我们以为,中国特色社会主义进入新时代的现实依据,可以从四个方面加以分析。

第一个依据,是"历史性成就"。这里所讲的历史性成就,主要从 1978 年改革开放以来谈起。可分两个层面来把握。一是从 1978 年我国改革开放以来,在大的历史长河中所取得的历史性成就。可概括为:我国国

---

① 商志晓:《"新时代"的由来、确立与达成——科学把握中国特色社会主义新的历史方位》,《东岳论丛》2018 年第 6 期。
② 习近平:《决胜全面建成小康社会 夺取新时代中国特色社会主义伟大胜利——在中国共产党第十九次全国代表大会上的报告》,人民出版社 2017 年版,第 10 页。

际地位实现前所未有的提升,党的面貌、国家的面貌、人民的面貌、军队的面貌、中华民族的面貌发生了前所未有的变化。二是党的十八大以来所取得的历史性成就。可集中概括为"解决了许多长期想解决而没有解决的难题,办成了许多过去想办而没有办成的大事"①。如在经济领域,主动适应经济发展进入新常态的大逻辑,深入推进供给侧结构性改革,积极实施高质量发展,经济建设取得重大成就;在政治领域,民主法治建设迈出重大步伐;在思想文化领域,基本上解决了一些意识形态阵地失守、马克思主义"三失"(失语、失声、失踪)的问题,马克思主义在意识形态领域的指导地位更加鲜明和牢固;在党建领域,反腐败斗争取得了压倒性胜利;等等。上述成就是全方位的、开创性的。所谓全方位,是指这种历史性成就体现在各个领域;所谓开创性,是指这种历史性成就具有"前所未有"的性质。这些成就为中国特色社会主义进入新时代提供了雄厚的历史基础:没有1978年以来的历史性成就之奠基,就没有可能进入新时代;没有五年来的开创性成就,也没有可能开启新时代。

第二个依据,是"历史性变革"。这里的变革,主要是以习近平同志为核心的党中央积极推动的深层次的、根本性的变革,它主要体现在从生产力到生产关系、从经济基础到上层建筑、从国内到国际等各方面。在生产力方面,主要由过去的注重要素驱动、投资驱动,转向更加注重创新驱动;在生产关系方面,主要由过去让一部分人先富起来,转向在依然注重"发展是硬道理"的基础上坚持走共同富裕道路,逐渐使全体人民共享发展成果;在经济基础方面,继续坚持和完善以公有制为主体、多种所有制经济共同发展的基本经济制度;在上层建筑方面,主要由权力高度集中而缺乏有效制约,走向完善和发展中国特色社会主义制度、推进国家治理体系和治理能力现代化;在国内发展方式上,主要由过去注重重点突破的非均衡发展,走向更加注重全面协调,注重贯彻落实新发展理念;在国际方面,主要由过去的回应挑战式外交,走向积极参与全球治理、积极推动构建新型国际关系和人类命运共同体的外交政策。上述"变革"可以看作当代中国的"整体转型升级",即在"我国发展起来以后",当代中国

---

① 习近平:《决胜全面建成小康社会 夺取新时代中国特色社会主义伟大胜利——在中国共产党第十九次全国代表大会上的报告》,人民出版社2017年版,第8页。

整个社会在中国共产党领导下,在外延和内涵上,在发展目标和发展方式上,正在实行由"大"到"强"、由"体量"到"质量"、由"粗放"到"精致"、由"虚胖"到"强体"、由"重点"到"全面"、由"制造"到"创造"、由"速度"到"效益"等全方位的转化、升级。当然,这一"整体转型升级",并不是"以往"的"终结",而是中国特色社会主义之新的历史方位的起点。

第三个依据,是"历史性影响"。历史性成就、历史性变革必然产生历史性影响。这种历史性影响最聚焦、最鲜明、最根本的,就是促进了我国社会主要矛盾的转化,即由过去人民日益增长的物质文化需要同落后的社会生产之间的矛盾,历史性地转化为人民日益增长的美好生活需要和不平衡不充分的发展之间的矛盾。这是中国特色社会主义进入新时代或我国发展步入新的历史方位的最直接、最根本的依据。

社会主要矛盾是一个关乎中国社会发展的历史方位的重要概念,它从人民需要的总体状况和社会供给的总体状况两个根本方面,体现并反映着中国社会发展的整体状况。一个社会处在什么样的历史方位,是与人的整体活动状况直接相关的,因为历史是人类活动创造的,人是历史的剧作者。当今,无论是社会主要矛盾的需求方还是供给方,都发生了历史性转化。在人民需求方面,人民对物质文化的需要已历史性地转化为对美好生活的需要。这种转化,不仅在外延上拓宽了,由对物质文化的需要拓展为对民主、法治、公平、正义、安全、环境的需要;而且层级也提升了,由满足物质文化需要即"生活下去"的需要,提升为满足美好生活需要即"活得更好"的需要。在社会供给方面,由解决"落后的社会生产"转化为解决"不平衡不充分的发展"。这种转化,表现为从在"欠发展"的历史方位着力于解决落后的社会生产问题,升级为在"我国发展起来后使大国成为强国"的新的历史方位着力于解决不平衡不充分的发展问题。正是这种"供""需"矛盾的变化,决定了中国发展的历史方位。

需要指出的是,我国社会主要矛盾的转化和中国特色社会主义进入新时代是同一过程,只不过从逻辑上讲,社会主要矛盾转化是"因",进入新时代是"果",而在实践当中,二者则是互为因果。

另外,必须指出,自1956年我国社会主义改造基本完成到今天,我国都是处在社会主义初级阶段,但以往关于社会主要矛盾的判断已不能用来完全且准确反映当今中国社会主要矛盾的特点。对此,学界于党的十九大之后已作了及时而深入的研究。在此,我们想进一步阐明几点:第一,对当前中国社会主要矛盾的变化所作出的重大判断,既是基于对近40年中国改革开放实践和经济社会发展状况的全面认识,又是基于对当下人民群众需要的总体状况的准确把握,因而具有根本的实践依据;既是基于对我国当前所处历史方位的科学划界,又是基于对我国社会发展所呈现的阶段特征的深刻认定,因而具有充分的现实依据;既是对辩证唯物主义和历史唯物主义基本原理的运用,又是在其指导下所实现的马克思主义中国化的理论创新,因而具有科学的理论依据。一句话,我们党对当前中国社会主要矛盾的变化所作出的重大判断是科学的、合理的,也是合乎现实的。第二,必须明确,当前中国社会主要矛盾的变化虽然呈现出新的阶段性特点,但它却依然属于社会主义初级阶段的主要矛盾,只不过它是中国特色社会主义进入新时代的主要矛盾,是前一历史发展阶段的社会主要矛盾的"升级版"。这意味着:(1)当今中国仍然处于社会主义初级阶段,这一历史区间没有变;(2)中国社会主义初级阶段并不是一种从头至尾"匀质不变"的历史"线条"——这样的"线条"只有在想象或假设中才会存在——而是一个具有阶段性差异的总体性立体区间;(3)"社会主要矛盾"这一概念,既可以用来指涉大尺度,如某一社会形态的主要矛盾,又可以用来指涉小范围,如某一社会形态之某一发展阶段内的某一发展方位的主要矛盾。第三,既然中国社会主义初级阶段的社会主要矛盾,在具体的现实层面上出现了阶段性差异,那么,是否可以使用一个一般性、总体性的概念来指涉"社会主义初级阶段的主要矛盾"呢?我们以为,中国社会主义初级阶段的总体性特征是"不发达"①,而其主要矛盾则是"不发

---

① 这里的"不发达",一是相对于发达资本主义国家来说不够发达,二是相对于社会主义发展的更高阶段或共产主义来说不发达。关于这一点,王志强与王跃曾指出,社会主义初级阶段的核心依据和根本特征是"不发达",而这一"不发达",不仅在于与世界其他国家进行的横向比较,更主要应以社会主义初级阶段向更高阶段迈进并过渡到共产主义的生产力发展水平为参照对象。参见王志强、王跃:《重思社会主义初级阶段的"不发达"问题——兼论新时代中国特色社会主义仍处于社会主义初级阶段》,《社会主义研究》2018年第1期。

达"的"生产"与人们的"需要"之间的矛盾①，由是，我们以为，可以用"社会主义初级阶段总体性矛盾"这一概念来表达。

第四个依据，是时代课题的变化。如果说在革命战争年代，我们的时代课题是求解放（民族独立和人民解放），即实现站起来，在改革开放以后的30多年，我们的时代课题是图发展，即实现富起来；那么，在党的十八大以来，我们的时代课题则是谋复兴，即实现强起来。这种时代课题（及其带来的主要任务）的变化，当然可以成为判断历史方位的重要依据。

（三）新时代新的历史方位的标志的主要体现

中国特色社会主义进入新时代，这一历史方位的标志主要体现在以下六个方面。

第一个标志，是党的十八大以后，中华民族站在了实现强起来的新的历史起点上。这是使命性与目标性标志。正如习近平同志所说，"中国特色社会主义进入新时代，意味着近代以来久经磨难的中华民族迎来了从站起来、富起来到强起来的伟大飞跃"②。实现强起来是中华民族的一个使命性目标，也是我们党的一个重大奋斗目标。作为一个阶段性目标，它标志着我们已进入一个新时代。另外，我们以为，实现站起来、富起来与强起来是近代以降的中国历史之内在的必然趋势，三者之间虽有明确界限，但也具有不能割裂的统一性：站起来是富起来的历史基础，富起来又是强起来的历史基础，在强起来的历史进程中，在不同方面、不同程度、不同意义上，还会有站起来、富起来的问题。三个"起来"无论在理论上还是实践上，应该说在各有侧重的同时，又相互交织。

第二个标志，是党的十八大以后，我国站在了开启中国社会主义实践"后半程"这一新的历史起点上。这是从中国社会主义实践发展进程来讲

---

① 这里的"生产"，也可以说是"供给方"，乃是一个哲学概念，因而并不仅是指经济生产，而是包含了政治、文化、社会、生态等各方面之实践、制度与理论创新与发展的"生产"。这里的"需要"也是一个哲学概念，可以说是"需求方"，它不仅仅是物质的需要，不仅仅是温饱和小康的需要，而且是包含了人们的社会交往与精神追求的关于人的自由全面发展的综合性"需要"。
② 习近平：《决胜全面建成小康社会 夺取新时代中国特色社会主义伟大胜利——在中国共产党第十九次全国代表大会上的报告》，人民出版社2017年版，第10页。

的。习近平同志曾强调:"从形成更加成熟更加定型的制度看,我国社会主义实践的前半程已经走过了,前半程我们的主要历史任务是建立社会主义基本制度,并在这个基础上进行改革,现在已经有了很好的基础。后半程,我们的主要历史任务是完善和发展中国特色社会主义制度,为党和国家事业发展、为人民幸福安康、为社会和谐稳定、为国家长治久安提供一整套更完备、更稳定、更管用的制度体系。"① 显然,中国社会主义实践"后半程"的主要历史任务,是让中国特色社会主义制度更加成熟、定型,让国家治理更加现代化。这一论述对我们理解我国发展进入新的历史方位尤为重要,然而却在一定程度上被人们忽视了,由此我们强调,要从学理上加强对"中国社会主义实践进程"即"前半程"和"后半程"的全面深入研究。这里所谓的"前半程",主要指中华人民共和国成立后到党的十八大召开之前这一历史区间,其主要任务经以毛泽东、邓小平、江泽民、胡锦涛同志为主要代表的中国共产党人以及全国人民的努力已经较好地完成。党的十八大以后,我国成功开启了社会主义建设实践的"后半程"。这一新实践,既是对党的十八大以前的改革的承继,又是在其基础之上进行的创新,它在强调改革的同时,更加鲜明地突出了全面、系统、总体等哲学理念,在实质上是一种总体性推进。显然,这种"后半程"的总体性实践特质,决定了它必然是中国特色社会主义进入新时代这一历史方位的重要标志。

第三个标志,是党的十八大以后,中国特色社会主义站在了明确且真正具有内生性、独立性、自主性和主体性的新的历史起点上。这是就中国现代化的内涵特质而言的。虽在中国特色社会主义开创之初,我们就强调要"走自己的道路,建设有中国特色的社会主义"②,然而,由于当时中国特色社会主义实践刚刚起步,其取得的成就相对有限,在实践和理论上缺乏充足的"明证",世界社会主义也处于低潮,因而,在谈论中国特色社会主义之时,往往是"主动性"有余而"自主性"不足,除了从初级阶段、主要矛盾、首要任务等方面为"中国特色"作理论辩护之外,自信的底气实际上相对不足——毕竟,我们当时还没有切实走出一条明晰的中国特色

---

① 《习近平关于全面建成小康社会论述摘编》,中央文献出版社2016年版,第79页。
② 《邓小平文选》第三卷,人民出版社1993年版,第3页。

社会主义道路，简称"中国道路"，而更多的是处于"摸着石头过河"的探索之中。甚至在对外开放的过程中，一些人在某些方面还会被西方话语所迷惑，如盲目主张与西方现代化"对接""接轨"，等等，这实际上是缺乏明确且真正的独立性、自主性与主体性的表现。而自从 2010 年中国成为世界第二大经济体以后，我们党逐步提出并强调坚定"四个自信"；强调中国道路是党和人民的选择、是中国历史与实践发展的必然；强调"当代中国的伟大社会变革，不是简单延续我国历史文化的母版，不是简单套用马克思主义经典作家设想的模板，不是其他国家社会主义实践的再版，也不是国外现代化发展的翻版"[1]；强调中国道路的世界意义；强调中国特色社会主义是我们党在道路问题上取得的最大成就。这就意味着，中国特色社会主义已经站在明确且真正具有内生性、独立性、自主性与主体性的新的历史起点上，中国特色社会主义已彰显出其真正的主体性，它不但根植于中国大地、顺应中国社会发展趋势、反映中国人民意愿，是中国共产党和中国人民的选择，对中华民族具有深广的意义，而且具有重大的世界价值，甚至具有本源意义。当然，强调内生性与主体性，并不是要否定或忽视对外开放的重要性，我们认为，新时代中国的大国外交政策与国际战略，恰恰进一步彰显了我们的主体性。反之，中国的和平发展与和平复兴，离开了我们独特而真诚的主体性努力，则将是一种空想。

第四个标志，是党的十八大以后，中国式现代化站在了具有"并跑性"这一新的历史起点上。这是就中西比较视野中（中国式）现代化发展境况而言的。中华人民共和国成立后，中国的现代化建设虽然强调"独立自主、自力更生"，乃至强调"以苏为鉴"，但对于"一穷二白"的中国来说，当时在许多方面仍然难以避免地受到苏联模式的影响，所以，显然是在"跟跑"，而且主要是"跟跑"在苏联的"后面"[2]。1978 年实行改革开放以后，我们党深刻把握"和平与发展"这一时代主题，努力创造了越来越好的国内外环境，从而亦为我国社会主义现代化建设开创了新局面。在这一阶段（自改革开放至党的十八大），我们党深刻认识到"关起门来搞建设是不行的，发展不起来"[3]，因而特别强调要"追赶"现代化，十分注重在对

---

[1] 《习近平谈治国理政》第二卷，外文出版社 2017 年版，第 344 页。
[2] 当时的国际环境，其实"不允许"中国向西方发达资本主义国家学习与借鉴。
[3] 《邓小平文选》第三卷，人民出版社 1993 年版，第 64 页。

外开放的过程中向西方学习,尤其是学习发达国家的先进经验和科学技术,强调"社会主义要赢得同资本主义相比较的优势,必须大胆吸收和借鉴世界各国包括资本主义发达国家的一切反映现代社会化生产和商品经济一般规律的先进经营方式和管理方法"①。显然,这种学习是必要的乃至是必须的,它也的确为我国社会主义现代化建设提供了有益的借鉴。但这种学习,我们不得不说,在一定程度上依然是一种"跟跑",甚至在一些方面跟在西方后面"跑"。而党的十八大以来,情况却发生了有目共睹的全面而深刻的变化,那就是:中国社会主义现代化建设在取得了已有经验和成就的基础上,形成了具有显著民族特色的科学路径。这一路径在本质上是"党的领导、市场配置、人民主体"三位一体的综合架构。党的领导是政治根本(也是根本保障),市场配置是经济根本(也是根本手段),人民主体是价值根本(也是根本追求),三者的有机统一构成中国特色社会主义现代化最大、最根本的特征。借由这一路径,并由中国共产党和全国人民的奋斗,中国式现代化已获得了巨大成就,堪称"中国奇迹",以至于引起了美国特朗普政府一定程度的"恐慌",并逆经济全球化之大势而挑起诸多争端,尤其是挑起中美贸易摩擦。由是,我们应当在具有"鞋子合脚不合脚,自己穿了才知道"之自信的同时,清醒地认识到:当今中国式现代化在党的十八大以后,实际上已经站在了与西方式现代化"并跑"这一新的历史起点上。有三点可以引以为证:一是中国式现代化已经成功探索出一条适合中国国情、解决中国问题、促进中国成功的我们自己的发展道路,并取得了举世瞩目的成就。这就意味着,在现代化道路选择方面,我们绝不会"倒向谁"。二是中国式现代化产生了广泛的世界影响,为广大发展中国家现代化提供了有益的路径参考和道路启示:各国的发展,从来没有"自古华山一条路",反倒是"条条大路通罗马"。这就意味着,就贡献、价值及其影响而言,中国式现代化并不输于西式现代化。三是西方式现代化遇到的困难有增无减,而且难以从根本上解决,如巨大的贫富差距问题、难民问题、社会安全与稳定问题、新殖民主义问题、发展赤字和平赤字治理赤字信任赤字问题等;而中国式现代化不但在成果取得、道路选择、世界影响上,而且在化解当今世界现代化过程中出现的难题方面,提供了中

---

① 《江泽民文选》第一卷,人民出版社 2006 年版,第 225 页。

国方案，贡献了中国智慧。①中国式现代化这一"并跑性"新起点，当然是中国特色社会主义进入新时代的重要标志。

第五个标志，是党的十八大以后，我国站在了实施高质量发展并注重创新驱动的新的历史起点上。这是从我国发展的内涵与动力方面来说的。党的十八大之前，我们党提出了科学发展观。然而，许多地方在实践上实行的依然是粗放的经济增长方式。这种经济增长方式主要依靠的是要素驱动和投资规模驱动。尽管这种经济增长方式作出了历史性贡献，加速了我国发展，然而其道路越走越窄，空间越来越小，代价越来越大。其最直接、最鲜明、最突出、最形象的表现，就是"虚胖"而不够"精致"，大而不强，需求和供给矛盾突出。我国发展起来以后"大国成为强国"这一历史发展的内在必然趋势，要求我们必须寻求发展的再生之路，这就是以新发展理念为指导、依靠创新驱动、实施高质量发展、推进供给侧结构性改革的新（发展）路径。它意味着发展动能转换、发展方式转变和发展结构优化，总之，是发展内涵的转变。这一转变，作为发展的新起点，无疑是中国特色社会主义进入新时代的重要标志。

综上，我们认为，中国特色社会主义进入新时代新的历史方位的核心标志，是习近平新时代中国特色社会主义思想的形成。作为马克思主义者，我们丝毫不怀疑"全部社会生活在本质上是实践的"②，实践是认识或理论的最终来源。但是，我们亦不否定理论对实践的巨大反作用，甚至，我们认为，一个伟大的时代，必定离不开先进而伟大的理论的指引。其实，青年马克思早就强调过："光是思想力求成为现实是不够的，现实本身应当力求趋向思想。"③这就告诉我们，不但要正确地把握实践、反映现实，而且要善于为实践寻求正确的理论，并力求在科学理论的指导下进行实践活动。当今中国特色社会主义实践，在面临国内外各种复杂条件的情况下，迫切需要先进理论的指导，尤其是党的十八大以来，面对

---

① 如在解决世界环境问题、处理地区矛盾、解决国际争端、援助落后国家、化解经济风险、抵御金融危机、拉动世界经济增长等方面，中国都作出了不可磨灭的贡献。这既是中国作为一个负责任大国努力去承担的责任，也是中国有意识开展大国外交的胸襟与格局。当然，这一切都不是偶然的，而是与我们国家自身经济、科技实力和综合国力的提高密切相关的，它同时也意味着中国现代化的步伐将要迈向世界前列。
② 《马克思恩格斯文集》第一卷，人民出版社2009年版，第501页。
③ 《马克思恩格斯文集》第一卷，人民出版社2009年版，第13页。

我国"发展起来以后"国内外形势的变化,"坚持和发展什么样的中国特色社会主义、怎样坚持和发展中国特色社会主义"成为一个重大的时代课题。习近平新时代中国特色社会主义思想,正是在回答这一重大时代课题的实践过程中逐步产生、发展起来的,其初步形成的标志,便是党的十九大报告对其所作的系统阐述,这种阐述的核心,就是党的十八大以来,中华民族迎来了从站起来、富起来到强起来的伟大飞跃。从党的十八大到 21 世纪中叶,这是实现强起来的历史区间,亦可称之为"强国时代"。强国时代具有"强国逻辑",强国时代、强国逻辑必然需要"强国理论"来指导,如果我们用大众化的语言来表达,习近平新时代中国特色社会主义思想就是一种关于我国发展起来以后使大国成为强国即实现强起来的"强国理论"。习近平新时代中国特色社会主义思想是实现中华民族伟大复兴的行动指南,当然也是实现强起来的行动指南,是使大国成为强国的行动指南。需注意的是,这一思想虽然"问世"于党的十九大,但其"产生和形成"却是在党的十八大以降便开始了,它既体现在习近平总书记系列重要讲话之中,又体现在以习近平同志为核心的党中央治国理政的一系列重大方针政策与战略部署中。可以说,没有这种"形成过程中"的先进思想作指导,新时代就很难开启。如是,习近平新时代中国特色社会主义思想,既源于新时代开启的实践过程,又是这一开启过程的重大理论指导,而在党的十九大这一重大思想形成之际,它又已然成为新时代中国特色社会主义未来实践之战略指导思想。因而,习近平新时代中国特色社会主义思想,作为一个新时代的灵魂,乃是中国特色社会主义新时代这一整个历史方位的核心标志。

四、历史维度:习近平新时代中国特色社会主义思想的历史地位

新时代新的历史方位及其新实践新征程党的最新理论创新成果,就是创立了习近平新时代中国特色社会主义思想。如何理解和把握这一思想的历史地位?从理论维度、实践维度、现实维度三个方面理解和把握上述相

关问题之后，就比较容易理解习近平新时代中国特色社会主义思想及其历史地位。

习近平新时代中国特色社会主义思想究竟具有什么原创性贡献和历史地位？这是一个十分重要的政治和学理问题。《中共中央关于党的百年奋斗重大成就和历史经验的决议》（简称《决议》）指出，"以习近平同志为主要代表的中国共产党人，坚持把马克思主义基本原理同中国具体实际相结合、同中华优秀传统文化相结合，坚持毛泽东思想、邓小平理论、'三个代表'重要思想、科学发展观，深刻总结并充分运用党成立以来的历史经验，从新的实际出发，创立了习近平新时代中国特色社会主义思想"[1]，习近平同志"提出一系列原创性的治国理政新理念新思想新战略"[2]。在对《决议》进行说明时，习近平同志又进一步强调，《决议》第四部分"重点总结九年来的原创性思想、变革性实践、突破性进展、标志性成果"[3]。上述所说的"创立""原创性的治国理政新理念新思想新战略""重点总结九年来的原创性思想"充分表明：习近平同志治国理政提出了一系列原创性思想，习近平新时代中国特色社会主义思想具有原创性贡献。那么，究竟如何理解和把握习近平新时代中国特色社会主义思想的原创性贡献和历史地位及其所实现的新的飞跃？可以从何以可能、哲学范式、具体阐释三个层面入手。

（一）习近平新时代中国特色社会主义思想原创性贡献何以可能：四大根据

习近平新时代中国特色社会主义思想具有原创性贡献之所以可能并成为"实在"，有四个方面根据。

---

[1] 《中国共产党第十九届中央委员会第六次全体会议文件汇编》，人民出版社2021年版，第45—46页。
[2] 《中国共产党第十九届中央委员会第六次全体会议文件汇编》，人民出版社2021年版，第48页。
[3] 《中国共产党第十九届中央委员会第六次全体会议文件汇编》，人民出版社2021年版，第121页。

1. 新历史方位：逻辑起点

理解和把握习近平新时代中国特色社会主义思想的原创性贡献，首先要理解和把握这一思想所处的新的历史方位。这是逻辑起点，也是基础和前提。离开新的历史方位，一切都无从谈起。

《决议》第四部分阐释了中国特色社会主义新时代这一我国发展新的历史方位。这一历史方位，实际上也是习近平新时代中国特色社会主义思想所处的历史方位。《决议》从"夺取中国特色社会主义伟大胜利""全面建设社会主义现代化强国""不断创造美好生活、逐步实现全体人民共同富裕""实现中华民族伟大复兴中国梦""为人类作出更大贡献"五个方面[①]，阐述了新的历史方位的内涵。这五个方面分别涉及"改革开放以来党的全部理论和实践的主题""党的'两个一百年'奋斗目标""党的执政理念""新时代的历史使命""人类担当"，分别指向中国特色社会主义、国家、人民、民族、人类五大主体，体现的是"一主四基"结构，即中国特色社会主义是"主题"，其他四个方面属于夺取中国特色社会主义伟大胜利的"四大基石"。因为民族复兴的本质内涵，就是国家富强、民族振兴、人民幸福，它把国家、民族、人民都包括进来。如果从世界维度谈论实现中华民族伟大复兴，还应谈到实现中华民族伟大复兴对人类进步作出的重要贡献。

基于上述简要分析，新历史方位的核心，就是谱写新时代中国特色社会主义新篇章，实现中华民族伟大复兴，夺取中国特色社会主义伟大胜利。概而言之，新历史方位，就是实现中华民族伟大复兴即实现强起来的历史方位。在这一历史方位，夺取中国特色社会主义伟大胜利，目标就是为中国人民谋幸福、为中华民族谋复兴、为国家谋强大，为人类谋进步、为世界谋大同。

确定新历史方位，找到习近平新时代中国特色社会主义思想的逻辑起点与立论基础，就是一种原创性贡献。

---

① 参见《中国共产党第十九届中央委员会第六次全体会议文件汇编》，人民出版社2021年版，第45页。

2. 新时代背景：战略全局和百年变局

习近平新时代中国特色社会主义思想创立的时代背景，就是习近平同志常讲的"胸怀两个大局"，一是实现中华民族伟大复兴战略全局，二是世界百年未有之大变局。

任何事物都在一定的时间和空间内存在，这是事物的存在方式。习近平新时代中国特色社会主义思想的创立，同样需要考虑它创立与立论的时间和空间。"两个大局"以凝练的方式，概括了新时代中国的战略全局与当今世界的本质特征。实现中华民族伟大复兴，是新时代中国发展的战略全局，全国各个地区、各个单位、各个部门、各个领域、各项工作等，都要服务服从于这个战略全局，紧紧围绕这一战略全局展开工作。这样就以实现中华民族伟大复兴这一战略全局把新时代中国的方方面面统领起来了。习近平新时代中国特色社会主义思想，就是在迎来从富起来到强起来伟大飞跃的时代背景中创立的，也是全党全国各族人民为实现中华民族伟大复兴而奋斗的行动指南。世界百年未有之大变局实际上讲的是：第一，进入新时代，国际力量对比深刻调整，霸权主义、单边主义、保护主义、强权政治对世界和平与发展威胁上升，逆全球化思潮上升，前所未有的外部风险挑战更加严峻，世界进入动荡变革期。第二，实现中华民族伟大复兴是影响世界百年未有之大变局的一个重要变量，会加速推进世界大发展大变革大调整，深刻影响世界历史进程，深刻改变世界发展的趋向和格局。以习近平同志为核心的党中央面对复杂严峻的国际形势和前所未有的外部风险挑战，强调必须统筹国内国际两个大局，健全党对外事工作领导体制机制，加强对外工作顶层设计，对中国特色大国外交作出战略谋划，推动建设新型国际关系，推动构建人类命运共同体，弘扬和平、发展、公平、正义、民主、自由的全人类共同价值，引领人类进步潮流。习近平新时代中国特色社会主义思想，也是在世界百年未有之大变局的时代背景中创立的，是做好我国外交工作的行动指南。

习近平新时代中国特色社会主义思想创立的时代背景，与我国发展新历史方位有关。这里，"两个大局"的核心，就是实现中华民族伟大复兴，积极推动构建人类命运共同体。

明确习近平新时代中国特色社会主义思想的时代背景，为理解和把握习近平新时代中国特色社会主义思想的原创性贡献,提供了重要根据。

3. 新时代课题:核心论题

新时代课题,源于新历史方位和新时代背景,是从新历史方位和新时代背景中内生且提炼出来的,它扎根于新历史方位和新时代背景之中。新历史方位、新的历史条件下,我们把继续夺取中国特色社会主义伟大胜利作为新时代的首要内涵,把全面建设社会主义现代化强国作为中国特色社会主义进入新时代的主要任务和奋斗目标,自然这应成为新的时代课题;全面建设社会主义现代化强国、实现中华民族伟大复兴,应对世界百年未有之大变局,是难打的坚硬的"铁",中国共产党人是打"铁"的核心主体。打铁必须自身硬。这就对中国共产党治国理政提出更高要求。由此,应把建设长期执政的马克思主义政党作为新的时代课题。

新时代课题,实质上是习近平新时代中国特色社会主义思想需要破解的核心论题。习近平新时代中国特色社会主义思想需要破解的论题很多,但从根本上所解决的是新历史方位、新时代背景面临的核心论题。新时代坚持和发展中国特色社会主义属于"根本主题",自然应成为核心论题之一;新历史方位之实质、核心,是大国成为强国即实现强起来,所以应把全面建设社会主义现代化强国作为一个核心论题;统筹好国内国际两个大局,必须把中国共产党建设得更加坚强有力,所以应把建设长期执政的马克思主义政党作为一个核心论题。这样,新时代课题可凝练表述为"新时代坚持和发展什么样的中国特色社会主义、怎样坚持和发展中国特色社会主义,建设什么样的社会主义现代化强国、怎样建设社会主义现代化强国,建设什么样的长期执政的马克思主义政党、怎样建设长期执政的马克思主义政党"[①]。由此可以看到,新时代课题是基于"打铁必须自身硬"这一"主客体关系"的总思路而提炼概括出来的。新时代坚持和发展什么样的中国特色社会主义、怎样坚持和发展中国特色社会主义,建设什么样的社会主义现代化强国、怎样建设社会主义现代化强国,属于打"铁"的"客体";建设什么样的长期执政的马克思主义政党、怎样建设长期执政

---

① 《中国共产党第十九届中央委员会第六次全体会议文件汇编》,人民出版社2021年版,第48页。

的马克思主义政党，属于打"铁"的"主体"。其实质，就是把"三大时代课题"看作彼此联系的一个有机整体：中国共产党要紧紧围绕建设社会主义现代化强国，谱写新时代中国特色社会主义新篇章，以夺取中国特色社会主义伟大胜利；中国共产党要坚持中国特色社会主义道路，全面建设社会主义现代化强国；只有坚持和发展中国特色社会主义，夺取中国特色社会主义伟大胜利，全面建成社会主义现代化强国，才有助于中国共产党长期执政。

习近平同志对关系新时代党和国家事业发展的一系列重大理论和实践问题进行了深邃思考和科学判断，就新时代"三大时代课题"提出了一系列原创性的治国理政新理念新思想新战略，是习近平新时代中国特色社会主义思想的主要创立者。

4. 新主要矛盾：根本问题

中国社会主要矛盾，实质上蕴含着习近平新时代中国特色社会主义思想所解决的根本问题。它源自新历史方位、新时代背景、新时代课题。

新时代坚持和发展中国特色社会主义，要求中国共产党在治国理政实践中，把人民对美好生活的向往作为奋斗目标。然而，当今我们国家还不够强大，总体上说是"富而不强""大而不强"。这就蕴含着人民日益增长的美好生活需要和不平衡不充分的发展之间的矛盾。全面建成社会主义现代化强国，需要破解的根本问题，就是解决"富而不强""大而不强"，使中国人民过上幸福美好生活。创造人民美好生活，是新历史方位的主要目标之一，是新时代中国共产党执政的核心目标。新时代实现中华民族伟大复兴这一战略全局，其本质内涵，就是国家富强、民族振兴、人民幸福，但发展不平衡不充分制约着人民美好幸福生活的实现。所以，在新历史方位、新时代背景、新时代课题中，就蕴含新的社会主要矛盾，即人民日益增长的美好生活需要和不平衡不充分的发展之间的矛盾。不仅如此，在新时代新的历史方位，中国共产党立党为公、执政为民，首先要把人民对美好生活的向往作为奋斗目标，这是中国共产党的本质、立场、宗旨决定的，属于"需求方"；然而，解决这一问题的根本性制约，就是"供给方"跟不上，存在着发展不平衡不充分问题。这也决定必须把人民日益增长的美好生活需要和不平衡不充分的发展之间的矛盾，看作新时代的社会主要矛盾。

当今世界面临的突出且鲜明的总问题,是世界人民日益增长的和平发展、合作共赢诉求与霸权主义、单边主义的矛盾。新时代中国共产党治国理政,坚持和发展中国特色社会主义,全面建成社会主义现代化强国,实现中华民族伟大复兴,迫切需要一个和平发展、合作共赢的国际环境。然而,目前国际上存在的霸权主义、单边主义却成为严重障碍。为此,就必须破解这种矛盾。

我们认为,从新历史方位、新时代背景、新时代课题,尤其是从新的社会主要矛盾和世界总问题中,可以归纳概括出习近平新时代中国特色社会主义思想所要集中解决的四大"根本问题",即人民生活"好不好"、国家"强不强"、世界"和平不和平"、政党"硬不硬"。换一种表述,就是为中国人民谋幸福、为中华民族谋复兴、为世界谋大同、为政党谋强大。满足人民日益增长的美好生活需要,实质上就是解决人民生活"美好不美好"的问题。习近平同志强调,以前我们要解决"有没有"的问题,现在则要解决"好不好"的问题。这里"好不好"的问题,其核心内涵就是人民生活"美好不美好"的问题。发展不平衡不充分,实质上意味着要着力解决国家"强不强"的问题。世界总问题,意味着要着力解决世界"和平不和平"的问题。解决这三大根本问题,首先要把中国共产党建设得更加坚强有力,即解决政党"硬不硬"的问题。解决这四大根本问题,就成为习近平新时代中国特色社会主义思想创立的动力和源泉,也构成习近平新时代中国特色社会主义思想的四大基石。习近平同志指出:"一种理论的产生,源泉只能是丰富生动的现实生活,动力只能是解决社会矛盾和问题的现实要求。"①

(二)理解习近平新时代中国特色社会主义思想原创性贡献的哲学范式:系统为基的战略辩证法

理解习近平新时代中国特色社会主义思想的原创性贡献和历史地位,最根本的就是要理解其中蕴含的哲学范式。这一哲学范式,就是系统为基

---

① 《习近平谈治国理政》第三卷,外文出版社2020年版,第63页。

的战略辩证法①，它既是理解习近平新时代中国特色社会主义思想原创性贡献和历史地位的哲学基础，也是习近平新时代中国特色社会主义思想对马克思主义哲学的一种创新。

第一，它面对的是一个"哲学问题"，属于哲学问题上的创新性贡献。它反映和体现了改革开放以来我国经济社会发展所呈现的"重点突破—全面发展—系统谋划"这一具有哲学意蕴的演进逻辑。在改革开放和社会主义现代化建设之初，由于人民日益增长的物质文化需要同落后的社会生产之间的社会主要矛盾使然，我国经济社会发展在实践上相对注重"重点突破"，即相对注重解放和发展社会生产力，以经济建设为中心。在2007年左右，我国经济社会发展把"全面协调可持续""统筹兼顾"突出出来，即注重"全面发展"。②中国特色社会主义进入新时代，在注重经济社会全面发展的基础上，以习近平同志为核心的党中央进一步强调并注重"系统谋划"，即以系统为基础作出战略谋划。这一以系统为基础作出的战略谋划是哲学上的谋划，是哲学问题，具有哲学意蕴：首先要抓住影响新时代我国发展起来以后使大国成为强国的所有根本要素；再对所有根本要素进行系统性、整体性顶层设计；在顶层设计基础上，进一步对这些根本要素的系统性、整体性进行战略谋划，使之形成合理结构并能发挥合力作用，以解决好"中国向何处去"这一根本性、系统性、全局性、战略性问题。习近平新时代中国特色社会主义思想就是在解答上述问题过程中形成并发展起来，进而作出原创性贡献的。

第二，它形成了解决上述问题新的"哲学范式"，属于哲学范式（哲学观）上的创新性贡献。解决上述问题需要从哲学维度上进行，这就是以系统为基础作出战略谋划，由此便形成了系统为基的战略辩证法或哲学观。学哲学、用哲学是我们党的一个好传统，也是我们党不断取得成功的一条经验，从中可以汲取哲学智慧的滋养，提高领导干部做好工作的

---

① 战略辩证法，是指把战略思维和辩证思维有机结合起来，在战略中注重辩证法，在辩证法中注重战略；它跳出局部从全局看局部，跳出眼前从长远看眼前，跳出现象从本质看现象。方法取决于问题的本性。中国特色社会主义进入新时代，所面临的问题既具有战略性，也具有辩证性，具有战略性和辩证性的问题需要运用战略辩证法来分析解决。
② 参见习近平：《在学习〈胡锦涛文选〉报告会上的讲话》，人民出版社2016年版，第6页。

看家本领。习近平新时代中国特色社会主义思想蕴含的哲学范式，实质上就是系统为基的战略辩证法，或者说习近平新时代中国特色社会主义思想就是基于系统为基的战略辩证法形成和发展起来的：一是新的历史方位和时代背景具有战略意蕴。我国发展新的历史方位，核心是指我国发展起来以后使大国成为强国即实现中华民族伟大复兴，时代背景即面临实现中华民族伟大复兴战略全局和世界百年未有之大变局。实现中华民族伟大复兴是"战略全局"，世界百年未有之大变局是具有"战略意蕴"的大变局。习近平新时代中国特色社会主义思想就是在这样的历史方位和时代背景中形成并发展起来的。二是解答的时代课题具有战略意义。习近平新时代中国特色社会主义思想解答的时代课题，是围绕新时代坚持和发展中国特色社会主义、建设社会主义现代化强国、建设长期执政的马克思主义政党展开的。这三大时代课题都属于战略性课题，具有战略性，要着力从系统上战略上破解。三是解决的根本问题属于战略性问题。如前所述，习近平新时代中国特色社会主义思想主要解决人民生活"好不好"、国家"强不强"、世界"和平不和平"、政党"硬不硬"等四大根本问题，解决这些问题都要从系统上进行战略谋划。四是习近平同志思考、谋划、解决治国理政中的系统性战略性问题，运用的主要是系统为基的战略辩证法。他强调："战略问题是一个政党、一个国家的根本性问题。战略上判断得准确，战略上谋划得科学，战略上赢得主动，党和人民事业就大有希望。"① "我们是一个大党，领导的是一个大国，进行的是伟大的事业"，"要善于进行战略思维，善于从战略上看问题、想问题"。② 其实，越是在历史重要关头，越要注重战略思维。习近平同志强调新时代治国理政更需要运用战略思维，在讲到战略思维、创新思维、辩证思维、法治思维、底线思维时，他把战略思维放在首位③，并强调大历史观，这是有深意的。五是习近平新时代中国特色社会主义思想具有系统性战略性特质。其中关于新发展理念、"五位一体"总体布局、"四个全面"战略布局、"两步走"的战略谋划、总体国家安全观、推进国家治理体系和治理能力现代化、构建人类命运共同体等重要论述，其经济思

---

① 《习近平谈治国理政》第二卷，外文出版社2017年版，第10页。
② 《习近平著作选读》第二卷，人民出版社2023年版，第584、585页。
③ 参见《习近平谈治国理政》第三卷，外文出版社2020年版，第61页。

想、法治思想、生态文明思想、强军思想、外交思想等，都坚持系统观念，都体现战略思维。六是习近平新时代中国特色社会主义思想蕴含的系统为基的战略辩证法具有鲜活生动的体现。以习近平同志为核心的党中央统筹把握实现中华民族伟大复兴战略全局和世界百年未有之大变局，对关系新时代党和国家事业发展一系列具有重大战略意义的时代课题和根本问题进行深邃思考和科学判断，提出了一系列治国理政新战略。其中，统筹中华民族伟大复兴战略全局和世界百年未有之大变局，构建以国内大循环为主体、国内国际双循环相互促进的新发展格局，推进国家治理体系和治理能力现代化，打赢脱贫攻坚战、全面建成小康社会，打好关键核心技术攻坚战、提高创新链整体效能，实施区域协调发展战略，注重军队组织构架和力量体系重塑，等等，都是系统为基的战略辩证法的具体体现。七是习近平同志治国理政具有战略清醒、战略定力，并注重战略应对，强调绝不能在根本性问题上出现颠覆性错误。在新时代，对实现中华民族伟大复兴战略全局和世界百年未有之大变局等，都需要战略应对。上述"三大时代课题"，关乎全局、长远、根本，破解时代课题也需要战略定力。

总体来讲，系统为基的战略辩证法之哲学范式（哲学观）是一种全新的哲学范式（哲学观），它以"系统""战略""质量"为核心理念。在历史时间和事物外延上，它由重点走向全面、由部分走向整体、由发展不平衡走向协调平衡，注重系统性；在发展空间和格局上，它由局部走向全局、由中国走向世界，注重战略性；在发展内涵上，它由外延式增长走向内涵式发展、由快速发展走向高质量发展，注重质量性。

展开来说，系统为基的战略辩证法之哲学范式（哲学观），指的是在系统性实践和战略性谋划中运用辩证法，把辩证法运用于系统性实践和战略性谋划中，在战略中有系统辩证法，在系统辩证法中有战略。它有五层含义：（1）在时间上，它跳出眼前，以长远眼光看眼前，这是长远视野，涉及眼前和长远的辩证关系。"中华文明5000年""百年奋斗""战略全局""百年变局""本世纪中叶"等概念的提出，就是如此。（2）在空间上，它跳出局部，把局部放在全局中来谋划，这是宽广视野，涉及局部和全局的辩证关系。"两个大局""构建人类命运共同体""建设'一带一路'""参与全球治理""和平发展、合作共赢""创造中国式现代化新道路、创造人类文明新形态"等概念和论断的提出，便是如此。（3）在事物上,它跳出现象,从事物的本质看现象,这是纵深视野,涉及现象和本质的辩证关系。提出的"三大规律""站在历史正确一边""掌握历史主动",都是如此。(4)在系统上,它跳出部分,把部分置于整体框架中进行思考,这是整体视野,涉及部分和整体的辩证关系。我们所讲的"夺取中国特色社会主义伟大胜利""全面建成社会主义现代化强国""实现中华民族伟大复兴""贯彻新发展理念""统筹推进'五位一体'总体布局、协调推进'四个全面'战略布局""总体国家安全观""推进国家治理体系和治理能力现代化"等,即是如此。(5)在发展水平和格局上,它跳出粗放和外延,从发展质量和效益讲发展。我们所注重的"立足新发展阶段、贯彻新发展理念、构建新发展格局""推动高质量发展",就是如此。

第三,习近平新时代中国特色社会主义思想蕴含的系统为基的战略辩证法,创新发展了马克思主义的具有总体性的辩证"哲学方法",属于辩证法史上的创新性贡献,它体现了马克思主义哲学辩证法历史演进的逻辑。唯物主义辩证法具有总体性,贯穿整个马克思主义哲学发展的历史进程,这是共性。然而,这种辩证法在马克思主义哲学发展进程中呈现为不同形态。在马克思、恩格斯那里,辩证法主要是"历史辩证法",因为他们最注重在历史领域实现哲学变革,由"上半截"唯心主义发展到"下半截"唯物主义,确立唯物主义在历史领域的权威,这只有借助唯物主义辩证法才有可能。这种辩证法直接通达、走向现实世界和历史领域,揭示其内在普遍联系、矛盾运动和发展过程及其一般规律。在列宁那里,辩证法主要采取"认识辩证法"形态。列宁着力思考的是经济文化落后的俄国如何向社会主义过渡,这首先需要认识完全不同于近代西欧社会的具有独特性的俄国国情。要做到这一点,首先要确定唯物主义认识路线,从客观实际出发认识俄国国情。这就把唯物主义认识论突出出来,他的《唯物主义与经验批判主义》就是唯物主义认识论的代表作。从俄国特殊国情出发建设社会主义,需要把马克思主义基本原理同俄国特殊实际相结合。这就要处理好一般和个别、普遍和特殊、共性和个性的辩证关系,这需要辩证法,他的《哲学笔记》就是辩证法的代表作。所以,列宁把辩证法看作马克思主义的认识论,把辩证法、认识论和逻辑学看作是同一的。在毛泽东那里,辩证法呈现为"实践辩证法"。解决农民占大多数的落后中国如何建设社会主义的问题，首先要把马克思主义基本原理同中国具体实际相结合。这涉及一般和个别、普遍和特殊、共性和个性之间的辩证关系。毛泽东把马克思主义基本原理同中国具体实际相结合，产生了中国化马克思主义理论创新成果，我们党用这种理论创新成果武装全党、教育人民、指导实践，这就涉及理论和实践的辩证关系。由此便有了毛泽东的《实践论》《矛盾论》两部哲学代表作。前者讲实践论，后者讲辩证法，二者有机统一，就是"实践辩证法"。邓小平、江泽民、胡锦涛治国理政也特别注重辩证法，同时在总体上也注重实践，由此也可以把他们的哲学思想归为实践辩证法。习近平新时代中国特色社会主义思想也坚持历史辩证法、认识辩证法、实践辩证法，但更为鲜明的本质特征，就是注重系统为基的战略辩证法，这是对马克思主义哲学辩证法的一种具有总体性的创新性发展或原创性贡献。

第四，习近平新时代中国特色社会主义思想蕴含的系统为基的战略辩证法内在要求确立治国理政新的哲学思维，属于哲学思维方式上的创新性贡献，即确立历史辩证法、实践辩证法、创新辩证法、系统辩证法和底线辩证法，或树立系统思维、战略思维、辩证思维与历史思维、创新思维、法治思维、底线思维。系统为基的战略辩证法本身就体现了系统思维、战略思维、辩证思维，习近平同志关于"新发展理念""全面深化改革"的重要论述，关于"战略策略""两大布局""新发展格局""构建人类命运共同体"的重要论述，关于"社会主要矛盾和中心任务的关系""自我革命和社会革命关系"的重要论述，就分别体现了系统思维、战略思维、辩证思维。同时，系统为基的战略辩证法也要求树立历史思维、创新思维、法治思维和底线思维。历史思维，就是要树立大历史观，把"系统""战略""辩证法"置于大历史观中进行思考，系统为基的战略辩证法就是大历史观中的辩证法，它既要求尊重历史发展的客观性及其本质，又要求符合历史发展逻辑、历史必然性和历史发展规律，还要求有效化解历史发展进程中的种种矛盾，违背历史思维的系统为基的战略辩证法是空洞的。习近平同志关于"新的历史方位""新发展阶段""实现民族伟大复兴战略全局、世界百年未有之大变局""坚持以人民为中心的发展思想""走在时代前列的中国共产党"等重要论述，都体现了历史思维。如他关于"以中国式现代化推进中华民族伟大复兴"的思想，就是基于中国历史发展的"过去、现在和未来",在战略上进行辩证思考且辩证处理各种矛盾关系的基础上提出来的。系统为基的战略辩证法要求树立创新思维。辩证法在本质上是批判的、革命的,它内在要求推进创新,它是在创新中逐步实现的,对系统作出新的战略谋划也是创新,缺乏创新就无法实现战略目标。习近平同志关于"新发展理念""总体国家安全观""国家治理体系和治理能力现代化"等重要论述,就体现了集成创新。系统为基的战略辩证法要求树立法治思维,需要法治思维保证一种系统有规范的运行,保证战略有规范的实施。习近平同志关于"法治思想""全面深化改革""推进国家治理体系和治理能力现代化"等重要论述,就体现了法治思维。系统为基的战略辩证法也要求树立底线思维,即积极主动有效应对各种挑战、风险和困难。凡属系统性的战略思维和辩证思维,都要求凡事从坏处准备,积极主动应对,努力争取最好结果,它要求树立问题意识、危机意识、效果意识和边界意识,遇事从容应对,牢牢掌握主动权。习近平同志关于"防范风险""伟大斗争""总体国家安全观""国家治理"等重要论述,就体现了底线思维。

(三)习近平新时代中国特色社会主义思想原创性贡献的具体阐释:理论和历史维度的呈现

基于新历史方位、新时代背景、新时代课题、新社会主要矛盾(根本问题)尤其是新哲学范式,便可具体阐释习近平新时代中国特色社会主义思想的原创性贡献和历史地位。这些原创性贡献和历史地位,是紧紧围绕实现中华民族伟大复兴这一战略全局与根本主线展开的,可从理论和历史两个维度加以具体阐释。

1. 理论维度

这实际上是基于实践创新所实现的理论创新。二者直接相关,实践创新走到哪里,理论创新就跟进到哪里。

可以按着"条条"的思路,来理解和把握习近平新时代中国特色社会主义思想的原创性贡献。

对习近平同志治国理政创立的原创性思想,最早称之为"习近平总书记系列重要讲话";其后,便称之为"习近平治国理政新理念新思想新战略";之后,党的十九大进一步称之为"习近平新时代中国特色社会主义思想",主要包括"八个明确""十四个坚持"等基本观点和基本方略;党的十九届六中全会按照"纲举目张"的思路,从"八个明确""十四个坚持"中,进一步提炼概括出"十个明确",即习近平新时代中国特色社会主义思想的"十个明确";党的二十大报告又把习近平新时代中国特色社会主义思想的主要内容概括为"十个明确""十四个坚持""十三个方面成就",将其世界观和方法论概括为"六个必须坚持"。其中蕴含着原创性思想和原创性贡献。

领导力量是强大的中国共产党。其原创性贡献可概括为"由大党成为强党",即为中国共产党谋强大,解决政党"硬不硬"的问题,从削弱党的领导到构建党的领导的完整理论并实现政治生态明显好转。过去,许多领域存在严重削弱党的领导的状况,党内政治生态出现某种恶化。党的十八大以来,习近平同志围绕使大党成为强党作出了原创性贡献:(1)第一次强调把大党建设成为强党。党的十八大之前,我们党已是世界上的大党。习近平同志围绕"打铁必须自身硬",提出大党就要有大的样子,力求把大党建设成为强党。他强调要把中国共产党建设得更加坚强有力,建设成世界上最强大的政党。(2)第一次在"四个伟大"框架中阐述中国共产党领导,将其置于"进行伟大斗争、建设伟大工程、推进伟大事业、实现伟大梦想"的框架中加以认识,实现党的领导与奋斗目标、精神状态和正确道路有机统一,突出了党在实现伟大梦想中的决定性意义,这在过去未曾提及。(3)第一次把坚持党的集中统一领导确定为"根本制度",要求全党增强"四个意识"、坚定"四个自信"、做到"两个维护"。(4)第一次把党的领导地位和作用提到前所未有的认识高度。强调中国共产党领导是中国特色社会主义最本质的特征,是中国特色社会主义制度的最大优势,是党和国家的根本所在、命脉所在,是全国各族人民的利益所系、命运所系,党是最高政治领导力量。(5)第一次把坚持党的全面领导和全面从严治党统一起来,强调党对自身建设的领导,突出自我革命。(6)第一次就党的政治建设进行系统阐述。从政治领导、政治能力、政治意识、政治生活、政治文化、政治生态等方面,全方位加强党的政治建设。

总体任务是实现社会主义现代化和中华民族伟大复兴。其原创性贡献可概括为"由大国成为强国",即为中华民族谋复兴,解决国家"强不强"的问题,实现从富起来到强起来的伟大飞跃,夺取中国特色社会主义伟大胜利。党的十八大以前,中国共产党领导全国人民致力于建设中国特色社会主义,推进中国特色社会主义伟大事业,以实现从温饱不足到总体小康的历史性跨越,解决使中国人民富起来的问题。进入新时代,我们党紧紧围绕新时代坚持和发展中国特色社会主义,谱写新时代中国特色社会主义新篇章,向着全面建成社会主义现代化强国迈进,以中国式现代化推进中华民族伟大复兴,夺取中国特色社会主义伟大胜利,解决使中华民族强起来的问题。正因如此,习近平同志强调,新时代的历史使命就是实现中华民族伟大复兴,这是近代以来中华民族最伟大的梦想,今天我们比历史上任何时期都更接近中华民族伟大复兴的目标,比历史上任何时期都更有信心、有能力实现这个目标。

价值取向是坚持以人民为中心。其原创性贡献可概括为"从解决物质文化需要同落后的社会生产之间的矛盾到注重解决美好生活需要和不平衡不充分的发展之间的矛盾的历史性转化",即为中国人民谋幸福,解决人民生活"好不好"的问题。党的十九大报告指出,中国特色社会主义进入新时代,我国社会主要矛盾发生了历史性转化,即转化为人民日益增长的美好生活需要和不平衡不充分的发展之间的矛盾。其中的美好生活包括推进民主法治,发展全过程人民民主,这是我国在民主问题上的原创性思想、原创性贡献。过去,我们相对注重解决人民群众的物质生活富裕的问题,"物本身"的问题相对突出。当今在解决物质生活富裕的基础上,我们进一步解决人民生活美好和人自身发展的问题,把"人自身"的发展问题推到了历史前台。习近平同志强调:"以前我们要解决'有没有'的问题,现在则要解决'好不好'的问题。"① 这意味着我国正在实现从注重经济增长、先富带后富到推动人的全面发展、全体人民共同富裕(包括精神生活共同富裕)取得更为明显实质性进展的跨越,以人民为中心的发展思想得到前所未有的彰显。我国不仅从理论上,而且更为重要的是从实践上,把"以人民为中心"变为现实。即把人民当作主体,一切依靠人民;把人民当作

---

① 《习近平谈治国理政》第三卷,外文出版社 2020 年版,第 133 页。

目的,一切为了人民;把人民当作尺度,坚持人民至上。

战略谋划是统筹推进"五位一体"总体布局、协调推进"四个全面"战略布局①。其原创性贡献可概括为"从重点突破到系统性整体推进和战略性谋划",解决实现奋斗目标的总体方略问题。过去,由于历史发展的必然性,我国许多地方相对注重经济建设,单向度突破的特点较为鲜明;其后也开始强调文化建设的重要性;之后,我国在注重经济建设、文化建设的同时,又进一步注重政治建设和社会建设;在此基础上,党的十八大进行系统性的战略谋划,第一次把包括生态文明建设在内的"五位一体"总体布局的系统性总框架提了出来。为统筹推进总体布局,2014年年底,习近平同志又进一步原创性地提出协调推进"四个全面"战略布局,把它作为统筹推进"五位一体"总体布局的"牛鼻子",这都是注重战略谋划的结果。

根本抓手是推进国家治理体系和治理能力现代化。其原创性贡献可概括为"由社会主义实践前半程向社会主义实践后半程的历史性转变",解决如何用制度治理好国家的问题,在改革问题上实现了具有划时代意义的历史性变革。改革开放初期,首要目标是相对聚焦解放和发展社会生产力。在生产力得到解放和发展的基础上,新时代全面深化改革的总目标进行了整体转型升级,突出制度建设,注重改革关联性和耦合性,强调国家自身建设,这就是完善和发展中国特色社会主义制度,推进国家治理体系和治理能力现代化。2014年2月17日,习近平同志在省部级主要领导干部学习贯彻十八届三中全会精神全面深化改革专题研讨班开班式上的讲话中指出,从形成更加成熟更加定型的制度看,我国社会主义实践有一个"前半程"和"后半程"。"前半程"的主要历史任务,是建立社会主义基本制度,并在这个基础上进行改革,这个我们已经走过了,现在已经有了很好的基础。"后半程"的主要历史任务,就是用中国特色社会主义制度全面治理、有效治理好社会主义国家。这实际上与全面深化改革的总目标是一致的。1978年,我们党开启了改革开放新时期。党的十八大以后,习近平同志强调,我们党又进一步开启了全面深化改革新时代,在改革问

---

① 参见《中国共产党第十九届中央委员会第六次全体会议文件汇编》,人民出版社2021年版,第46—47页。

题上实现了新的质的飞跃，即从局部探索到系统集成，从破冰突围到全面深化，从立柱架梁到全面推进，进而在许多领域实现了具有划时代意义的历史性变革、系统性重塑、整体性重构。

治国方略是全面推进依法治国。其原创性贡献可概括为"从法治不彰到建设社会主义法治体系、社会主义法治国家，实行国家治理的一场深刻革命"，解决党治理国家的基本方略问题。过去，我国社会确实存在着法治不彰的问题。党的十八大以后，习近平同志在"四个全面"战略布局中提出了全面依法治国；党的十八届四中全会的主题，就是全面推进依法治国，把全面依法治国看作治国理政的基本方略，并从理论和实践上建设社会主义法治体系、社会主义法治国家，实行了国家治理的一场深刻革命。习近平同志强调，新时代，"党运用法治方式领导和治理国家的能力显著增强"[①]。其中可以提炼出的原创性思想，就是习近平法治思想。

新发展阶段是推动高质量发展。其原创性贡献可概括为"由高速增长阶段转向高质量发展阶段"，解决发展不平衡不充分问题，正在实行关系我国发展全局的一场深刻变革。过去，我国一些地方和部门存在片面追求速度规模、发展方式粗放、发展不平衡不充分等问题。党的十八大以后，习近平同志站在我国发展新的历史方位这一新的历史起点上，为解决新的社会主要矛盾，助推全面建设社会主义现代化强国和实现中华民族伟大复兴，坚持和完善社会主义基本经济制度，提出了新发展理念，用贯彻新发展理念实现高质量发展，用高质量发展解决供给侧结构性改革，把实施高质量发展当作主题，把供给侧结构性改革作为主线，致力于构建新发展格局，正在实行关系我国发展全局的一场深刻变革，即推动经济发展质量变革、效率变革、动力变革，从而使"经济迈上更高质量、更有效率、更加公平、更可持续、更为安全的发展之路"[②]。其中可以提炼出的原创性思想，即习近平经济思想。

强军目标是把人民军队建成为世界一流军队。其原创性贡献可概括为"从军队党的领导弱化、腐败严重到军队实现整体性革命性重塑"，解决

---

① 《中国共产党第十九届中央委员会第六次全体会议文件汇编》，人民出版社2021年版，第68—69页。
② 《中国共产党第十九届中央委员会第六次全体会议文件汇编》，人民出版社2021年版，第61页。

人民军队由弱变强的问题。党的十八大以后，习近平同志提出新时代的强军目标，力求从基本实现国防和军队现代化到全面建成世界一流军队，推进政治建军、改革强军、科技强军、人才强军、依法治军，领导开展了中华人民共和国成立以来最为广泛、最为深刻的国防和军队改革，形成军委管总、战区主战、军种主建新格局，军队实现了整体性革命性重塑。其中可以提炼出的原创性思想，就是习近平强军思想，这与"总体国家安全观"直接相关。

大国外交是推动建设新型国际关系，推动构建人类命运共同体。其原创性贡献可概括为"超越西方'主—客'外交范式走向'主—主'外交范式"，即为世界谋大同，解决世界"和平不和平"的问题，从面临前所未有的世界动荡变革、外部风险挑战到引领时代潮流和人类前进方向，推动国际秩序"由变到治"。西方国家的外交是"主—客"范式，它们为"主"，其他国家为"客"，"主"支配"客"。基于"主—客"范式的外交是霸权外交。党的十八大以后，习近平同志首次对中国特色大国外交作出战略谋划，推进和完善全方位、多层次、立体化外交布局，推动建设新型国际关系，推动构建人类命运共同体，弘扬和平、发展、公平、正义、民主、自由的全人类共同价值，引领人类进步；首次强调积极参与全球治理体系改革和建设，开创中国外交新局面，在世界大变局中开创新局，我国国际影响力、感召力、塑造力显著提升，构建人类命运共同体理念已成为引领时代潮流和人类前进方向的鲜明旗帜。这里蕴含"主主平等"的哲学理念。其中可以提炼出的原创性思想，就是习近平外交思想。

政治保障是全面从严治党，以伟大自我革命引领伟大社会革命。其原创性贡献可概括为"从管党治党宽松软到实现管党治党宽松软状况得到根本扭转"。过去，我们党内管党治党确实存在宽松软现象，一些党员干部身上存在"精神懈怠、能力不足、脱离群众、消极腐败"四种危险，党内腐败现象较为严重，严重损害党的形象，削弱党执政的群众基础和执政根基，削弱党中央权威和集中统一领导。党的十八大以后，习近平同志多次强调大党应该有大党的样子，"打铁必须自身硬"，要硬在政治、硬在信念、硬在精神、硬在能力、硬在作风、硬在纯洁、硬在担当，全面推进党的政治建设、思想建设、组织建设、作风建设、纪律建设，勇于自我革命，以伟大自我革命引领伟大社会革命，致力于把中国共产党建设得更加坚强有力，把中国共产党建设成世界上最强大的政党。

2. 历史维度

如果说理论维度主要是从"条条"思路来讲习近平新时代中国特色社会主义思想的原创性贡献，那么历史维度则主要是从"块块"思路来谈习近平新时代中国特色社会主义思想的原创性贡献。这就是从人类社会发展史、世界社会主义发展史、马克思主义中国化历史、中华民族发展史上，讲习近平新时代中国特色社会主义思想的原创性贡献及其实现的马克思主义中国化新的飞跃，这实际上也是讲习近平新时代中国特色社会主义思想的历史地位。

（1）在人类社会发展史上，习近平新时代中国特色社会主义思想的原创性贡献和历史地位，主要聚焦于以人民至上理论掌握解释世界的理论话语权。

马克思曾经提出人类历史发展的"三形态"理论，即从"人的依赖"到"物的依赖"，再到生产力高度发展和人的全面发展基础上的"自由个性"。"人的依赖"，主要是前资本主义社会人的发展形态，表现为人对血缘、权力及由此构成的共同体的依赖。"物的依赖"，主要是商品经济社会人的发展形态，体现为人对货币、资本、金钱与物质财富的依赖，即物对人的统治。"自由个性"，是后商品经济社会人的发展的历史形态，体现为人的全面发展与人的创新能力的自由充分发挥。马克思在他那个时代，致力于破解资本逻辑并向人本逻辑跨越，但在实践上并未真正完成或实现。经济文化落后国家建设社会主义，由于历史发展的必然性，面临的首要问题是解放和发展社会生产力，相对注重解决建设社会主义的物质基础即"物"的问题。党的十八大以来，我国社会主要矛盾发生了历史性转化，由人民日益增长的物质文化需要同落后社会生产之间的矛盾转化为人民日益增长的美好生活需要和不平衡不充分的发展之间的矛盾。这意味着在现实和实践上，我国总体上已经解决了人的基本需要满足问题，已经进入不断创造人民美好生活的新时代。这一时代是超越了"物的依赖"和"资本逻辑"，走向不断推进人本身全面发展的时代，是人民成为国家、社会和自己命运的主人的时代，是在实践上坚持以人民为中心的时代，即人民至上并彰显民本逻辑的时代。基于这样的时代，习近平同志不仅在实践上坚持人民至上,而且从哲学上构建起了人民至上理论。这一理论的框架性、核心性内容就是:把人民当作主体,一切依靠人民;把人民当作目的,一切为了人民;让全体人民共享发展成果,在推进全体人民共同富裕上迈出实质性一步,不断推进人的全面发展;把人民当作尺度,坚持人民至上。习近平同志又把哲学上的人民至上理论运用于政治经济学,超越资本主导逻辑,构建起以人民为中心、以共同富裕为目的的政治经济学;也把人民至上理论运用于科学社会主义,破除了社会主义"失败论",使科学社会主义在21世纪的中国焕发出强大生机活力,在世界上高高举起中国特色社会主义伟大旗帜。坚持人民至上是创造人类文明新形态的核心理念,为世界人民所拥护,具有强大生命力,会逐步取代自由主义,进而掌握解释世界的理论话语权。

(2)在世界社会主义发展史亦即马克思主义发展史上,习近平新时代中国特色社会主义思想的原创性贡献和历史地位,主要体现在"创新发展21世纪马克思主义"。

党的十九大报告所讲的"三个意味着"充分表明:世界社会主义运动的中心已转移到当代中国。世界社会主义运动中心转移到哪里,马克思主义的主要生长点、发展源与中心重镇就在哪里。当代中国已经成为发展21世纪马克思主义的主要生长点、发展源与中心重镇。因而,习近平同志强调,当代中国共产党人应肩负起发展21世纪马克思主义的神圣职责。总的来说,21世纪马克思主义,就是既牢固坚守马克思主义根本立场、价值取向、理想信念、基本原理、方法原则,又反思重构中国和世界现代化的马克思主义;是推动世界社会主义运动中心历史性地转移到当代中国,并致力于把马克思主义发展到21世纪时代和实践所需要的新境界的马克思主义;是立足中国、走向世界,直面中华民族伟大复兴战略全局和世界百年未有之大变局,以长远视野、宽广视野、纵深视野和整体视野观察时代、把握时代、引领时代,为解决人类问题并为解释和引领21世纪世界社会主义运动、马克思主义发展贡献科学理论的马克思主义。用这样的马克思主义观察时代、把握时代、引领时代,是对马克思主义与时俱进的创新性发展,是"中国理论"走向世界的标志性符号。

(3)在马克思主义中国化史上,习近平新时代中国特色社会主义思想的原创性贡献和历史地位,主要体现在它"真正解决了落后国家建成社会主义的问题"。

　　落后国家如何建设社会主义，是马克思晚年、列宁晚年集中探究的一个重大理论与实践问题。①他们虽然提出一些相关重要思想，然而在实践上并没有真正解决这一问题。毛泽东与邓小平、江泽民、胡锦涛也在不同程度上探索这一重大问题，并且为解决这一问题创造了根本社会条件，奠定了根本政治前提和制度基础，提供了充满新的活力的体制保证和快速发展的物质基础，但在实践上也没有彻底解决这一问题。中国特色社会主义进入新时代，意味着久经磨难的中华民族迎来了从站起来、富起来到强起来的伟大飞跃，现在正意气风发地向全面建成社会主义现代化强国迈进，实现中华民族伟大复兴的历史进程不可逆转。新时代，在习近平新时代中国特色社会主义思想指引下，我国已经超越了资本占有劳动并控制社会的逻辑；我国利用显著的制度优势解放和发展了社会生产力，增强了综合国力，提高了人民生活水平，实现了跨越式发展，仅用几十年时间就走完发达国家几百年走过的工业化历程，创造了经济快速发展奇迹和社会长期稳定奇迹，也使中国大踏步地赶上了时代；现在，在推进实现全体人民共同富裕上正迈出实质性一步。这充分意味着：今天我们比历史上任何时期都更接近中华民族伟大复兴的目标，比历史上任何时期都更有信心、有能力实现这个目标，全面建成社会主义现代化强国、实现中华民族伟大复兴指日可待、目标可期。由此可以说，习近平新时代中国特色社会主义思想在马克思主义中国化史上，也具有原创性贡献。

　　（4）在中华民族发展史上，习近平新时代中国特色社会主义思想的原创性贡献和历史地位，主要体现在它使中国人民由自卑走向充满自信，使中华民族从可能被"开除球籍"到创造"中国奇迹"，实现了从"积贫积弱"到"繁荣富强"的历史性飞跃，使中国在世界上从"世界失我"到"世界有我"再到"世界向我"，使马克思主义实现了从"过时论"到"生机论"的伟大飞跃，也使中国共产党成为走在世界和时代前列的坚强

---

① 1881年，俄国革命民主主义者查苏利奇致信马克思，希望马克思能说明"对我国农村公社可能的命运以及关于世界各国由于历史必然性都应经过资本主义生产各阶段的理论的看法"。马克思指出，在俄国，"一方面，土地公有制使它有可能直接地、逐步地把小地块个体耕作转化为集体耕作，……另一方面，和控制着世界市场的西方生产同时存在，就使俄国可以不通过资本主义制度的卡夫丁峡谷，而把资本主义制度所创造的一切积极的成果用到公社中来"。参见《马克思恩格斯文集》第三卷，人民出版社2009年版，第574—575页。

有力的伟大政党。

　　曾经，一些人总认为"西方的月亮比中国圆"。改革开放以后，尤其是中国特色社会主义进入新时代、我国发展步入新的历史方位，在以习近平同志为核心的党中央坚强领导下，随着中国成为世界第二大经济体，综合国力不断增强，人民生活水平不断提高，今天的中国人民以更加理性的自信屹立在世界面前。1978年改革开放以前，中国落后于世界发展先进水平，落后于世界现代化潮流，正像邓小平所讲的，有被"开除球籍"的危险。今天，在习近平新时代中国特色社会主义思想指引下，中国创造了世所罕见的"中国奇迹"，正在日益走近世界舞台中央，实现从"积贫积弱"到"繁荣富强"的历史性飞跃。改革开放以前那种有被"开除球籍"的危险，意味着"世界失我"。改革开放以后，在向西方学习的过程中，有些人完全失去了自我，成了西方的附庸，这更呈现出"世界失我"的情境。中国共产党人具有战略清醒和战略定力，积极主动"找寻自我"，坚定不移走自己的路，建设中国特色社会主义，创造中国式现代化新道路，从而显示"世界有我"。中国特色社会主义进入新时代，中华民族迎来了从站起来、富起来到强起来的伟大飞跃，中国特色社会主义道路、理论、制度、文化的不断发展，为发展中国家走向现代化拓展了新的途径，为世界上那些既希望加快发展而又希望保持自身独立性的国家和民族提供了全新选择，为解决人类问题贡献中国智慧、中国方案、中国力量，也创造了中国式现代化新道路和人类文明新形态，为人类进步展现了光明前景。这意味着"世界向我"，即向有利于中国发展的方向发展，世界上一些国家和民族也注重向我们中国学习。就政党而言，一段时期以来，我们党确实遭遇了一个个难题，党中央权威和集中统一领导受到严重影响。党的十八大以后，以习近平同志为核心的党中央坚持党的全面领导和全面从严治党相统一，把中国共产党建设成为世界上最强大的、走在世界和时代前列的伟大政党。上述这些，也必然展示出马克思主义的强大生机活力，实现由过去的马克思主义"过时论"到新时代马克思主义"生机论"的伟大转变。

PART 2
第二章

现实之问:
新时代中国特色社会主义的实践逻辑

一、"两个结合"的核心要义和思想精髓

新时代中国特色社会主义的实践逻辑,主要体现在大力推进中国式现代化和建设中华民族现代文明,以中国式现代化推进强国建设和民族复兴。研究中国式现代化、中华民族现代文明,其逻辑起点是"两个结合"。

无论从理论上还是从实践上说,坚持和推进马克思主义中国化时代化,是中国共产党百年奋斗历程中必须着力解决的根本问题。习近平同志在庆祝中国共产党成立100周年大会上的讲话(简称"七一"重要讲话)中鞭辟入里地指出,必须继续推进马克思主义中国化时代化,坚持把马克思主义基本原理同中国具体实际相结合、同中华优秀传统文化相结合(简称"两个结合")①。这一重要论断,深化了对马克思主义中国化的认识,体现了对"两个结合"及二者关系的深刻认知,表达了对中国具体实际和中华优秀传统文化及二者关系的深入理解。

(一)为什么必须坚持"两个结合"

我国理论界曾对"两个结合"进行了较为深入的研究。一种观点认为,把马克思主义与中国传统文化相结合是可能的,原因在于二者在实践理性、价值取向、社会理想等方面具有一致性。但也有学者对"一致说"提出不同看法,认为正是这种被诠释出来的所谓"一致性",阻碍人们对马克思主义进行全面正确的理解。马克思主义与中国传统文化相结合,主要是指吸取中国传统文化的精粹,而中国化的马克思主义如毛泽东思想、

---

① 参见习近平:《在庆祝中国共产党成立100周年大会上的讲话》,人民出版社2021年版,第13页。

邓小平理论等，事实上都吸取了中国传统文化的积极内容。在学术研究中，学术界提出了关于马克思主义中国化的必然性问题。有学者一针见血地指出，马克思主义中国化之所以具有必然性，是因为它既是近代中国社会和中国革命发展的必然结果，也是马克思主义的内在要求，还是中国具体实际的客观需要。

为什么必须坚持"两个结合"？汲取理论界已有研究成果，我们以为至少需要从三方面进行深入分析。

1. 马克思主义经典作家三番五次强调要注重"结合"

马克思主义本质上是一种源于实践又回到实践以指导实践、改变现实的理论，是注重"事物自身"之内在联系、矛盾运动、发展过程且从中生长出的理论，因而本质上是发展着的马克思主义，它摒弃把马克思主义理论作为一种"公式""标签""套语"来剪裁任何事物的教条主义。这种教条主义，实质上属于"外在反思"思维。

第一，马克思、恩格斯实现的哲学变革，实质上就是摒弃用头脑臆想的人为联系代替事物自身的客观联系，创立唯物主义辩证法。马克思、恩格斯以前的旧哲学如形而上学、思辨哲学，往往用头脑臆想的人为联系代替事物自身的客观联系，在历史领域走向唯心主义。马克思、恩格斯确立的唯物主义辩证法，本质上就是摆脱主观臆想进而通达事物自身，力求呈现、确证事物自身存在之内在的普遍联系、矛盾运动和发展过程。现代唯物主义世界观，就是运用唯物主义辩证法揭示、解释人的感性生活世界而生成出来的范畴，因为它超越了主观人为的臆想联系，揭示了人的感性生活世界本身的普遍联系。它表明，认识世界和分析事物，首要应立足于现实生活世界，从客观实际出发，而不是从原则出发。

第二，《共产党宣言》（简称《宣言》）的基本原理的实际运用要随时随地以当时的历史条件为转移。马克思、恩格斯合写的《宣言》问世，是马克思主义诞生的标志。在《宣言》1872年德文版序言中，马克思、恩格斯指出，《宣言》所阐发的"这些原理的实际运用，正如《宣言》中所说的，随时随地都要以当时的历史条件为转移，所以第二章末尾提出的那些革命措施根本没有特别的意义"①。《宣言》一般原理的实际运用因历史条件的不同而不同,这是《宣言》和序言反复强调的。列宁也郑重其事地指出:"这些原理的应用具体地说,在英国不同于法国,在法国不同于德国,在德国又不同于俄国。"②同理,这些原理的应用,在中国既不同于西欧,也不同于俄国,因为中国国情具有鲜明的特殊性,所以毛泽东强调,马克思主义必须中国化。这表达了马克思主义经典作家对《宣言》的基本原理的运用所坚持的态度和方法。比如,我们应深刻认识到,《宣言》的一个基本原理就是消灭资本主义私有制,对此任何时候都不能怀疑和动摇。离开了这一条,就从根本上背离了《宣言》,离开了马克思主义。因此,我们对《宣言》中的有关论述,必须结合实际,不应当作教条主义理解。

第三,不能把马克思关于西欧资本主义起源的历史概述变成一般发展道路的历史哲学理论。当时德国、法国、俄国的许多青年学者常对马克思的理论产生误读和误解。俄国的米海洛夫斯基等人,就把马克思关于西欧资本主义起源的历史概述彻底变成一般发展道路的历史哲学理论,认为一切民族,无论其所处的历史环境如何,都注定要走这条路。对此,马克思理直气壮地声明:"我要请他原谅。(他这样做,会给我过多的荣誉,同时也会给我过多的侮辱。)"③德国还有一些人打着马克思主义旗号宣扬非马克思主义,以至于马克思借用海涅的话怫然不悦地说:"我播下的是龙种,而收获的却是跳蚤。"④针对德国一些青年学者把马克思的理论当作现成的公式、套语、标签贴到各种事物上去而不再作进一步研究的倾向,马克思慎思明辨地声明,如果这样做,并把这样做当作马克思主义,那么,"我只知道我自己不是马克思主义者"⑤。这表明:真理是有条件的,具有相对性,马克思坚决反对把现成的公式套到一切事物上去并剪裁各种事实的倾向,强调要从具体实际条件出发分析问题。

第四,不要把他们的世界观当作教义而应当作方法。恩格斯一再强调

---

① 《马克思恩格斯选集》第一卷,人民出版社 2012 年版,第 376 页。
② 《列宁选集》第一卷,人民出版社 2012 年版,第 274—275 页。
③ 《马克思恩格斯全集》第二十五卷,人民出版社 2001 年版,第 145 页。
④ 《马克思恩格斯选集》第四卷,人民出版社 2012 年版,第 603 页。
⑤ 《马克思恩格斯选集》第四卷,人民出版社 2012 年版,第 599 页。

要正确对待马克思和他所创立的理论。恩格斯晚年在关于历史唯物主义的书信和《反杜林论》中反复指出，不应当把他们的整个世界观当作教义，而应当作方法，它提供的不是现成的教条，而是进一步研究的出发点和供这种研究使用的方法，当作研究历史的指南。他又指出，"原则不是研究的出发点，而是它的最终结果"①。这些重要论述旗帜鲜明地表达了这样一种态度：坚决反对把他们的理论教条化，当作现成的公式来剪裁各种历史事实，而认为每个国家运用马克思主义，都必须穿起本民族的服装。

第五，世界各个国家和民族走向社会主义有不同"走法"。列宁是坚持和发展马克思主义的典范。这体现在他注重把马克思主义基本原理同俄国具体实际相结合。在谈到落后国家如何走向社会主义时，列宁强调："一切民族都将走向社会主义，这是不可避免的，但是一切民族的走法却不会完全一样，在民主的这种或那种形式上，在无产阶级专政的这种或那种形态上，在社会生活各方面的社会主义改造的速度上，每个民族都会有自己的特点。"②这表明，不同时代和实践的发展、各国生产力发展状况和社会发展阶段，是社会主义建设道路多样化的现实原因，历史、文化、传统的异质性，是不同国家社会主义建设道路多样性的深层根源。

2. 中国革命、建设、改革实践的经验教训启迪我们必须注重"结合"

如果说马克思主义经典作家强调把他们提出的基本原理同具体历史条件、各国实践相结合，那么，中国共产党人则在实践上更加自觉地强调马克思主义基本原理必须同中国具体实际相结合，认为只有这种结合才能既克服教条主义、避免狭隘经验主义，又解决中国问题。

第一，新民主主义革命时期，我们党反对把马克思主义教条化，强调马克思主义必须同中国革命的具体实际相结合。新民主主义革命时期，我们党遇到的首要问题，是如何选择中国革命的道路，这是中国革命"向何处去"的问题。当时党内存在着教条主义倾向，以王明为主要代表的一些人热衷于从书本中找答案，认为中国革命必须走城市武装暴动的道路，结

---

① 《马克思恩格斯选集》第三卷，人民出版社2012年版，第410页。
② 《列宁选集》第二卷，人民出版社2012年版，第777页。

果导致革命屡屡受挫。以毛泽东同志为主要代表的中国共产党人坚持把马克思主义基本原理同中国革命具体实际相结合,根据当时中国农民最多、农民最穷、农民的革命性最坚决的具体实际,强调中国革命要走"农村包围城市、武装夺取政权"的道路,结果使中国革命转危为安。针对在中国革命问题上的教条主义,毛泽东同志发表了《实践论》《矛盾论》,强调理论与实践相结合、普遍与特殊相结合,着重阐述了理论和实践(知和行)、普遍和特殊(共性和个性)的辩证关系,指出关于共性和个性的关系,是事物矛盾的精髓,不懂得它,就等于抛弃辩证法。毛泽东同志在《矛盾论》中,在坚持矛盾具有普遍性的前提下,着重从五个方面论述矛盾的特殊性。这两部著作,为马克思主义基本原理同中国具体实际相结合奠定了坚实的哲学基础。

第二,社会主义革命和建设时期,我们党强调走自己的路。1956年,我国确立了社会主义基本制度,开始探索社会主义建设道路。如何建设社会主义,建设社会主义应走什么样的道路?一开始,既没有现成的经验可以借鉴,也没有既成的模式可以遵循。当时,苏联在社会主义建设方面是我们所谓的"老大哥",于是就注重"向苏联学习",学习社会主义建设的"苏联模式"。经过一段时期的实践,我们发现这种模式不完全适合中国国情,导致我国社会主义建设出现一些曲折。中国共产党人经过认真反思和总结,深刻认识到中国社会主义建设必须"走自己的路"。于是,毛泽东根据当时中国具体实际,发表了《论十大关系》,确定了中国建设社会主义必须处理好的十大关系。《论十大关系》是确定我国社会主义建设"走自己的路"的理论基础和基本内容。

第三,改革开放和社会主义现代化建设新时期,我们党强调解放思想、实事求是。1978年,我国开启改革开放和社会主义现代化建设新时期。当初我国改革开放面临的最大的阻力,是"左"的思潮和倾向。其本质特征,就是从本本找答案、从语录找结论、从权威找出路。这种从本本出发的教条主义影响我国改革开放和社会主义现代化建设。不冲破这重阻力,就迈不开改革开放和社会主义现代化建设新步伐。针对这种倾向,邓小平发表了《解放思想,实事求是,团结一致向前看》。其实质,就是力求打破本本主义、教条主义束缚,确立解放思想、实事求是的党的思想路线,注重从中国具体实际出发认识中国国情。要而言之,就是要把马克思主义基本原理同中国具体实际相结合。

3. 唯物辩证法的精髓是注重"结合"的哲学基础

马克思、恩格斯把黑格尔的辩证法与费尔巴哈的唯物主义有机结合起来，确立了唯物辩证法。唯物辩证法具有现实特质，本质上是注重"事物自身的辩证法"，其任务就是揭示事物内部的普遍联系、矛盾运动和发展过程。

列宁的《哲学笔记》是唯物辩证法的代表作。列宁指出，辩证法的第一要素，就是首先要关注"自在之物本身"，即事物自身（存在）的客观性，还要关注事物自身的运动、发展，即事物发展的辩证法。[①]在《谈谈辩证法问题》中，列宁以马克思的《资本论》为例，着重论述一般和个别的关系，强调"一般只能在个别中存在，只能通过个别而存在"，任何个别都是一般，同时"任何一般都是个别的"。[②]就是说，普遍性离不开特殊性，普遍性寓于特殊性之中，并通过特殊性表现出来。显然，这是为普遍同特殊相结合、一般同个别相结合提供哲学基础。从本质来说，马克思主义基本原理具有普遍性、一般性，必须坚持。然而，这种普遍性、一般性不是抽象的，而是具体的，它只有通过特殊的具体实际才能体现出来。

毛泽东沿着列宁的思路继续走下去，在其唯物辩证法的代表作《矛盾论》中，更为鲜明地强调普遍和特殊、共性和个性的关系，注重普遍与特殊、共性与个性相结合，认为关于共性和个性的关系就是事物矛盾的精髓，当然也是辩证法的精髓。[③]把这种关系上升到"精髓"的高度，其实质就是为马克思主义基本原理同中国具体实际相结合提供哲学基础。

邓小平把解放思想、实事求是确立为党的思想路线。这意味着要从中国具体实际出发看待事物、分析问题，这为马克思主义中国化提供了理论依据，即马克思主义必须同中国具体实际相结合。

通过上述梳理，我们可得到两点深刻认识：第一，中国需要马克思主义，需要以马克思主义之"矢"射中国具体实际之"的"。马克思主义作

---

① 参见《列宁选集》第二卷，人民出版社 2012 年版，第 411 页。
② 参见《列宁选集》第二卷，人民出版社 2012 年版，第 558 页。
③ 参见《毛泽东选集》第一卷，人民出版社 1991 年版，第 319—320 页。

为从人类社会历史发展的客观实际中抽象出来的基本原理，具有普遍性和共性，为中国共产党人认识世界和改造世界提供了行动指南，是我们立党立国的根本指导思想，是我们党的灵魂和旗帜。第二，从实践中生长出来的马克思主义基本原理还必须通过广大人民群众的实践回到中国具体的现实环境中落地、扎根，只有同中国具体实际相结合，运用于现实世界才能发挥其指导作用。脱离现实世界，离开具体条件，马克思主义基本原理的普遍性就无从谈起。

（二）怎样理解"两个结合"的内涵及其实质

谈"结合"，究竟要结合什么，强调结合的实质又是什么，结合会产生何种成果？有研究成果强调，马克思主义中国化有三层含义，即马克思主义基本原理同中国具体实际相结合，包括同中国实践、中国历史传统、中国传统文化相结合三个基本方面。[①] 有些专家指出，马克思主义中国化包括两层含义，即马克思主义基本原理同中国具体实际相结合、同时代特征相结合，集中表现为实践性和时代性。这表明我国理论界已经提出马克思主义基本原理要"结合"中国具体实际、中国历史传统、中国传统文化的内涵，其中包括马克思主义基本原理"两个结合"的内涵。[②]

中国具体实际是中国"历史传统"的当代呈现，"时代特征"也蕴含在中国具体实际之中，就是说，从"中国具体实际"中可以分析出中国的"历史传统"和"时代特征"；而且，影响中国以及中国具体实际的基因是中华传统文化，中华传统文化是中华民族的血脉，是中国人一切行为的底蕴。所以，习近平总书记在"七一"重要讲话中提出的"两个结合"具有代表性，具有典型样本意义。把现有理论界研究成果作为思想资源，可从下述三个层面理解习近平总书记在"七一"重要讲话中提出的"两个结合"的内涵及其实质。

马克思主义中国化具有"中国化""化中国""理论成果"三个根本维度和三个层次的内涵，三者既区别又联系。从"结合"的重要性来讲，当

---

① 参见韩庆祥、陈远章：《论马克思主义中国化时代化大众化》，天津人民出版社2020年版，第27页。
② 参见汪信砚：《新世纪马克思主义中国化研究述评》，《马克思主义研究》2008年第3期。

然应先讲"化中国",即从现实维度讲马克思主义基本原理同中国具体实际相结合,其实质,就是使马克思主义在中国开花、结果,既求求正确的中国道路,以解决中国社会主要矛盾和中国问题,推进中国历史进步,也创新发展马克思主义;若从"结合"的历史逻辑来说,可以先分析"中国化",即马克思主义基本原理同中华优秀传统文化相结合,因为马克思主义基本原理只有首先在中国落地、扎根("中国化"),然后才能开花、结果("化中国"),而在中国落地、扎根,就是先从历史维度讲马克思主义基本原理同中华优秀传统文化相结合,其实质,就是既使马克思主义在中国落地、扎根,又运用马克思主义立场观点方法对中华传统文化进行创造性转化和创新性发展;从理论维度讲,"两个结合"会产生中国化马克思主义这一创新成果。这里,"中国化""化中国"和"理论成果"的逻辑关系是,只有先解决"中国化"问题,才能解决"化中国"问题,"中国化"的目的是"化中国","中国化"和"化中国"就会产生中国化马克思主义的理论创新成果。

1. 马克思主义基本原理同中华优秀传统文化相结合,使马克思主义在中国落地、扎根,此可谓"中国化"

这种结合具有高度的契合性。

其一,马克思主义基本原理同中华优秀传统文化相结合,具有结合的现实性。马克思主义与中华优秀传统文化具有基因契合性和价值一致性,因而能在中国落地、扎根。中华优秀传统文化的精髓是强调世界大同、协和万邦、兼济天下、和衷共济、民为邦本,马克思主义在本质上追求人类解放、以人民为本、共同富裕、社会和谐、每个人自由全面发展等。二者相通,构成马克思主义基本原理在中国"落地生根"的文化基础。

其二,马克思主义基本原理同中华优秀传统文化相结合,具有结合的必要性。一是马克思主义的本性要求。马克思主义具有在现实中落地、扎根、开花、结果的本性,其产生形成与实际运用必然要考虑落地、扎根、开花、结果的具体条件包括文化土壤。二是马克思主义具有满足中国需要的实际功能。仅仅依靠中华传统文化解决不了近代以来中国"向何处去"这一根本问题,历史和实践经验表明,只有运用马克思主义的立场观点方法才能解决这一问题;马克思主义要解决这一问题,首先要在中国落地、扎根,被中国共产党人和中国人民理解和掌握,这就需要同中华优秀传统文化相结合。三是实现伟大梦想的迫切需要。实现中华民族伟大复兴,迫切需要把广大人民群众团结凝聚起来,中华优秀传统文化具有这种功能,它是中华民族共有的精神血脉、精神家园和精神纽带。

其三,马克思主义基本原理同中华优秀传统文化相结合,还要精准确定结合的方式、方法。这种相结合的方式、方法,就是坚持马克思主义基本原理本质不变的前提下的"双方优势结合"和"双方功能互补"。任何结合一定会有一个主体方,无论如何结合,主体方的"本质"基本上不能改变,否则就会不伦不类。马克思主义基本原理是"结合"的主体方,中国共产党人在任何时候都必须坚持。在此前提下,我们既要运用马克思主义立场观点方法,对中华传统文化实现创造性转化和创新性发展,使中华优秀传统文化服务于实现中华民族伟大复兴,服务于有效应对世界百年未有之大变局,又要汲取中华优秀传统文化的积极因素,从而进一步丰富和发展马克思主义;既要充分发挥中华优秀传统文化的积极作用,使马克思主义在中国落地、扎根,又要运用马克思主义立场观点方法解决中国问题。毛泽东等老一辈革命家就是这方面的典范。比如对中国哲学史上关于知与行的论争,关于两种发展观的争论,关于历史观上的道德与功利、动机与效果的讨论,他们都作出了科学的批判和总结。再比如,实事求是与思想路线、民本思想与群众路线、尚贤思想与干部路线、大同理想与构建人类命运共同体、崇德精神与党性修养、群体意识与集体主义、小康之治与小康社会等,均是我们对传统命题的创新性发展。推进马克思主义中国化,就要对从孔夫子到孙中山的思想遗产进行全面批判的继承,让5000多年思想史成为理论创新的文化血脉和取之不尽的精神资源。

其四,马克思主义基本原理同中华优秀传统文化相结合,还要确定相结合的正确路径,即确定马克思主义在中国的具体实现方式。具体来说,就是使马克思主义基本原理具有中国式体现,使马克思主义方法论获得中国式运用,使马克思主义话语拥有中国式表达。"实事求是",既是马克思主义基本原理的中国式体现,也是马克思主义基本方法论的中国式运用,还是马克思主义话语的中国式表达。马克思主义的一条基本原理强调物质决定精神、社会存在决定社会意识,其中国式体现就是实事求是;马克思主义的一条基本方法论，是一切从客观实际出发，其中国式运用也是实事求是；辩证唯物主义基本原理的话语表达是客观存在决定主观意识，其中国式表达还是实事求是。

2. 马克思主义基本原理同中国具体实际相结合，使马克思主义在中国开花、结果，此可谓"化中国"

马克思主义基本原理同中国具体实际相结合更具有根本性，其内涵及实质可从两方面来理解。

其一，从"化什么"看，这涉及"结合"的根本环节。马克思主义基本原理同中国具体实际相结合，从根本上说，主要包括"谁来化""化什么""怎么化""化出什么"四个根本环节。这里的"化"，既指使基本原理化为某种结果的一种努力和过程，也指使基本原理具有某种状态。从其内涵和实质讲，最值得我们关切的是"化什么"。"化什么"既是主体与客体互动性的内在统一，又是过程与结果的有机统一。马克思主义基本原理同中国具体实际相结合，就是"化基本原理"与"化具体实际"的有机统一。

"化基本原理"，绝不是消解马克思主义，而是马克思主义基本原理要同中国具体实际相结合，即立足中国历史方位、直面社会主要矛盾，解决中国问题，使马克思主义成为具有中国风格的中国化马克思主义。这是用中国具体实际转化马克思主义基本原理，确定在中国的具体实现方式，马克思主义基本原理是"化"的"主题内容"，中国具体实际是"化"的"实现方式"。

"化中国"，就是用马克思主义基本原理与中国化马克思主义武装全党、教育人民、指导实践，解决中国面临的社会主要矛盾和根本问题，改造中国实践，促进中国社会进步和人的全面发展，使中国化马克思主义成为中国共产党执政的理论基础和中国人民的精神武器。这是用马克思主义基本原理与中国化马克思主义化中国，马克思主义基本原理与中国化马克思主义是"化"的"主体"，中国实践是"化"的"客体"。

其二，从"马克思主义根本作用"看，坚持马克思主义基本原理同中国具体实际相结合，是因为马克思主义对满足国家发展需要、解决中国社会主要矛盾和根本问题具有十分重要的作用，中国需要用马克思主义之"矢"射中国具体实际之"的"。这就是习近平总书记"七一"重要讲话所讲的，在中国，中国共产党为什么能、中国特色社会主义为什么好，归根结底是因为马克思主义行。

马克思主义行，首先是因为马克思主义基本原理行，它能使我们站在历史正确一边，掌握历史主动。马克思主义基本原理具有穿越时空进而发挥指导作用的特质。掌握不掌握马克思主义基本原理，实践效果大不一样。马克思主义基本原理的首要一条，就是社会基本矛盾原理。社会基本矛盾原理的一个核心要点，就是要看生产关系与生产力、上层建筑与经济基础是否适合。所谓适合，就是一定的社会基本矛盾既能使经济社会发展充满动力和活力，也能使经济社会发展保持平衡与和谐，而当发展动能不足、发展失衡的时候，各种治理能跟上；所谓不适合，就是一定的社会基本矛盾既使经济社会发展缺乏动力和活力，也使经济社会发展失去平衡与和谐，当发展动能不足、发展失衡时，各种治理跟不上。其中所讲的经济社会发展的动力、平衡和治理状况，就是一定社会基本矛盾状况的具体体现，也蕴含着经济社会发展的一条基本规律。

我国改革开放和社会主义现代化建设，总体上遵循的就是这条规律，把社会基本矛盾原理作为行动指南，从而掌握了历史主动：在改革开放之初，我国总体上相对注重激活经济社会发展的动力、活力；当经济社会发展出现某种不平衡、不和谐时，我们倡导以人为本、全面协调可持续和统筹兼顾的科学发展观，努力构建社会主义和谐社会；中国特色社会主义进入新时代，针对经济社会发展的某些动能不足并出现某种失衡的情境，我们积极推进国家治理体系和治理能力现代化，致力于解决发展不平衡不充分的问题。正因如此，我们党领导人民创造了世所罕见的经济快速发展奇迹和社会长期稳定奇迹，当今正致力于创造中国之治奇迹。

马克思主义行，其次是因为中国化时代化的马克思主义行，它立足中国历史方位，直面中国社会主要矛盾，解决中国根本问题，促进中国走向成功。"中国共产党为什么能、中国特色社会主义为什么好、马克思主义和中国化时代化的马克思主义为什么行"是一个有机整体，要联系起来理解：中国共产党之所以能，是因为它使马克思主义和中国化时代化的马克思主义行、使中国特色社会主义好；中国特色社会主义之所以好，是因为它使中国共产党能、使马克思主义和中国化时代化的马克思主义行；马克思主义和中国化时代化的马克思主义之所以行，是因为它使中国共产党能、使中国特色社会主义好。中国共产党人坚持把马克思主义基本原理同中国具体实际相结合、同中华优秀传统文化相结合，形成了中国化时代化的马克思主义，包括毛泽东思想、邓小平理论、"三个代表"重要思想、科学发展观、习近平新时代中国特色社会主义思想。这是"我们中国自己"的马克思主义，这样的马克思主义使中国共产党人立足中国国情，解决中国特色社会主义建设进程中出现的系列矛盾和问题，进而促进中国走向成功。

马克思主义和中国化时代化的马克思主义行，还因为21世纪马克思主义行，它能使我们观察时代、把握时代、引领时代。21世纪马克思主义，是世界社会主义运动中心转移到当代中国而建构的，是既能为解决人类问题又能为解释和引领21世纪的世界所贡献的科学理论体系，是中国理论走向世界的标识性符号。当今世界正经历百年未有之大变局，迫切需要理论解释。

面对整个世界的不确定性，首先要给出合理解释。在解释世界问题上，一段时间内，新自由主义拥有话语权，但面对世界百年未有之大变局，新自由主义出现解释困境。新自由主义在本质上奉行个人至上，注重个体力量，当个体力量面对系统力量，追求个人自由面对动荡变革的世界，会力不从心。

相反，21世纪马克思主义却具有解释优势。21世纪马克思主义注重"人类主体性""群体协同性""命运共同性"，能以系统应对系统，以整体应对整体。面对系统性的不确定性、动荡变革，需要全人类共同努力，需要集体力量、人民力量，需要个体服从整体和大局，需要团结合作、携手克难。21世纪马克思主义强调的正是人类与群体的协同性与主体性，强调系统整体，注重依靠人类力量、集体力量与团结合作力量，注重个体服从整体和大局，注重携手构建人类命运共同体。21世纪马克思主义能站在历史正确一边，以确定应对不确定。21世纪马克思主义注重运用系统思维、辩证思维和战略思维完整理解事物内部矛盾，把握事物的本质、发展趋势和规律，有助于从系统上正确处理系列复杂矛盾关系，应对种种不确定。21世纪马克思主义是以和平发展、合作共赢为核心理念的科学理论体系，是注重携手共建人类命运共同体的科学理论体系，是注重以集体力量、人民力量、团结合作力量应对各种复杂的矛盾难题、障碍阻力、风险挑战的科学理论体系，它有助于解答社会主义与资本主义并存的 21 世纪和世界百年未有之大变局中的矛盾难题和人类问题，有助于我们观察时代、把握时代和引领时代。

3. "两个结合"是创新发展马克思主义的根本路径

"两个结合"的第三种内涵，是针对把马克思主义教条化的倾向，强调马克思主义要与时俱进，要通过"两个结合"推进马克思主义创新发展，用中国化马克思主义指导中国实践。

在运用马克思主义解决中国社会主要矛盾和根本问题过程中，需要解决的一个重要课题，就是防止把马克思主义教条化。在中国革命、建设和改革历史进程中，不同程度地存在着把马克思主义教条化的倾向。所谓教条主义，在本质上是一种主观与客观相分离、认识与实践相脱离、理论与实际相背离的主观唯心主义。其本质特征是：在没有完全理解和把握马克思主义的真正本质与具体实际的情况下，用"片言只语"替代"有机整体"，用"外在标签"替代"内在生成"，用"主观臆想"代替"现实联系"，用"公式套语"剪裁"具体现实"；把部分理论和具体结论看作普遍的"一般历史哲学"，是包治百病的灵丹妙药；想问题、办事情，从抽象原则和书本公式出发，不是从客观实际出发；离开中国国情、历史条件和具体实际，离开时代和实践的发展，固守马克思主义经典作家基于当时具体历史条件和实际情况得出的个别论断、具体结论。教条主义是马克思主义中国化的天敌，是马克思主义基本原理同中国具体实际相结合、同中华优秀传统文化相结合的障碍，给中国革命、建设和改革带来了严重危害，其深刻教训使中国共产党人认识到："马克思主义理论从来不是教条，而是行动的指南。它要求人们根据它的基本原则和基本方法，不断结合变化着的实际，探索解决新问题的答案，从而也发展马克思主义理论本身。"① 这就要求我们在运用马克思主义立场观点方法解决中国社会主要矛盾和根本问题的进程中，必须反对把马克思主义教条化的倾向，不断推进马克思主义中国化，坚持马克思主义基本原理同中国具体实际、同中华优

---

① 《邓小平文选》第三卷，人民出版社 1993 年版，第 146 页。

秀传统文化相结合，并创新中国化马克思主义，发挥中国化马克思主义在解决中国社会主要矛盾和根本问题中的重要作用。

中国的社会主义脱胎于政治经济相对落后的半殖民地半封建社会，既不同于马克思、恩格斯所构想的在社会生产力高度发达基础上的社会主义，也不同于苏联式的社会主义。在这样的国情下怎样建设社会主义，在马克思主义发展史上确实未曾遇到过，也不可能从马克思主义的"本本"中找到现成答案。中国共产党人坚持把马克思主义基本原理同中国具体实际、同中华优秀传统文化相结合，创造性地回答了什么是马克思主义、怎样对待马克思主义，什么是社会主义、怎样建设社会主义，建设什么样的党、怎样建设党，实现什么样的发展、怎样发展，什么是新时代中国特色社会主义、怎样建设新时代中国特色社会主义等重大时代课题，探索了在经济文化相对落后的国家如何建设和发展社会主义的问题，从而推进马克思主义的创新发展，形成并发展了中国化马克思主义。

当今世界正处于动荡变革期，中国特色社会主义进入新时代，新情况新问题层出不穷。如何解决好中国式现代化进程中出现的各种矛盾和问题，为实现中华民族伟大复兴铺平道路？当代中国马克思主义、21世纪马克思主义需要作出积极回应。我们需要通过推进马克思主义基本原理同中国具体实际相结合、同中华优秀传统文化相结合，以创新发展当代中国马克思主义、21世纪马克思主义。

（三）如何推进"两个结合"

当今最需要深入研究的，是如何推进"两个结合"。

1. 需要系统深入总结并坚持推进"两个结合"的重要经验

理论界对"两个结合"，尤其是马克思主义基本原理同中国具体实际相结合的基本经验进行了总结。有的学者分别从理论前提、实践基础、必要条件、必由之路和重要保证五个方面进行概括：科学对待马克思主义，坚定马克思主义的信念，准确地理解马克思主义基本原理和中国具体实际；坚持实事求是，一切从国情实际出发，反对各种形式的教条主义；马克思主义要与时俱进、不断创新，以发展的眼光看待马克思主义和中国具体实际；始终坚持群众观点和群众路线，坚持以实现和发展最广大群众的根本利益为根本宗旨；加强中国共产党的理论建设，正确对待中国传统文化和现代文明成果，把世界性、时代性的内容与民族性的形式有机结合起来，形成鲜明的中国气派。有的学者把与"两个结合"相关的基本经验概括为五条：真正了解中国实际，一切从中国国情出发；继承优秀历史文化，创造民族形式，形成中国气派；坚持世界眼光，吸收人类文明一切优秀成果；让马克思主义理论掌握群众，使之成为改造中国的强大物质力量；解放思想，与时俱进，不断总结实践经验，实现理论创新。

在吸收理论界研究成果的基础上，总结并坚持推进"两个结合"的经验，可从"中国化"本身入手。

就"中国化"本身而言，坚持推进"两个结合"的经验可概括为四个"着眼于"：以分析解决中国问题为中心，着眼于从历史发展阶段与社会主要矛盾来把握中国国情；着眼于从正确的政治方向，正确的思想路线，正确的价值标准，正确处理中国革命、建设和改革进程中出现的矛盾关系来把握中国历史经验；着眼于从符合历史规律且有利于社会进步和人的发展来把握中华优秀传统文化；着眼于从时间、空间和条件出发把握中国实践发展要求。具体来说，主要有以下几个方面。

（1）从目的看，推进"两个结合"的过程，实质上就是解决中国问题的过程。为了解决中国革命、建设、改革中的重大问题，确有推进"两个结合"的必要。

（2）从总体看，推进"两个结合"首先要把握中国国情，中国国情在根本上可从历史发展阶段与社会主要矛盾来理解。不同历史发展阶段及其社会主要矛盾蕴含着不同的中国问题。

（3）从历史看，推进"两个结合"需要做到"三个必须"：必须把握好正确的政治方向，必须坚持解放思想、实事求是的思想路线，必须确立并坚持判断推进"两个结合"成效的根本标准。

（4）从推进"两个结合"的历史进程看，必须正确处理中国革命、建设和改革进程中出现的矛盾关系，推动理论和实践不断发展。

（5）从传统看，在推进"两个结合"进程中，必须考虑结合的"血脉"问题，即如何汲取中华传统文化的积极因素，进行创造性转化、创新性发展。

（6）从实践发展进程看，中国共产党人着眼于从不同历史方位、社会主要矛盾、所解决的根本问题、首要任务出发，来把握中国实践发展新要求，进而推进"两个结合"。

另外需要注意的是，推进"两个结合"只有体现时代发展要求和人民大众利益，才能得到顺利健康发展，离开时代发展就会落后于时代发展所要求的水平，离开人民大众利益就得不到人民大众的认同。

推进"两个结合"实际上是推进马克思主义中国化的一条基本规律，它揭示了马克思主义中国化的"历史""现实""理论"三个根本环节，建立起了"历史""现实""理论"之间的本质联系，实现三者有机统一。

2. 需要把握中国具体实际的根本，确定结合点

推进马克思主义基本原理同中国具体实际相结合，最为根本的就是厘清"中国具体实际"的内涵，这涉及确定结合点的问题。

究竟什么是"中国具体实际"？"结合点"到底是什么？对此，不能知其然而不知其所以然。这是需要进一步厘清的重要问题。不然，对"中国具体实际""结合点"的理解就会陷入人云亦云的境地。理解和把握"中国具体实际"，需要从"历史方位""社会主要矛盾""根本问题""中国道路"四个核心要素入手。

首先是"历史方位"，这是"中国具体实际"的时空维度。任何一种具体实际，都是一定历史时间中的实际，也是特定空间中的实际。中国的具体实际与美国的具体实际有很大差异，新民主主义革命时期的具体实际同改革开放和社会主义现代化建设新时期的具体实际也有所不同。

其次是"社会主要矛盾"，这是"中国具体实际"的本质维度。人类活动错综复杂、千差万别、千变万化，但归根结底可以还原到两个根本原点，即需求和供给。社会主要矛盾，表达的是一个社会的总体需求状况和供给状况及其供给满足需求的状况。一个社会的主要矛盾状况，是判断一个社会基本国情的主要依据之一，是判断一个社会整体发展状况的主要依据之一，是制定路线方针政策的主要依据之一，是党中央治国理政的基本依据，因而具有本质性。理解和把握"中国具体实际"，就必须把一定历史方位中的"社会主要矛盾"状况作为一个核心要素。从毛泽东到习近平都十分关切社会主要矛盾，就是如此。

再次是"根本问题",这是"中国具体实际"的时代维度。科学解答时代问题是马克思主义出场的基本路径,创造性地回答时代课题是马克思主义发展的动力。如马克思所言:"问题却是公开的、无所顾忌的、支配一切个人的时代之声。问题是时代的格言,是表现时代自己内心状态的最实际的呼声。"[1]源自西方的马克思主义之所以能够在中国大地落地、扎根、开花、结果,其自身的科学性、革命性、实践性固然重要,但更为重要的,是因为它契合了中国解决主要矛盾和根本问题的迫切需要。我们所解决的根本问题是社会主要矛盾的具体呈现,我们所讲的根本问题,背后都是社会主要矛盾使然。"中国具体实际",自然包括一定历史方位所面临的社会主要矛盾及其蕴含的根本问题。中国共产党人在不同时期面临的"时代课题",都与不同时期的"社会主要矛盾"及其所蕴含的"根本问题"直接相关。马克思主义基本原理同中国具体实际相结合,其首要目的,就是破解一定历史方位中的社会主要矛盾及其所蕴含的根本问题。中国共产党自诞生那一天起,就强调把马克思主义基本原理同中国具体实际相结合,就是要运用马克思主义立场观点方法来解决我们党所面临的根本问题或现实问题。正如习近平同志所强调的:"中国共产党人干革命、搞建设、抓改革,从来都是为了解决中国的现实问题。"[2]

最后是"中国道路",这是"中国具体实际"的实践维度。破解社会主要矛盾,解决中国问题,关键在于找到一条正确的中国道路。中国道路的核心,既包括奋斗目标,也包括实现奋斗目标的实践方略。作为奋斗目标,它是所解决的社会主要矛盾和根本问题的一种方向性表达;作为实践方略,它是解决社会主要矛盾和根本问题的根本方式。中国道路,就是直奔解决社会主要矛盾和根本问题而去的。比如,中国式现代化新道路,就是直奔解决人民日益增长的美好生活需要和不平衡不充分的发展之间的社会主要矛盾而去的,进而是直奔解决其中所蕴含的人民生活"好不好"、国家"强不强"、世界"和平不和平"和政党"硬不硬"等根本问题而去的。"中国具体实际",自然包括"中国道路"这一要素。马克思主义基本原理同中国具体实际相结合,最根本的就是找到一

---

[1]《马克思恩格斯全集》第一卷,人民出版社1995年版,第203页。
[2]《习近平谈治国理政》第一卷,外文出版社2018年版,第74页。

条能解决一定历史方位的社会主要矛盾和根本问题的正确道路。习近平同志指出:"道路问题是关系党的事业兴衰成败第一位的问题,道路就是党的生命。"①

谈到中国道路,就涉及"两个结合"与中国式现代化新道路之间的关系。坚持并推进"两个结合",既是为了寻求破解中国社会主要矛盾和根本问题的正确道路,也是为了使中国道路具有中华文化基因,使其有助于解决中国社会主要矛盾和根本问题。所以,坚持并推进"两个结合"与中国式现代化新道路,本质上是同一问题的两个侧面,即在创造中国式现代化新道路进程中不断推进马克思主义中国化及"两个结合",而不断推进马克思主义中国化及"两个结合",也要紧紧围绕创造中国式现代化新道路来进行。

3. 需要提炼中华优秀传统文化精髓,寻求结合方式

首先,中华优秀传统文化是中国人理解马克思主义基本原理的起点,是推进马克思主义中国化的思想资源,它使马克思主义中国化具有民族根基与文化血脉。

马克思主义基本原理同中华优秀传统文化相结合,本是马克思主义中国化的题中应有之义。以往对马克思主义中国化的理解,主要侧重于"把马克思主义基本原理同中国具体实际相结合",在一定程度上相对忽略"同中华优秀传统文化相结合"。毛泽东思想、邓小平理论、"三个代表"重要思想、科学发展观、习近平新时代中国特色社会主义思想等理论创新成果表明,中华文化是中国人理解马克思主义基本原理的起点,其优秀成分更是马克思主义中国化过程中不断得到丰富与发展的肥沃土壤。正如产生于西方文化语境的马克思主义有自己的理论来源一样,具有5000多年历史文化传统的中华文明也构成马克思主义中国化的思想资源。马克思主义基本原理同中华优秀传统文化相结合,不仅要系统梳理中华优秀传统文化遗产,对从孔夫子到孙中山的思想遗产进行全面批判继承,更要进一步研究这一文化遗产如何为中国特色社会主义理论体系所扬弃性继承。只有这样,马克思主义基本原理才会真正具有民族根基与文化血脉,才能真正做到马克思主义基本原理同中华优秀传统文化相结合。

---

① 《习近平谈治国理政》第一卷,外文出版社2018年版,第21页。

其次，可以从中华传统文化中寻求结合方式，既对其精华实行创造性转化和创新性发展，又运用马克思主义立场观点方法克服其历史局限，以丰富发展马克思主义。这种结合方式可概括为"双方优势结合"和"双方功能互补"，即"相互成就"。

如何处理好马克思主义基本原理同中华优秀传统文化的关系，是一个焦点问题。有些学者拒斥中华传统文化，有些学者希望在中华传统文化中找到马克思主义的因素。实际上，如果马克思主义基本原理不同中华优秀传统文化相结合，中国化马克思主义就会失去中华文化之根，而仅仅谈中华传统文化复兴，中国化马克思主义又难以获得自己的超越性和时代性。这里的关键，是如何寻求马克思主义基本原理同中华优秀传统文化相结合的方式。可以基于"体用关系"来寻求其结合方式，即马克思主义基本原理是"体"，中华优秀传统文化是"用"，我们既要弘扬中华优秀传统文化，使马克思主义在中国落地、扎根，还要超越中华传统文化的历史局限，运用马克思主义对其实现创造性转化和创新性发展。

从民族文化的包容性看，马克思主义中国化就是中华民族从文化心理上接受马克思主义，进而对自身的传统文化进行扬弃的创新过程。中华优秀传统文化是在漫长的历史演变中，由不同民族、不同地域的世代传承交汇融合而成的，其突出特点是海纳百川、兼容并包。如果没有中华民族文化的包容性，马克思主义中国化不可能有广泛的群众基础。要进一步立足当代中国和世界的发展，运用马克思主义立场观点方法对中华传统文化进行深入发掘和提炼，重构一种真正面向现代化、面向世界、面向未来的中国特色社会主义文化；与此同时，也要使马克思主义更深层地融入中华文化之中，从而具有深厚的中华文化底蕴，具有更鲜活的民族表达方式，具有鲜明的民族特色。

要而言之，马克思主义基本原理和中华优秀传统文化是"体用关系"，可以从中华优秀传统文化中找到马克思主义创新发展和发挥作用的生长点，这是通过对中华传统文化实现创造性转化和创新性发展实现的。习近平同志就是在充分吸收中华优秀传统文化中关于世界大同、协和万邦、兼济天下等积极有益的思想的基础上，提出积极携手共建人类命运共同体，从而创新发展了 21 世纪马克思主义的。

需澄清的是，在推进中国式现代化进程中，不是传统文化挽救了中国，而是中国革命的胜利使传统文化免于同近代中国社会和民族的衰败一道走向没落；不是传统文化把一个满目疮痍、贫穷落后的中国推向世界，而是当代中国的改革开放和社会主义现代化建设以及中华民族伟大复兴把传统文化推向世界，使中华优秀传统文化重振雄风成为可能。没有一个强大的中国，就不会有一个名扬四海的孔夫子。中华传统文化确有其历史局限，其重权力轻能力的价值取向、重管治轻服务的权力运作方式、重人治轻法治的社会意识、重直觉感悟轻科学理性的思维方式等，与马克思主义文化特质有很大不同。[①] 这意味着马克思主义对中华传统文化肩负着创造性转化和创新性发展的重任。在转化和发展过程中，传统文化的积极因素和消极因素都会发挥作用，我们要警惕在马克思主义基本原理同中华优秀传统文化相结合过程中某些消极东西的渗入。[②]

最后，让马克思主义讲"中国话语"。马克思主义基本原理的话语表达至关重要。人们在进行对话交流时，对不懂英语的人讲英语他就听不懂，对不懂粤语的人讲粤语他也听不懂，对3岁的儿童讲大人的道理他更听不懂，这里有一个话语表达问题。要使马克思主义基本原理在中国落地、扎根、开花、结果，就需要让马克思主义讲"中国话语"，以便中国人理解、把握、接受马克思主义。如马克思主义关于辩证唯物论的基本原理，在中国讲就是实事求是；关于人民群众是历史创造者的原理，在中国讲就是以人民为中心；关于民主的基本原理，在中国讲就是全过程人民民主；马克思主义的中国化表达，就是毛泽东思想、邓小平理论、"三个代表"重要思想、科学发展观、习近平新时代中国特色社会主义思想。

二、中国式现代化的总体逻辑

"两个结合"的重要成果之一，就是我们党成功推进和拓展了中国式

[①] 参见李海荣：《从文化认同到实践契合：马克思主义中国化的现实过程》，《学术论坛》2002年第3期。
[②] 参见侯才、阮青、薛广洲主编：《马克思主义哲学史论》，中共中央党校出版社2005年版，第611页。

现代化。

"中国式现代化，是中国共产党领导的社会主义现代化，既有各国现代化的共同特征，更有基于自己国情的中国特色。"①党的二十大报告提出的这一重大论断，是对中国式现代化性质的界定，包括两个规定性，即"中国共产党领导"和"社会主义现代化"；其本质内涵有两个层次，即"共同特征"和"中国特色"。中国式现代化之为"现代化"，必须遵循现代化的一般规律；中国式现代化之为"中国特色"，必然有其自身特征。这种特征体现在五个方面（简称"五大特征"）。综合来看，性质规定具有根源性，中国特色是基于这一根源衍生出来的，二者都是对中国式现代化特征的总体概括，因而需要从总体上理解和把握中国式现代化的逻辑。

（一）五大特征的内在关联

中国式现代化的中国特色体现在五个方面。党的二十大报告指出，中国式现代化是人口规模巨大的现代化，是全体人民共同富裕的现代化，是物质文明和精神文明相协调的现代化，是人与自然和谐共生的现代化，是走和平发展道路的现代化。②从现实针对性看，这五大特征指向三个层面：人口规模的自然先赋性；社会主义本质要求；五对重大关系——14亿多人口与现代化社会的关系、全体人民与共同富裕的关系、物质文明和精神文明的关系、人与自然的关系以及中国发展和世界发展的关系。可以说，中国式现代化的五大特征，体现了中国共产党在实现现代化进程中对辩证唯物主义和历史唯物主义的自觉运用。

1. 关于人口规模巨大的自然先赋性和推进中国式现代化的现实起点

党的二十大报告强调："我国十四亿多人口整体迈进现代化社会，规模超过现有发达国家人口的总和，艰巨性和复杂性前所未有，发展途径和

---

① 习近平：《高举中国特色社会主义伟大旗帜 为全面建设社会主义现代化国家而团结奋斗——在中国共产党第二十次全国代表大会上的报告》，人民出版社2022年版，第22页。
② 参见习近平：《高举中国特色社会主义伟大旗帜 为全面建设社会主义现代化国家而团结奋斗——在中国共产党第二十次全国代表大会上的报告》，人民出版社2022年版，第22—23页。

推进方式也必然具有自己的特点。"①中国人口规模巨大，超过现有发达国家和地区人口的总和，这是中国式现代化的现实前提和现实起点，是中华民族的先赋条件。无论是从横向的全球比较还是从纵向的历史来看，这种独特性都是极为罕见的。这就带来两个问题：一是基于这种现实起点的现代化，没有先例可以直接参考和借鉴，中国需要自己探索新途径、新方式；二是这种人口规模巨大的现代化体量超大、结构复杂，意味着在现代化进程中所遇到的问题、难题非同一般，这就对中国实现现代化提出了非常高的要求。简要来说，人口规模巨大这种特殊的自然条件决定了仅仅注重现代化的一般性和借鉴西方现代化是不够的，中国式现代化必须在坚持现代化的一般性的前提下注重自身的特殊性，充分发挥亿万人民的创造伟力，开辟出新路径、新方式。历史地看，西方现代化因其自身的体量、规模、结构等方面的有限性，只能是人类实现现代化进程中的1.0版。这意味着人类实现现代化历史进程中的重头戏和主体部分只能指向后来者。在此历史境遇下，中华民族在中国共产党的坚强领导下，会形成巨大的组织优势，中国式现代化会成为人类实现现代化进程中的2.0版，会成为人类实现现代化历史进程中的重头戏。

2. 关于社会主义本质要求

党的二十大报告指出，"共同富裕是中国特色社会主义的本质要求，也是一个长期的历史过程"，要"着力维护和促进社会公平正义，着力促进全体人民共同富裕，坚决防止两极分化"。②其中蕴含了三个基本点：第一，这是中国特色社会主义的本质要求；第二，实现全体人民共同富裕是一个长期的历史过程；第三，中国式现代化有三个着力点，即公平正义、共同富裕、防止两极分化。具体来说，关于社会主义的本质，中国共产党在对什么是社会主义、怎样建设社会主义这个重大时代课题的回答中作出了重要概括，即"社会主义的本质，是解放生产力，发展生产力，消灭剥

---

① 习近平：《高举中国特色社会主义伟大旗帜 为全面建设社会主义现代化国家而团结奋斗——在中国共产党第二十次全国代表大会上的报告》，人民出版社2022年版，第22页。
② 参见习近平：《高举中国特色社会主义伟大旗帜 为全面建设社会主义现代化国家而团结奋斗——在中国共产党第二十次全国代表大会上的报告》，人民出版社2022年版，第22页。

削,消除两极分化,最终达到共同富裕"①。这一论断内含三个规定性:生产力层面,解放和发展生产力;生产关系层面,消灭剥削,消除两极分化;根本目标层面,最终达到共同富裕。其中,最终达到共同富裕是目标,是社会主义的本质要求。在直接现实性上,这一要求是目标性的,意味着中国式现代化具有历史过程性,是过程和结果的统一体。在具体实践上,实现全体人民共同富裕具有三个要点:共同富裕是方向,公平正义是主线,防止两极分化是底线。在这个意义上,实现全体人民共同富裕,就是要牢牢把好方向,紧紧握住主线,坚决不破底线。

3. 关于辩证唯物主义和历史唯物主义在推进中国式现代化进程中的自觉运用

党的二十大报告围绕14亿多人口与现代化社会、全体人民与共同富裕、物质文明和精神文明、人与自然以及中国发展与世界发展这五对重大关系,强调要辩证处理各自之间的关系,要摒弃西方现代化暴露出来的历史弊端,要选择站在历史正确和文明进步的一边。从逻辑上说,这体现出中国共产党对人类实现现代化进程中这五对重大关系的辩证思考和历史考量。从现代化的一般性来看,后三大关系具有普遍性,无论是现代化的先发国家还是后发国家,都要面对和回答。比较来看,先发国家对上述问题的回答都不够理想,例如西方现代化进程中出现了"单向度的人"的弊病、环境污染的恶果、殖民主义和战争丑相等。作为后发国家的中国面临两种选择:一是重走西方现代化的老路,二是开辟一条符合中国实际的现代化新路。中国不走一些国家通过战争、殖民、掠夺等方式实现现代化的老路,而是要运用辩证唯物主义和历史唯物主义的世界观和方法论,辩证地、历史地处理上述五对重大关系,努力使中国14亿多人口整体迈进现代化社会,实现全体人民共同富裕,使物质文明和精神文明相协调,促进人与自然和谐共生,走和平发展道路。这体现了中华民族在实现现代化问题上对辩证唯物主义和历史唯物主义的自觉运用、对社会主义价值主张的坚定坚守和对资本主义现代化的批判超越。

---

① 《邓小平文选》第三卷,人民出版社1993年版,第373页。

在此基础上，我们需要进一步从学理上对五大特征的深层意蕴进行分析，即要追问在归根究底的意义上，中国式现代化的本质和特征是怎样生成的，它体现了什么样的深层逻辑。

（二）五大特征的总体逻辑

在性质方向上，中国式现代化是中国共产党领导的社会主义现代化，这决定了中国式现代化的社会主义本质；共同特征体现的是中国式现代化的一般性，指向在全球化背景下，中国不断融入全球化的过程及具有的与其他国家现代化的共同特征；中国特色则聚焦于中国式现代化的特殊性。这三者中，性质具有根源性，共性和个性具有衍生性。在这个意义上，"中国共产党领导的社会主义现代化＋基于文化和国情的中国特色"，构成了中国式现代化的本质和特征。换言之，中国式现代化的本质和特征的生成，可以概括为：中国共产党领导的社会主义现代化这一根源性决定了基于中国的文化传统和现实国情的中国特色（相应的衍生点分别是：现实起点、世界观和方法论、新发展理念、全面建成社会主义现代化强国的时代境遇）。中国共产党领导的社会主义现代化这一根源性，决定了中国式现代化的本质和特征具有的政治逻辑；中国特色的衍生性和各个衍生点决定了中国式现代化具有的现实逻辑、哲学逻辑、理论逻辑、时代逻辑。简言之，中国式现代化的五大特征可以从政治、现实、哲学、理论、时代之逻辑五个层面进行深入理解和把握。

第一，五大特征的政治逻辑是中国共产党领导的社会主义现代化。这规定了中国式现代化的性质和方向。从性质上看，这一规定具有两个基本点：中国共产党领导的性质和社会主义的方向。中国共产党是中国式现代化的政治领导主体，社会主义是中国式现代化的正确方向和路径。中国共产党是一个具有高度先进组织性的政党，具有科学的世界观和方法论并善于指导实践，具有极强的领导力和社会动员能力，并以此团结和带领全国各族人民勇毅前行。这反映在中国式现代化的实践中，集中体现为对西方现代化老路的批判、超越和摒弃，对后发国家现代化道路的开辟和拓展，聚焦为对五对重大关系的辩证处理，体现了对辩证唯物主义和历史唯物主义的自觉运用。方向、路径意味着社会主义的本质要求是"最终达到共同富裕",意味着实现全体人民共同富裕是中国式现代化的根本价值追求。

第二,五大特征的现实逻辑是人口规模巨大。因为人口规模巨大,所以必须实现全体人民共同富裕,使物质文明和精神文明相协调,促进人与自然和谐共生,走和平发展道路。否则,一旦出现两极分化、人的单向度发展、掠夺和破坏自然等问题,对14亿多中国人民来说将是灾难。一般来说,现实逻辑的本质是直接现实性,具有两个基本点:中国式现代化的自然先赋性和社会约束性。自然先赋性意味着实践的前提无可选择、不可改变,是现实起点,中国式现代化只能从此开端。社会约束性意味着这种现实起点、起跑线对中国式现代化的推进和目标设置提出了更高要求,对中国式现代化的底线提出了特别要求,即中国已经没有任何可能走西方现代化的老路,必须也只能开辟新路,中国式现代化必须不同于西方现代化,而且必须超越西方现代化。

第三,五大特征的哲学逻辑是主体间的平等。主体间平等批判并超越了西方那种主客体二分的哲学思维。中国式现代化有别于又高于西方现代化。西方现代化本质上以两极分化、人的单向度发展、掠夺自然和殖民扩张等为特征,其哲学基础是主体统治客体,基于"主客二分""传统—现代"的范式。中国式现代化的哲学基础是主体间的平等。中国式现代化区别于西方现代化,为人类实现现代化提供了具有光明前景的新的选择。这种区别源于两种现代化背后的哲学范式不同。一般来说,哲学的核心是世界观和方法论,中国共产党具有科学的世界观和方法论,这决定了中国式现代化具有自己的哲学逻辑。从历时性上看,中华优秀传统文化强调的是主体间思维,即用小主体、大主体、更大主体等层层扩展的思维方式去看待世界,这反映在日常生活和社会实践上就是修身、齐家、治国、平天下的本质是同构的,体现的是对主体与主体之间共生关系和境遇平等的关注。马克思主义的思想精髓强调的是基于实践的主体与客体的对立统一和有机融合,同时蕴含着对人类解放、对追求自由全面发展的主体的关注。基于强调"两个结合"的新时代中国共产党人的世界观和方法论,聚焦人民至上、自信自立、守正创新、问题导向、系统观念、胸怀天下,追求为人类谋进步、为世界谋大同,反映出对主体性的关注,对人民、中国、世界、天下的责任。从共时性上看,西方现代化的世界观和方法论建立在主体与客体二分的底层逻辑之上,强调的是人类中心主义,偏向对对象世界、客体（例如工人、自然、未开化世界等）的占有、掠夺、征服和改造，其负面性明显，所以造成了西方现代化的世界性困境。后发的中国式现代化在反思和批判上述困境的基础上，立足于中华优秀传统文化，继承了马克思主义的思想精髓，依据中国共产党的执政理念，基于新时代的伟大实践，形成了一种主体间平等的哲学范式。

第四，五大特征的理论逻辑是新发展理念。贯彻新发展理念是新时代中国发展壮大的必由之路，"这是我们在长期实践中得出的至关紧要的规律性认识"[1]。理念是行动的先导，在这个意义上，五大特征实际上就是贯彻新发展理念的本质要求。具体来说，创新发展可以破解人口规模巨大的现代化的短板和难题，彰显人口规模巨大的优势。人口规模巨大是中国实现现代化的一种国情和条件，表现为人口多、起点低、难度大，实现现代化的艰巨性、复杂性前所未有，发展途径和推进方式之独特性前所未有。这意味着中国实现现代化的成果除以14亿后，平均值就比较低；相反，中国实现现代化遇到的问题乘以14亿，就会变成大问题。在这种情境中要破解难题，唯有在中国共产党的坚强领导下，充分发挥亿万人民的创造伟力。协调发展，缘起于新时代背景下中国发展的不充分不平衡，在这些不平衡中，物质和精神的不平衡具有根本性，就此而言，中国式现代化实践要求物质文明和精神文明相协调就具有现实针对性。绿色发展，直接针对生态环境问题，主要聚焦人与自然的关系，中国式现代化在扬弃西方现代化的同时，更关注人与自然的和谐共生。开放发展，直接针对中国与世界的关系，强调的是中国发展的世界眼光和天下胸怀。在实践上，我们追求的最高目标就是世界和平发展、合作共赢，即走和平发展道路。共享发展，即发展的价值诉求，源于社会主义的本质要求，在实践上就是要实现全体人民共同富裕。

第五，五大特征的时代逻辑是"强国时代"。中国式现代化的目标追求就是把中国全面建成社会主义现代化强国，实现强起来，为人类实现现代化提供新的选择。从目标追求上看，五大特征蕴含未来五大方向之强：一是规模巨大，预示全面建成社会主义现代化强国之后的现代化体量、能

---

[1] 习近平：《高举中国特色社会主义伟大旗帜 为全面建设社会主义现代化国家而团结奋斗——在中国共产党第二十次全国代表大会上的报告》，人民出版社2022年版，第70页。

量、结构、贡献之强;二是共同富裕,预示全面建成社会主义现代化强国之后的人民之强、劳动者群体同心圆之强;三是协调发展,预示全面建成社会主义现代化强国之后的人的全面发展之强;四是和谐共生,预示全面建成社会主义现代化强国之后的生态文明之强;五是和平发展,预示全面建成社会主义现代化强国之后的中华民族之强。从实质上看,五大特征的时代逻辑意味着随着中国式现代化的逐步实现,中国式现代化及其创造的人类文明新形态将逐步引领人类实现现代化的历史进程。中国式现代化的五大特征是对接强国时代的,是为全面建成社会主义现代化强国而提出的。

(三)中国式现代化的深远历史意义

中国式现代化本质和特征的总体框架(体现为"中国式现代化的起点—社会主义本质要求—五对重大关系"这一结构)与中国式现代化的九条本质要求(体现为"总体要求—'五位一体'要求—共同体要求"这一基本结构,即中国式现代化的目标愿景)共同构成了中国式现代化的行动指南。其中,总体框架具有基础性、方向性、指导性意义,对目标愿景具有决定性作用。从这个意义上看,深入探讨中国式现代化在人类历史发展长河中究竟具有什么历史意义,关键是分析上述总体框架。

从共时性上看,这一总体框架的三个基本点都具有特殊意义。这些特殊意义可从两个层面理解和回答:一是仅就中国来说,人口规模巨大和实现全体人民共同富裕对世界现代化的影响是什么?二是与西方现代化相比,后发的中国式现代化在解决两极分化、人的单向度发展、生态恶化等重大问题上实现了质的突破,创造了人类文明新形态,这又将给世界带来怎样的深远影响?

首先,人口规模巨大将在市场需求和人力资源两个层面上影响世界现代化进程。在商品经济的历史阶段中,人口这个因素具有的特殊意义主要体现在两个方面:一是人口规模巨大意味着市场主体的需求量大,在一定条件下,主体需求就是潜在的或者现实的市场需求,市场本身具有规模优势。二是人口规模巨大意味着人力资源丰富。党的二十大报告关于中国式现代化的战略部署,特别突出教育、科技、人才这三个基础性、战略性支撑。这意味着，在中国实现现代化过程中，发挥人口规模巨大这一优势要主要聚焦于人力资源，尤其是人才资源优势的培育和开发。在这个意义上，人口规模优势主要指的是人才优势。基于市场规模优势和人才优势，中国式现代化将使人类实现现代化的历史进程发生里程碑意义的转向。

其次，全体人民共同富裕将令社会主义在全球具有巨大示范效应，立足新时代中国、放眼世界的 21 世纪马克思主义也将在全球产生影响力。总的来说，先发国家在过去的历史进程中，以其 20% 的人口创造了全球 80% 的国内生产总值，推动了人类历史的巨大进步。与此同时，世界上 80% 的人口还没有实现现代化。这意味着就全球而言，两极分化是一个不争的事实。作为后发国家，中国将实现全体人民共同富裕作为价值追求，坚持社会主义道路，放眼世界，胸怀天下，以"五位一体"为总体布局，实施"两步走"战略，强调物质文明和精神文明相协调、人与自然和谐共生、中国与世界和平发展，树立了全面建成社会主义现代化强国的目标。可以说，到 21 世纪中叶，全面建成社会主义现代化强国的中国，将彻底摒弃西方现代化带来的两极分化、人的单向度发展、生态恶化、霸权欺凌等弊端，在全球范围内形成强大的吸引力和凝聚力，中国式现代化将在全球获得巨大认同。基于这种认同，扎根于 21 世纪中国和世界的马克思主义也将在全球产生更为深远的影响力。

中国式现代化立足当下，既可以对已经实现现代化的国家和地区的成就、失误进行总结和反思，又可以对人类未来实现现代化的走向进行前瞻性思考，具有后发优势。这决定了中国式现代化在人类实现现代化的宏大进程中将大有可为，体现在以下两个方面。

一是看中国式现代化对西方现代化负面性的反思和批判。从中国式现代化的特殊性来看，这主要体现在四个方面：针对西方现代化所带来的两极分化，中国式现代化强调全体人民共同富裕；针对西方现代化中人的单向度发展及其带来的人的精神的颓废，中国式现代化强调物质文明和精神文明协调发展，聚焦于人的全面发展；针对生态恶化和先污染后治理的困境，中国式现代化强调人与自然和谐共生；针对殖民掠夺、强权政治、霸权欺凌，中国式现代化强调共同构建相互尊重、公平正义、合作共赢的新型国际关系，强调要走和平发展道路。可以说，这是对西方现代化的反思、批判和超越。中国式现代化肩负了为中国人民谋幸福（实现全体人民共同富裕）、为中华民族谋复兴（14亿多人口整体迈进现代化社会，物质文明和精神文明协调发展）、为世界谋大同（走和平发展道路）、为中国共产党谋强大、为21世纪马克思主义谋生机的历史使命。党的二十大报告提出"促进世界和平与发展，推动构建人类命运共同体"的主张，强调要"坚持对话协商，推动建设一个持久和平的世界；坚持共建共享，推动建设一个普遍安全的世界；坚持合作共赢，推动建设一个共同繁荣的世界；坚持交流互鉴，推动建设一个开放包容的世界；坚持绿色低碳，推动建设一个清洁美丽的世界"。① 中国式现代化立足中国，放眼世界，胸怀天下，是对西方现代化的全面性超越。

二是看中国式现代化对人类实现现代化方向的前瞻性思考和主动担当。前瞻性思考主要体现在中国共产党对现代化方向的选择上。党的二十大报告强调，要"坚定站在历史正确的一边、站在人类文明进步的一边"，要"在坚定维护世界和平与发展中谋求自身发展，又以自身发展更好维护世界和平与发展"。② 这里涉及两个基本问题：第一，根据什么做？我们要按照历史规律、顺应人类文明发展的趋势去做，这体现的是人民至上和守正创新相统一的世界观和方法论。第二，如何去做？在世界发展中谋求中国发展，通过中国发展维护世界发展，体现了自信自立和胸怀天下相统一的世界观和方法论。关于主动担当，集中体现在中国共产党对中国式现代化在实践目标方面的愿景设计，即九条本质要求。这些要求实质上可归结为三个指向：总体性指向（中国共产党领导和中国特色社会主义）、"五位一体"指向（经济、政治、文化、社会、生态文明五个维度）、共同体指向（人类命运共同体、人类文明新形态）。可以看出，第一个指向是方向性的，第二个指向涉及举措性内容，第三个指向涉及对历史进程形成规律性认识的内容。第三个指向又包含两个层次：构建人类命运共同体是基于社会主义和资本主义"两制"并存格局下关于参与全球治理体系改革和建设的主张，具有直接现实性；创造人类文明新形态是关于

---

① 习近平：《高举中国特色社会主义伟大旗帜 为全面建设社会主义现代化国家而团结奋斗——在中国共产党第二十次全国代表大会上的报告》，人民出版社2022年版，第60、62—63页。
② 习近平：《高举中国特色社会主义伟大旗帜 为全面建设社会主义现代化国家而团结奋斗——在中国共产党第二十次全国代表大会上的报告》，人民出版社2022年版，第23页。

人类文明历史发展趋势的深层思考和自觉担当，具有深远历史意义。应当说，基于中国式现代化对西方现代化的批判和超越，基于中国特色社会主义获得广泛的世界性认同，中国式现代化创造的人类文明新形态所包含的中国式内涵和社会主义底蕴，届时将依靠全面建成社会主义现代化强国这一载体，成为世界舞台上的新景象和新方向。新时代中国共产党人提出的"创造人类文明新形态"，表达的是历史自觉，体现的是历史主动。

总之，关于中国式现代化及其本质和特征，可以作出这样的结论：第一，从内容上看，它体现了中国共产党在现代化问题上对辩证唯物主义和历史唯物主义的自觉运用，对社会主义本质要求的坚定坚守，对资本主义现代化的理性批判和实践超越。第二，其深层逻辑意味着，中国式现代化所创造的人类文明新形态将逐步引领人类实现现代化的历史进程。第三，在人类历史长河中，基于人口规模巨大这个特殊性，人类实现现代化的历史进程将发生具有里程碑意义的转向；基于对西方现代化的批判和超越，扎根于21世纪中国的马克思主义将逐步主导人类实现现代化和人类文明发展的方向与进程，这是历史的必然，是人类实现现代化新的选择。当然，这是一个历史过程，还需要付出相当艰辛的努力。第四，21世纪的中国共产党人应当义无反顾地肩负起为中国人民谋幸福、为中华民族谋复兴、为世界谋大同、为中国共产党谋强大、为21世纪马克思主义谋生机的历史使命。

三、中华民族现代文明的三维逻辑

在大力推进和拓展中国式现代化历史进程中，应致力于建设中华民族现代文明。这是中国式现代化的文化使命，更是新时代新的文化使命。2023年6月2日，习近平同志在文化传承发展座谈会上的讲话中指出，"结合"是深刻的"化学反应"，造就了一个有机统一的新的文化生命体。马克思主义把先进的思想理论带到中国，以真理之光激活了中华文明的基因，引领中国走进现代世界，推动了中华文明的生命更新和现代转型。从民本到民主，从九州共贯到中华民族共同体，从万物并育到人与自然和谐共生，从富民厚生到共同富裕，中华文明别开生面，实现了从传统到现代的跨越，发展出中华文明的现代形态。在新的起点上继续推动文化繁荣、建设文化强国、建设中华民族现代文明，是我们在新时代新的文化使命。①2023年10月7—8日，党中央召开全国宣传思想文化工作会议，习近平同志对宣传思想文化工作作出重要指示，再一次强调，要把围绕在新的历史起点上继续推动文化繁荣、建设文化强国、建设中华民族现代文明作为新的文化使命。② 这里，中华民族现代文明，就是"第二个结合"造就的新的文化生命体，它推动了中华文明的生命更新和现代转型，成为中华文明的现代形态，也是新时代新的文化使命，且更加巩固了文化主体性。

（一）在"第二个结合"的逻辑中理解和把握建设中华民族现代文明

理解和把握中华民族现代文明这一概念的逻辑起点，是"第二个结合"，应在"第二个结合"的内在逻辑中理解和把握这一概念的含义。

提出并阐述"第二个结合"的内在逻辑，首先是新时代把中华优秀传统文化从中国具体实际、把"第二个结合"从"第一个结合"中相对独立出来。中国具体实际不同，对中华优秀传统文化的地位和作用的认识就相对不同。中国特色社会主义进入新时代，中国面对的"具体实际"之内涵发生了深刻变化。国内的具体实际，核心是"强国建设、民族复兴"，是"丰富人民精神世界、增强人民精神力量"；国际的具体实际，核心是"和平发展、合作共赢"。"强国建设、民族复兴""丰富人民精神世界、增强人民精神力量"内在要求高度重视中华优秀传统文化，因为"强国建设、民族复兴""丰富人民精神世界、增强人民精神力量"包括文化复兴和文化强国。强调文化复兴、文化强国，就必须坚定文化自信，拥有文化主体性，使中华优秀传统文化通过创造性转化、创新性发展而强起来，进

---

① 参见习近平：《在文化传承发展座谈会上的讲话》，《求是》2023年第17期。
② 参见《习近平对宣传思想文化工作作出重要指示强调 坚定文化自信秉持开放包容坚持守正创新 为全面建设社会主义现代化国家 全面推进中华民族伟大复兴提供坚强思想保证强大精神力量有利文化条件》，《人民日报》2023年10月9日。

而适合中国式现代化与"强国建设、民族复兴""丰富人民精神世界、增强人民精神力量"的需要。"和平发展、合作共赢"也内在要求高度重视中华优秀传统文化,因为它具有丰富的协和万邦、兼济天下、世界大同、和而不同的思想资源,可以为"和平发展、合作共赢"提供思想支撑和理论论证。

其次,之所以把中华优秀传统文化从中国具体实际中相对独立出来,是由于新时代的中国具体实际使中华优秀传统文化具有特殊意义,即它是中国思想文化的"根脉",马克思主义是中国思想文化的"魂脉"。"根脉"具有根基、根本的意义,根深才能叶茂。这意味着可以把中华优秀传统文化和马克思主义并提,要重估中华优秀传统文化的时代价值,也提升了中华优秀传统文化在不断推进马克思主义中国化时代化,在推进理论创新、理论建设中的时代地位和作用,克服过去那种"重马轻中""厚今薄古"的倾向。马克思主义依然是立党立国、兴党兴国的根本指导思想,对此必须坚持。同时,在推进马克思主义中国化时代化,推进中国理论创新、中国理论建设过程中,中华优秀传统文化也具有十分重要的时代地位和作用。

再次,"魂脉"和"根脉"的结合即"第二个结合"会产生深刻的化学反应,即形成一种有机统一的新的文化生命体——中国式现代化的文化形态和中华民族现代文明。中华民族现代文明推动了中华文明的生命更新和现代转型,是中华文明的现代形态。

最后,建设文化强国、建设中华民族现代文明,是我们在新时代新的文化使命。这里的使命,即中国共产党所应主动实现的目标、完成的任务、应尽的责任,是值得中国共产党人用生命去完成的,是一种基于理想召唤而需要全情投入的目标、任务、责任。实现的目标、完成的任务、应尽的责任如何,决定着中国共产党的生死存亡,因而它是中国共产党人生命价值的集中体现,具有长期性、激励性、指导性。中国共产党的使命,是为中华民族谋复兴;新时代新征程中国共产党的使命任务,是以中国式现代化全面推进中华民族伟大复兴;新时代中国共产党新的文化使命,是在新的历史起点上继续推动文化繁荣、建设文化强国、建设中华民族现代文明。这里从三个角度所讲的"使命"具有一个共同点,即讲的都是"中华民族",都决定着中华民族伟大复兴的命运。

显然，建设中华民族现代文明，是"第二个结合"产生深刻化学反应的产物，它以中华优秀传统文化为基因和根脉，是一种新的文化生命体，是中华文明的生命更新和现代转型，是中华文明的现代形态，是我们在新时代新的文化使命。

（二）在中国式现代化理论体系的逻辑中理解和把握中华民族现代文明

建设中华文明的现代形态，是中华文明的生命更新和现代转型，是我们在新时代新的文化使命。这意味着，我们应当在"明体达用"（这里的"体"，主要指新的文化生命体），即在中国式现代化的文化形态和中华民族现代文明的基础上，进一步建构起中国式现代化的理论体系和话语体系，打开中国理论和思想文化的创新空间，以解构西方中心论的理论体系和话语体系，进而破解"古今中西之争"，确立并掌握思想文化的主体性，为强国建设、民族复兴提供坚实支撑（此可谓"用"）。因而，中华民族现代文明同中国式现代化一道，是建构中国式现代化理论体系并解构西方中心论理论体系的基石，是我们确立并掌握思想文化主体性的基础。

要破除西方霸权，首要的是解构西方中心论的理论体系和话语体系，建构起中国式现代化的理论体系和话语体系。其实质，就是要说明和论证西方中心论开创不出人类文明新形态，而中国式现代化、中华民族现代文明能开创出人类文明新形态。

中国式现代化的理论体系和话语体系是解构西方中心论的利器。这种理论体系和话语体系，可围绕"道路多样""中华民族现代文明""民族特性""平等人权""人民至上""实践尺度""真理道义""全人类共同价值""人类命运共同体""普惠哲学"等来建构。其中，最具总体和基石意义的，就是"中华民族现代文明"，它把"道路多样""民族特性"等都蕴含其中。中华民族现代文明坚持连续性和创新性相统一、统一性和包容性相统一、和平性和合作性相统一、平等性和普惠性相统一，因而能开创出人类文明新形态。

显然，中华民族现代文明，既是建构中国式现代化理论体系和话语体系的基石，又同中国式现代化一道，能开创出人类文明新形态，因而具有总体性意义，也使我们能拥有思想文化的主体性。

（三）在人类文明新形态的逻辑中理解和把握中华民族现代文明

中华民族现代文明究竟是一种什么样的文明？

首先，在区别又高于西方一元文明的关系框架中理解和把握中华民族现代文明。西方"文明一元论"把文明解释为"价值判断"的规范性概念，与人类文明新形态无涉。中华民族现代文明侧重把文明解释为"事实判断"。显然，在创造人类文明新形态问题上，中华民族现代文明既区别又高于西方一元文明。在历史时间上，它是从基于"物的依赖"的工业文明走出来的"生态文明"；在历史空间上，是扬弃西方文明、建设中华民族现代文明基础上的"和合普惠文明"；在经济社会发展上，是超越物质主义单向度发展的"五大文明"①协调发展的"全要素文明"；在生产关系上，是区别并高于资本主义"资本文明"的社会主义"人本文明"和中国特色社会主义"民本文明"。显然，这样的文明相对于西方文明之"恶"，能为创造人类文明新形态开辟一种具有光明前景的方向和道路。

其次，还可以在文化与文明关系的框架中理解和把握中华民族现代文明。文明需要在与文化的关系中加以理解和把握。文明和文化都是难以释清的概念，二者有着复杂的关系，人们时而将二者等同，时而把二者对立。其实，二者既有联系也有区别。文化和文明有相通之处，都与"人"有关，是"人化"的产物，也都有"化人"的作用。目前最为重要的是厘清文明和文化的区别。理解二者的区别，有助于深化对文化和文明的理解，并实现文化观和文明观上的突破。

一是所指相对不同。文化侧重于人与物的关系框架中的"人化"对象，文明则侧重于人和人的关系框架中的"化人"即使人成其为人的积极成果，它也有"人化"因素，但它是人化中因人性进步而具有的"利他"发展进步的积极成果。这里，文化中蕴含文明但不都是文明，文明中有文化但不是所有的文化，即文明是文化之善，是文化成果中有益于人性进步

---

① "五大文明"，就是物质文明、精神文明、政治文明、社会文明、生态文明。

且"化人为善"的进步方面。

二是所用相对不同。文化有先进落后之分，落后的文化阻碍人类与国家、民族、社会的发展进步包括文明进步，而文明则是人类发展和文化发展之演进中沉淀下来的有助于人性进步、人类进步、国家进步、民族进步、社会进步的积极成果，是文化中的先进方面和状态，适合整个人类共用，它只有特色不同，没有优劣之分。习近平同志指出，"文明没有高下、优劣之分，只有特色、地域之别"[①]。

三是所重相对不同。文化是基于民族性和地域性的概念，相对强调民族自我、民族特质、民族差异和民族认同，它有边界，看重传统。文明也呈现民族特色及其独特性[②]，但从整个人类发展、民族进步讲，它更加注重民族间的统一性、交融性、互鉴性，注重民族或地域文明所具有的世界意义，它超越边界，看重进步。

显然，中华民族现代文明是中华优秀传统文化的文明指向和创造，是文化之善即文化的进步方面，它注重"化人"过程中使人成其为人的积极成果，注重中华民族的自我确证、自我约束、自我完善、自我进步，注重各个民族之间的统一性、交融性、互鉴性，注重中华民族现代文明所具有的时代价值和世界意义，能为创造人类文明新形态提供丰富的思想资源和坚实的思想基础。

四、作为一种学术分析框架的"中国道路"

由上所述可以看出，许多问题的深层背后的逻辑，都是道路的逻辑，可以从作为一种学术分析框架的高度来进一步理解和把握"中国道路"。

从马克思主义哲学角度研究中国共产党的发展历程及其所取得的历史性成就，研究"中国革命""中国建设""中国改革"等中国问题，第一

---

① 《习近平谈治国理政》第四卷，外文出版社2022年版，第475页。
② 参见［澳］布雷特·鲍登：《文明的帝国：帝国观念的演化》，杜富祥、季澄、王程译，社会科学文献出版社2020年版，第46页。

位的就是"中国道路"问题。习近平同志强调指出:"道路问题是关系党的事业兴衰成败第一位的问题,道路就是党的生命。"① 如果从哲学层面研析中国道路,不仅会发现它具有相当宽阔的学术研究空间,而且会发现中国道路对阐释中国奇迹、中国理论、中国制度、中国文化、中国方案、中国话语、意识形态、中华文明等,具有本源意义,它是一种学术分析框架。

(一)用中国道路解释中国奇迹

中华人民共和国成立以来,中国共产党领导人民创造了世所罕见的"两大奇迹"——经济快速发展奇迹和社会长期稳定奇迹。这"两大奇迹",一个在经济领域,体现为快速发展;一个在社会领域,体现为长期稳定。

中国奇迹已引起世人关注,且都试图对中国奇迹作出各自解释。西方不少学者往往用"西方标准""西方理论""西方范式"解释中国奇迹,认为中国实行的是"国家资本主义""权贵资本主义""新自由主义",这种解释在世界上影响较大。一些国家的学者在谈论中国奇迹及其原因时,大都认为中国实行的是国家资本主义。这就涉及解释中国奇迹的话语权问题。不能让解释中国奇迹的话语权掌握在西方学者手中,更不能用"西方标准""西方理论""西方范式"来解释中国奇迹。中国学者应掌握解释中国奇迹的话语权。

问题的关键,是如何抓住问题的根本,使解释具有彻底性。在我们看来,是中国道路创造了中国奇迹,因而要用中国道路解释中国奇迹。这里所讲的中国道路,是中国特色社会主义道路。

中国道路的核心要义可概括为五方面:坚持中国共产党领导;立足历史方位并与时俱进;把解放和发展社会生产力、实现全体人民共同富裕和不断促进人的全面发展作为实现国家富强、民族振兴、人民幸福战略目标的根本支柱;把统筹推进"五位一体"总体布局、贯彻落实新发展理念、协调推进"四个全面"战略布局作为总体方略;注重党的领导力量、市场

---

① 习近平:《关于坚持和发展中国特色社会主义的几个问题》,《求是》2019 年第 7 期。

配置力量和人民主体力量的合力。①可从这五个方面对中国奇迹作出本源性解释。

坚持中国共产党领导就能创造中国奇迹。自从中国共产党登上中国历史舞台，中国就发生了翻天覆地的变化。没有中国共产党就没有新中国，没有中国共产党就没有改革开放，没有中国共产党就没有中国奇迹。从总体来讲，在中国道路的本质内涵中，坚持中国共产党领导具有总体性地位和核心性作用。中国共产党的指导思想具有引领力，它有助于引领各种社会意识，统一人民思想，使其达至共识，进而使人民全力以赴朝着正确的方向前进；中国共产党的奋斗目标具有感召力，它用奋斗目标凝聚党员干部，从而形成一个有机整体，使其具有无坚不摧的力量；中国共产党组织资源具有动员力，它坚持全国一盘棋，能调动各方积极性，从而集中力量解难题、办大事；中国共产党能一张蓝图绘到底，具有战略定力，且以钉钉子精神来实现美好蓝图；中国共产党与时俱进、开放包容，具有开拓创新力，能迎难而上，越挫越勇，攻坚克难；中国共产党勇于自我革命，具有净化力，能解决自身存在的突出问题。这些都有助于创造中国奇迹。

确定历史方位且与时俱进就会创造中国奇迹。能对中国历史方位作出准确判断；能找准历史坐标，使我们党时刻保持清醒；能对中国发展阶段、本质特征、实践要求作出科学研判；能制定正确的路线方针政策，做出正确的事。这可以避免保守、冒进。明确历史方位，就能找准主要矛盾和根本问题，进而确定工作重点；就能把握社会主要矛盾和事物特殊矛盾，把握事物存在和发展的特点；就能把握历史发展规律，与时俱进地紧跟时代步伐，这也有助于创造中国奇迹。

明确战略目标就会创造中国奇迹。清晰的战略目标不仅具有强大动力作用，能明确人们前进的方向，激发人们的主体性和能动性，使其自觉主动去战胜各种艰难险阻，坚定不移地实现战略目标，而且具有强大聚力作用，能凝聚人们最大共识，使人们心往一处想，劲往一处使。

有效的总体方略有助于创造中国奇迹。实现战略目标，正确的路径和方法是关键。只有战略目标，没有行之有效的路径和方法，实现战略目标就是一句空话。战略谋划得好，会取得事半功倍的效果。正确的总体方略

---

① 参见韩庆祥：《中国道路及其本源意义》，中国社会科学出版社2019年版，第24—35页。

能使我们发挥发展优势、补齐发展短板、打牢发展支点,进而能实现重点突破和快速发展,实现全面发展和协调发展,从而使发展具有坚实基础。

整合推动力量必然使中国发生奇迹。推动当代中国发展的力量主要有党的领导力量、市场配置力量和人民主体力量。这三种力量相互贯通、相互作用,构成一个有机整体并形成合力,必然形成一种既强大又平衡的力量,从而使中国发展取得惊人奇迹。

(二)用中国理论阐释中国道路

中国道路不仅创造了中国奇迹,而且也是产生中国理论的实践基础。由此,我们有理由用这一理论对中国道路作学理阐释。

中国特色社会主义道路蕴含三种根本机制:动力机制、平衡机制和治理机制。动力机制,是一个社会赖以运动、发展、变化并呈现活力的推动力量,以及由此发生作用的机理和方式;平衡机制,是一个社会的各个构成要素之间如何协调相互关系,以保持平衡、和谐、有序运行的机理和方式[①];治理机制,是针对发展动力不足、发展失衡而运用各种行之有效的手段和方法进行的调整、规制和完善。

中国道路首先要致力于解决解放和发展社会生产力的问题,使中国经济社会发展具有动力和活力;其次要致力于解决经济快速发展进程中的平衡、和谐、稳定的问题;最后,当经济社会发展动力不足、发展失衡的时候,中国道路就必须致力于通过提升国家治理效能,来解决发展动力不足、发展失衡的问题。改革开放之初,我们主要致力于解放和发展社会生产力,以解决经济社会发展动力不足的问题,相对注重动力机制。邓小平理论所强调的解放思想、解放人、解放和发展社会生产力,以及敢闯、敢干、敢为人先,都是着力于解决我国经济社会发展的动力机制问题。胡锦涛主政时期,我国经济社会获得了长足发展,与此同时,经济社会发展中的不平衡、不和谐因素也呈现出来。在这种情境下,胡锦涛提出科学发展观,强调核心是以人为本,基本要求是全面协调可持续,根本方法是统筹兼顾,实践要求是构建社会主义和谐社会,其实质,就是致力于解决我国

---

① 参见李忠杰:《论社会发展的动力与平衡机制》,《中国社会科学》2007年第1期。

经济社会发展进程中的不平衡、不和谐问题,因而相对注重平衡机制。党的十八大以后,以习近平同志为核心的党中央既注重创新发展,着力解决发展不充分的问题,解决我国经济社会发展的创新动力和活力问题;也注重共享发展,着力解决发展不平衡的问题,注重促进公平正义、增进人民福祉。党的十九届四中全会的主题之一,就是推进国家治理体系和治理能力现代化,其实质就是通过提升国家治理效能,进一步解决我国经济社会发展动力不足、发展不平衡的问题,这意味着相对注重治理机制。

基于中国道路可以构建中国理论。其理论精髓主要体现在三个方面:一是在动力机制上,它强调中国特色社会主义的首要根本任务是解放和发展社会生产力,因而要注重创新发展,致力于解决发展不充分的问题;二是在平衡机制上,它把促进公平正义、增进人民福祉作为中国特色社会主义建设的出发点和落脚点,注重协调发展和共享发展,致力于解决发展不平衡的问题;三是在治理机制上,它注重全面深化改革,坚持和完善中国特色社会主义制度,推进国家治理体系和治理能力现代化,把制度优势更好地转化为国家治理效能,既为发展注入创新动力和活力,又促进社会和谐稳定。

因此,可以用动力机制、平衡机制和治理机制"三机制理论"来阐释中国道路的精髓。

(三)道路和制度要彼此理解

党的十九届四中全会的主题,是坚持和完善中国特色社会主义制度,推进国家治理体系和治理能力现代化;核心讲的是我国国家制度和国家治理体系的显著优势与国家治理效能,是蕴含着"中国之治"的中国制度。

中国制度与中国道路是什么关系?中国制度是中国道路中的制度维度,是在中国道路开创、拓展和发展进程中积累的实践经验之制度化,是基于中国道路之上且关于道路的性质、道路的目标、道路目标的实现方式和道路的推动力量的规则体系。就是说,中国制度是从中国道路中产生和形成的,是立足于中国道路而形成的,中国制度是在中国道路行走的实践进程中,就其中一些具有根本性、全局性、战略性、长远性的问题而确定的规则体系。因而,中国制度是借助于中国道路而发挥作用的,没有中国道路及其实践，哪来的中国制度？没有中国道路，中国制度就是无源之水、无本之木。即使有，那也是抽象的。道路不同，制度必然不同。坐高铁从北京到郑州，与坐飞机从上海到北京，二者道路不同，交通规则或制度必然不同。因此，从本源意义上，相对于制度，道路逻辑在先。

当然，二者也相互贯通、相互作用。一个国家所走的道路，首先是解决整个社会制度的选择问题；而一个国家所实行的制度，首先是要解决道路的选择问题。或者说，最根本的制度，首要是关于道路的制度；而最根本的道路，首要是关于制度的道路。因此，中国特色社会主义道路为中国特色社会主义制度提供实践支撑，而中国特色社会主义制度为中国特色社会主义道路提供制度保障。

（四）中国道路使中国文化彰显时代价值

中国道路与中国文化密不可分，其中吸纳并蕴含着中国文化的基因。中国道路在性质和总体上坚持中国共产党集中统一领导，这与中国传统的文化结构有关。在中国传统文化结构中，儒家文化占主导。儒家文化相对强调集中、统一、大一统，强调秩序，强调文化为统治阶级服务。对这种文化实行创造性转化和创新性发展，自然要求坚持中国共产党集中统一领导。中国文化强调和而不同、协和万邦、兼济天下、世界大同，这在当代中国道路中就体现为追求共同富裕、共享发展，积极构建人类命运共同体。

中国道路又使中国文化的时代价值得以彰显。文化要古为今用，正是中国道路所创造的世所罕见的中国奇迹，才使中国文化的时代价值得以彰显。为什么要坚定文化自信？是因为改革开放以来中国特色社会主义道路创造了中国奇迹。中国文化的基本精神，是民为邦本的民本精神、自强不息的奋斗精神、刚柔相济的坚韧精神、贵和尚中的中道精神、天人合一的和谐精神、和而不同的包容精神、大局为重的集体精神、仁者爱人的人道精神、兼济天下的大同精神、居安思危的忧患精神。[①] 在当代中国道路中，蕴含着以新的特点和形式彰显出的人民中心的民本精神、一往无前的奋斗

---

① 参见张岱年、程宜山：《中国文化精神》，北京大学出版社2015年版；楼宇烈：《中国文化的根本精神》，中华书局2016年版。

精神、迎难而上的坚韧精神、兼济天下的大同精神、开放创新的包容精神、团结合作的集体精神、命运共同的共生精神。正是这些文化精神和价值观，使中国道路创造了中国奇迹。

中国特色社会主义道路是实现现代化的必由之路，是创造人民美好生活的必由之路。坚定道路自信，源于对中国文化的自信，中国文化滋养着中国道路；坚定文化自信，源于对中国道路的自信，中国道路促进中国走向成功。

在当代中国，不同道路之争，其深层体现为不同文化之争，而不同文化之争，其底蕴也体现为不同道路之争。中国应"向何处去"？中国应走什么样的道路？每到中国历史发展的关键时刻，总是把这一核心问题提到前台。对道路的选择不同，文化取向也就不同。坚持走社会主义道路，自然倡导马克思主义；坚持走资本主义道路，自然强调西方文化。

（五）用中国方案彰显中国道路、中国理论的世界意义

从逻辑上看，中国方案缘起于中国道路、中国理论的世界意义，是中国道路、中国理论世界化并彰显其世界意义的具体表达；中国方案的背后是中国道路、中国理论，它植根于中国道路、中国理论，以中国道路、中国理论为根本之道。在这个意义上，中国方案的本质是中国道路、中国理论之世界意义的拓展，是中国道路、中国理论之世界意义的彰显。如果说，中国理论是从上层建筑层面对中国道路的理性阐述，那么，中国方案则是从中国道路的世界意义层面对中国道路的具体阐释。

陈先达指出：中国方案的提出，有重要理论和实践意义。中国方案，就存在于中国道路之中。没有中国道路就不会有中国方案。提不出中国方案，中国道路就会变成一句空话。中国道路，既是具有中国特色的中国之路，又是具有世界意义的中国之路。讲它是中国特色之路，是因为它具有中国的历史特点、民族特点、文化特点；讲它是具有世界意义的中国之路，是因为它向人类提供了不同于西方发展道路的中国方案。这个方案向世界表明，一个近代以来百年受列强压迫和侵略的民族，一个曾经落后于西方发达国家的民族，完全可以依靠自己的力量，建立与自己民族特点相符合的制度和发展道路，走上民族伟大复兴之路。资本主义社会并不是人

间天堂，资本主义的经济和政治制度也不是人类社会发展的唯一之路，资本主义的价值观念并非人人必须奉为圭臬的绝对价值。在当代，各国的发展完全可以有不同的方案。这正是西方某些资本主义国家拼命遏制中国和平发展的原因。因为中国的崛起意味着中国道路、中国理论及立于其上的中国方案的成功；而中国方案的成功，意味着在当代可以有另一条通向自己国家和民族的复兴之路，而不必接受西方兜售的资本主义制度优越论和永世论的"灵丹妙药"。中国方案是马克思主义和中国文化精华的结合，它的影响力和说服力是中国道路、中国理论对世界的贡献。正因如此，西方一些国家千方百计对中国道路进行抹黑，并将之视为对"自由世界"道路的背离。① 陈先达的上述观点，鲜明且透彻地阐释了中国方案与中国道路的关系，给人以启迪。

对中国道路、中国理论、中国方案三者之间的逻辑关系，还可以作出下述阐释。中国奇迹引发世界对中国的关注，对中国来说，这是中国道路得以出场的缘起；对世界来说，中国奇迹的秘密要到中国道路之中去寻求，中国道路是产生中国奇迹的根源所在。在此前提下，以中国道路为本源，中国道路、中国理论、中国方案三者又构成一个相对独立的逻辑系统。在该系统中，中国道路是本源，同时也是核心，中国方案是中国道路之世界意义的表达。对中国道路和中国方案的阐释需要中国理论，中国理论是对中国道路和中国方案的理性解释。由此可以说，这三者之间，环环相扣，层层推展，具有严密的逻辑性。

（六）基于中国道路构建中国话语

中国道路构成中国话语最深刻的实践基础和最充足的现实根据。中国话语是中国道路的理性表达，它在本质、核心上是表达中国道路的。中国道路是中国话语的实践基础、现实载体和本源依托，建构中国话语，应致力于寻求并阐释使中国道路创造中国奇迹的核心要素、标识要件，这些核心要素、标识要件是构建中国话语的关键。

从宏观上讲，这些核心要素、标识要件主要是：作为"定性"的中国

---

① 参见陈先达：《中国道路与中国方案》，《光明日报》2016年9月7日。

共产党领导；作为"定位"的立足历史方位、不断与时俱进；作为"定标"的解放和发展社会生产力，实现共同富裕，促进人的全面发展；作为"定法"的动力机制、平衡机制和治理机制；作为"定力"的党的领导力量、市场配置力量和人民主体力量。中国话语建构，应围绕上述核心要素、标识要件来进行，把这些核心要素作为构建中国话语的标识性范畴。

中国话语自信从根本上源于中国道路创造了中国奇迹。中国连续30多年高速增长，现在是世界第二大经济体，并且创造了两大中国奇迹。这充分表明中国特色社会主义道路是成功的，中国特色社会主义理论是正确的，中国特色社会主义制度具有显著优势。

（七）意识形态之争深层源于对中国道路的不同解释

意识形态建设要围绕中国奇迹、中国道路、中国理论、中国话语四个核心问题进行，尤其要围绕对中国道路的学理阐释来进行。

社会主义意识形态建设首先要练好"内功"，不练好"内功"，缺乏免疫力，面对"外攻"，我们就会缺乏抵抗力。练好"内功"，增强免疫力，既有利于解决我们自己的理论建构问题，也有利于增强我们对"外攻"的抵抗力。

强化"内功"最关键的就是我国意识形态建设要聚焦于中国道路，要围绕解释中国道路进行。中国道路在一定意义上具有意识形态性质，意识形态之争往往是中国道路之争。西方中心论、历史终结论、新自由主义、历史虚无主义误读中国、曲解中国的内容之一，就是认为中国道路是"国家资本主义""权贵资本主义"。国内一些错误思潮对中国特色社会主义道路在不同意义上也持排斥态度，要么崇拜西方新自由主义而走"邪路"，要么妄想回到"文化大革命"的"老路"上去。因此，要回应意识形态挑战，凝聚共识，赢得认同，树立理论上的权威，就必须阐释好中国道路，从政治上、理论上把中国道路的内涵、实质及其重大意义讲清楚。这是意识形态建设的一项具有基础性的重要工作。如果只讲意识形态建设而不去研究中国道路，不仅是研究上的短板，也是研究上的不彻底，是浮在空中的表象化研究。

（八）中国道路蕴含中华民族现代文明

中国特色社会主义不仅促进了中国经济发展，而且拓展了发展中国家走向现代化的路径，为世界发展提供了一种中华民族现代文明。这种中华民族现代文明，不是中国传统文明的简单"再版"，也不是西方文明的直接"翻版"，而是中华文明的创造性转化和创新性发展，是中国道路在当代的生动表达，是中华文明的时代表达，属于新的现代文明形式。

世界社会主义500多年历史发展的深厚积淀、中国社会主义制度和国家治理体系的显著优势，决定了中华民族现代文明具有不同于西方文明的独特之处。在世界历史背景下，无论是中华文明还是西方文明，都是人类文明的重要组成部分，中国应当积极借鉴世界包括西方一切优秀的文明成果。但中国对西方文明的学习绝不是亦步亦趋、照搬照抄，而是以中华5000多年优秀传统文化为底蕴，在深入研判中国发展的时代趋势与现实国情的前提下，吸收西方文明有益成分并纳入中国道路之中。

中国特色社会主义道路所形成的中华民族现代文明，是一种现代性文明。西方现代性文明作为资本主义工业文明的开路先锋，在世界历史发展过程中发挥过十分重要的积极作用，但这并不意味着它可以成为现代性文明的唯一版本。西方现代化发展在取得系列成就的同时，也不可避免地遭受了"现代性之殇"[①]，如两极分化、冲突加剧、精神匮乏、信仰失落、私利膨胀等。西方现代性文明的危机是我们重构现代文明的契机，也使我们找到了超越西方现代性文明的方向。中国道路创造中国奇迹从而取得成功，表明中国有责任也有能力塑造一种中华民族现代文明。这种中华民族现代文明，既来自中华优秀传统文化中的和谐共生、和而不同、海纳百川、兼济天下、协和万邦、世界大同等文明理念，也来自中西文明优势互补、融合互鉴的发展实践，还来自中国特色社会主义道路及其成功经验，更反映出世界历史发展趋向。其核心要义，是世界多样、国家平等、文明互鉴、包容发展、互利普惠、和而不同、兼济天下、命运共同。世界多样是一种世界观，它反对一元主宰的世界观，是中华民族现代文明的前提；国家平等是一种国家观，它反对国强必霸的国家观；文明互鉴是一种文

---

① 参见余乃忠：《亚稳态症候：现代性向后现代性变频之殇》，《江汉论坛》2010年第6期。

观，它反对文明冲突的文明观；包容发展是一种发展观，它反对"以鞋裁脚"的西方中心论；互利普惠是一种义利观，它反对赢者通吃的单赢观；和而不同是一种包容观，它反对唯我独尊的独断论；兼济天下是一种普惠观，它反对二元对立的哲学观；命运共同是一种共生观，它反对你死我活的丛林观，同时也是中华民族现代文明的落脚点。显然，中国道路超越了"中心—边缘"的世界格局，摒弃了西方文明排他、独断、霸权的思维方式；中国道路把世界各国都纳入到和平发展、合作共赢、互利普惠的世界框架中，它是对人类文明多样化发展的丰富、完善。

PART 3
第三章

世界之问:
新时代中国特色社会主义的世界逻辑

一、"新时代"和"大变局"

在研究新时代中国特色社会主义的历史逻辑、实践逻辑之后，还需进一步研究其世界逻辑。研究新时代中国特色社会主义的世界逻辑，首先要理解和把握其时代背景。

党的十八届三中全会确定的全面深化改革的总目标，是完善和发展中国特色社会主义制度，推进国家治理体系和治理能力现代化。可见，完善和发展中国特色社会主义制度，推进国家治理体系和治理能力现代化，在习近平同志治国理政实践中具有重要地位。这一重要地位主要在于：1978年开启的改革开放主要致力于解决解放和发展社会生产力问题，属于中国特色社会主义建设实践的"前半程"，侧重于经济基础；而党的十八届三中全会所开启的全面深化改革，则致力于政治上层建筑的制度和国家治理的改革，属于习近平同志所讲的中国特色社会主义建设实践的"后半程"，目的是为我国经济社会发展既具有创新动力又达至平衡进而形成良性秩序，为实现中华民族伟大复兴，为有效应对新时代、大变局背景下的各种风险挑战，提供制度和治理效能支撑。

党的十九届四中全会是我们党站在"两个一百年"奋斗目标的历史交汇点上召开的，是对中华人民共和国成立以来，尤其是党的十八大以来我们党建立健全完善发展中国特色社会主义制度、推进国家治理体系和治理能力现代化经验的系统总结，是我们党对进一步坚持和完善中国特色社会主义制度、推进国家治理体系和治理能力现代化作出的政治宣示，是我们党对"坚持和巩固什么、完善和发展什么"这一重大政治问题作出的深刻回答。党的十九届四中全会通过的《中共中央关于坚持和完善中国特色社会主义制度、推进国家治理体系和治理能力现代化若干重大问题的决定》

（简称《决定》），是一部以制度优势和治理效能应对"新时代""大变局"的纲领性文献。

（一）党的十九届四中全会主题的确立具有内在逻辑和深远意义

党的十九届四中全会把坚持和完善中国特色社会主义制度、推进国家治理体系和治理能力现代化作为主题，体现了历史发展的必然逻辑，体现了实现社会主义现代化、实现中华民族伟大复兴进程的生成逻辑，具有深远的意义。

这一主题的确立是顺利实现"两个一百年"奋斗目标、实现中华民族伟大复兴的需要。[①] 从2020年到21世纪中叶，要全面建成社会主义现代化强国、实现中华民族伟大复兴，就必须致力于解决三个根本性问题：一是运用新发展理念，集中解决好人民日益增长的美好生活需要和不平衡不充分的发展之间的矛盾；二是要具有永不懈怠的精神状态和一往无前的奋斗姿态；三是坚持和完善中国特色社会主义制度，推进国家治理体系和治理能力现代化，使制度更加成熟和定型，使国家治理更加现代化。这不仅是因为国家治理现代化本身就是社会主义现代化的核心内容，而且推进国家治理现代化也是实现中华民族伟大复兴的决定因素和关键条件，因为国家治理体系和治理能力是衡量一个国家现代化水平的决定因素和关键条件，这叫作"以中国之治应对目标之变"。

这一主题的确立是对改革开放以来，尤其是党的十八大以来我们党在改革与国家制度建设和国家治理方面的经验进行系统总结，进而把新时代改革开放向前推进的根本要求。[②] 历史是教科书，历史是清醒剂，历史是我们最好的老师。对1978年以来改革的历史进行经验总结，我们发现，全面深化改革以及把总目标确定为完善和发展中国特色社会主义制度、推进国家治理体系和治理能力现代化至关重要；对党的十八届四中全会以来

---

① 参见《中国共产党第十九届中央委员会第四次全体会议文件汇编》，人民出版社2019年版，第70页。
② 参见《中国共产党第十九届中央委员会第四次全体会议文件汇编》，人民出版社2019年版，第73页。

的改革实践经验进行总结，我们又发现，制度和治理问题具有本源性、根本性、核心性与艰巨性，所以我们党又进一步就制度和治理问题召开十九届四中全会进行专题研究和部署。系统总结过去我们党在改革与制度建设和国家治理方面的历史经验，是为了更有效地应对和解决当前我们党所面临的问题和难题，更好地推进新时代全面深化改革事业，更顺利地实现我们党所确立的战略目标，并且为实现这一战略目标提供制度和治理保障，为有效应对系列风险挑战提供制度和治理资源支撑。

随着我国的不断发展，在客观上意味着中国社会正在进行整体转型升级，包括从生产力到生产关系、从经济基础到上层建筑已经全方位地展开了；在主体上意味着人们的各种诉求觉醒了、增强了、提高了、多样了、紧迫了。为了更好地应对以上两方面需求，使经济社会发展既充满活力又达至平衡和谐稳定，进而构建良性的社会发展秩序，为实现国家长治久安提供强有力的制度和治理保证，就必须进一步推进新时代全面深化改革，坚持和完善中国特色社会主义制度，推进国家治理体系和治理能力现代化，这叫作"以中国之治应对实践之变"。

这一主题的确立是有效应对"新时代""大变局"背景下各种风险挑战的迫切需要①，是致力于解决"我国发展起来以后"和中国特色社会主义建设实践进入"后半程"所面临问题的迫切需要。当今，中国特色社会主义已经进入了新时代，我国发展步入新的历史方位。邓小平曾经说过，发展起来以后的问题不比不发展时少。我国发展起来以后，中国特色社会主义进入了新时代，进入了习近平同志所讲的"后半程"，这时我国遇到的问题比欠发展时期遇到的问题更多、更大、更复杂、更严峻、更具有挑战性。当今，我们遭遇的问题有很多，其中的主要问题是：经济下行压力加大，发展还不够充分、不平衡；为人民提供的公共产品要么短缺、要么粗放；官僚主义、形式主义现象较为严重；许多矛盾和难题还未得到有效解决；等等。就当今世界来讲，全球各国正面临百年未有之大变局，这既是机遇，更是挑战。为解决新时代我们遇到的难题，顺利走好中国特色社会主义建设实践的"后半程"，夺取中国特色社会主义事业

---

① 参见《中国共产党第十九届中央委员会第四次全体会议文件汇编》，人民出版社2019年版，第74—75页。

的伟大胜利，为应对世界百年未有之大变局，抓住机遇、应对挑战，就必须从强大的制度优势和治理效能入手，即以强大的制度优势和治理效能来有效应对"新时代""大变局"背景下的各种风险挑战，尤其是应对一些国家及地区对中国道路、中国理论、中国制度、中国文化的挑战，这叫作"以中国之治应对时代之变"。

（二）我国国家制度和国家治理体系的显著优势

党的十九届四中全会最鲜明的一个亮点和创新点，就是第一次系统总结概括了我国国家制度和国家治理体系的十三个"显著优势"。[①] 这叫作"以成就经验支撑制度优势"。这些优势是从"摸着石头过河"到取得历史性成就，再到"成功经验"之实践和理论发展的进程中提炼概括出来的。这种总结之实质，就是为有效应对新时代、大变局寻求有效资源，为"中国之治应对时代之变"提供制度支撑。

我国国家制度和国家治理体系的"显著优势"究竟"优"在哪里？中国特色社会主义制度为什么优？这既需要我们以《决定》所讲的十三个"显著优势"为基础来加以深入阐述，也需要在对我国发展实践及其历史性成就的总结提炼中加以彰显，还需要从与某些"西方之乱"的比较中使其真正呈现出来。

我国国家制度和国家治理体系的"显著优势"，归纳起来，主要"优"在十个方面。

优，就优在它有中国共产党坚强有力的集中统一领导，不迷向。[②] 这是最根本、最核心、最具有总体性的优势。中国共产党从党的一大时全国50多名党员，发展到今天的9900多万名党员，从6个国内早期党组织，发展到今天517.6万个基层党组织，执掌全国政权70多年并且使一个14亿多人口的东方大国成为世界第二大经济体，这100余年创造了史无前例的伟大奇迹，也铸就了一个世所罕见的伟大政党。习近平同志说，中国

[①] 参见《中国共产党第十九届中央委员会第四次全体会议文件汇编》，人民出版社2019年版，第19—21页。
[②] 参见《中国共产党第十九届中央委员会第四次全体会议文件汇编》，人民出版社2019年版，第19。

共产党是世界上最大的政党，大就要有大的样子。这个"大的样子"，就集中体现在中国共产党坚强有力的集中统一领导。历史逻辑充分表明，没有中国共产党，就没有新中国；没有中国共产党，就没有改革开放。实践逻辑也充分表明，没有中国共产党，就没有我国经济快速发展的奇迹和社会长期稳定的奇迹。中国共产党正是在探寻中国道路并创造历史性成就的过程中、在运用总体方略实现战略目标的历史进程中，呈现出集中统一的领导力的。

基于历史逻辑和实践逻辑，我们从理论上进行总结，强调中国共产党的领导是中国特色社会主义最本质的特征，是中国特色社会主义制度的最大优势，中国共产党是最高政治领导力量。[①]具体来说，就是中国共产党的指导思想具有引领力，奋斗目标具有感召力，组织资源具有动员力，汇聚共识具有凝聚力，实现蓝图具有恒定力，组织体系具有架构力，自我革命具有净化力。这与西方一些国家政党之间内斗、难以形成领导力和合力相比具有明显优势。所以，讲显著优势，首先要讲我们党集中统一领导的优势。当然，这一优势还包括党对人民军队的绝对领导，以确保国家主权和发展利益安全，体现了党指挥枪的优越性。[②]

优，就优在它以人民为中心，有一个正确的价值导向，使人民群众有获得感、幸福感和安全感，不离民。西方国家大都以资本为主导，为资本家集团谋利益，这不仅导致资本家集团对世界资源的掠夺，而且也使国内底层民众的权益受损。中国共产党自成立那一天起，就把人民解放、人民富裕、人民幸福作为初心，把全心全意为人民服务作为根本宗旨，强调走共同富裕道路。因而，中国共产党能赢得民心，得到人民的支持和拥护，具有执政最大的底气。

优，就优在它不仅确立了中国特色社会主义事业的总体布局和战略布局，而且紧紧围绕这"两大布局"确定了令人向往的奋斗目标及其实现方略，一张蓝图绘到底，具有感召力，不折腾。《决定》讲显著优势，其中蕴含的逻辑，是紧紧围绕"两大布局"而进行总结概括的。在这"两大布

[①] 参见《中国共产党第十九届中央委员会第四次全体会议文件汇编》，人民出版社2019年版，第23页。
[②] 参见《中国共产党第十九届中央委员会第四次全体会议文件汇编》，人民出版社2019年版，第21页。

局"中，最为关键的是确定奋斗目标和实现方略。围绕总体布局所确定的奋斗目标是总框架，具有感召力，使人们聚精会神搞建设、一心一意谋发展；战略布局是抓手，使人们能抓住"牛鼻子"。而二者的统一，就使得推进中国特色社会主义事业、夺取中国特色社会主义事业伟大胜利具有恒定力，从而解决了如何才能"不折腾"的问题。

优，就优在它能汇聚一切力量全力以赴抓执行和落实，不落空。目标确定之后，最为关键的是抓执行和落实。不抓执行和落实，再好的目标、蓝图都是空的。中华人民共和国成立以后，我国确定搞"五年规划（计划）"。每五年召开一次的党的全国代表大会上，我们党都要确立奋斗目标。规划和目标确定之后，我们既注重目标分解、层层抓落实，又注重汇聚全社会共识、凝聚全社会力量，为实现奋斗目标注入强大能量。比如改革开放以来，我国就十分注重整合党的领导力量、市场配置力量和人民主体力量。正如习近平同志所讲的，一分部署、九分落实。《决定》所讲的制度的生命力在于执行，注重的也是执行力、行动力。中国共产党人抓执行和落实的行动力是世所罕见的。正因为执行和落实目标行动有力，所以我们才取得一个又一个历史性成就。

优，就优在它能举国力解难题、办大事、加速度，不散漫。中国传统社会注重的是"大一统"体制。中华人民共和国成立以来，我们党一直强调全国一盘棋。改革开放以来，我们党强调团结一致向前看。党的十八大以来，我们党强调维护党中央权威和集中统一领导。这一切都意味着我们党十分注重调动各方面的积极性，集中力量解难题、办大事、加速度。正因如此，我们党举国力成功办成了一件件具有世界影响力的大事，仅仅用了30多年的时间就使中国发展成为世界第二大经济体，不断缩小与西方发达国家之间的差距。这要比西方一些国家内部为办一件事而相互扯皮、相互掣肘，具有明显的优势。

优，就优在它注重选贤任能，把一批社会精英汇聚在党和国家事业发展的周围，且强调勇于自我革命，从而实现"自身硬"，不懈怠。我们党注重领导干部的层层历练和层层选拔，经过层层筛选，把一大批社会精英和优秀干部安排到党和国家事业发展所需要的岗位上。不仅如此，我们党还十分注重对领导干部的培养和管理。从中央到地方，各个层级基本上都设有党校（行政学院），还有针对各级领导干部的周密的培训计划和方案；中组部、中纪委也不断加强对领导干部的管理和监督。由此培养和锻炼出来的领导干部，大都能为党和国家的事业发展鞠躬尽瘁。历史和实践证明，我国取得的"两大奇迹"，都是在中国共产党领导下，依靠广大领导干部带领人民群众干出来的。

优，就优在它能激发经济社会发展的创新活力，保持经济社会发展的长期稳定，较好解决了经济社会发展的动力与平衡的统一问题，不摇摆。我们党坚持改革创新的时代精神，能使社会充满生机活力；我们党坚持与时俱进、开放包容的品格和格局，因而能赶上时代步伐，能吸纳一切利于我国发展稳定的因素；我们党具有自我完善、自我发展、自我革命的勇气，能解决自身存在的突出问题，把我们党锻造和锤炼得更加坚强有力；同时，我们党也坚持稳中求进的总基调，能在总体上保持经济社会发展的和谐稳定。也就是说，我们党能把创新活力与和谐稳定统一起来，避免左右摇摆。改革开放以来，我国经济社会发展始终充满着活力，同时也基本上保持了和谐稳定。《决定》所讲的"新中国成立七十年来，我们党领导人民创造了世所罕见的经济快速发展奇迹和社会长期稳定奇迹"[①]，就是对这一点的概括。这与当今世界存在的全球经济发展动能不足、发展失衡，形成鲜明对比。

优，就优在它能根据初级阶段的实际，既坚持社会主义的本质，又能合理运用其他有价值的因素来解放和发展社会生产力，因而形成了一种具有主导性的混合结构，不僵化。《决定》所讲的"坚持公有制为主体、多种所有制经济共同发展和按劳分配为主体、多种分配方式并存，把社会主义制度和市场经济有机结合起来，不断解放和发展社会生产力"[②]的基本经济制度，就是如此。这是中国共产党和中国人民的伟大创造，它蕴含的不是两极对立、你死我活的形而上学思维方式，而是在中国共产党领导下的主补结合、主次互补、相辅相成的辩证思维方式。这种思维方式超越了两极对立的形而上学思维方式，具有开放性和包容性，避免了僵化保守，因而具有较大优越性。

---

① 《中国共产党第十九届中央委员会第四次全体会议文件汇编》，人民出版社2019年版，第19页。
② 《中国共产党第十九届中央委员会第四次全体会议文件汇编》，人民出版社2019年版，第20页。

优，就优在它能把全国各个民族团结起来共同奋斗，不分裂。中华民族由56个民族构成，是一个多民族国家。国家统一、民族团结，事关中国共产党长期执政，事关国家长治久安，事关民族复兴。中华人民共和国成立以来，在中国共产党领导下，特别注重全国各族人民的"共同体意识""共同团结奋斗""共同繁荣"。^①这三个"共同"，是中华民族大团结的优势及核心要素。中华民族团结统一，与全国各族人民的"共同体意识""共同团结奋斗""共同繁荣"息息相关，而注重"共同体意识"，与中华优秀传统文化有关。中华优秀传统文化注重和合、和而不同、求同存异、协和万邦、各美其美、美美与共，注重促进全体人民在思想上精神上团结在一起。习近平同志强调，全国各族人民要像石榴籽一样紧紧抱在一起。世界上有些多民族国家搞分裂、遭解体，正是与缺乏共同体意识有关。

优，就优在它能自觉抓住社会主要矛盾，解决根本问题，掌握工作重点，不动摇。社会主要矛盾是判断社会整体状况的主要依据，是判断国情的主要依据之一，是我们党制定路线方针政策的主要依据之一，是治国理政的基本遵循。社会主要矛盾蕴含着我们所要解决的根本问题，解决这一根本问题就成为我们工作的重点。中国共产党注重抓住社会主要矛盾，进而从中发现问题、分析问题、解决问题。正如习近平同志所强调的，要有强烈的问题意识，以重大问题为导向，抓住关键问题进一步研究思考，着力推动解决我国发展面临的一系列突出矛盾和问题。中国共产党人干革命、搞建设、抓改革，从来都是为了解决中国的现实问题。从毛泽东经邓小平再到习近平，抓住主要矛盾、解决根本问题、做好工作重点从来没有动摇过，而是紧紧抓住不放。

由此，我们可以得出，判断一种制度究竟好不好、是否具有显著优势的根本标准就是：这种制度能否使执政党的领导力得到充分发挥，能否激发人民的创新活力进而推动经济社会又好又快发展，能否保持社会长期稳定，能否有效治理经济社会发展进程中出现的问题，能否使优秀人才脱颖而出且各尽其能、各得其所、和谐相处，能否使社会运行良性有序，能否

---

① 参见《中国共产党第十九届中央委员会第四次全体会议文件汇编》，人民出版社2019年版，第20页。

使人民群众拥有获得感、幸福感、安全感。

上述这些优势，是我们坚定道路自信、理论自信、制度自信和文化自信的基本依据和坚实基础，必须加以坚持和巩固，这也就回答了"坚持和巩固什么"的根本问题。

（三）将制度优势转化为国家治理效能的路径和方式

《决定》强调要把制度优势转化为国家治理效能，这意味着一种好的制度必须掌握在具有相应能力的人手中并加以合理运用。因此，这种转化关键在于制度的执行者要"掌握"并"运用"好制度优势。制度优势一旦被执行者所掌握并加以有效运用，就会显示出强大的力量。

第一，要学懂弄通制度优势，解决"知"的问题。知，是行的基础和前提。制度的执行者要对十三个"显著优势"进行全面准确深入的理解和把握，以明确转化的方向和路径。如果对十三个"显著优势"一知半解、浅尝辄止，怎么能转化得好呢？由此，要加强对制度的理论研究和宣传教育[①]，引导全社会充分认识中国特色社会主义制度的本质特征和优越性，教育引导广大党员干部群众认识到，中国特色社会主义制度和国家治理体系是经过长期实践检验的，来之不易，必须倍加珍惜。

第二，要对制度抱持敬畏和信仰之心，解决"信"的问题。知而不信，也是制度执行及其转化的阻力。对制度优势的敬畏和信仰，来自对我国国家制度和国家治理体系十三个"显著优势"发自内心的理解、把握和认知。这种认知包括理论认知、情感认知，在此基础上，还要进一步坚定制度自信。

第三，要具有掌握和运用制度的能力，解决"能"的问题。一种制度即使具有较大优势，如果驾驭这种制度的人的能力跟不上，其制度优势也体现不出来。所以，正如《决定》所强调的，要把提高治理能力作为新时代干部队伍建设的重大任务，通过加强思想淬炼、政治历练、实践锻炼、专业训练，推动广大干部严格按照制度履行职责、行使权力、开展工作，把制度执行力和治理能力作为干部选拔任用、考核评价的重要依据。

---

① 参见《中国共产党第十九届中央委员会第四次全体会议文件汇编》，人民出版社2019年版，第66页。

第四，要不断运用制度优势，解决"用"的问题。制度优势在运用中呈现。各级党委和政府以及制度的执行者要切实强化制度意识，带头维护制度权威，做制度执行的表率，带动全党全社会自觉尊崇制度、严格执行制度、坚决维护制度；还要健全权威高效的制度执行机制，加强对制度执行的监督。

第五，要强治理能力的弱项、补治理能力的短板，解决"短"的问题。发挥我国国家制度和国家治理体系的优势，既要理解和把握我国国家治理体系中的根本、核心优势，也要补齐治理能力方面的短板，因为短板会影响制度优势的充分发挥。今天来看，系统治理、综合治理、依法治理、源头治理以及社会治理、基层治理等，在某种程度上是国家治理能力中的短板，所以一定要及时健全相关制度，加强相应的治理举措。

（四）锻造一个深得人民拥护的强大政党

《决定》指出，坚持和完善中国特色社会主义制度、推进国家治理体系和治理能力现代化，是全党的一项重大战略任务，必须在党中央统一领导下进行科学谋划、精心组织、远近结合、整体推进，确保其各项目标任务全面落地到位，这意味着完成这样一项重大任务必须依靠一个深得人民拥护的强大政党。

那么，一个深得人民拥护的强大政党是如何炼成的？或者说，中国共产党是如何把自身锻造成深得人民拥护的强大政党的？

一是强调并坚持党的初心和使命，是为中国人民谋幸福、为中华民族谋复兴。《决定》把这一初心和使命制度化，形成一种长效机制，使其成为党的建设的永恒课题和党员干部的终身课题。这就从初心和使命上保证了中国共产党成为深受人民拥护的强大政党。

二是强调并坚持中国共产党的性质和本质是中国工人阶级的先锋队，同时也是中国人民和中华民族的先锋队。这"两个先锋队"既意味着中国共产党要依靠人民执政、为了人民执政，又意味着中国共产党是中国人民和中华民族的领导者、指路人，党要时时刻刻站在时代前列，带领人民完成革命、建设和改革时期的历史任务和奋斗目标。这就从性质和本质上保证了中国共产党成为深受人民拥护的强大政党。

三是强调并坚持中国共产党的根本立场和价值取向是以人民为中心。中国共产党是为广大人民群众立言的,它代表的是最广大人民群众的根本利益。中国共产党把人民当作主体,一切依靠人民;把人民当作目的,一切为了人民;把人民当作尺度,人民至上。这就从根本立场和价值取向上保证了中国共产党成为深受人民拥护的强大政党。

四是强调并坚持中国共产党的政治发展道路,把党的领导、人民当家作主、依法治国有机统一起来。这就把突出党的领导地位、充分发扬社会主义民主和把权力置于法治的框架之中统一起来了。党的领导强调党是最高政治力量。要使中国共产党领导得更加坚强有力,既要注重充分发扬社会主义民主,让人民当家作主;又要注重依法治国,以法治约束和限制权力的任性。这就从政治发展道路上保证了中国共产党成为深受人民拥护的强大政党。

五是强调并坚持党的精神品格,勇于自我革命,加强对权力运行的制约和监督。权力缺乏制约,易导致"有权就任性""用权就腐败"。中国共产党自成立那天起,就自觉注重建立健全党和国家的监督体系。其实质,就是为自我净化、自我完善、自我革新、自我提高即自我革命提供制度保障,就是强化对权力运行的制度化监督。不仅如此,中国共产党力求建立健全党统一领导、全面覆盖、权威高效的监督体系,增强监督的严肃性、协调性、有效性,既构建一体推进不敢腐、不能腐、不想腐体制机制,又形成决策科学、执行坚决、监督有力的权力运行机制,以盯紧权力运行各个环节,确保党和人民赋予的权力始终用来为人民谋幸福。[①]这就从精神品格和体制机制上保证了中国共产党成为深受人民拥护的强大政党。

六是强调并坚持党的建设主线,致力于把中国共产党建设成既具有先进性又具有执政能力的政党。中国共产党既是一个执政的党,又是一个引领人民共同奋斗的领导的党。无论是执政还是领导,都意味着它首先要做到"自身硬",既要肩负伟大的历史使命,又要带领全国各族人民实现奋斗目标。在这样的进程中,要化解各种矛盾难题、破除各种障碍阻力、抵

---

① 参见《中国共产党第十九届中央委员会第四次全体会议文件汇编》,人民出版社2019年版,第63页。

御各种风险挑战，就要求中国共产党既要具有先进性，又要具有执政能力，从而带领全国各族人民实现共同奋斗目标。中国共产党始终自觉地把党的先进性和执政能力作为党的建设的根本主线。这就从党的建设的根本主线上保证了中国共产党成为深受人民拥护的强大政党。

七是强调并坚持永不懈怠的精神状态和一往无前的奋斗姿态。在和平建设年代，一党执政很容易出现"刀枪入库，马放南山"的情景，这实际上意味着精神状态出现了大问题。历史表明，在一定的历史时期，我们党确实在某种程度上存在过"精神懈怠"的问题。我们党对这种问题是具有自觉的清醒认识的，因此，改革开放以来的每次党代会，我们党总是提醒党员干部要保持一种永不懈怠的精神状态和一往无前的奋斗姿态。其实质和目的，就是要解决我们党在精神状态上所存在的问题，确保我们党时刻保持良好的精神状态，从而使我们党成为一个精神状态饱满的党。这就从精神状态上保证了中国共产党成为深受人民拥护的强大政党。

八是强调并坚持责任担当。一个有责任、能担当的党，才会为民族担当、为人民担当、为党担当。只有做到这三种担当，党才会自觉解决自身可能存在的问题，也才会自觉地为中国人民谋幸福、为中华民族谋复兴，才会自觉把党自身建设得更加坚强有力。基于中国共产党的性质和本质、初心和使命，习近平同志强调，中国共产党要为民族担当，实现中华民族伟大复兴中国梦；要为人民担当，把人民对美好生活的向往作为我们的奋斗目标；要为党担当，强调"打铁必须自身硬"。这就从责任担当上保证了中国共产党成为深受人民拥护的强大政党。

九是强调并坚持为实现理想目标而奋斗终身的志向。中国共产党没有自身的特殊利益，代表的是最广大人民群众的根本利益。中国共产党为实现人民的幸福生活，确立起孜孜以求的奋斗目标，并且一张蓝图绘到底，一代又一代地为实现这一目标而努力奋斗，因而能赢得人民的信赖和拥护。这就从为人民幸福而奋斗的志向上保证了中国共产党成为深受人民拥护的强大政党。

十是强调并坚持加强对党员干部进行马克思主义教育。人是教育的产物，领导者首先要受教育。中国共产党为把自己的党员干部锻造成能担当起历史使命又深受人民信赖和爱戴的人，始终高度重视对党员干部进行系统的教育和培训。这主要体现在成立了中央党校以及各省、市、县级党校，并注重对全国各级领导干部进行系统培训，使他们既掌握马克思主义立场观点方法，提高他们把握历史发展规律、认识世界、改造世界的理论水平，又掌握我们党的创新理论和指导思想，也使他们自觉遵守党章，拥有坚定理想信念，牢记党的根本宗旨，进一步增强忠诚干净担当意识。这就从教育和培训上保证了中国共产党成为深受人民拥护的强大政党。

二、21世纪马克思主义的基础问题

在新时代和大变局的时代背景下理解和把握新时代中国特色社会主义的世界意义，在理论上最根本最集中的，就是创新发展21世纪马克思主义。

发展21世纪马克思主义，是继续深入推进马克思主义中国化进而推进理论创新提出的标志性论断，是中国理论走向世界和未来的标识性符号，也是一个正在生成发展的重大命题。我们党从与时俱进推进理论创新的高度强调发展21世纪马克思主义，体现了中国共产党人的责任担当，也是对习近平新时代中国特色社会主义思想之历史地位和世界地位的政治判定，为从学理上全面准确深入研究21世纪马克思主义这一理论界涉及较少的基础性问题提供了根本遵循。发展21世纪马克思主义，其实质是要持续深入推进马克思主义中国化时代化，使"中国理论"走向世界，用习近平新时代中国特色社会主义思想解释世界与观察时代、把握时代、引领时代，使习近平新时代中国特色社会主义思想成为21世纪马克思主义核心的理论形态。

（一）学理视域：21世纪马克思主义的基本含义

何谓21世纪马克思主义？这里以习近平同志相关重要论述为文本依据，从五个向度阐释其基本含义，以确定问题域。

1.21世纪马克思主义具有"原体"规定

21世纪马克思主义是与马克思主义本质相关的概念，属本源向度，即首先是马克思主义,马克思主义基本原则不能丢,丢了,21世纪马克思主义就不是马克思主义。21世纪马克思主义以马克思主义为"根"和"本",具有马克思主义的"基因",它牢固坚守马克思主义根本立场、价值取向、理想信念、基本原理、方法原则,用马克思主义观察和把握事物,使马克思主义展现强大真理力量。习近平新时代中国特色社会主义思想是21世纪马克思主义,首先因为它属于马克思主义。

2. 21世纪马克思主义具有"关系"规定

21世纪马克思主义是与现代化道路直接相关的概念,属反思超越向度,是在深刻反思西方现代化道路与创造中国式现代化道路、创造人类文明新形态基础上发展起来的。21世纪马克思主义,既要超越以资本至上为主导逻辑的各种现代性的资本主义话语,更要书写坚持人民至上的中国式现代化道路。马克思主义发展始终与现代化道路的发展直接相关,马克思正是在批判和超越资本主导的现代化道路中构建其学说的。道路探寻,是马克思主义发展的一条主线。① 从"走自己的路"到"中国特色社会主义道路"再到"中国式现代化道路",在理论逻辑上一脉相承,在历史逻辑上与时俱进。中国式现代化道路是从中国特色社会主义道路走出来的,又在一定意义上发展了中国特色社会主义道路,它把"中国特色"提升为"中国范式",把"中国特色社会主义道路"转换为"中国式现代化道路",中国式现代化道路能内生出人类文明新形态,因而是一种更为科学和规范的表述,具有大历史观、类型学、典型样本意义,同时也具有与世界对话和传播意义。21世纪马克思主义以中国式现代化道路为立足点,把道路问题看作马克思主义发展历程中的根本问题,认为中国式现代化道路是实现中华民族伟大复兴的正确道路,是立足中国、放眼世界,使21世纪马克思主义放射出真理光芒的道路。

3. 21世纪马克思主义具有"过程"规定

21世纪马克思主义是与时间意识鲜明关联的概念,属时间向度,即

---

① 参见韩庆祥:《论中国道路及其本源意义》,《中国特色社会主义研究》2020年第2期。

承接过去、立足现在、面向未来，致力于把马克思主义发展到 21 世纪时代和实践发展所要求的新境界。21 世纪马克思主义是"与时俱进"（过程生成）的马克思主义，离开与时俱进，就不是 21 世纪马克思主义。21 世纪马克思主义可理解为世界社会主义运动中心历史性地转移到当代中国所创立发展的马克思主义，它是与资本主义历史性变化和社会主义运动中心历史性转移紧密相关的概念，也是与中国特色社会主义进入新时代，习近平新时代中国特色社会主义思想呈现出时代意义、世界意义与未来向度相关的概念，它以"世纪"为标识。世界社会主义运动中心历史性地转移到当代中国，"两个大局"交织互动，中国式现代化道路和人类文明新形态，是发展 21 世纪马克思主义的标志性历史事件。习近平同志指出，发展 21 世纪马克思主义，必须"保持与时俱进的理论品格"①，"不断开辟当代中国马克思主义、21 世纪马克思主义新境界"②。

　　从"过程"向度理解 21 世纪马克思主义，需坚持历史发展"连续性和阶段性统一"的方法论。马克思、恩格斯创立的马克思主义，总体上奠定了马克思主义发展的立场、方向、原则和道路，具有本源意义。在 19 世纪创立的马克思主义、在 20 世纪发展了的马克思主义、在 21 世纪进一步发展着的马克思主义具有连续性，都是对马克思主义的坚持和发展，将其割裂和依次替代，看作三个马克思主义，是错误的。21 世纪马克思主义也是历史过程概念。这里的"21 世纪"，不是数学上某一精确时间，不宜机械理解为哪一年，是指在历史唯物主义与时代形态（时代主题）意义上所使用的一个历史阶段，反映的是世界社会主义运动中心的转移与时代主题的转换。③21 世纪马克思主义与时俱进，具有历史阶段性，是对 19 世纪马克思主义、20 世纪马克思主义与时俱进的发展，它把马克思主义提升到 21 世纪时代和实践发展所要求的新阶段新境界，使马克思主义在 21 世纪具有强大解释力和引领力。在不同时代破解不同时代主题，使马克思主义具有不同时代特点的呈现方式。

---

① 《习近平谈治国理政》第二卷，外文出版社 2017 年版，第 65 页。
② 《习近平谈治国理政》第三卷，外文出版社 2020 年版，第 76 页。
③ 我国已进入新发展阶段。这一"新发展阶段"，不宜精确地理解为哪一年哪一月，应理解为完成第一个百年奋斗目标后进入第二个百年奋斗目标的阶段。恩格斯指出："每一个时代的理论思维……都是一种历史的产物，它在不同的时代具有完全不同的形式，同时具有完全不同的内容。"参见《马克思恩格斯文集》第九卷，人民出版社 2009 年版，第 436 页。

世界社会主义和马克思主义历史发展进程中蕴含一条规律，即世界社会主义运动的中心转移到哪里，发展马克思主义的中心就转移到哪里。19世纪，马克思一生大部分从事理论研究与工人运动的时间主要在英国；世界社会主义运动的中心也主要在西欧，尤其是英国；马克思主义也主要产生于西欧，尤其是英国。20世纪，世界社会主义运动的中心转移到俄国和中国，马克思主义发展的中心也随之转移到俄国和中国。列宁领导的俄国十月革命，把科学社会主义由理论变成实践，在世界上建立起第一个社会主义国家，在理论上产生了列宁主义。以毛泽东同志为主要代表的中国共产党人不仅把科学社会主义由理论变成实践，而且也由西方走向东方。21世纪，世界社会主义运动的中心历史性地转移到当代中国，新时代中国特色社会主义在引领21世纪世界社会主义的运动和发展。由此，21世纪发展马克思主义的中心也会随之转移到当代中国，当代中国的马克思主义引领着21世纪世界马克思主义的发展。

4. 21世纪马克思主义具有"空间"规定

21世纪马克思主义是与空间明确相关的概念，属空间向度，是以"胸怀天下"立足中国、放眼世界和直面"两个大局"的马克思主义，舍此，21世纪马克思主义就成为无源之水。习近平同志指出，"发展21世纪马克思主义、当代中国马克思主义，必须立足中国、放眼世界"①。展开说有两个要义。一是世界社会主义运动中心转移到当代中国，意味着当代中国已成为21世纪马克思主义的主要生长点、发展源与大本营，成为发展21世纪马克思主义的主要实践创新地和理论策源地。二是拓展当代中国马克思主义在新时代的世界向度，以天下情怀观察和把握世界。

5. 21世纪马克思主义具有"功能"规定

21世纪马克思主义是与解释和引领世界相关的概念，属话语向度，是为观察时代、把握时代、引领时代、解释21世纪世界并掌握话语权贡献的科学理论体系。不然，21世纪马克思主义就不是能够解释世界、引

---

① 《习近平谈治国理政》第二卷，外文出版社2017年版，第65页。

领时代的马克思主义。正如习近平同志所言，我们必须"用马克思主义观察时代、把握时代、引领时代，继续发展当代中国马克思主义、21世纪马克思主义"①。"要善于提炼标识性概念，打造易于为国际社会所理解和接受的新概念、新范畴、新表述"②。

以认识世界为前提的解释世界，是改变世界的前提。从哲学本质功能来讲，人类活动在根本上就是认识世界和改变世界，只有认识并解释清楚世界，才能对时代和现实作出科学研判，站在历史正确一边，掌握历史主动，从而引领时代，使实践取得成功。当今世界正经历百年未有之大变局，遇到了一系列新的深层次、全局性、长远性问题，关乎世界走向，迫切需要理论解释。谁能给出合理解释当今世界的科学理论体系，谁就能掌握解释世界的话语权。一段时间，在解释世界问题上，自由主义拥有话语权，我国的学术理论却往往失语。改革开放以后，我们向西方学习科学技术、管理经验、资本运作，也学习西方理论。有的人较为关注并研究西方的学术著作、学术概念、学术思想、理论范式，这有利于开阔研究视野、提升学术水平、了解西方文化。但同时，有的人却依附于"西方理论"，缺乏"理论自我"，"耕了西方地、荒了中国田"，对当代中国发展的现实逻辑与中国问题缺乏全面深入研究，对21世纪世界的发展逻辑与世界问题给不出合理解释。有的人未经分析地用西方理论范式解释、裁判中国现实，削足适履。因此在学术研究中，缺乏真正具有原创性的思想理论，以至于世界不知道"学术中国""理论中国"为何物。当今，面对百年变局中的"世界动荡"与"不确定"的世界，自由主义出现了解释困境。自由主义把追求个人权利和自由最大化作为至高无上的原则，奉行的是个人至上，注重的是个体力量，当个体面对整体，个体力量面对系统力量，追求个人自由面对动荡变革、不确定的世界时，就显得力不从心。

21世纪马克思主义具有相对解释优势，能提供一种解释体系。首先，当代中国是21世纪马克思主义的主要理论策源地，习近平新时代中国特色社会主义思想就是直面世界百年未有之大变局的科学理论体系。其次，21世纪马克思主义能以系统应对系统、以整体应对整体。面对百年变局、

---

① 习近平：《在庆祝中国共产党成立100周年大会上的讲话》，人民出版社2021年版，第13页。
② 《习近平谈治国理政》第二卷，外文出版社2017年版，第346页。

动荡变革和不确定的世界,需要全人类共同努力,需要集体力量、人民力量,需要团结合作、携手克难,需要个体服从整体和大局。从哲学上讲,它既需要"我"的个性与主体性,更需要"人类"与"群体"的协同性与主体性。21世纪马克思主义的根基和力量在人民,以人民立场观察和把握世界,强调"人类主体性"和"群体协同性",注重系统整体,注重依靠人类力量、集体力量与团结合作力量,尤其是人民力量,注重个体服从整体和大局,注重携手共建人类命运共同体。最后,21世纪马克思主义能站在历史正确一边,掌握历史主动,以确定应对不确定。它注重用马克思主义观察时代、把握时代、引领时代,注重运用系统思维、战略思维和辩证思维理解和把握世界历史发展的本质、大势和规律,破解当今世界根本矛盾和人类重大问题,有助于从系统上正确处理系列复杂的矛盾关系,应对种种不确定。21世纪马克思主义是追求和平发展、合作共赢的科学理论体系,是积极参与全球治理体系改革和建设的科学理论体系,是注重携手共建人类命运共同体的科学理论体系,能为百年变局中动荡变革及不确定的世界提供解释逻辑,从而引领时代、引领世界社会主义运动,进而掌握理论话语权。

总的来说,21世纪马克思主义就是"牢固坚守"马克思主义根本立场、价值取向、理想信念、基本原理、方法原则的马克思主义;是在"深刻反思"西方式现代化道路与拓展中国式现代化道路、创造人类文明新形态基础上发展起来的马克思主义;是世界社会主义运动中心历史性转移到当代中国,"与时俱进"地把马克思主义发展到21世纪时代和实践发展所要求的新境界的马克思主义;是以"胸怀天下"立足中国、放眼世界、直面"两个大局"的马克思主义;是以马克思主义观察时代、把握时代、引领时代的马克思主义。

(二)实践视域:发展21世纪马克思主义的"中国样本"

"中国样本",指当代中国为什么能成为发展21世纪马克思主义的主要实践创新地和发展源,为发展21世纪马克思主义作出哪些贡献,具有何种世界意义。这实质上是讨论21世纪马克思主义的实践基础、基本依据、时代主题和研究对象。问题是时代的声音,根本问题是时代主题的体现。由此，就需要厘清21世纪马克思主义探究和解答什么根本问题，又如何探究和解答这些根本问题。

19世纪，马克思、恩格斯创立的马克思主义以19世纪资本主义发展相对成熟的英国为典型样本，解答的根本问题是：资本主义为什么必然向社会主义过渡？如何实现人类解放和无产阶级解放，促进每个人自由而全面发展？20世纪，列宁所发展的马克思主义以俄国为典型样本，解答的根本问题是：小农经济占优势的落后俄国如何向社会主义过渡、如何建设社会主义？毛泽东发展的马克思主义所解析的典型样本，是新民主主义革命与社会主义革命和建设，解答的根本问题是：农民为多数的落后国家如何建设社会主义的道路？21世纪马克思主义的实践基础及其典型样本，是"两个大局"背景下中国特色社会主义新时代和世界走向，是世界社会主义运动中心转移到当代中国引起的根本变化，解答的根本问题是：21世纪马克思主义如何解释和解决世界社会主义和马克思主义发展进程中提出的重大难题？如何解释和处理"两个大局"背景下社会主义和资本主义、当代中国和世界的关系？如何以中国式现代化道路、人类文明新形态超越资本主义历史局限，展示社会主义现代化的优越性，为解决人类重大问题贡献中国智慧、中国方案、中国力量？这些问题具有前沿性、总体性、战略性，在世界社会主义发展史、马克思主义发展史上具有重要意义，构成21世纪马克思主义的基本依据、研究对象。

1. 解决如何超越资本占有劳动并控制社会的逻辑问题

这是人类社会进入资本主义以后面临的难题。在《1844年经济学哲学手稿》《共产党宣言》《资本论》等著作中，马克思、恩格斯直面并批判资本主义社会的总问题，是资本占有劳动并控制社会的逻辑问题。19世纪马克思、恩格斯创立的马克思主义就是在破解这一总问题的进程中创立的。这一总问题具有典型性，既涉及社会主义取代资本主义的历史必然性，也是不同历史时期马克思主义者致力解决的一个带有规律性的根本问题。马克思、恩格斯从理论上为解决这一问题提供了根本路径和方法原则，但需要后人从实践上破解。列宁以"利用和限制国家资本主义"、毛泽东以"资本主义工商业的社会主义改造"等，表达了对"资本和劳动关系"所采取的态度。

在马克思主义中国化的历史进程中，当代中国共产党人在总体上、实践上创新性地破解这一根本问题。这是通过创造社会主义市场经济，坚持和发展中国特色社会主义基本经济制度（其意义在于用社会主义规制市场经济发展方向，即用市场经济激活生产要素，解放和发展社会生产力，同时避免贫富悬殊），贯彻新发展理念，确立习近平同志提出的"以人民为中心"的发展思想来实现的。资本是基于资本主义生产关系的特殊权力，它首先是对劳动及其产品的占有权力，进而扩展为对经济、政治、文化、社会的控制权力。资本由生产关系转化为资本权力再转化为超经济权力，最终成为凌驾于资产阶级社会之上的总体性权力。为解放和发展社会生产力，新时代中国共产党人正确认识和把握资本的增殖性、运动性、竞争性、独立性和自主性特性与逐利的行为规律，发挥资本作为生产要素的积极作用，合理利用和运作资本，注重资本投资对生产要素的聚集和拉动作用，支持和引导资本规范健康发展；资本也具有占有劳动和扩张的本性，易扭曲人的价值观，影响人的全面发展。社会主义不允许这种占有和扩张成为主导，在中国共产党领导下，我国积极控制资本的消极作用，为资本设置"红绿灯"，依法加强对资本的有效监督，防止资本无序和野蛮生长，把资本主要控制在经济领域且有利于发展社会生产力的框架内；必须树立和贯穿新发展理念，坚持人民至上的核心理念，强调"党的根基在人民、血脉在人民、力量在人民"[①]，强调"我们必须把人民对美好生活的向往作为我们的奋斗目标"[②]。

上述这些构成当代中国共产党人利用和运作资本，同时又把超越资本占有劳动并控制社会的愿景变成现实的内在机理。这在世界社会主义发展史、马克思主义发展史上，总体上解决了马克思主义创始人想解决但未完全解决的一个带有规律性的根本问题，是对21世纪马克思主义的发展。

2. 解决经济相对落后国家如何全面治理并建成社会主义的问题

马克思、恩格斯早年集中关注西欧资本主义的"现存处境"和"发展趋势"。晚年马克思，尤其列宁和毛泽东较为关切的，是落后国家如何向

---

① 《习近平谈治国理政》第一卷，外文出版社2018年版，第367页。
② 《习近平谈治国理政》第三卷，外文出版社2020年版，第311页。

社会主义过渡、如何建设社会主义。

这一问题的典型意义在于：马克思的《人类学笔记》《历史学笔记》等著述，致力于探究俄国和东方其他落后国家的社会发展道路问题。总的见解是：小农经济占优势的落后俄国，如果能吸收资本主义社会的积极成果，同时又能克服资本主义社会的弊端，就可能跨越资本主义的"卡夫丁峡谷"，而向社会主义过渡。① 马克思之后，在实践上建立社会主义的国家都是经济相对落后的国家，这在整个世界备受关注，也是世界社会主义运动史、马克思主义发展史上具有开创性的伟大历史事件。

在社会主义问题上的逻辑是，马克思、恩格斯强调社会主义"如何取代"资本主义，列宁关注落后俄国"如何过渡"到社会主义，毛泽东探寻社会主义建设采取"何种道路"，邓小平解答"如何建设"社会主义，习近平同志关切"如何夺取"中国特色社会主义伟大胜利。1923年以后，列宁集中探讨小农经济占优势的落后俄国向社会主义过渡的道路问题。其核心思想是："一切民族都将走向社会主义，这是不可避免的，但是一切民族的走法却不会完全一样"②。当时俄国经济结构是小农经济占优势，社会主义经济十分薄弱。列宁认为，经济文化落后的俄国可以利用国家资本主义改造小农经济，发展社会生产力，从而为向社会主义过渡奠定物质基础，但要把国家资本主义置于苏维埃政权控制之下。毛泽东集中探索的根本问题，是"农民为多数的落后国家采取何种道路实现社会主义"。我国确立社会主义基本制度后，毛泽东便集中探索社会主义建设的道路，《论十大关系》是其代表作。1978年，中国开启改革开放和社会主义现代化建设新时期。中国的社会主义还处在初级阶段，社会生产力不发达，是一个"不够格"的社会主义。③ 如何在社会生产力不发达基础上全面治理并建成社会主义？这对发展 21 世纪马克思主义来说，既是关乎科学社会主义、世界社会主义与马克思主义发展命运的根本问题，也是马克

---

① 参见《马克思恩格斯文集》第三卷，人民出版社 2009 年版，第 587 页。
② 《列宁专题文集·论社会主义》，人民出版社 2009 年版，第 398 页。
③ 1987 年 4 月 26 日，邓小平在会见捷克斯洛伐克总理什特劳加尔时说："搞社会主义，一定要使生产力发达，贫穷不是社会主义。我们坚持社会主义，要建设对资本主义具有优越性的社会主义，首先必须摆脱贫穷。现在虽说我们也在搞社会主义，但事实上不够格。只有到了下世纪中叶，达到了中等发达国家的水平，才能说真的搞了社会主义，才能理直气壮地说社会主义优于资本主义。现在我们正在向这个路上走。"参见《邓小平文选》第三卷，人民出版社 1993 年版，第 225 页。

第三章 世界之问：新时代中国特色社会主义的世界逻辑

思主义中国化进程中迫切需要解决的具有战略意义的根本问题。改革开放以来，我们用中国特色社会主义解决如何建设社会主义问题，认识到"道路决定命运"，建设社会主义的道路具有多样性。破解这一问题的总逻辑是：使"不够格"的社会主义成为"够格"的社会主义，首先要解放和发展社会生产力，为建成社会主义打下坚实物质基础，为此，就必须开展现代化建设，合理利用在资源配置中起决定性作用的市场，市场经济有助于解决能力贡献与利益分配的利益对等这一"同一尺度"问题，体现"公平"原则，能带来效率；在中国搞现代化必须是"社会主义"现代化，必须体现以人民为中心的发展思想，必须在制度和政策上注重"公正"，因为人们在天赋和后天方面不可避免地存在差异，按照能力贡献进行分配的逻辑会拉大人们的收入差距，如果不加以有效调节，就会导致贫富悬殊，不利于实现共同富裕，进而影响社会和谐稳定；为保持经济社会发展充满活力，又保持和谐稳定，政府在政治领域，根据社会主义"公正"[①]"共同富裕"原则，通过制度、法律和政策，对收入差距进行有效调节，这里的公正体现利益均等和共享发展；在社会主义初级阶段搞社会主义现代化，就要根据中国的历史和文化，自主选择适合中国国情的社会主义现代化道路，中国特色社会主义是实现社会主义现代化的必由之路。

新时代中国特色社会主义是在与资本主义"竞跑"中展现社会主义制度优越性的社会主义，是能解决经济落后国家全面治理并建成社会主义这一根本问题的社会主义，它沿着这一逻辑继续前行，夺取中国特色社会主义伟大胜利。为此需要解决三个根本问题：（1）运用新发展理念，聚焦解决人民日益增长的美好生活需要和不平衡不充分的发展之间的矛盾，使人民生活美好起来，使国家强起来。从一定意义上说，新发展理念就是直奔社会主要矛盾而去的，协调发展、绿色发展、共享发展关乎人民美好生活的实现，创新发展、协调发展、开放发展关乎解决发展不平衡不充分问题，有助于国家强起来。（2）运用我国国家制度和国家治理体系的显著优势继续创造中国奇迹，把制度优势更好地转化为政党治理、国家治理、全球治理效能，从而奋力实现中华民族伟大复兴。国家制度优势和国家治

---

① 一般而言，"公平"相对注重衡量标准的"同一尺度"，类似"一视同仁"；"公正"相对侧重价值和伦理评价及其正当性，包括对公平的价值、伦理评价。

理效能直接影响实现中华民族伟大复兴的进程。（3）以中国式现代化道路和人类文明新形态为人类作出更大贡献。中国式现代化坚持以人民为中心，走和平发展道路，人类文明新形态注重物质文明、精神文明、政治文明、社会文明、生态文明协调发展，有助于为人类作出更大贡献。只要坚定不移走中国特色社会主义道路，就一定能够"把我国建成富强民主文明和谐美丽的社会主义现代化强国"。

中国特色社会主义是党和人民取得的根本成就，其成功原因在于，党通过完善政党治理与推进国家治理体系和治理能力现代化，逐步实现"六个结合"，即社会主义制度和市场经济相结合，国家制度优势和国家治理效能相结合，经济社会发展的动力机制和平衡机制相结合，效率和公平相结合，促进改革发展和保持社会稳定相结合，经济快速发展和保持民族独立相结合。这既为解决经济落后国家尤其是中国建成社会主义这一全局性、根本性问题提供了宝贵经验和深邃智慧，也解决了许多发展中国家现代化建设面临的"悖论"（要么经济有活力但社会不和谐，要么社会稳定但经济没活力；要么经济加快发展但国家失去独立性，要么国家保持独立性但经济发展缓慢；享受了现代性成果但也付出了巨大代价），还使中国特色社会主义发生了由"自我辩护"到"中国主体"再到"影响世界"的历史性转变。① 这就以中国方式破解了马克思，尤其是列宁、毛泽东试图破解但在实践上还未破解的难题。对此，习近平同志击中要害："怎样治理社会主义社会这样全新的社会，在以往的世界社会主义中没有解决得很好。马克思、恩格斯没有遇到全面治理一个社会主义国家的实践，……列宁在俄国十月革命后不久就过世了，没来得及深入探索这个问题；苏联……没有解决这个问题。我们党在全国执政以后，不断探索这个问题，虽然也发生了严重曲折，但在国家治理体系和治理能力上积累了丰富经验、取得了重大成果，改革开放以来的进展尤为显著。……我们的国家治理体系和治理能力总体上是好的，是适应我国国情和发展要求的。""同

---

① "自我辩护"，就是改革开放之初，因我国社会生产力不发达，人民生活水平不是很高，我们相对注重为中国特色社会主义辩护，论证其历史必然性和价值合理性；中国共产党人具有战略清醒和定力，坚定不移走中国特色社会主义道路，确立了道路问题上的"中国主体"性；中国特色社会主义进入新时代，中国特色社会主义道路、理论、制度、文化不断发展，为解决人类重大问题贡献了中国智慧、中国方案、中国力量，这就是"影响世界"。

时,我们也要看到,……我们在国家治理体系和治理能力方面还有许多不足,有许多亟待改进的地方。真正实现社会和谐稳定、国家长治久安,还是要靠制度,靠我们在国家治理上的高超能力,靠高素质干部队伍。我们要更好发挥中国特色社会主义制度的优越性,必须从各个领域推进国家治理体系和治理能力现代化。"[①]

这在世界社会主义发展史上,解决了各民族走向社会主义道路具有多样性这一重大课题,为世界各国走向社会主义提供了重要经验,也是对21世纪马克思主义的发展。

3. 解决世界历史进程中发展中国家如何实现现代化的问题

1978年前后,邓小平最关切的重大问题是发展中国家尤其是中国如何追赶世界现代化先进水平,实现社会主义现代化。发展中国家,尤其是中国追赶世界现代化先进发展水平并实现社会主义现代化,具有典型意义。若长时间赶不上世界现代化先进水平,人们就会对社会主义产生怀疑,马克思主义就会遭遇信仰危机。19世纪马克思、恩格斯所创立的马克思主义,通过对世界性生产、世界市场、世界交往的历史分析,揭示了由地方和民族的闭关自守状态向世界普遍交往转化的规律,就是由人们的地域性存在向世界历史性存在转变,使地域性的个人为世界历史性的个人所代替,使历史向世界历史转变,进而使各国各民族彼此影响。其前提,就是生产、市场、资本流动和民族交往的世界化,这与现代化有关。在社会主义革命和建设时期,中国既没有世界性市场,也没有市场经济,还缺乏世界性交往。由此中国要解决的一个重大问题就是:中国如何实行改革开放,通过合理集中有效力量办大事的制度优势和提升国家治理效能解放和发展社会生产力,实现追赶式发展,赶上世界现代化先进发展水平,实现社会主义现代化。

马克思、恩格斯、列宁、毛泽东在实践上未遇到这个问题,需要当代中国共产党人来破解。首先是实行改革开放,注重利用要素驱动、投资规模驱动与世界先进技术、世界资本,来解放和发展社会生产力。其次是注

---

① 中共中央文献研究室编:《十八大以来重要文献选编》(上),中央文献出版社2014年版,第548页。

重发挥国家制度的显著优势以实现跨越式发展。中国紧紧抓住经济全球化的战略机遇期，充分发挥"调动各方面积极性、集中力量办大事"的整体优势①，不断提升国家治理效能，实现了跨越式发展，使中国作为世界上最大的发展中国家创造了世所罕见的经济快速发展奇迹和社会长期稳定奇迹②，逐步接近世界现代化先进发展水平。再次是中国特色社会主义进入新时代，以习近平同志为核心的党中央拓展中国式现代化道路，把实现社会主义现代化、实现中华民族伟大复兴作为中国特色社会主义总任务，坚持守正创新，坚持以人民为中心的发展思想，不断解放和发展社会生产力，实现全体人民共同富裕，促进人的全面发展，贯彻新发展理念，构建新发展格局，统筹推进"五位一体"总体布局、协调推进"四个全面"战略布局，坚持和完善中国特色社会主义制度、推进国家治理体系和治理能力现代化，③积极实现由富起来到强起来的伟大飞跃，从而使中国大踏步赶上了时代。这就是在世界现代化发展进程中，我们党解决实现跨越式发展、实现社会主义现代化问题的内在逻辑和总体方案，解决了当年马克思主义经典作家未遇到，需要当代中国共产党人破解的一个重大问题，发展了 21 世纪马克思主义。

4. 解决"两制并存"格局中如何以中国式现代化道路和人类文明新形态发挥社会主义制度优越性，为"世界向何处去"开辟新路的问题

实现中华民族伟大复兴是中国的战略全局，当今世界正经历百年未有之大变局，这使世界处于"两个大局"交织互动的动荡变革期，也成为最具鲜明标识的"时代特征"，它意味着中国深度融入并影响世界。这必然使实现中华民族伟大复兴超出中国界限而深刻影响世界历史进程。在"两个大局"交织互动背景下，中国如何站在历史正确一边，站在人类进步一边，以胸怀天下的眼光理解把握资本主义和社会主义的命运，以中国式现

---

① 参见《中国共产党第十九届中央委员会第四次全体会议文件汇编》，人民出版社 2019 年版，第 20 页。
② 参见习近平：《在经济社会领域专家座谈会上的讲话》，人民出版社 2020 年版，第 2 页。
③ 参见《中国共产党第十九次全国代表大会文件汇编》，人民出版社 2017 年版，第 16 页。

代化道路和人类文明新形态超越资本主义历史局限，充分展示社会主义制度优越性，实现中华民族伟大复兴，进而从人类发展大潮流、世界变化大格局、中国发展大历史正确认识和处理中国同外部世界的关系，为解答"世界向何处去"贡献中国智慧、中国方案、中国力量，就成为最被关切的时代问题。

当今世界正经历百年未有之大变局。其核心内涵，就是世界力量在转移、世界体系在调整、世界话语在重构。① 实现中华民族伟大复兴是影响大变局的关键变量，西方资本主义国家陷入某种困境是导致大变局的重要原因，这使世界发生了有利于社会主义的重大转变。② 但这种大变局依然是处在社会主义与资本主义长期并存（"两制并存"）格局中的大变局。如何在"两制并存""百年变局"中正确处理中国与世界的关系、社会主义与资本主义的关系，有效应对大变局中出现的世界性难题？这迫切需要具有世界意义的理论创新成果来指引，21世纪是迫切需要理论而且一定能够产生理论的世纪。

自2008年国际金融危机之后，世界逐渐陷入困境，集中体现为出现了"全球增长动能不足""全球经济治理滞后""全球发展失衡"等根本性难题。③ 资本主导的制度性缺陷和结构性矛盾，是导致上述困境的一个深层原因。资本的本性是借助"流动""流通"实现其价值增殖，当市场空间、流通渠道、资源、劳动力成本等"红利"被严重限制时，资本主义国家就会陷入某种困境。主要体现在：一是经济困境。在西方某些发达国家，实体经济是推动其工业化、现代化的主要力量。随着后工业社会来临及深化，金融资本开始膨胀，虚拟经济过度扩张，在虚拟经济繁荣的背后，泡沫经济日趋严重，这在一定程度上增加了实体经济的风险，弱化了实体经济的资金和信用基础。二是政治困境。当国际金融危机导致的自由市场体系红利削减，及滥用霸权所导致的政治动荡向西方社会传导时，精英政治和大众政治间的平衡就遭遇一定危机，既体现在因政治依附资本和

---

① 参见韩庆祥、张艳涛：《论力量转移》，《哲学研究》2016年第1期。
② 参见《中国共产党第十九届中央委员会第六次全体会议文件汇编》，人民出版社2021年版，第93页。本书认为，民族复兴、世界困境、新兴国家、科技革命、全球疫情等，是导致大变局的主要变量。
③ 参见习近平：《共担时代责任，共促全球发展》，《求是》2020年第24期。

"否决政治"①使国家、政府的组织力、动员力、凝聚力、执行力削弱，也体现在因民粹主义兴起而使民众过度"自由"，陷入难以组织动员的境地，弱政府和散民众两大弱点显露出来。三是社会困境。社会福利制度不仅使西方社会背负财政负担，也使许多民众的创业精神减弱。四是文化困境。西方文化有三大核心支柱：自由主义、资本至上、以两极对立世界观为哲学基础的西方中心论。自由主义走向极端，就会追求个人自由扩张，进而导致"漠视政府""淡化集体"，自由主义蕴含"个人利己"的基因。资本至上意味着资本具有主导性，资本具有追逐增殖、自由扩张的本性，资本在增殖和扩张过程中不可避免地具有掠夺性，因而蕴含"扩张掠夺"的基因。西方中心论把整个世界分为西方和非西方"两极对立"的世界，西方世界是主，是世界的中心，为整个世界制定标准，非西方世界是客，要向西方世界靠拢，非西方世界若不向西方标准看齐，就对其围堵打压、战略包围，西方中心论蕴含"对立冲突"的基因。"个人利己""扩张掠夺""对立冲突"的基因，会导致共同体意识瓦解与合作精神、道义精神、奋斗精神丧失，导致西方"话语营销"和"话语神话"瓦解，也使世界陷入某种困境。

世界向何处去？中国特色社会主义开创之初，着重解决国内解放和发展社会生产力从而使中国人民富起来的问题。随着新时代中国特色社会主义日益成长，它对解决"世界向何处去"的问题日益具有重要意义。习近平同志顺应世界大势和时代潮流，提出中国式现代化道路、人类文明新形态与构建人类命运共同体这些具有世界意义的中国方案。要义是：强调世界既具有统一性又具有多样性，超越西方"一元主导"世界观；强调人民至上，超越资本至上的发展观；强调尊重其他国家根据本国国情自主选择其发展道路的包容发展的道路观，超越"西方模式论"的道路观；强调立足"社会化人类"构建人类共建共享共治共同体的世界大同观，超越基于"市民社会"以邻为壑的个人利益观；强调任何国家在主权、规则、机会上应当平等，体现"主主平等"的哲学思维，超越以"主统治客"为哲学

---

① "否决政治"，是福山提出的一个概念，是美国民主政治的基础性制度安排，对防范政治腐败、平衡多元利益、增强决策审慎发挥着积极作用。同时，这一制度安排需要付出牺牲效率的代价。近年来，由于美国民主党与共和党在政治立场上发生分化，且总统职位和国会两院往往由不同政党控制，结果这种政党对立传导到政府机构层面，进而出现了"否决政治"。

基础的"国强必霸"的国家观；强调和平发展、合作共赢的"互利普惠"的义利观，超越"你输我赢"的义利观；强调"五大文明协调发展""文明互学互鉴"的文明观，超越文明冲突论的文明观。上述"七观"，是世界维度的中国式现代化道路、人类文明新形态与构建人类命运共同体的哲学观，是以多样性、人民性、平等性、包容性、普惠性为本质特征的全要素文明和全球文明，是"两制并存"的21世纪，中国共产党人以中国式现代化道路、人类文明新形态超越资本主义历史局限，为参与全球治理体系改革和建设、推动国际秩序"由变到治"、解答"世界向何处去"所贡献的中国智慧和中国方案，为世界社会主义运动指明了方向。它关乎世界社会主义、马克思主义发展，也在重构世界格局，影响世界历史进程，是对21世纪马克思主义的发展。

归根结底，能破解上述根本问题的是中国特色社会主义道路。道路问题是关系党的事业兴衰成败第一位的问题，道路就是党的生命。中国特色社会主义是党和人民历经千辛万苦、付出巨大代价取得的成就，是实现中华民族伟大复兴的正确道路。只要坚持走这条正确的道路，就一定能够把我国建设成富强民主文明和谐美丽的社会主义现代化强国。这些重要论述，充分表明中国特色社会主义道路对破解上述根本问题具有关键作用。中国特色社会主义道路有领航、有目标、有方略、有动能，致力于解决主要矛盾和根本问题，是坚持中国共产党领导的道路，是坚持与时俱进、开拓创新的道路，是以人民为中心、不断解放和发展社会生产力、实现全体人民共同富裕、推进人的全面发展的道路，是以国家制度优势和治理效能解难题、办大事的道路，是物质文明和精神文明协调发展、人与自然和谐共生的道路，是坚持和平发展、合作共赢的道路。这样的道路底厚、基实、路宽、力足、行稳，具有开放、包容、创新、确定、能动、引领等本质特征，不仅使马克思主义以崭新形象展现于世界，而且具有破解世界社会主义发展历程中的重大难题、人类重大问题和世界困境的底气、智慧、方案和能力。这样的道路在世界社会主义发展史、马克思主义发展史上具有重大意义。

（三）理论视域：为发展 21 世纪马克思主义作出原创性贡献

此问题，前面从理论、实践和历史角度作了论述，这里着重谈谈习近平新时代中国特色社会主义思想对发展 21 世纪马克思主义的原创性贡献。

"原创性贡献"，指当代中国为什么能成为发展 21 世纪马克思主义的主要理论策源地，在理论上为发展 21 世纪马克思主义作出了什么贡献，发展 21 世纪马克思主义具有何种世界意义，这实质上是讨论习近平新时代中国特色社会主义思想为什么是 21 世纪马克思主义、能成为 21 世纪马克思主义的理论形态。

总体讲，基于以下原因，习近平新时代中国特色社会主义思想成为 21 世纪马克思主义核心的理论形态。第一，中国是世界上最具典型特征的国家。中国是一个具有悠久历史的国家，一个文化文明悠久的国家，一个多民族的国家，一个人口众多的国家，一个具有强大政党的国家，一个胸怀天下的国家。在这样的国家彰显新时代中国特色社会主义的世界意义，就有底气使习近平新时代中国特色社会主义思想成为 21 世纪马克思主义。第二，21 世纪是"两个大局"交织互动的时代。实现中华民族伟大复兴战略全局必然影响着世界百年未有之大变局，世界百年未有之大变局也必会影响实现中华民族伟大复兴战略全局，二者交织互动，便使中国问题具有世界意义，使世界问题具有中国意义。习近平新时代中国特色社会主义思想是直面"两个大局"、主动反映世界和时代发展需要而创立的，是在对 21 世纪世界社会主义运动发展深入思考的基础上所创立的，既是实现中华民族伟大复兴的行动指南，又为引领世界百年未有之大变局提供智慧和方案。第三，背靠伟大国家、扎根伟大时代的习近平新时代中国特色社会主义思想，是立足中国、放眼世界、面向未来、引领时代的科学理论体系，具有反思现代、立足中国、放眼世界、面向未来、解释世界、引领时代的本质功能。它定义并引领着新时代马克思主义中国化的走向，在 21 世纪，持续深入推进马克思主义中国化就是发展 21 世纪马克思主义；也定义并引领 21 世纪马克思主义的发展，所提出的中国式现代化道路、人类文明新形态、构建人类命运共同体，使其成为 21 世纪马克思主义核心的理论形态，且有底气引领世界社会主义和 21 世纪马克思主义的发展。

1. 从实践看习近平新时代中国特色社会主义思想原创性贡献的根据

历史方位，是理解习近平新时代中国特色社会主义思想原创性贡献的逻辑起点，是第一个根据。不厘清其逻辑起点，就难以真正理解其原创性贡献。《决议》第四部分阐述了中国特色社会主义新时代这一我国发展新的历史方位，也是习近平新时代中国特色社会主义思想所处的历史方位。简要说，历史方位的核心，就是全面建成社会主义现代化强国，实现中华民族伟大复兴，为人类作出更大贡献。这是实现强起来的新的历史方位，是习近平新时代中国特色社会主义思想的逻辑起点和立论基础。时代背景，是理解习近平新时代中国特色社会主义思想原创性贡献的第二个根据。历史方位是从纵向讲的，时代背景是从横向讲的。时代背景，就是"两个大局"，其交织互动，是最鲜明的时代标识。习近平新时代中国特色社会主义思想，是在迎来从富起来到强起来伟大飞跃的时代背景中创立的，是全党全国人民为实现中华民族伟大复兴而奋斗的行动指南。时代课题，是理解习近平新时代中国特色社会主义思想原创性贡献的第三个根据。《决议》提出的三大时代课题，是这一思想需要破解的新的核心论题。习近平同志就三大时代课题提出一系列原创性的治国理政新理念新思想新战略，也为世界社会主义发展提供了中国智慧。社会主要矛盾，蕴含习近平新时代中国特色社会主义思想所解决的根本问题，是理解其原创性贡献的第四个根据。社会主要矛盾，是人民日益增长的美好生活需要和不平衡不充分的发展之间的矛盾。这一矛盾蕴含解决人民生活"美好不美好"和国家"强不强"的问题。全面建成社会主义现代化强国，需破解的根本问题是"大而不强"。当今世界面临的总问题，是世界和平发展、合作共赢诉求与霸权主义、单边主义的矛盾，需要解决的是世界"和平不和平"的问题。解决人民生活"美好不美好"、国家"强不强"、世界"和平不和平"问题，要求中国共产党必须自身硬，这实质是解决政党"硬不硬"的问题。这样，习近平新时代中国特色社会主义思想主要是解决人民生活"好不好"、国家"强不强"、世界"和平不和平"、政党"硬不硬"等根本问题。解决这些根本问题，就成为习近平新时代中国特色社会主义思想创立的动力和源泉。习近平同志指出："一种理论的产生，源泉只能是丰富生动的现实生活，动力只能是解决社会矛盾和问题的现实要求。"①

2. 从理论阐释习近平新时代中国特色社会主义思想的原创性贡献

《决议》按照"纲举目张"的思路，从"八个明确""十四个坚持"中，进一步提炼出习近平新时代中国特色社会主义思想的"十个明确"。全面来讲，习近平新时代中国特色社会主义思想的原创性贡献体现在"十个明确"之中。其中有三个方面的原创性贡献可作进一步分析。

第一，明确坚持中国共产党领导。党的十八大以来，习近平同志在坚持中国共产党领导上的原创性贡献体现为：（1）第一次强调把大党建设成为强党。党的十八大之前，我们党已是世界上的大党。习近平同志围绕"打铁必须自身硬"，提出大党就要有大的样子，力求把大党建设成强党。他强调要把中国共产党建设得更加坚强有力，建设成世界上最强大的政党。（2）第一次在"四个伟大"框架中阐述中国共产党领导，将其置于"进行伟大斗争、建设伟大工程、推进伟大事业、实现伟大梦想"的框架中加以认识，实现党的领导与奋斗目标、精神状态和正确道路有机统一，突出了党在实现伟大梦想中的决定性意义，这在过去未曾提及。②（3）第一次把坚持党的集中统一领导确定为"根本制度"，要求全党增强"四个意识"、坚定"四个自信"、做到"两个维护"。（4）第一次把党的领导地位和作用提到前所未有的认识高度。强调中国共产党领导是中国特色社会主义最本质的特征，是中国特色社会主义制度的最大优势，是党和国家的根本所在、命脉所在，是全国各族人民的利益所系、命运所系，党是最高政治领导力量。（5）第一次把坚持党的全面领导和全面从严治党统一起来，强调党对自身建设的领导，突出自我革命。（6）第一次就党的政治建设进行系统阐述。从政治领导、政治能

---

① 《习近平谈治国理政》第三卷，外文出版社 2020 年版，第 63 页。
② 参见《习近平谈治国理政》第三卷，外文出版社 2020 年版，第 12—14 页。

力、政治意识、政治生活、政治文化、政治生态等方面，全方位加强党的政治建设。

第二，坚持和完善社会主义基本经济制度，贯彻新发展理念，构建新发展格局，推动高质量发展。党的十八大以来，习近平同志站在我国发展新的历史方位，为解决新的社会主要矛盾、全面建成社会主义现代化强国、实现中华民族伟大复兴，集前人关于发展的理论成果，首次提出新发展理念，强调必须完整、准确、全面贯彻新发展理念，坚持以推动高质量发展为主题，以供给侧结构性改革为主线，致力于构建新发展格局，推动经济发展质量变革、效率变革、动力变革，使经济迈上更高质量、更有效率、更加公平、更可持续、更为安全的发展之路。

第三，全面推进中国特色大国外交。党的十八大以来，习近平同志对中国特色大国外交作出战略谋划，推进和完善全方位、多层次、立体化外交布局，推动建设新型国际关系，推动构建人类命运共同体，坚守和平、发展、公平、正义、民主、自由的全人类共同价值，引领人类进步；首次强调积极参与全球治理体系改革和建设，开创中国外交新局面，在世界大变局中开创新局，我国国际影响力、感召力、塑造力显著提升，构建人类命运共同体理念已成为引领时代潮流和人类前进方向的鲜明旗帜。其中蕴含"主主平等"的哲学理念。

3. 从历史把握习近平新时代中国特色社会主义思想原创性贡献的历史地位

（1）中国式现代化道路、人类文明新形态蕴含的"民本逻辑"：为发展马克思主义作出原创性贡献。在马克思主义发展史上，"人民中心"逻辑超越"资本主导"逻辑。马克思曾提出人的发展"三形态"理论，即从"人的依赖"到"物的依赖"再到"自由个性"。"人的依赖"，是前资本主义社会人的发展形态，表现为人对血缘共同体及其权力的依赖。"物的依赖"，是资本主义商品经济社会人的发展形态，体现为人对货币、资本的依赖，即物对人的统治。"自由个性"，是社会人的发展形态，体现为社会生产能力成为个人的社会财富基础上的个人全面发展和创造能力的充分发挥。

近代资本主义社会呈现的是"资本现代性",资本逻辑占主导。马克思、恩格斯的至上追求,就是超越"物的依赖"蕴含的"资本逻辑",实现自由个性所彰显的人本逻辑。受当时历史条件限制,他们提出的未来社会理想目标未在实践上真正实现。在马克思、恩格斯以后的马克思主义发展过程中,一些社会主义国家致力于实现这一理想目标并迈出重要一步,但未把人本逻辑真正变成现实。自从马克思列宁主义传播到中国以后,以毛泽东同志为主要代表的中国共产党人解决了使中国人民站起来的问题,以邓小平、江泽民、胡锦涛同志为主要代表的中国共产党人开创中国特色社会主义道路,在解放和发展社会生产力的基础上,致力于解决使中国人民富起来的问题。

党的十八大以来,中国特色社会主义进入新时代。这是超越"物的依赖",不断推进人的全面发展的新时代,是在实践上坚持以人民为中心的新时代。基于民本逻辑,习近平同志建构起"人民至上"理论:在总体上,致力于解决人民日益增长的美好生活需要和不平衡不充分的发展之间的矛盾,解决人民生活"好不好"问题,建构"人民至上"理论的总框架。具体而言,在经济领域,以"新发展理念""中国特色反贫困",致力于解决"高质量发展""精准脱贫""共同富裕"问题;在政治领域,以"发展全过程人民民主",致力于解决民主制度建设难题,坚持人民当家作主和人民主体地位,把人民对美好生活的向往作为奋斗目标;在文化领域,以"文化强国",致力于丰富人民精神世界、增强人民精神力量,推进人民精神生活共同富裕;在社会领域,以"人民至上、生命至上",致力于保障和改善民生,把让人民过上好日子作为一切工作的出发点和落脚点,不断增进民生福祉,满足人民对美好生活的需要;在生态文明建设领域,基于人与自然和谐共生提出绿水青山就是金山银山理念,把生态看作最普惠的民生福祉,致力于解决污染防治问题;在治国理政上,提出"江山就是人民,人民就是江山",强调"人民是党执政兴国的最大底气""把人民放在心中最高的位置";在世界维度,以"构建人类命运共同体",致力于为人类谋进步。

(2)强国时代蕴含的"强国逻辑":为推进马克思主义中国化作出原创性贡献。在马克思主义中国化历史上,习近平新时代中国特色社会主义思想为强国时代理解强国逻辑提供理论指引。恩格斯指出,理论"是一种

第三章 世界之问：新时代中国特色社会主义的世界逻辑

历史的产物，它在不同的时代具有完全不同的形式，同时具有完全不同的内容"[1]。马克思指出，每个时代总有属于它自己的问题，所谓问题，"就是公开的、无畏的、左右一切个人的时代声音。问题就是时代的口号，是它表现自己精神状态的最实际的呼声"[2]。每个时代只能提出它能解决的问题、确定它能完成的任务。在马克思主义中国化历程中，马克思列宁主义基本原理同中国具体实际的第一次结合是在新民主主义革命时期，实质上是探寻中国革命道路问题。在社会主义革命和建设时期，毛泽东提出把马克思列宁主义基本原理同中国具体实际的"第二次结合"。这两次结合之理论创新成果，就是创立并丰富、发展毛泽东思想，解决了中华民族、中国人民"站起来"的问题，实现了马克思主义中国化第一次历史性飞跃。改革开放和社会主义现代化建设新时期，党面临的主要任务是，继续探索中国建设社会主义的正确道路，解放和发展社会生产力，使人民摆脱贫困、尽快富起来，创立了邓小平理论，形成了"三个代表"重要思想和科学发展观，形成了中国特色社会主义理论体系，从总体上解决了中国人民"富起来"的问题，实现了马克思主义中国化新的飞跃。

中国特色社会主义进入新时代，我国站在全面建设社会主义现代化强国、夺取中国特色社会主义伟大胜利新的历史起点上，迎来了从富起来到强起来伟大飞跃的新时代，[3]其实质就是强国时代。习近平新时代中国特色社会主义思想需破解的一个时代课题，就是全面建设社会主义现代化强国，当今我们已踏上全面建设社会主义现代化强国新征程。强国时代要揭示和研究大国成为强国的强国逻辑。这一逻辑主要体现为解决关于实现强起来伟大飞跃的四大根本问题，即人民生活"好不好"、国家"强不强"、世界"和平不和平"、政党"硬不硬"。作为马克思主义中国化最新理论成果的习近平新时代中国特色社会主义思想，实质上就是强国时代基于强国逻辑的关于"迎来从富起来到强起来伟大飞跃"的"强国理论"，实现了马克思主义中国化新的飞跃，对推进马克思

---

[1] 《马克思恩格斯选集》第三卷，人民出版社2012年版，第873页。
[2] 《马克思恩格斯全集》第四十卷，人民出版社1982年版，第289—290页。
[3] 从富起来到强起来，具体来说，就是从有到好、从大到强、从全面建成小康社会到全面建成社会主义现代化强国、从落后时代到跟上时代再到引领时代、从"世界失我"到"世界有我"再到"世界向我"的伟大跨越。

主义中国化作出了开创性贡献，具有划时代、里程碑意义。①

4. 为发展中国特色社会主义理论作出原创性贡献

中国特色社会主义进入新时代，意味着要谱写新时代中国特色社会主义新篇章。这是开启中国发展起来后实现强起来的新篇章。要谱写好新篇章，就必须汇聚能量，在集成发展中国特色社会主义理论体系的基础上实现新的飞跃，创立一种新的理论形态。习近平新时代中国特色社会主义思想，就是在集成发展中国特色社会主义理论体系基础上实现新的飞跃的一种新的理论形态。集成发展体现在：

第一，纵向上继承、深化和创新发展邓小平理论、"三个代表"重要思想、科学发展观。第二，横向上从哲学、政治经济学、科学社会主义方面，整合、创新发展中国特色社会主义理论体系。哲学上，运用战略辩证法，分析"新时代""大变局"背景下中国特色社会主义实践一系列具有根本性、全局性、长远性与总体性的战略问题，分析一系列具有战略意义的全球性问题，提出了战略思维、创新思维、辩证思维、系统思维、法治思维和底线思维，为系统解决实现强起来这一战略问题提供了哲学基础，创新发展了中国特色社会主义理论体系。政治经济学上，建构了"以人民为中心、以共同富裕为目的"的中国特色社会主义政治经济学。把新发展理念作为指导原则，把实施高质量发展作为主题，把推进供给侧结构性改革作为主线，把构建新发展格局作为重要抓手，坚持和完善社会主义基本经济制度，致力于解决我国经济发展方式转变、经济结构调整等重大问题，解决了效率和公平统一问题，以共同富裕超越贫富差距，发展了中国特色社会主义政治经济学。在科学社会主义上，以"引领世界社会主义运动"开辟新时代中国特色社会主义新境界，发展了中国特色社会主义理论体系。

中国以什么贡献给世界？毛泽东说，中国应当对人类有较大贡献。《决议》更强调：中国特色社会主义新时代是我国不断为人类作出更大贡

---

① 关于其理由，我们分别从"历史方位及其解决的社会主要矛盾不同""历史使命不同""道路的历史内涵不同""主线不同""现代化阶段不同""中国特色社会主义在人们心中的地位不同""中国在世界中的地位不同"等七个方面，展开了较为详尽的论证和阐释。参见韩庆祥：《论中国道路及其本源意义》，《中国特色社会主义研究》2020年第2期。

献的时代。今天可以自信地说：当代中国从实践上为发展 21 世纪马克思主义贡献了典型"中国样本"，以习近平新时代中国特色社会主义思想为标识，从理论上为发展 21 世纪马克思主义作出原创性贡献，成为 21 世纪马克思主义的理论形态。

三、21 世纪马克思主义的根本问题

我们不仅要理解和把握 21 世纪马克思主义的基础性问题，而且还要进一步理解和把握建构 21 世纪马克思主义的根本问题。

"发展 21 世纪马克思主义"这一重大命题，从习近平同志正式提出到现在已经近 10 年时间。前几年学术界对这一重大命题还不大理解，很少探究，也谈不上从学理上给予深入阐述。从 2020 年开始，我国理论界才真正从学理上对此展开探讨，也能就其中一些基础性问题发表看法，达成某些基本共识。然而，迄今为止，关于"发展 21 世纪马克思主义"的一些根本问题依然存在诸多模糊认识，从学理上给不出明确的理解和阐释。这里以大历史观为解释方法，基于马克思主义中国化时代化理论框架，就 21 世纪马克思主义的一些根本问题谈些理解。

（一）如何理解 21 世纪马克思主义发源的历史起点和逻辑起点

21 世纪马克思主义首先是一个时间概念，有它发源的明确历史起点和逻辑起点。明确来讲，21 世纪马克思主义发源的历史起点和逻辑起点，应是党的十八大。何以如此？

提出这一重大命题最早的时间，从一定意义上可以为此提供依据。最早正式提出"发展 21 世纪马克思主义"这一重大命题，是 2015 年 12 月习近平同志在全国党校工作会议上的讲话。他提出："希望党校根据时代变化和实践发展，加强理论总结和理论创新，为发展 21 世纪马克思主

义、当代中国马克思主义作出努力。"①虽然"提出"时间和"发源"时间不尽完全一致，但不会相差甚远，时间大体一致。"发展21世纪马克思主义"这一重大命题，是与"新时代"这一时代背景、时代节点直接相关的。党的二十大报告明确提出"新时代十年的伟大变革"②这一重要论断。它表明2012年党的十八大召开，中国特色社会主义便进入了新时代，到2022年正好10年。与"新时代"相关，把21世纪马克思主义发源的历史起点和逻辑起点确定为具有历史转折和标识意义的党的十八大的召开，是有文献依据的。

党的十九大报告第一部分所讲的"三个意味着"，更是确定21世纪马克思主义发源的历史起点和逻辑起点的根本依据和直接依据。"三个意味着"，是世界社会主义运动中心历史性地转移到新时代中国的根本标志，是21世纪马克思主义立足中国、走向世界与创新发展的根本依据。党的十九大报告指出，"中国特色社会主义进入新时代，意味着近代以来久经磨难的中华民族迎来了从站起来、富起来到强起来的伟大飞跃"③。这是第一个"意味着"，其主题是实现中华民族伟大复兴，是讲实现强起来的"叙事"，是第二、第三个"意味着"的基础和前提，第二、第三个"意味着"是从第一个"意味着"延展出来的，讲的是第一个"意味着"的世界意义；第二个"意味着"的主题是世界社会主义，是说世界社会主义运动中心历史性地转移到21世纪中国的"叙事"；第三个"意味着"的主题是中国特色社会主义，是谈中国特色社会主义不断发展、走向世界且具有世界意义的"叙事"，正由于第二、第三个"意味着"，才使新时代中国特色社会主义具有世界意义。世界社会主义发展和马克思主义发展历史进程中蕴含一条规律，即世界社会主义运动的中心转移到哪里，发展马克思主义的中心就转移到哪里。21世纪，世界社会主义运动的中心已历史性地转移到新时代中国，新时代中国特色社会主义在引领21世纪世界社会主义的发展，因此，21世纪马克思主义的发展源与中心重镇也随之转移到新时代中国。正是在这个意义上，习近平同志在庆祝改革开

---

① 习近平：《在全国党校工作会议上的讲话》，人民出版社2016年版，第20页。
② 习近平：《高举中国特色社会主义伟大旗帜 为全面建设社会主义现代化国家而团结奋斗——在中国共产党第二十次全国代表大会上的报告》，人民出版社2022年版，第2页。
③ 《习近平谈治国理政》第三卷，外文出版社2020年版，第8页。

放40周年大会上的讲话中强调："发展21世纪马克思主义、当代中国马克思主义，是当代中国共产党人责无旁贷的历史责任。"①

（二）如何理解21世纪马克思主义与马克思主义时代化的关系

21世纪马克思主义也是一种时代化概念，与开辟马克思主义中国化尤其是时代化新境界直接相关。发展21世纪马克思主义，既是马克思主义时代化即立足时代、面向未来、放眼世界的新要求，也是致力于把马克思主义发展到21世纪时代发展所要求的新境界。

这里的"21世纪"，不是数学上某一精确时间，不宜精准理解为哪一年，而是与时代精神、时代特征、时代主题相关的一种时代形态、一个历史阶段，它反映时代精神，体现时代特征，对接时代主题，以"时代"为标识。

21世纪马克思主义反映21世纪的时代特征，也具有21世纪的时代性主题。与20世纪的时代特征、时代性主题不同，21世纪的时代特征与"两个大局"交织、"两制并存"格局直接相关。"两个大局"，一个是实现中华民族伟大复兴战略全局，一个是世界百年未有之大变局。"两制并存"，是社会主义制度、意识形态与资本主义制度、意识形态并存。"两个大局"交织互动、相互激荡，"两制并存"格局相互较量，使世界进入大发展大变革大调整的新的动荡变革期，导致整个世界"不稳定不确定"，也面临系统性的风险挑战。显然，动荡、变革和重构，构成21世纪的"时代特征"。基于这一时代特征，21世纪的时代性主题，就直接涉及中国和西方、社会主义和资本主义的关系问题。具体来说，基于21世纪的时代特征，可以把21世纪马克思主义面临的时代性主题确定为：新时代的中国在吸收人类文明一切优秀成果的基础上，坚持胸怀天下，以中国特色社会主义道路、制度、理论、文化不断发展的优势更好地融入世界历史进程，充分展示中国特色社会主义制度的优越性，克服资本主义制度的弊端，为人类实现现代化提供新的选择，为人类对更美好社会制度的

---

① 习近平：《在庆祝改革开放40周年大会上的讲话》，人民出版社2018年版，第26页。

探索提供中国方案，为解决人类问题贡献中国智慧、中国方案和中国力量。如果说19世纪马克思主义的时代主题主要是社会主义"如何取代"资本主义（马克思、恩格斯），20世纪马克思主义的时代主题主要是小农经济占优势的经济落后国家"如何过渡"到社会主义（列宁）、农民人口占大多数的国家建设社会主义现代化应选择"何种道路"（毛泽东）和社会主义初级阶段经济落后国家"如何建设"社会主义（邓小平），21世纪马克思主义的时代性主题主要就是"如何夺取"中国特色社会主义伟大胜利、"如何超越"资本主义制度弊端并充分彰显社会主义制度优越性，进而为解决人类问题贡献理论、智慧和方案，为人类实现现代化提供新的选择，为人类文明进步指明方向并展现光明前景。因而，21世纪马克思主义既把马克思主义发展提升到21世纪时代发展所要求的新阶段新境界，也致力于开辟马克思主义时代化新境界，二者都直面新时代，回答"时代之问"，共同指向发展21世纪马克思主义，开辟马克思主义时代化新境界，用发展21世纪马克思主义来观察时代、把握时代、引领时代。

（三）如何理解21世纪马克思主义与当代中国马克思主义的关系

当代中国马克思主义和21世纪马克思主义不是两个主义、两种理论形态，而是一个有机整体，是一体两面的关系，需要彼此相互理解。把当代中国马克思主义、21世纪马克思主义并提，有其深意。二者既有区别又有联系。其联系在于都立足"当代中国"，都是对习近平新时代中国特色社会主义思想的表达；其区别在于二者是对习近平新时代中国特色社会主义思想在时空、功能上相对不同的表达。习近平新时代中国特色社会主义思想既是当代中国马克思主义，又是21世纪马克思主义。

当代中国马克思主义，是改革开放以来创立发展起来的中国特色社会主义理论体系之集大成，它把中国特色社会主义理论体系提升到"当代中国""马克思主义""集大成"的高度，侧重于马克思主义中国化，着眼于"引领中国"，关乎全面建成社会主义现代化强国、实现中华民族伟大复兴的前途命运。习近平新时代中国特色社会主义思想，实质就是当代中国马克思主义的"集大成"者，它坚持一脉相承，把邓小平理论、"三个代表"重要思想、科学发展观的思想精髓进行整合，因而是中国特色社会主义理论体系的重要组成部分；同时又在此基础上与时俱进，它围绕"实现强起来"，进一步发展了当代中国马克思主义或中国特色社会主义理论体系。

21世纪马克思主义，立足新时代中国，更放眼世界、面向未来，是拓展当代中国马克思主义在新时代的世界向度，且以天下情怀观察、把握、引领时代而提出的一个重要范畴。它是新时代当代中国马克思主义理论创新的新维度新走向新境界，主要指中国特色社会主义进入新时代，在以大历史观全面把握"两个大局"的基础上开启的当代中国马克思主义的世界向度。这个世界向度，主要是用习近平新时代中国特色社会主义思想来表达且向21世纪的时代和世界飞跃的提升：既是在历史时间维度上面向未来，聚焦解决重大时代课题和社会主要矛盾，为实现从富起来到强起来的伟大飞跃，进而夺取中国特色社会主义伟大胜利所创立的科学思想体系；又是在历史空间上放眼世界，侧重于马克思主义时代化、世界化，关乎新时代中国特色社会主义的时代走向、世界意义和世界社会主义的发展前景。21世纪马克思主义，就是直面世界百年未有之大变局，在中国与世界交织互动中，为解决"世界向何处去"问题，从而为人类谋进步、为世界谋大同所贡献的智慧和指明的方向。

（四）如何理解21世纪马克思主义与19世纪马克思主义、20世纪马克思主义的关系

我们需要按照历史发展的连续性和阶段性统一，来理解和把握21世纪马克思主义与19世纪马克思主义、20世纪马克思主义的关系，即21世纪马克思主义同19世纪马克思主义、20世纪马克思主义，是一脉相承的坚持和与时俱进发展的关系。

19世纪，马克思、恩格斯创立的马克思主义，总体上奠定了马克思主义的根本立场、基本原理、方法论、方向、理想、原则、道路，具有本源意义。他们关于人民的立场，关于社会基本矛盾原理，关于坚持历史发展规律性和发挥人的主体能动性统一的方法论，关于人类解放、无产阶级解放和促

进每个人自由全面发展的理想追求,关于人类历史发展必然走向社会主义和共产主义的科学预见,等等,至今依然显示其强大的生命力和解释力。

在20世纪发展了的马克思主义,正是在既坚持马克思主义基本原理又结合本国具体实际的基础上创立的。20世纪所创立的列宁主义,继承了马克思、恩格斯创立的马克思主义关于人类历史必然走向社会主义的基本原理,同时又结合俄国国情,创造性地提出小农经济占绝对优势的经济文化落后的俄国通过国家资本主义向社会主义过渡的思想。正如列宁所指出的:"一切民族都将走向社会主义,这是不可避免的,但是一切民族的走法却不会完全一样,在民主的这种或那种形式上,在无产阶级专政的这种或那种形态上,在社会生活各方面的社会主义改造的速度上,每个民族都会有自己的特点。"① 列宁领导的十月革命,实质上就是科学社会主义在俄国的具体实践。自1921年中国共产党登上中国历史舞台起,马克思主义的发展,就具体体现为马克思主义基本原理同中国具体实际相结合及其发展历程,亦即马克思主义在中国的历史发展。十月革命一声炮响,给中国送来了马克思列宁主义。马克思主义是我们立党立国、兴党兴国的根本指导思想。② 马克思主义在中国的历史发展过程,首先表现为马克思主义基本原理同中国具体实际相结合、同中华优秀传统文化相结合。这种结合,既表明必须坚持马克思主义基本原理,它为社会主义建设确立了立场、方法,指明了方向、提供了原则、开辟了道路,也表明马克思主义基本原理必须结合本国具体实际和本土优秀文化,因为只有这样,马克思主义基本原理才具有历史基础和群众基础,进而才能根深叶茂,发挥其行动指南的指导作用。我们所讲的中国化时代化的马克思主义,就是这种结合的理论创新成果。我们用中国化时代化的马克思主义武装全党、教育人民、指导实践、推进工作、解决问题、创造奇迹、走向成功。正因如此,马克思主义的科学性和真理性在中国得到充分检验,马克思主义的人民性和实践性在中国得到充分贯彻,马克思主义的开放性和时代性在中国得到

---

① 《列宁专题文集·论社会主义》,人民出版社2009年版,第398页。
② 参见习近平:《高举中国特色社会主义伟大旗帜 为全面建设社会主义现代化国家而团结奋斗——在中国共产党第二十次全国代表大会上的报告》,人民出版社2022年版,第16页。

充分彰显。① 要言之，马克思主义中国化时代化不断取得了成功。

21世纪马克思主义与19世纪马克思主义、20世纪马克思主义也具有连续性，都是马克思主义"家族"的，都坚持马克思主义的根本立场、基本原理、价值追求、方法原则、理想信念，把三者割裂和依次替代，看作三个马克思主义，是错误的，把三者完全画等号，看不到马克思主义结合具体实际而与时俱进的发展，那就容易把马克思主义教条化，这同样也是错误的。

（五）如何理解21世纪马克思主义与21世纪国外马克思主义的关系

21世纪国外马克思主义，是当今国外学者对现代化、全球化实践的深刻反思和理论提升，体现了对当代资本主义社会的批判和超越，对发展21世纪的马克思主义作出了有价值的贡献，但它属于21世纪的马克思主义或在21世纪的马克思主义研究；然而，我们所谓的"21世纪马克思主义"则是21世纪的马克思主义的主体形态，具有主导地位和引领作用。

不能否认世界其他地方也存在着21世纪马克思主义的生长点、发展源，不能否认其他国家一些学者对发展21世纪马克思主义的重要贡献，也不能否认当今世界一些专家学者也是发展21世纪马克思主义的重要主体。② 他们对资本主义制度性缺陷和结构性矛盾的揭露，对新自由主义与金融资本主义的批判，对数字资本主义与替代性选择、新帝国主义与国际新秩序的分析，关于新社会主义与新共产主义研究等方面的成果，他们提出的关于现代性、治理、主体间性、公共性、生态学马克思主义、空间生产等理论，对发展21世纪马克思主义具有重要价值，值得关注。③ 皮凯蒂（Piketty）的《21世纪资本论》，已成为2008年国际金融危机之后西方马克思主义的"最新表达"④。

然而，我们所讲的21世纪马克思主义是发展21世纪的马克思主义的核心主体和主体形态。新时代以习近平同志为主要代表的中国共产党人是

---

① 参见《中国共产党第十九届中央委员会第六次全体会议文件汇编》，人民出版社2021年版，第92—93页。
② 参见王凤才：《21世纪世界马克思主义基本格局》，《学习与探索》2017年第10期。
③ 参见王凤才：《21世纪世界马克思主义基本格局》，《学习与探索》2017年第10期。
④ 参见王凤才：《21世纪世界马克思主义基本格局》，《学习与探索》2017年第10期。

21世纪马克思主义命题的主要提出者，是21世纪马克思主义的主要创立者，是发展21世纪马克思主义的主要推动者，也是21世纪马克思主义理论的主要建构者和诠释者。习近平新时代中国特色社会主义思想具有世界意义，它不仅使科学社会主义在21世纪中国焕发出强大生机活力，在世界上高高举起中国特色社会主义伟大旗帜，也为发展中国家走向现代化提供新的途径，为人类实现现代化提供新的选择，为解决人类问题贡献中国智慧和中国方案，还为人类谋进步、为世界谋大同创造了人类文明新形态，为发达国家和发展中国家提供了某种参考和借鉴。它提出的一系列新概念新理念新论断新思想新战略，提出的"政党治理""国家治理""全球治理""中国式现代化""人类文明新形态""人类命运共同体"等，为解释21世纪的世界提供了思想理论，为21世纪世界政党间的交流提供了平台，为参与全球治理体系改革和建设贡献了中国智慧、中国方案、中国力量。正是这样的21世纪马克思主义，在主导和引领21世纪的马克思主义的发展。中国共产党又是世界上具有长远视野、世界眼光、战略思维、使命担当的政党，其领导的中国特色社会主义波澜壮阔，新时代中国特色社会主义已融入并影响着世界历史进程；领导的中华民族伟大复兴是世界百年未有之大变局的重要组成部分，是影响这一变局前途和走向的关键变量；领导人民成功走出的中国式现代化，创造的经济快速发展奇迹和社会长期稳定奇迹，创造的人类文明新形态，使中华民族向世界展现出欣欣向荣的气象，也改变着世界现代化进程；它所积极推动的构建人类命运共同体，为解决人类重大问题贡献了中国智慧、中国方案、中国力量。[①]

（六）如何理解21世纪马克思主义与"四个之问"的关系

21世纪马克思主义与"四个之问"具有内在本质联系，它就是为直面并解答"四个之问"发展起来的。

"四个之问"，是"中国之问""世界之问""人民之问""时代之问"。直面并解答的"中国之问"，核心问题是如何夺取中国特色社会主义伟大胜利、全面建成社会主义现代化强国、实现中华民族伟大复兴，其

---

① 参见《中国共产党第十九届中央委员会第六次全体会议文件汇编》，人民出版社2021年版，第92—93页。

实质就是"为中华民族谋复兴";直面并解答的"世界之问",核心是回答实现中华民族伟大复兴战略全局和世界百年未有之大变局"两个大局"交织互动、相互激荡背景下中国和世界的关系问题,它为积极解决"世界向何处去"贡献中国智慧、中国方案、中国力量,其实质是为世界谋大同;直面并解答"人民之问"的核心问题,是如何使中国人民乃至世界人民过上美好生活,其实质就是"为人民谋幸福";直面并解答的"时代之问"的核心问题,就是在"两制并存"背景下,在"动荡、变革和重构"的时代,如何为正确处理社会主义和资本主义的关系提供新的创新理论,进而克服资本主义制度弊端、充分展示社会主义制度的优越性,其实质就是为人类谋进步,为21世纪马克思主义谋生机。

如何为中国人民谋幸福、为中华民族谋复兴、为世界谋大同、为人类谋进步、为21世纪马克思主义谋生机,正是发展21世纪马克思主义迫切需要解答的时代性课题。党的十九届六中全会通过的《中共中央关于党的百年奋斗重大成就和历史经验的决议》第五部分强调了"中国共产党百年奋斗的历史意义",其中所讲的"历史意义"就是基于大历史观,放在历史长远和整个世界来讲的;这种历史意义,是聚焦于中国人民、中华民族、世界历史、中国共产党和马克思主义来讲的。其实质,就是为中国人民谋幸福、为中华民族谋复兴、为世界谋大同、为人类谋进步、为21世纪马克思主义谋生机。①

(七)如何理解21世纪马克思主义与中国式现代化、人类文明新形态和人类命运共同体的关系

中国式现代化、人类文明新形态和构建人类命运共同体,是发展21世纪马克思主义的三大基石。

这一见解和观点,已在相关研究和发表的成果中有所阐释,现在我们依然认为有继续深入分析研究的必要。21世纪马克思主义,既要超越以资本至上为主导逻辑的西方式现代化及其资本主义道路话语,更要书写坚持

---

① 参见《中国共产党第十九届中央委员会第六次全体会议文件汇编》,人民出版社2021年版,第91—94页。

人民至上的中国式现代化及其社会主义道路新版本。①马克思主义发展始终与现代化发展道路直接相关，马克思正是在批判超越资本主导的西方式现代化道路中构建其学说的。道路探寻，是马克思主义发展的一条主线。②十月革命后，列宁认为建设社会主义面临的第一个重大任务，就是实现国家的现代化。③习近平同志强调，无论搞革命、搞建设、搞改革，"道路问题是最根本的问题"④。"走自己的路，是党的全部理论和实践立足点"⑤。从"走自己的路"，到"中国特色社会主义道路"，再到"中国式现代化"，在理论逻辑上一脉相承，在历史逻辑上与时俱进。21世纪马克思主义以中国式现代化为立足点，把道路问题看作马克思主义发展历程中的根本问题，认为中国式现代化不仅是全面建成社会主义现代化强国的必由之路，是实现中华民族伟大复兴的必由之路，也是为人类谋进步、为世界谋大同的必由之路（走和平发展道路），它还创造了人类文明新形态，为人类实现现代化提供新的选择，这就为发展21世纪马克思主义奠定了坚实基础。

马克思主义发展从来与人类文明发展息息相关。人类文明新形态是一种新的文明范式，它超越西方那种"主客二分""主统治客"的传统文明范式，致力于建构"主主平等普惠"这样一种新的文明范式。显然，它是发展21世纪马克思主义的人文根基。

构建人类命运共同体，是在社会主义和资本主义"两制并存"的格局中，中国为解决"世界向何处去"问题所贡献的中国智慧和中国方案，为正确处理社会主义和资本主义关系提供的相处之道，它是21世纪马克思主义的共同体基础。马克思主义在本质上就是在分析和解决资本主义和社会主义关系问题中创立和发展的，21世纪马克思主义同样如此，它就是为"两制并存"格局中如何分析和解决社会主义和资本主义的关系问题提供的科学理论。

新时代中国是21世纪马克思主义的主要理论策源地，习近平新时代中国特色社会主义思想就是直面世界百年未有之大变局的科学理论体系，是

---

① 参见韩庆祥：《21世纪马克思主义的基础性问题》，《中国社会科学》2022年第4期。
② 参见韩庆祥：《论中国道路及其本源意义》，《中国特色社会主义研究》2020年第2期。
③ 参见《列宁全集》第四十卷，人民出版社2017年版，第159页。
④ 中共中央文献研究室编：《十八大以来重要文献选编》（上），中央文献出版社2014年版，第458页。
⑤ 习近平：《在庆祝中国共产党成立100周年大会上的讲话》，人民出版社2021年版，第13页。

追求和平发展、合作共赢的科学理论体系，是积极参与全球治理体系改革和建设的科学理论体系，是注重携手共建人类命运共同体的科学理论体系，能为百年变局中动荡变革及其不确定的世界提供解释逻辑。

（八）如何理解21世纪马克思主义与掌握解释21世纪世界话语权的关系

21世纪马克思主义是与解释和引领世界相关的概念，是为解释21世纪的世界并掌握理论话语权所贡献的科学理论体系。

当今世界正经历百年未有之大变局，遇到了一系列新的深层次、全局性、长远性问题，关乎世界走向，其整体性、变革性、不确定性和重构性日趋突出，迫切需要理论解释。谁能给出合理解释21世纪之世界的科学理论体系，谁就能掌握解释21世纪之世界的理论话语权。

一个国家的强大既是经济、科技、军事、金融的强大，也是思想理论及其话语权的强大。中国在走向世界强国进程中须谋求理论思想的强大。因此，当代中国也应从"原材料供应国"向"理论供应国"提升，构建"学术中国""理论中国"，为解释世界提供"中国理论"，掌握解释当今世界的话语权。习近平同志强调，要加快构建中国特色哲学社会科学的学科体系、学术体系、话语体系，加快构建"理论中国"，强调这是一个需要理论、思想而且一定能够产生理论、思想的时代。这实质上是倡导确立中华民族"学术自我""理论自我""思想自主""理论主体"。

新时代中国是21世纪马克思主义的主要理论策源地，习近平新时代中国特色社会主义思想就是直面世界百年未有之大变局的科学理论体系，是追求和平发展、合作共赢的科学理论体系，是积极参与全球治理体系改革和建设的科学理论体系，是注重携手共建人类命运共同体的科学理论体系，能为百年变局中动荡变革及其不确定的世界提供解释逻辑。

（九）如何理解21世纪马克思主义与21世纪哲学范式变革的关系

21世纪马克思主义之哲学基础、哲学范式，是"主主平等普惠"。

西方式现代化的哲学基础、哲学范式，是"主客对立"。它以两极分化、物质主义膨胀的单向度发展、掠夺自然资源、殖民主义扩张为本质特征，其底层逻辑就是"主客对立"的哲学范式。两极分化，就是资本家把自己（或资本）当作"主"，把工人（或劳动）当作"客"，"主统治客"，资本主义社会的逻辑主要就是资本占有劳动并控制整个社会的逻辑；物质主义膨胀的单向度发展，就是资本主导经济社会，资本是"主"，其他皆为"客"，即资本占有劳动并控制整个社会，这自然且必然导致整个社会陷入物质主义膨胀的单向度发展，亦如马尔库塞所讲的"单向度的人"，如弗洛姆所讲的以利润为导向的社会而产生的"占有式"生存方式，这种生存方式导致"囤积、剥削、侵略、个人主义"的精神病症、病态；①无止境地向自然索取甚至破坏自然，其深层逻辑就是把人类当作"主"，把自然界当作人类掠夺、征服、改造的"客"（对象），人与自然的关系是"主客"关系，是人类统治、征服自然的关系；殖民主义扩张，其实质就是把西方世界当作"主"，把非西方世界当作"客"，要求"客随主便"，西方世界统治非西方世界。

马克思、恩格斯所创立的马克思主义力求超越资本占有劳动并控制整个社会的"资本至上"逻辑，致力于建构一个人类解放、无产阶级解放和每个人自由平等全面发展的理想社会，构建"真正的共同体"或"自由人联合体"。其哲学理念、范式，就是都作为"主体"的"人人平等"，人人都能得到自由发展、平等发展、和谐发展、全面发展。

习近平新时代中国特色社会主义思想作为21世纪马克思主义，继承并发展了马克思主义关于"人人平等"发展的哲学理念，在新时代新征程上，强调以中国式现代化全面推进中华民族伟大复兴。这里的中国式现代化，是全体人民共同富裕的现代化，是物质文明和精神文明相协调的现代化，是人与自然和谐共生的现代化，是走和平发展道路的现代化。其哲学基础或深层逻辑，就是以"主主平等普惠"为哲学范式。它摒弃"主客对立"（主统治客）的哲学范式，注重并强调主体之间的、主体平等性的普惠性。比如，全体人民共同富裕的现代化，就意味着人人都是平等共享中

---

① 参见［美］艾里希·弗洛姆：《健全的社会》，孙恺祥译，上海译文出版社2011年版，第80页。

国式现代化成果的主体，在享受中国式现代化成果上具有平等性和普惠性；物质文明和精神文明相协调的现代化，意味着物质文明和精神文明齐头并进、平等发展，在发展理念、安排和机会上具有平等性；人与自然和谐共生的现代化，意味着人与自然是平等相处、平等交换能量的主体，是平等关系、共生关系，而不是人类掠夺、征服、战胜自然的关系；走和平发展道路的现代化，意味着世界各国不论大小强弱，在主权、规则和机会上都应当是平等的，都是平等享有国家主权的主体，是和平发展、合作共赢关系，因而应平等相待，而不应实施霸凌主义、霸权主义。

（十）如何理解习近平新时代中国特色社会主义思想就是21世纪马克思主义

习近平同志是"发展21世纪马克思主义"命题的主要提出者和推进者。据相关权威文献统计，迄今为止，习近平同志和党中央提出"发展21世纪马克思主义"这一重大命题，主要有9次。如前所述，第一次提出"21世纪马克思主义"这一命题，是2015年12月习近平同志在全国党校工作会议上的讲话。第二次是2016年5月在哲学社会科学工作座谈会上的讲话中，习近平同志强调："马克思主义中国化取得了重大成果，但还远未结束。我国哲学社会科学的一项重要任务就是继续推进马克思主义中国化、时代化、大众化，继续发展21世纪马克思主义、当代中国马克思主义。"①第三次是2016年7月1日习近平同志在庆祝中国共产党成立95周年大会上的讲话《不忘初心 继续前进》中指出：要"更加深入地推动马克思主义同当代中国发展的具体实际相结合，不断开辟21世纪马克思主义发展新境界"②。第四次是2017年12月召开的中共中央政治局民主生活会指出："习近平新时代中国特色社会主义思想是我们党理论创新的最新成果，是当代中国的马克思主义、21世纪的马克思主义。"③第五次是2018年5月4日习近平同志在纪念马克思诞辰200周

---

① 习近平：《在哲学社会科学工作座谈会上的讲话》，人民出版社2016年版，第9—10页。
② 《习近平谈治国理政》第二卷，外文出版社2017年版，第34页。
③ 《中共中央政治局召开民主生活会 以认真学习贯彻习近平新时代中国特色社会主义思想、坚定维护以习近平同志为核心的党中央权威和集中统一领导、全面贯彻落实党的十九大各项决策部署情况为主题进行对照检查》，《人民日报》2017年12月27日。

年大会上的讲话中指出,"不断开辟当代中国马克思主义、21世纪马克思主义新境界"①。第六次是2018年12月18日习近平同志在庆祝改革开放40周年大会上的讲话中强调:"发展21世纪马克思主义、当代中国马克思主义,是当代中国共产党人责无旁贷的历史责任。"第七次是2021年7月1日习近平同志在庆祝中国共产党成立100周年大会上的讲话中指出:"坚持把马克思主义基本原理同中国具体实际相结合、同中华优秀传统文化相结合,用马克思主义观察时代、把握时代、引领时代,继续发展当代中国马克思主义、21世纪马克思主义!"②第八次是《中共中央关于党的百年奋斗重大成就和历史经验的决议》强调,"习近平新时代中国特色社会主义思想是当代中国马克思主义、二十一世纪马克思主义"③。第九次是党的二十大通过的《中国共产党章程(修正案)》强调,"习近平新时代中国特色社会主义思想是当代中国马克思主义、二十一世纪马克思主义"④。

上述表述的关键词,是"作出努力""继续发展""开辟新境界""历史责任""观察时代、把握时代、引领时代""是"。"作出努力"同"历史责任"基本同义;"继续发展"与"开辟新境界"大致同理;"观察时代、把握时代、引领时代"有两个含义,观察时代、把握时代讲的是"如何发展",引领时代讲的是"功能意义"。所以,习近平同志提出"发展21世纪马克思主义"重大命题的推进脉络就是:"历史责任—继续发展—如何发展—引领时代—'是'的判定"。显而易见,习近平同志是"发展21世纪马克思主义"命题的主要提出者和推动者。

中国特色社会主义进入新时代,在历史发展维度,意味着世界社会主义运动的中心已经历史性地转移到新时代中国;在理论创新维度,发展21世纪马克思主义的实践创新地和理论策源地自然也在新

---

① 习近平:《在纪念马克思诞辰200周年大会上的讲话》,人民出版社2018年版,第27页。
② 习近平:《在庆祝中国共产党成立100周年大会上的讲话》,人民出版社2021年版,第13页。
③ 《中共中央关于党的百年奋斗重大成就和历史经验的决议》,人民出版社2021年版,第26页。
④ 《中国共产党第二十次全国代表大会关于〈中国共产党章程(修正案)〉的决议》,《人民日报》2022年10月23日。

时代中国。在这个意义上，作为中国特色社会主义进入新时代我们党最新理论创新成果的习近平新时代中国特色社会主义思想，已经肩负起发展 21 世纪马克思主义的神圣职责。这不仅体现在它每当在最关键的时刻、最重要的场合，都对发展 21 世纪马克思主义作出系列重要论述，而且体现在它直面"两个大局"，注重观察时代、把握时代、引领时代，积极回答"中国之问""世界之问""人民之问""时代之问"，既高瞻远瞩，又胸怀天下，进而引领 21 世纪世界社会主义的发展，也引领 21 世纪人类现代化、人类文明的发展，它具有世界意义。

新时代我们党不断开辟马克思主义中国化时代化新境界进而不断推进理论创新，其最新成果，就是习近平新时代中国特色社会主义思想，而发展 21 世纪马克思主义，是继续推进马克思主义中国化时代化进而推进理论创新所提出的一个标志性论断，持续推进马克思主义中国化时代化就是要发展 21 世纪马克思主义，习近平新时代中国特色社会主义思想创新的新维度新走向，就是发展 21 世纪马克思主义。也就是说，习近平新时代中国特色社会主义思想在定义并引领着马克思主义中国化时代化的走向，也定义并引领着 21 世纪马克思主义的发展。它提出的中国式现代化、人类文明新形态和构建人类命运共同体，实质上就是发展 21 世纪马克思主义的基石。它对发展 21 世纪马克思主义具有原创性贡献，具体体现在：它以"民本逻辑"超越了资本占有劳动并控制社会的逻辑；以找到正确的"中国道路"来解决如何全面治理并建成社会主义现代化强国，进而夺取中国特色社会主义伟大胜利的问题；以"中国式现代化"解决了世界历史发展进程中发展中国家如何实现现代化的问题，为人类实现现代化提供了新的选择；以"中国式现代化、人类文明新形态、构建人类命运共同体"，解决了"两制并存"格局中如何充分发挥社会主义制度优越性、克服资本主义制度弊端，以及"世界向何处去"的"时代之问"。

四、创立 21 世纪马克思主义理论

在认识世界前提下的解释世界,是人类一切实践活动的前提。作为前提,其重要性不言而喻。人们实践活动的成败,一定意义上取决于对世界的认识和解释。这样,哲学认识论、解释学、实践论就具有重要意义。认识并解释世界,首先要理解和把握其时代特征。21 世纪的世界究竟具有怎样的时代特征?其时代特征可简要概括为"两个大局"交织互动及其导致的"不确定"和"重构"。"两个大局",一是实现中华民族伟大复兴战略全局,这是中国共产党百年奋斗的主题,也是新时代中国共产党一切奋斗的主题,所以称为"战略全局";另一个是世界百年未有之大变局,这是 21 世纪最具鲜明标识的重大历史事件。这"两个大局"交织在一起、相互激荡,实现中华民族伟大复兴本来就是影响世界百年未有之大变局的关键变量,影响着世界百年未有之大变局的进程和走向,世界百年未有之大变局也会对实现中华民族伟大复兴历史进程产生较大影响。这"两个大局"交织互动,必然导致"世界动荡变革",使世界呈现"不确定"。面对动荡变革且"不确定"的世界,迫切需要人们对当今中国和世界的发展逻辑加以认识并给出哲学解释,并在此基础上进行"重构"。谁能给出合理解释 21 世纪世界的哲学理论,谁就能掌握解释 21 世纪世界的理论话语权。构建解释 21 世纪世界的哲学理论并掌握话语权,就成为当今中国特色哲学社会科学,尤其是 21 世纪马克思主义迫切需要探究的一个重大课题。

(一)21 世纪"两个大局"交织互动及其导致的世界"不确定"和"重构"

21 世纪,是一个具有非常典型特征的世纪。

首先从存在论谈起。21 世纪的世界究竟是一个什么样的存在?解答这个问题的逻辑起点,是"两个大局"交织互动、相互激荡。

2008 年国际金融危机导致西方资本主义国家遭遇的困境、实现中华民族伟大复兴引起的世界力量转移、俄乌冲突、新冠疫情全球大流行、新

第三章　世界之问：新时代中国特色社会主义的世界逻辑

科技革命和产业革命、新兴市场国家、逆全球化的力量、冷战后世界格局的重构，是影响世界百年未有之大变局的"八大变量"。当然，还不限于这些。所谓"大变局"，就是21世纪世界正在进行"大发展、大变革、大调整"；这三个"大"，必然导致世界之"变"，即世界力量在转移，世界格局在调整，世界话语在重构，进而导致整个世界进入习近平同志所讲的"动荡变革期"，存在诸多"不确定"。由此，也会出现系统性风险。所谓"黑天鹅""灰犀牛"事件，一定意义上指的就是由世界动荡和不确定所带来的风险。"大发展、大变革、大调整""动荡变革""不确定""系统性风险"，与实现中华民族伟大复兴战略全局的影响交织互动，便构成21世纪世界的本质特征或时代特征。"动荡变革""不确定""系统性风险"，是"两个大局"交织互动历史进程中必然出现的世界景观。所以，可以用"两个大局"交织互动这一框架，来解释这种"大发展、大变革、大调整""动荡变革""不确定""系统性风险"。这表明21世纪的世界已经成为一个具有"形态"性质的世界，即一个在整体上以"两个大局"交织互动、"动荡变革""不确定""系统性风险""重构"为本质特征或时代形态的百年变局的世界，破解"两个大局"交织互动、"动荡变革""不确定"和"系统性风险"，就成为重大的时代课题。其中的"不确定"是最为本质的。

当我们在分析国内外发展态势与时代特征的时候，经常使用一个概念，那就是"不确定"。"不确定"首要是哲学问题，需要从哲学上分析。"不确定"到底是如何发生的？其生成的逻辑究竟是什么？具有哪些本质特征？

一是世界变化越来越复杂。这是"大发展"或"大流动"，需要从"变与不变"的关系来解释。从哲学上讲，任何事物都具有"变与不变"两个方面。当今世界具有相对静止的所谓"不变"的一面，一时还难以在微观上给出精准的理解和把握，当然可以在宏观上给出大致描述，而"变"的一面却变得太快、太大、太深。首先，影响世界变化的因素多而大。比如，突如其来的新冠疫情，打乱了全人类进入21世纪第三个10年之际的发展进程和一切预期；再如，一股保护主义、单边主义、民粹主义思潮及其掀起的逆全球化浪潮，给世界带来更大的不确定。由此而来的广大人民的生命、财产以及各国经济社会、生产生活之大灾难大破坏，已成为20世纪80年代世界进入以和平与发展为主题的时代以来一次最剧烈的大灾难大破坏,这叫作"变中生变,变上加变"。其次,影响世界变化的因素本身也是多变的,如科技革命和产业革命。再次,世界变化越来越快速。现在的知识更新速度越来越快,科技发明越来越多,因而影响世界变化的速度、广度、深度前所未有。在当今世界历史发展进程中,各国历史已经成为世界历史,各国日趋卷入全球化的历史进程中。所谓全球化,就是一个国家的发展变化,尤其是大国的发展变化,会很快影响整个世界历史进程。这意味着世界的"流动性"在加快。我们所说的"蝴蝶效应",描述的就是这样一种情景。在一个动力系统中,初始条件的微小变化,能快速带动整个系统的长期的巨大的连锁反应。世界发展变化太快、太大、太深,若治理跟不上,就会出现某些不稳定、不确定。

二是世界变革越来越激烈。这是"大变革",需要从"稳与进"的关系来阐释。从哲学上讲,世界会持续发生变革。世界变革既需要"进",也需要"稳",即具有"稳与进"两个方面,这叫作"稳中求进"。中国就是稳定平衡世界的重要力量。然而,在当今世界百年未有之大变局的历史进程中,这种变革更加剧烈,正在全方位、深层次地展开。美国正在改变和调整原有的一些世界规则;欧洲一些国家正在"脱欧";发展起来的中国积极参与全球治理体系改革和建设,力求改变霸权及缺乏公平正义的不合理的世界格局,积极发挥平衡世界秩序的作用,积极携手构建人类命运共同体;"金砖国家"也积极参与新的世界格局的构建,力求在世界体系中发挥积极作用;俄罗斯也在积极改变过去不利的局面;等等。然而,在这种变革的进程中,由于人们的把控能力跟不上,就会出现失控失衡的状况,其稳定性就得不到充分呈现。要言之,变革越快,若发展失衡,其不稳定、不确定就必然会越来越大,世界便陷入了"动荡变革期"。

三是世界分化越来越深刻。这是"大调整",需要从"分化与整合""统一与多样"的关系来理解。从哲学上讲,任何事物都具有"分化与整合""统一与多样"两个方面。当今世界正在进行大调整,即世界力量在转移,世界格局在调整,世界权力在重构,世界规则在变化,世界秩序在重建。这种大调整,也具有朝着整合、共识、统一方向调整的追求与努力,然而大多是越来越趋于分化,统一性越来越被割断,即国家之间的利益越来越分化,利益分化必然带来国家之间、人们之间在制度和价值观等方面的分歧越来越大。面对这些分歧，全世界若找不到最大公约数，难以画出最大同心圆，就会出现认同危机，于是其整合难度就会越来越大，这必然会导致不稳定、不确定。

四是世界发展方向越来越多变。这是"大变数"，需要从"原因与结果""定数与变数"的关系来阐释。从哲学上讲，任何事物都具有"原因与结果"两个方面，任何事物发展也存在着定数与变数。本来事物发展的轨迹及结果是有规律可循的，同时也会存在不可测的变数。从宏观看，整个世界依然遵循人类历史发展规律、世界历史发展规律在前行，这是无可置疑的。然而，当今世界发展的方向及其结果日趋呈现非线性状态，出现多样化或许多变数。就是说，要么是"一因多果"，要么是"一果多因"，而且其因其果也复杂化，难以精准理解和把握。由此，我们对未来发展方向与变动结果即"定数"就难以作出精准的预测、预料与把控，它呈现为一种混沌现象，比如世界大国之间的关系就是如此。然而，当今世界受制于人类认知的局限性，在事物发展的方向与结果上，其深不可测的变数越来越突出，这必然导致不稳定、不确定。

五是世界变动的偶然性越来越突出。这是"大变幻"，需要从"必然与偶然"的关系来说明。从哲学上讲，任何事物都具有"必然与偶然"两个方面，偶然性的背后是必然性，要透过偶然性来把握必然性。必然性不能被否定。然而，当今世界发展变化的偶然性越来越大，大量的偶然性遮蔽了我们对必然性的把握，我们透过偶然性来把握必然性的难度越来越大，世界也越来越变幻莫测。比如突如其来的新冠疫情全球大流行就是如此。此病毒必有"源"和"宿主"，这是必然性。但是，"毒源""零号病人""病毒传播"等问题深不可测。新冠疫情全球大流行究竟对人类或世界产生哪些影响？对这些问题，当时人类还没有真正了解和掌握，所以我们称之为"突如其来"。当许许多多的偶然汇聚起来，不确定性就会呈现出来。

六是世界未知范围越来越广大。这是"大黑洞"，需要从"已知与未知"的关系来分析。从哲学上讲，任何事物都具有"已知与未知"两个方面。当今，人类对已知的领域与范围拓展日益加大。然而，由于世界变化太快，其变化也越来越大，许多事物稍纵即逝，所以世界的未知领域越来越多、越来越大。比如，中国在实现中华民族伟大复兴的历史进程中，究竟会遇到哪些矛盾难题、障碍阻力、风险挑战？在世界百年未有之大变局进程中，究竟会发生哪些突如其来的全球性重大事件？"灰犀牛""黑天鹅"事件究竟会在哪里发生，以什么方式出现？世界大国关系究竟会呈现什么样的格局？这些都属于未知领域，一时难以给出确定的答案。未知领域越来越多、越来越大，人们就越来越感到不确定，进而不安全感日益加剧。

七是世界博弈导致国家之间、人们之间越来越失去信任。这是"大博弈"，需要从"信任与失信"的关系来把握。从哲学上讲，任何事物都具有"信与不信"两个方面。当今世界，由于各自维护国家核心利益的需要，国家之间的博弈日趋激烈，比如中美之间、美俄之间、中日之间、中欧之间，以及世界大国在西亚、北非、中东问题上，等等，均是如此。国家之间博弈越激烈，国家之间、人们之间的分歧就会越来越大，这会进一步导致国家之间、人们之间越来越不相互信任，也越来越难以达成共识，即出现了"信任赤字"。不信任，就增加了不确定。

八是人类的迷茫感无力感越来越凸显。这是"大流动""大赤字"，需要从"主体与客体"的关系来解析。从哲学上讲，任何事物都具有"主体与客体"两个方面。不稳定、不确定，一定意义上属于人的感知能力范畴。在一定程度、一定意义上，人类利用科技提升自己的生存与发展空间的能力越来越强。然而，当今世界出现双重的"大流动"：第一，客观上的世界"大流动"。当今世界"流动"变化得越来越快、越来越大、越来越复杂、越来越失衡和失序，也越来越变幻莫测，就像沙漠中的流沙。第二，主观上人的心理世界的"大流动"。世界变得越来越不稳定、不确定，一定意义上也与认识主体、实践主体的认知能力、治理局限有关。由于人类理性的局限、认识能力的局限（比如，由于所掌握的知识、数据、技术的不足，人们对因果关系的认知变得越来难），更是由于治理能力的局限（即"治理赤字"），人类面对这个"流动剧烈"的变幻莫测的世界，会感到其生存也像建立在流沙之上，没有任何相对确定性、可预期感、可大致把握的框架，因而其心理世界摇晃不定，没有秩序，感到十分迷茫。客观世界和主观世界的双重"流动不稳"，会使人类更加感觉不稳定、不确定，深感焦虑和恐惧。

（二）建构合理解释 21 世纪世界的哲学理论

面对"两个大局"交织互动及其动荡变革，尤其是"不确定"和"重构"的时代特征，给出合理有效的哲学理论解释，就显得尤为迫切和重要了。正如习近平同志所讲的，"这是一个需要理论而且一定能够产生理论的时代，这是一个需要思想而且一定能够产生思想的时代。我们不能辜负了这个时代"①。同理，这是一个需要理论而且一定能够产生理论的世纪。21 世纪的世界每时每刻都在发生变化，21 世纪的世界可以成为世纪性、世界性理论创新的金矿，迫切需要给出哲学解释。

马克思在其新世界观天才萌芽的第一个文献即《关于费尔巴哈的提纲》中指出："哲学家们只是用不同的方式解释世界，而问题在于改变世界。"②就是说，在马克思那里，哲学的本质功能既是认识世界前提下的解释世界，但更重要的是改变世界。他之前的哲学家大多运用形而上学解释世界，不大关切如何改变世界的问题。马克思所处的时代，批判超越具有形而上学性质的资本占有劳动并控制社会的资本逻辑，改变资本主义统治的旧世界，实现人类解放和无产阶级解放，建立一个每个人自由而全面发展的新世界，是首要而紧迫的。时代观决定哲学观。由此，马克思的哲学力求在科学解释世界的前提下，更注重改变世界，以求构建一种以改变世界为己任的新的哲学或新世界观。他的唯物主义辩证法、现代唯物主义世界观和唯物主义历史观注重为改变世界提供哲学基础，他的实践的唯物主义则更加注重改变世界。马克思、恩格斯指出："对实践的唯物主义者即共产主义者来说，全部问题都在于使现存世界革命化，实际地反对并改变现存的事物。"③

然而，在一般意义上，解释世界仍是改变世界的前提。先把脉后开方。脉把得不准，开的方必然是错的，导致病也治不好。对世界给出偏颇或错误的解释，对时代和现实判断、决策失误，必然导致实践上的失败。在所有解释世界的理论中，具体科学也从其特有的具体科学知识角度认识

---

① 习近平：《在哲学社会科学工作座谈会上的讲话》，人民出版社 2016 年版，第 8 页。
② 《马克思恩格斯选集》第一卷，人民出版社 2012 年版，第 140 页。
③ 《马克思恩格斯选集》第一卷，人民出版社 2012 年版，第 155 页。

世界进而解释世界。在近代西方，处在所谓的"搜集材料"①阶段，人们大多注重对事物作分门别类研究，结果形成了形而上学或机械唯物主义的思维方式。这种思维方式，尤其是形而上学往往抽象地、静止地、非历史地看待事物，对完整的事物进行抽象的、孤立的、静止的、非历史的解释，阻碍了对事物或世界的鲜活的、完整的理解和把握。在解释世界问题上，哲学占据最高、最核心的位置，而且其解释世界的特质最为鲜明。马克思、恩格斯所处的时代，已进入"整理材料"②阶段，它内在地要求从系统整体上，基于世界的总体联系、矛盾运动、生成过程和发展规律来解释世界，于是就形成了马克思、恩格斯的唯物主义辩证法，这种辩证法克服了各门具体科学从其"部分"解释世界的片面性弊端。换言之，马克思、恩格斯的唯物辩证法克服了形而上学解释世界的历史局限，注重从总体和普遍联系上整合各门具体科学的知识，基于事物的普遍联系、矛盾运动、生成过程和发展规律，以辩证思维方式解释世界。这里，唯物主义辩证法对解释世界是最为有效的。从哲学层面讲，人类活动从根本上就是认识（解释）世界和改造世界，只有把周围世界认识进而解释清楚了，才能对时代和现实作出科学研判，才能作出科学决策，进而才能站在历史正确的一边，掌握历史主动权，选择正确的道路，做正确的事，从而使我们的事业取得成功。这叫作认识世界影响解释世界，解释世界影响改变世界。这里有一个认识世界、解释世界和改变世界的关系问题。认识世界是解释世界的前提，解释世界是改变世界的前提，认识不同，对世界的解释就不同，改变世界的结果也就不同。

一定意义上，哲学的本质就是为解释世界和改变世界提供一种解释框架。古希腊哲学把"水""火""数""原子""理念""实体"等元素作为"本体"来解释世界，是一种用形而上学本体论解释世界的框架，哲学的本体论形态为其本质特征。近代英国哲学和法国哲学为了给最高的"本体"、最后的"本原"提供可靠的知识体系，以论证"本体""本原"何以可能和可靠，相对注重认识论，要么用经验解释世界（英国唯物论），要么用理性解释世界（法国唯理论），这是一种经验论或唯理论的解释框

---

① 《马克思恩格斯选集》第四卷，人民出版社2012年版，第251页。
② 《马克思恩格斯选集》第四卷，人民出版社2012年版，第251页。

架，以哲学的认识论形态呈现出来。德国古典哲学尤其是黑格尔哲学主要用所谓"绝对观念"的概念辩证法解释世界，是一种辩证法解释世界的框架，哲学的辩证法形态得以凸显。上述解释世界的哲学从总体上都具有形而上学性质，即把"本体""本原"看作至高无上的"一"或"同一性"。费尔巴哈用直观唯物主义解释世界，本质上是一种形而上学唯物主义的解释框架。马克思实现哲学革命，注重事物自身的辩证法即感性对象世界的辩证法，而感性的对象世界本质上是现实的人的感性实践活动，其展开就是人的实际生活过程即历史，因而马克思注重的便是人的感性实践活动辩证法、人的实际生活过程辩证法、历史辩证法。马克思用人的感性实践活动辩证法、人的实际生活过程辩证法、历史辩证法解释世界，用实践的唯物主义去改变世界，这主要是一种唯物主义辩证法的解释框架，这种辩证法具有总体性，可以内在生长出现代唯物主义世界观和唯物主义历史观。

　　如前所述，在 21 世纪，正确解释世界显得尤为紧迫、重要和突出了。21 世纪之时代特征，可以理解为"两个大局"交织互动、相互激荡及其所导致的"不确定"和"重构"。这表明 21 世纪的世界在某种意义上已不同于 19 世纪、20 世纪了，已呈现为具有新的时代特征的世界，即时代课题发生了变化。21 世纪的世界，最应关切和解决的时代课题与根本问题就是：如何理解和把握社会主义和资本主义的发展命运？如何以中国式现代化新道路和人类文明新形态超越当代资本主义社会的制度性缺陷和结构性矛盾，充分展示社会主义制度的优越性，为人类发展展现出更加光明的前景？如何应对世界的"动荡变革"而重构新的世界格局？这意味着要与时俱进，在守正继承和创造转化以往所有解释世界的理论的前提下，创新性发展反映 21 世纪世界之时代特征的新的哲学理论，而且这种理论能观察时代、把握时代和引领时代。只有这样，我们才能站在历史正确的一边，掌握历史主动权，进而引领 21 世纪的时代与世界。

　　谁能给出合理解释 21 世纪世界的哲学理论，谁就能站在历史正确的一边，掌握历史主动权，进而掌握解释世界的理论话语权。话语权包括许多内容，其中硬实力基础上的软实力层面的话语权，当属建构一种能解释 21 世纪世界的哲学理论。21 世纪世界意识形态之争，最为关键、核心的，就是看谁能反映世界和时代发展趋势、要求，建构一种能观察时代、反映时代、引领时代的哲学理论。由此，对中国来讲，确实遇到了为解释21世纪世界贡献哲学理论并掌握话语权的难得的机遇期，这个世纪特别需要一种新的哲学理论诞生。21世纪，世界社会主义运动的中心已经转移到当代中国，当代中国已经成为21世纪马克思主义的实践发源地和理论策源地。当代中国共产党人应义无反顾地肩负起创新发展21世纪马克思主义的历史责任，为21世纪世界贡献中国智慧、中国方案、中国理论。对此，我们要有高度的认识自觉、理论自觉和行动自觉，肩负起建构21世纪所需要的科学理论的神圣职责。19世纪，马克思、恩格斯创立的马克思主义，站在当时的时代前列，在今天依然具有强大生命力。20世纪，列宁、毛泽东发展了马克思主义，创立了列宁主义、毛泽东思想，引领世界社会主义运动，在今天依然具有当代价值。21世纪，各种理论、思想、思潮纷纷登场。然而，还没有哪一种理论、思想能够引领时代潮流。创新能解释21世纪世界的哲学理论的使命和任务，就交给了当代中国共产党人、当代中国专家学者。这个理论，实际上就是21世纪马克思主义理论。

当今我国学术理论界似乎还没有充分认识到这一问题的极端重要性，一定意义上缺乏应有的时代担当、世界担当、学术担当，缺乏解释21世纪世界的科学知识体系、学术体系、理论体系，尤其是哲学体系，我国学术理论界的理论建构意识和理论创新水平还未达到21世纪世界、时代发展所要求的水平。这便使我们深刻领会到了2016年5月17日习近平同志在全国哲学社会科学工作座谈会上的讲话之深意。习近平同志的讲话，充分认识并强调中国应该为当今世界贡献中国学术、中国理论，呼唤要构建"学术中的中国""理论中的中国"[①]。

（三）两种主要解释世界的理论体系及其历史命运

如何科学解释"两个大局"交织互动及其带来的不确定世界？创立一种能合理解释21世纪世界的哲学理论，是一种有效途径。

当今世界存在诸多解释世界的理论，但具有世界性影响的主要是21世纪马克思主义和新自由主义。21世纪马克思主义主要是马克思主义者，

---

① 习近平：《在哲学社会科学工作座谈会上的讲话》，人民出版社2016年版，第17页。

尤其是当代中国共产党人、中国专家学者用来解释世界的哲学理论，新自由主义主要是西方资本主义国家以及一些非马克思主义者用以解释世界的一种理论。

新自由主义在世界上曾经拥有理论话语权，主要有四大原因。一是西方国家在其硬实力基础上积极构建其软实力，以新自由主义为集中体现。没有硬实力作支撑，软实力的影响就会受到削弱。二是新自由主义的基点是"个人"，由此举起的旗帜是个人的权力、自由、民主。若不问内容只看形式，只看抽象同一性不看具体实质，新自由主义确实具有蛊惑人心的外形。一般来讲，为"个人"立言的思想理论，往往能打动人心。当然，借此外形而行"私利"，早晚会被识破天机。三是资本家利益集团积极支持和传播新自由主义。新自由主义代表的是西方资本家利益集团，是资本家利益集团的理论代言，新自由主义实质上就是资本逻辑的形而上学表达。在西方国家，资本逻辑占主导，资本家利益集团会为其特殊利益而极力支持和传播新自由主义。四是西方资产阶级意识形态往往把特殊说成普遍。表面看来，新自由主义所讲的个人权力、自由、民主似乎具有普遍性，即所谓"普世价值"。其实，只要我们揭穿新自由主义的外衣，就可以清晰地识别其本质——借其具有抽象性的"普世"外衣，为资本家利益集团、资产阶级的"特殊利益"服务。它们所谓的个人权力、自由、民主不是全世界人民的权力、自由、民主，也不是西方国家平民大众的权力、自由、民主，而主要是资本家利益集团、国家统治者的权力、自由、民主。然而，西方国家会凭借其先发优势和硬实力搞话语霸权，把它们自己的价值观普世化。

新自由主义不仅在西方国家拥有绝对话语权，而且对欧洲、拉美国家、日本、韩国以及中国也产生较大影响。可以说，一段时间，在解释世界这一问题上，确实存在着"西强我弱"的情境，新自由主义相对占上风。苏联解体，内因是主要的，但从外部来讲，新自由主义也是一个原因。而马克思主义的情境如何呢？在党的十八大之前，正如习近平同志所讲："在有的领域中马克思主义被边缘化、空泛化、标签化，在一些学科中'失语'、教材中'失踪'、论坛上'失声'。"①

---

① 习近平：《在哲学社会科学工作座谈会上的讲话》，人民出版社2016年版，第10页。

如今，面对"两个大局"交织互动及其不确定的世界，新自由主义显得力不从心。这是由新自由主义的基因决定的。西方文化有三大根本支柱：资本至上、新自由主义、以两极对立世界观为哲学基础的西方中心论。资本至上是西方资本主义国家的制度逻辑，新自由主义是其人性逻辑，西方中心论是其文化或意识形态逻辑。新自由主义"往下挖"，是资本至上的制度基础（根源）；新自由主义"往上走"，是西方文化或意识形态标榜的西方中心论，西方中心论的人性基础是新自由主义。可从以下几个方面揭示新自由主义出现解释危机的缘由。资本至上，意味着资本逻辑具有主导性，资本具有逐利、自由扩张的本性，资本在逐利和扩张过程中不可避免地具有掠夺性。如今，人们越来越清晰地识破资本所谓"吃人"的本性，因而便警惕资本，资本红利在减弱，这会逐渐动摇新自由主义的制度根基。西方中心论，把整个世界分为西方和非西方"两极对立"的世界，西方世界是主，是世界的中心，非西方世界是客，西方世界统治非西方世界，西方中心论蕴含着"对立冲突"或"社会分裂"。如今，西方中心论之实质已经被世人识破，遭遇前所未有的信誉危机，这也会削弱新自由主义的影响。自由主义的核心观点是，追求个人权利、自由是最符合自然秩序的，不可随意被剥夺。自由主义走向极端，就会追求个人自由扩张，进而导致"漠视政府""淡化集体"。新自由主义把追求个人权利和自由最大化作为至高无上的原则，这在本质上就是奉行个人至上原则。当个体面对整体，个体力量面对系统力量时，追求个人自由在不确定的整个世界与系统性风险面前显然捉襟见肘；不仅如此，大量的现实也使人们越来越能识破新自由主义的"天机"，它不过是西方资本家利益集团身上的"皇帝新衣"，形为自由主义，实为资本家利益集团谋取利益的工具。资本至上、新自由主义和西方中心论所蕴含的"扩张掠夺""对立冲突""个人利己"，必然导致共同体意识、团结意识、权威意识瓦解，也必然导致合作精神、集体精神、奋斗精神丧失，也把世界带入危险境地，因而是导致世界不安定、不和平的制度根源、人性根源和文化根源。国际金融危机后出现的世界经济难题、新冠疫情全球大流行、局部战乱升级、世界贫困人口急剧增加、文明冲突加剧，都表明新自由主义深陷危机之中。

反观之，21世纪马克思主义却越来越具有科学解释21世纪世界的相对优势,它能为解释"两个大局"交织互动及其不确定世界贡献一种哲学理论。

马克思主义就是为解释世界进而改变世界提供的一种哲学解释理论和方法。这种哲学解释理论和方法在本质上关注世界历史进程,关切社会主义和资本主义发展命运,关切人类解放,构建自由人联合体,坚持集体主义。构建自由人联合体、坚持集体主义,内在地要求注重人类的力量、集体的力量、人民的力量和团结合作的力量,也蕴含普惠共享的哲学理念。就是说,马克思主义本质上就具有人类情怀和世界视野,关切人类发展命运,具有关切"人类解放"和"世界走向"的基因。

党的十九大报告所讲的"三个意味着"①充分表明,在21世纪,世界社会主义运动的中心已经转移到当代中国。世界社会主义运动的中心转移到哪里,马克思主义的生长点、发展源与主要中心重镇就转移到哪里。这从19世纪、20世纪世界社会主义发展与马克思主义发展的内在本质关系中就可以看出来。21世纪,世界社会主义运动的中心历史性地转移到当代中国,新时代中国特色社会主义不仅能为解决人类问题贡献哲学智慧、中国方案,而且还可以引领21世纪世界社会主义运动及其发展。由此,21世纪发展马克思主义的中心也会随之转移到当代中国,引领着21世纪世界马克思主义的发展。我们可以用21世纪马克思主义观察时代、把握时代、引领时代。②

创新发展21世纪马克思主义的目的及其实质,就是为解释并改变百年变局、世界动荡、不确定世界和系统性风险贡献一种哲学理论。面对百年变局、世界动荡、不确定世界和系统性风险,需要全人类共同努力,需要整体力量、集体力量、人民的力量、团结合作的力量,需要个体服从整体与大局。用哲学话语来表达,就是更加需要人类与群体的协同性与主体性。21世纪马克思主义恰恰注重的是人类与群体的协同性与主体性,注重携手构建人类命运共同体。当然,它也尊重个人,不忽视个人的力量。

面对不确定的世界,作为21世纪马克思主义的实践发源地和理论策源地,当代中国能为世界增加越来越多的确定性,它能以最大的确定性应对世界的不确定性。当代中国依靠中国共产党集中统一领导,依靠我国国

---

① 参见《习近平谈治国理政》第三卷,外文出版社2020年版,第8—9页。
② 参见习近平:《在庆祝中国共产党成立100周年大会上的讲话》,人民出版社2021年版,第13页。

家制度和国家治理体系的显著优势，依靠不断提升的国家治理效能，依靠全国各族人民的团结合作，依靠中国特色社会主义道路、理论、制度、文化，依靠对共产党执政规律、社会主义建设规律、人类社会发展规律的深刻理解和把握，依靠对时代发展趋势和历史进步潮流的理解和把握，依靠我们党积累的历史经验，能站在历史正确的一边，掌握历史主动，引领时代发展，为世界提供确定性。不仅如此，就国内而言，21世纪马克思主义站在我国发展起来以后新的历史方位，把实现共产主义作为远大理想目标，把中国特色社会主义作为共同理想，把全面建成社会主义现代化强国、实现中华民族伟大复兴作为奋斗目标，把基本实现社会主义现代化作为近15年的奋斗目标，进而把贯彻新发展理念、构建新发展格局作为实现奋斗目标的总体方略；就世界而言，21世纪马克思主义注重运用战略思维、辩证思维理解和把握事物的本质、发展趋势和历史发展规律，能为历史发展指明正确的方向和目标。这既使我们有了方向感、目标感，有了"主心骨"，也有助于在变局中开新局，在危机中育新机，进而为世界发展赢得更多更大的确定性，以确定应对不确定。

  21世纪马克思主义能为21世纪世界提供哲学上的解释逻辑，这是由于上述"八个变量"使世界正经历百年未有之大变局。这一大变局首先意味着整个世界处于大发展大变革大调整时期。这种大发展大变革大调整会导致整个世界的不稳定、不确定，这表明21世纪世界进入了"动荡变革期"。这种动荡变革会带来系统性的矛盾难题、障碍阻力、风险挑战，进而出现系统性风险。面对整个世界的动荡变革、整体世界的不确定与系统性矛盾难题、障碍阻力、风险挑战，仅仅依靠个体或个人的力量显得力不从心，只有依靠整体（集体）力量、人类力量、国家力量、人民的力量、团结合作的力量、协同力量，依靠个体服从整体和大局，才能得心应手。个人的权利和自由应当受到重视，然而，大多数人的权利、自由与需求、利益高于少数人的权利、自由与需求、利益，因而更应当重视。社会主义更加重视集体的力量、人民的力量、国家的力量、团结合作的力量，在面对充满动荡变革、不确定的世界，面对系统性矛盾难题、障碍阻力、风险挑战时，它的有效应对代表着人类未来发展的方向和趋势。21世纪马克思主义，首要是以和平发展、合作共赢、共建共治、普惠共享为哲学理念的理论体系，是强调并注重携手共建人类命运共同体的理论体系，是注重以整体力量、集体力量、人类力量、团结合作、斗争精神应对各种复杂的矛盾难题、障碍阻力、风险挑战的理论体系，是倡导个体服从整体和大局的集体主义精神的理论体系，它注重"人类"与"群体"的协同性与主体性，能有效应对世界的动荡变革、不确定，应对系统性的矛盾难题、障碍阻力和风险挑战。

这样，面对"两个大局"交织互动及其带来的一系列矛盾难题，在解释21世纪世界的理论话语权上，一定意义上会逐渐出现"西降我升"的趋势。我们要紧紧抓住21世纪世界需要哲学理论解释的战略机遇期，积极发展21世纪马克思主义，积极主动贡献中国智慧、中国方案、中国力量，尤其是中国哲学理论，真正掌握解释21世纪世界的理论话语权。

五、开辟当代中国马克思主义、21世纪马克思主义新境界

论述21世纪马克思主义，离不开理解和把握其主要文本载体《习近平谈治国理政》。这里着重谈谈《习近平谈治国理政》第三卷。

《习近平谈治国理政》第三卷，是系统阐述习近平新时代中国特色社会主义思想的文本载体。党的十九大以来，习近平同志在新时代治国理政的实践中，提出许多具有原创性、时代性、指导性的重大思想观点，进一步丰富和发展了党的理论创新成果。《习近平谈治国理政》第三卷是一部谱写新时代中国特色社会主义新篇章并开辟当代中国马克思主义、21世纪马克思主义新境界的纲领性文献，也是系统阐述习近平新时代中国特色社会主义思想的纲领性文献，同时还为解释当代中国和世界提供了一种理论体系。

（一）时代背景：两个大局

在《习近平谈治国理政》第三卷《胸怀两个大局，做好自己的事情》一文中，习近平同志提出一个具有基础性、前提性和战略性的重要思想观

点：领导干部要把"两个大局"作为"谋划工作的基本出发点"①。这意味着，《习近平谈治国理政》第三卷的内容，大都是在"两个大局"的时代背景与总体框架中展开阐述的。近年来，习近平同志在许多重要场合反复强调领导干部要胸怀"两个大局"。我们理解和把握第三卷的所有内容，首先要放在"两个大局"的时代背景当中来进行。

这"两个大局"，就是中华民族伟大复兴的战略全局和世界百年未有之大变局。世界百年未有之大变局中的"大变局"三个字各有深意。其中的"变"，主要是指世界力量在转移，世界格局在调整，世界权力在重构；这种变，可谓之"大"，全方位、深层次地展开了；这种"大变"，必然形成一种新的世界格"局"。这种世界格局，总体上是有利于中国发展的，是一种重要战略机遇，因为它形成的是多极化世界格局，中国在这种格局中的发展空间会逐渐拓宽，影响力与话语权会逐渐提升。同时，这也是一种挑战，因为以美国为代表的西方世界不愿看到这种"大变局"，所以对中国实行围堵打压、战略包围。当今中国融入世界越来越广泛而深入，我们应在世界百年未有之大变局的背景下做好我们自己的事情。实现中华民族伟大复兴是战略全局。如果说以前我们要"解决'有没有'的问题"，那么，中国特色社会主义进入新时代，我国发展步入新的历史方位，则主要是"解决'好不好'的问题"，即人民美好生活需要的问题。要解决这一问题，就必须解决好发展不平衡不充分的问题，即"大而不强"的问题，迎来从富起来到强起来的伟大飞跃，这属于"强不强"的问题。换言之，我国发展起来以后，中国共产党的历史使命就是实现中华民族伟大复兴，也即使大国成为强国，实现强起来的伟大飞跃。习近平同志指出，实现中华民族伟大复兴就是近代以来中华民族最伟大的梦想，现在，我们比历史上任何时期都更接近中华民族伟大复兴的目标，比历史上任何时期都更有信心、有能力实现这个目标，任何国家任何人都不能阻挡中华民族实现伟大复兴的历史步伐。这也意味着实现中华民族伟大复兴关乎我国发展的战略全局，全国各地、各个部门与各个领域、各项工作都要聚焦于服务于这一战略全局。

提出胸怀"两个大局"，是对中国特色社会主义进入新时代、我国发

---

① 《习近平谈治国理政》第三卷，外文出版社 2020 年版，第 77 页。

展处在新的历史方位认识的深化。它要求，在新时代，在我国发展新的历史方位，一切问题都要放在"两个大局"的框架中来理解，一切战略、方略与政策、工作，都要置于"两个大局"的框架中来谋划。

（二）根本主题：谱写新时代中国特色社会主义新篇章

《习近平谈治国理政》第三卷所贯穿的根本主题，就是在"两个大局"的时代背景下谱写新时代中国特色社会主义新篇章。党的十九大报告指出："经过长期努力，中国特色社会主义进入了新时代，这是我国发展新的历史方位。"这意味着以习近平同志为核心的党中央要谱写新时代中国特色社会主义新篇章。第三卷的第一个专题，就是集中阐述这一主题的。把"谱写新时代中国特色社会主义新篇章"放在第三卷专题之首，这是有深意的，把握其中深意的关键在于如何理解"新篇章"。总体来看，第三卷是围绕"把握新要求要有新作为""进行伟大斗争"（两种革命）和"开辟当代中国马克思主义、21世纪马克思主义新境界"，来谱写新时代中国特色社会主义新篇章的。

要谱写新时代中国特色社会主义新篇章，首先要把握新时代的新要求，要有新作为，呈现新气象。第三卷第一专题的第一篇和第三篇，就是集中谈论这个问题的。对此问题的回答，可以归纳概括为六个字：标、道、术、行、招、领。所谓"标"，就是奋斗目标，即实现中华民族伟大复兴，"不断推进全体人民共同富裕"；"道"，就是理念、思想，即"坚持以人民为中心的发展思想""贯彻新发展理念"；"术"，就是方略和方法，就是要"提高战略思维、辩证思维、创新思维、法治思维、底线思维能力"；"行"，就是实践行动，就是要"增强工作的原则性、系统性、预见性、创造性"；"招"，就是关键招数、重要法宝，就是要全面深化改革，进而"推进国家治理体系和治理能力现代化"，这是决定当代中国命运的关键一招；"领"，就是领导、引领，就是要注重加强党的建设，把中国共产党建设成一个坚强有力的强大政党，从而为实现中华民族伟大复兴提供政治引领，要做到这一点，就必须既不断进行伟大的社会革命，又勇于进行伟大的自我革命。这些新要求新作为新气象，都抓住了实现中华民族伟大复兴，进而谱写新时代中国特色社会主义新篇章的关键点。

要在新时代体现新要求，要有新作为，呈现新气象，谱写新时代中国特色社会主义新篇章，不是轻而易举的，必须破除前进路上的诸多矛盾难题、障碍阻力、风险挑战，为此必须进行具有许多新的历史特点的伟大斗争。党的十八大以来，习近平同志一再强调这种伟大斗争，第三卷第一专题的第四篇就是集中谈论这一问题的。要准确理解和把握习近平同志关于"伟大斗争"的思想观点，一定要将其置于"四个伟大"即"伟大斗争、伟大工程、伟大事业、伟大梦想"的总体框架之中。习近平同志强调，"伟大斗争，伟大工程，伟大事业，伟大梦想，紧密联系、相互贯通、相互作用"①。这意味着，要理解"四个伟大"中的任何一个"伟大"，一定要结合其他三个"伟大"，不能忽略其他三个"伟大"。理解伟大斗争就是如此。之所以要进行伟大斗争，既因为行百里者半九十，实现伟大梦想"绝不是轻轻松松、敲锣打鼓就能实现的"②，全党必须准备进行伟大斗争；又因为加强党的建设就要刀刃向内，勇于自我革命，向自身存在的突出问题开刀，革别人的命相对容易，革自己的命往往更难，必须以伟大斗争的精神来面对；还因为在推进以中国特色社会主义实现中华民族伟大复兴的实践进程中，要解决诸多矛盾难题，破解诸多障碍阻力，化解诸多风险挑战，这好比是"滚石上山""过坎闯关""踏着剪刀前进"，必须以斗争精神、斗争本领来应对。这种伟大斗争表明：我们党既要不断推进社会革命，又要勇于自我革命，真正在信念、政治、责任、能力、作风上过硬。过去有些理论文章在理解和把握"四个伟大"中的某一个"伟大"时，常会忽视其他三个"伟大"，这实质上是还未真正学懂弄通习近平同志关于"四个伟大"的重要论述。

谱写新时代中国特色社会主义新篇章，在新时代体现新要求，展现新作为，呈现新气象，进行具有许多新的历史特点的伟大斗争，必将开辟当代中国马克思主义、21世纪马克思主义新境界，这是谱写新时代中国特色社会主义新篇章最高的理论境界。第三卷第一个专题的第五篇，就是集中谈论这一重大问题的。开辟21世纪马克思主义新境界，是当代中国共产党人首次提出的一个正在生成且具有标识性的重大命题。马克思主义

---

① 《习近平谈治国理政》第三卷，外文出版社2020年版，第14页。
② 《习近平谈治国理政》第三卷，外文出版社2020年版，第12页。

第三章 世界之问：新时代中国特色社会主义的世界逻辑

的发展命运始终是与资本主义变化和世界社会主义运动紧密联系在一起的。马克思、恩格斯使社会主义由空想变为科学，在19世纪创立了马克思主义，当时马克思主义产生的中心重镇主要在英国伦敦。列宁、毛泽东传承发展了马克思主义，创立了20世纪马克思主义——列宁主义、毛泽东思想，在世界上，苏联、中国相继建立起社会主义国家，苏联、中国成为20世纪马克思主义创立和发展的中心重镇。21世纪以来，世界出现"马克思热"，马克思主义得以复兴，在当代中国，中国共产党人提出了创新发展21世纪马克思主义这一重大命题。从历史发展的连续性和阶段性统一来看，有19世纪马克思、恩格斯创立的马克思主义，20世纪发展了的马克思主义，也有21世纪创新着的马克思主义。这里所讲的19世纪马克思主义、20世纪马克思主义、21世纪马克思主义不是三个割裂开的马克思主义，而是指马克思主义既具有历史发展的连续性又具有阶段性，是与世界社会主义运动中心转移紧密相关的概念。从广义来讲，21世纪马克思主义包括21世纪世界马克思主义和21世纪中国马克思主义；从狭义来说，当代中国马克思主义，主要是习近平新时代中国特色社会主义思想，是21世纪马克思主义中具有主体地位的主体形态。从本源意义来讲，21世纪马克思主义首先是马克思主义，马克思主义的根本立场、价值取向、理想信念、基本原理、方法原则、理论品格不能丢，丢了，就不是马克思主义了；从关系规定来说，21世纪马克思主义，从本质上说，就是超越现代性的西方资本主义话语，在解码当代西方资本主义现代性样本以及当代中国改革开放和以中国特色社会主义实现社会主义现代化样本的基础上，书写重构新现代性的中国版本和世界版本。从发展过程来看，21世纪世界社会主义运动的中心主要在当代中国，所以，21世纪马克思主义的中心重镇也主要在当代中国。党的十九大报告所讲的"三个意味着"，尤其是后两个，明确揭示了21世纪世界社会主义运动的中心在当代中国：在当代中国，中国特色社会主义进入了新时代，这"意味着科学社会主义在二十一世纪的中国焕发出强大生机活力，在世界上高高举起了中国特色社会主义伟大旗帜；意味着中国特色社会主义道路、理论、制度、文化不断发展，拓展了发展中国家走向现代化的途径，给世界上那些既希望加快发展又希望保持自身独立性的国家和民族提供了全新选择，为解决人类问题贡献了中国智慧和中国方案"[①]。创新发展 21 世纪马克思主义，应在坚定不移地继承 19 世纪马克思主义和 20 世纪马克思主义所确立的根本立场、价值取向、理想信念、基本原理、方法原则、理论品格的基础上，与时俱进地研究当代的整个世界，而首先和主要的是要研究当代中国与整合了当代中国马克思主义理论成果的习近平新时代中国特色社会主义思想，后者对创新发展 21 世纪马克思主义具有世界性的"典型样本"意义，因为它超越了资本占有劳动的逻辑，既解决了落后国家建设社会主义并追赶世界现代化和发达国家发展水平的问题，也致力于解决我国发展起来以后使大国成为强国即实现强起来的问题，还为解决人类问题贡献了中国智慧和中国方案。这实质上昭示我们：习近平新时代中国特色社会主义思想是 21 世纪马克思主义，提出 21 世纪马克思主义这一重大命题，就是要为解释当代中国和世界提供一种理论体系。

（三）核心主线：不忘初心、牢记使命

如果说谱写新时代中国特色社会主义新篇章是《习近平谈治国理政》第三卷的根本主题，那么，不忘初心、牢记实现中华民族伟大复兴的历史使命，则是谱写新时代中国特色社会主义新篇章所紧紧围绕的核心主线，也是第三卷的核心主线。核心主线与根本主题既相互联系又存在区别：核心主线是服务于根本主题的，它是谱写新时代中国特色社会主义新篇章这一根本主题的核心主线；而要完成谱写新时代中国特色社会主义新篇章这一根本主题，就要紧紧围绕核心主线来展开、来进行，也就是要紧紧围绕实现中华民族伟大复兴这一核心主线。所以，在阐述谱写新时代中国特色社会主义新篇章这一根本主题之后，逻辑上自然就要进一步阐述这一根本主题的核心主线。第三卷把"不忘初心、牢记使命，把党的自我革命推向深入"作为压轴的专题，意味着它是贯穿整个第三卷十九个专题的一条核心主线。一些理论文章把"主题"与"主线"当作一回事，混淆二者的边界，是不精准的。

---

① 《习近平著作选读》第二卷，人民出版社 2023 年版，第 9 页。

实现中华民族伟大复兴属于伟大梦想，是"四个伟大"之一，要理解和把握这一"伟大梦想"，就必须与"伟大斗争""伟大工程""伟大事业"结合起来。实现伟大梦想必须进行伟大斗争，因为实现伟大梦想，既需要有新作为，又要以斗争精神和奋斗精神有效应对实现中华民族伟大复兴进程中所遇到的各种矛盾难题、障碍阻力、风险挑战。实现伟大梦想必须建设伟大工程，因为打铁必须自身硬，实现中华民族伟大复兴是中国共产党人所打的坚硬的"铁"，如果中国共产党人自身不硬，是打不好这一硬"铁"的，而要把这一硬"铁"打好，中国共产党人自身必须始终过硬。为此，就必须勇于自我革命，力戒形式主义、官僚主义，把中国共产党建设得更加坚强有力。第三卷第十九专题专辟一篇，讲力戒形式主义、官僚主义的问题。形式主义、官僚主义，实际上是在处理上级、下级和"我"三者关系中出现的问题，是关于思想作风、领导作风和工作作风的问题。官僚主义是权力的错用滥用，它导致主客关系、上下级关系扭曲；形式主义是工作不实，它导致欺上瞒下、缺乏担当、不切实际、遮蔽问题，"把说的当做了，把做了当做成了"①。形式主义、官僚主义产生的原因，与官本位思想以及政绩观错位、责任心缺失、价值观走偏、权力观扭曲有关，而整治的办法，就如习近平同志所强调的，要"从思想和利益根源上来破解"②，要从树立正确政绩观，形成"头雁效应"③入手。实现伟大梦想，还必须推进伟大事业，因为中国特色社会主义是实现中华民族伟大复兴的必由之路。

（四）哲学方法：五大思维

如何在"两个大局"的时代背景下，围绕实现中华民族伟大复兴来谱写新时代中国特色社会主义新篇章？如何破解实现中华民族伟大复兴进程中的矛盾难题、障碍阻力、风险挑战？这就需要运用哲学方法或哲学思维。之所以运用哲学思维治国理政，是由于哲学能为治国理政提供哲学智慧，提供治国理政之道。习近平同志十分善于运用哲学思维治国理政。第

---

① 《习近平谈治国理政》第三卷，外文出版社2020年版，第502页。
② 《习近平谈治国理政》第三卷，外文出版社2020年版，第502页。
③ 《习近平谈治国理政》第三卷，外文出版社2020年版，第499页。

三卷第一专题的第一篇、第六专题的第三篇、第八专题的第二篇，都谈到了哲学思维，而且是在谈论新时代新要求、全面深化改革和应对风险挑战问题时较多地谈到五大哲学思维，即战略思维、辩证思维、创新思维、法治思维和底线思维。

在具有战略性意义的"两个大局"的时代背景下，要谋划好实现中华民族伟大复兴战略全局，协调推进"四个全面"战略布局，首先需要作战略谋划、战略安排，具有战略定力，这就需要战略思维。战略思维，就是要跳出局部从全局看局部，不局限于局部；跳出眼前从长远看眼前，不满足于眼前；跳出现象从本质看现象，不停留于现象。只看到局部、眼前、现象，是难以有效治国理政的，只有站在全局、长远、本质的格局上理解和把握世界，才能有效治国理政。

在中国特色社会主义建设、实现中华民族伟大复兴的实践进程中存在着一个基本事实，就是必然会遇到一系列矛盾关系，如社会主义制度和市场经济、快和好、大和小、效率和公平、资本和劳动、经济发展和环境保护、跨越式发展和循序渐进、经济全球化和独立自主等等，而且当前我国正处于矛盾多发期和凸显期。面对这种情境，习近平同志在治国理政中正确处理和驾驭一系列矛盾关系，强调要善于运用辩证思维，以免在工作中走极端，犯颠覆性的错误。辩证思维，就是讲对立时不要忘记统一，讲统一时不要忘记对立。习近平同志运用辩证思维正确处理了一系列矛盾关系，既抓住了重点，又注重全面。比如在第三卷中，如何把握"两个大局"之间的关系？如何看待"打铁"和"自身硬"的关系？如何理解不断推进社会革命和勇于自我革命的关系？如何把握伟大梦想与伟大斗争、伟大工程、伟大事业的关系？如何理解和把握富起来和强起来的关系？如何理解和把握我国国家制度和国家治理之间的关系？如何理解和把握党和国家、党和人民、党和社会的关系？如何破解改革、发展、稳定之间的关系，坚持稳中求进总基调？如何把握发展和安全的关系？如何把握中国和世界的关系？如何理解和把握党领导一切和全面从严治党的关系？如何理解和把握与时俱进和一脉相承的关系，不断开辟21世纪马克思主义新境界？面对这些矛盾关系，习近平同志都自觉运用辩证思维来理解把握与正确处理。

在新时代，我国发展起来后要使大国成为强国即实现强起来，就需要具有创新思维能力。创新思维，就是"超越陈规、开创新路"，具体来说，就是对事物作全新思考，对结构作全新调整，对实践作全新谋划，力求寻找新思路、打开新局面的思想方法。无农不稳，无工不富，无创不强，要使大国成为强国，实现强起来，必须具备创新思维。党的十九届五中全会强调"坚持创新在我国现代化建设全局中的核心地位"①，是有其深意的。

法治是治国理政的基本方式，依法治国是治国理政的基本方略。习近平同志治国理政，当代中国共产党人全面有效治理社会主义社会，都离不开对法治思维的运用。

当代中国正进入风险社会，这意味着风险无处不在、无时不有、随时发生、成为常态。要有效应对各种风险挑战，就需要运用底线思维。底线思维，就是以最大的主动，尽最大的能力，用最顽强的斗争精神，做好应对最坏局面的准备，争取最好的结果，从而真正做到化险为夷、转危为机。②

（五）根本观点：十大核心要义

许多人认为，理解和把握习近平新时代中国特色社会主义思想的立场和方法相对容易，而精准理解把握与提炼概括其根本观点相对较难。确实如此，这是学习研究习近平新时代中国特色社会主义思想的一个难点。习近平新时代中国特色社会主义思想博大精深、内容丰富，我们首先要学懂弄通其基本观点，进而从基本观点中提炼出根本观点。为此，必须具有提炼概括习近平新时代中国特色社会主义思想根本观点的方法论，否则就会仁者见仁，智者见智，难以达成共识。这一方法论，应基于习近平同志治国理政实践的总思路、总框架。实践是理论之源。恩格斯指出，我们的理论"是一种历史的产物，它在不同的时代具有完全不同的形式，同时具有完全不同的内容"③。这提示我们要重视习近平新时代中国特色社会主义思想产生、形成的历史方位问题。党的十九大作出中国特色社会主义进入了新时代的重大判断。马克思曾经指出，每个时代总有属于它自己的问题。在新时代，这一时代问题，亦即奋斗目标或历史使命，就是全面建设社会

---

① 《中共十九届五中全会在京举行》，《人民日报》2020年10月30日。
② 参见《习近平谈治国理政》第三卷，外文出版社2020年版，第219—223页。
③ 《马克思恩格斯全集》第二十六卷，人民出版社2014年版，第499页。

主义现代化国家，实现中华民族伟大复兴，迎来从富起来到强起来的伟大飞跃。这实际上也是习近平新时代中国特色社会主义思想在新的历史方位所要解决的时代问题、所要实现的奋斗目标和完成的历史使命。要解决时代问题、实现奋斗目标、完成历史使命，就必须采取有效的路径和方略，形成"总体方略"。习近平新时代中国特色社会主义思想就提出了许多解决问题的方法、实现奋斗目标和完成历史使命的方略。解决时代问题、实现奋斗目标、完成历史使命，还需要提供全面保障，找到根本抓手，不仅如此，最为关键的是，还要有一个强大的领导力量。习近平新时代中国特色社会主义思想包含大量这方面的重要论述。经过如上梳理，一种提炼概括习近平新时代中国特色社会主义思想根本观点的方法论就出现了，即遵循习近平同志治国理政实践的"历史方位—奋斗目标—总体方略—全面保障—根本抓手—领导力量"这一逻辑。

在《习近平谈治国理政》第三卷中，习近平同志胸怀"两个大局"，运用哲学思维，围绕实现中华民族伟大复兴谱写新时代中国特色社会主义新篇章，提出了一系列根本观点，这些观点可以看作习近平新时代中国特色社会主义思想的根本观点。通读第三卷，再运用上述方法论，就可以提炼概括出习近平新时代中国特色社会主义思想的"纲"与"目"，从而做到纲举目张。其中的"纲"就是习近平新时代中国特色社会主义思想的根本观点或核心要义，简要说包括如下十点。

历史方位论。这呈现在第三卷的开篇之作即党的十九大报告第一部分中。其主要内容是新的历史方位"由何而来"（历史性成就、历史性变革、历史性转化）、"从何出发"（"三个意味着"和"两个大局"）、"走向何方"（党的十九大报告第一部分所讲的"五个是"）。这是习近平新时代中国特色社会主义思想的立论基础，从根本上回答的是我国发展起来以后使大国成为强国即实现强起来的问题，因此，要基于中国特色社会主义进入了新时代、我国发展目标变为"实现强起来"这一新的历史方位，来理解习近平新时代中国特色社会主义思想。一些人对历史方位论的地位和作用认识还不够到位，贯彻也不够彻底。

民族复兴论。这是党的十九大报告第二部分的核心内容。其主要内容是：新时代中国共产党的历史使命，是实现伟大梦想即实现中华民族伟大复兴；民族复兴的本质内涵，是国家富强、民族振兴、人民幸福；要从紧迫感、责任感与使命意识、担当意识理解和把握民族复兴；要在"四个伟大"的总体框架中理解和把握民族复兴。①民族复兴论的提出，与我国发展起来后使大国成为强国的历史方位具有逻辑相关性。马克思曾经说过，"人类始终只提出自己能够解决的任务"②。由于我国发展起来了，自然就把使大国成为强国即实现强起来作为历史使命、奋斗目标提出来了。

人民中心论。第三卷的第四、十二、十九专题集中阐述了人民中心论。其主要内容是：新的社会主要矛盾要求我们必须坚持以人民为中心的发展思想；要不忘初心、牢记使命；要把人民当作主体，一切依靠人民，人民是我们党执政的最大底气；要把人民当作目的，一切为了人民，人民对美好生活的向往就是我们党的奋斗目标；要把人民当作尺度，坚持人民至上，始终把人民放在心中最高的位置。把不忘初心、牢记使命并提，意味着民族复兴论和人民中心论构成习近平新时代中国特色社会主义思想的两大基石，前者侧重于从历史维度谈奋斗目标，后者侧重于从价值维度谈奋斗目标。

新发展理念论。第三卷第九专题对此进行了集中阐述。发展理念属于"道"的范畴，是从"道"的维度谈总体方略的，是在我国发展起来以后使大国成为强国即实现强起来的历史方位中提出来的。其主要内容有：新发展理念是我国发展方向、发展思路、发展方式、发展着力点的集中体现，是管全局、管根本、管长远的；新发展理念是供给侧结构性改革中为实施高质量发展而开出的"药方"，是贯穿"五位一体"总体布局、"四个全面"战略布局中的发展理念、发展思想，是大国成为强国的根本之道；树立和落实新发展理念，是关乎我国发展全局的一场深刻变革。一些理论文章不仅不谈提出新发展理念所依据的历史方位，而且只是把新发展理念局限于经济领域来谈，把习近平同志所讲的新发展理念也"管全局、管根本、管长远"给忽视了，那就难以真正深入理解和把握新发展理念的精髓、实质和意义。

"两大布局"论。第三卷的《谱写人类反贫困历史新篇章》《改革开放四十年积累的宝贵经验》《长期坚持、不断丰富发展新时代中国特色社

---

① 参见《习近平谈治国理政》第三卷，外文出版社2020年版，第10—14页。
② 《马克思恩格斯文集》第二卷，人民出版社2009年版，第592页。

会主义经济思想》《加强生态文明建设必须坚持的原则》等篇目，谈到了"两大布局"，即"五位一体"总体布局、"四个全面"战略布局。既然是"布局"，就属于"术"的范畴，是从"术"的维度谈总体方略的。其主要内容是：必须围绕解决好人民日益增长的美好生活需要和不平衡不充分的发展之间的矛盾这一社会主要矛盾，统筹推进"五位一体"总体布局、协调推进"四个全面"战略布局；要把坚持以人民为中心的发展思想贯穿到"五位一体"总体布局和"四个全面"战略布局之中；要把扶贫工作纳入"五位一体"总体布局、"四个全面"战略布局，作出重大部署和安排，全面打响脱贫攻坚战；从"两个文明"到"三位一体""四位一体"，再到"五位一体"，是重大理论和实践创新，带来了发展理念和发展方式的深刻转变。"两大布局"，是大国成为强国的总体方略。如果要从学理上阐释"两大布局"，就要进一步深入理解和把握"两大布局"之间的关系。"两大布局"之间的关系，是全面与重点、全方位与核心、总框架与"牛鼻子"之间的关系，也就是说，我们要紧紧扭住协调推进"四个全面"战略布局这个"牛鼻子"，来统筹推进"五位一体"总体布局。

战略安排论。第三卷第五、八、十三专题对此进行了充分阐述，尤其是对打好"三大攻坚战"，第三卷用三个专题进行集中论述，显示了习近平同志对打好"三大攻坚战"的高度重视。对新时代新实践新征程作出"战略安排"，属于"行"的范畴，它是从"行"的维度谈总体方略的。关于防范化解重大风险攻坚战，其主要内容是：风险关乎国家安全，要坚持党对国家安全工作的绝对领导；要增强忧患意识，做到居安思危，全面认识和有力应对一些重大风险挑战；要坚持底线思维，着力防范化解重大风险，为实现中华民族伟大复兴提供坚强保障；既要有防范风险的先手，也要有应对和化解风险挑战的高招，既要打好防范风险和抵御风险的有准备之战，也要打好化险为夷、转危为机的战略主动战；防范化解重大风险，要提高战略思维、历史思维、辩证思维、创新思维、法治思维、底线思维能力，要具有充沛顽强的斗争精神，要完善风险防控机制，建立健全风险研判机制、决策风险评估机制、风险防控协同机制、风险防控责任机制。学习思考领会习近平同志关于防范风险的重要论述，具有重要的实践意义和战略意义，其中最为重要的，就是要分析研判风险源，注重源头治理，提前作出防范风险的对策。关于精准脱贫攻坚战，习近平同志强调，脱贫攻坚，精准是要义，成败在于精准，因而要坚持精准方略，坚持"六个精准"，即扶持对象精准、项目安排精准、资金使用精准、措施到户精准、因村派人（第一书记）精准、脱贫成效精准，真正做到扶贫扶到点上扶到根上，不搞大水漫灌。习近平同志一贯强调"精准"，在阅读书籍、调查研究、扶贫脱贫、中国抗疫等问题上，他都强调"精准"，可概括为"精准阅读""精准调查""精准脱贫""精准施策"，这也是关于精准的四个"典型样本"。这里强调"精准"并提出"精准方略"，认为精准方略事关工作成败，特别值得我们从哲学层面加以关注、思考和提升，进而提出"精准思维"。精准思维的地位和作用不亚于战略思维、辩证思维、创新思维、法治思维、底线思维，主要应在"把脉开方"、贯彻落实与实际操作、解决问题上加以着重强调，因其关乎思想作风、领导作风和工作作风。关于污染防治攻坚战，目标是要促进人与自然和谐共生。此外，第三卷也对从 2020 年到 21 世纪中叶作出了"两步走"战略安排。新发展理念论、"两大布局"论、战略安排论，是分别从道、术、行三个方面来讲的立在"两大基石"上的"三根柱子"。

总体国家安全观。第三卷的第八、十四、十五专题对此作出了阐述。其总体思想是：实现国家安全，是为实现中华民族伟大复兴提供安全环境；我们党已经构建了国家安全体系主体框架，形成了国家安全理论体系，完善了国家安全战略体系；要坚持人民安全、政治安全、国家利益至上有机统一，其中，人民安全是国家安全的宗旨，政治安全是国家安全的根本，国家利益至上是国家安全的准则；军强才能国安。习近平同志首次对总体国家安全观进行了系统阐述，目的在于从国内方面为实现强起来提供安全保障。

命运共同体论。第三卷的第十六、十七、十八专题对此进行了全面深入的论述。习近平同志对当今世界的发展态势进行了科学研判，提出了世界百年未有之大变局的重大命题，认为当今世界经济领域三大突出矛盾一个都没有得到有效解决，即全球增长动能不足，全球经济治理滞后，全球发展失衡。为解决这三大突出矛盾与人类面临的其他问题，习近平同志提出了携手构建人类命运共同体理念，目的在于为实现强起来提供和平的国际环境。要真正深入理解和把握构建人类命运共同体的要义、内核和精髓，需要上升到哲学层面，这就是它蕴含着以世界多样的世界观、国家平等的国家观、文明互鉴的文明观、包容发展的发展观、共建普惠的义利观为核心内容的哲学观。其实质就是中国积极参与全球治理，并为解决人类问题贡献中国智慧和中国方案。从哲学层面理解和把握构建人类命运共同体理念，是把相关研究引向深入的根本途径。

国家治理论。第三卷的第三、六专题对此进行了阐述。这实际上讲的就是"中国之治"，是治国理政的根本抓手。总的思想观点是：中国特色社会主义制度和国家治理体系是以马克思主义为指导、植根中国大地、具有深厚中华文化根基、深得人民拥护的制度和治理体系，我们必须倍加珍惜，毫不动摇坚持、与时俱进发展；中华人民共和国成立以来，尤其是改革开放以来，中国共产党领导人民创造了世所罕见的经济快速发展奇迹和社会长期稳定奇迹；我国国家制度和国家治理体系的显著优势，是这种奇迹的制度支撑；要固根基、扬优势、补短板、强弱项，把我国制度优势更好转化为国家治理效能；要用制度优势和国家治理效能来全面治理社会主义社会，应对国内外风险挑战，助推实现中华民族伟大复兴；要严格遵守和执行制度。从党的十八届三中全会，到党的十九届三中全会，再到党的十九届四中全会，其主题都是"中国之治"问题，而且这三次全会在党的十八大以来的历史上都具有十分重要的地位，尤其是党的十八届三中全会，习近平同志称之具有"划时代"意义，"开创了我国改革开放的全新局面"①。这实际上意味着，以习近平同志为核心的党中央致力于再创"中国之治"奇迹。我们可以围绕"中国之治"来理解和把握中国奇迹，来理解和把握习近平同志所讲的中国社会主义实践"后半程"的历史任务——用"制度"和"治理"来治理社会主义社会，来理解和把握党的十八大以来我们党所推进的实践创新和理论创新，来进一步深化对共产党执政规律、社会主义建设规律、人类社会发展规律的认识。

强大政党论。第三卷的第二、十九专题对此进行了全面深入的阐述。习近平同志是围绕"打铁必须自身硬"这一总思路，强调大党要有大党的样子。我们不能作循环论证，用"大"来解释"大"，而应当用"样子"来解释"大"，这个"样子"，就是"强大"，其实质是使大党成为强党，注重"强党建设"。强，就强在党要硬在政治、硬在信念、硬在能

---

① 《习近平谈治国理政》第三卷，外文出版社 2020 年版，第 178 页。

力、硬在作风、硬在担当；强在党员干部要增强"四个意识"、坚定"四个自信"、做到"两个维护"；强在推进伟大工程，要结合"伟大斗争、伟大事业、伟大梦想"的实践来进行；强在中国共产党领导是中国特色社会主义最本质的特征，是中国特色社会主义制度最大的优势，党是最高政治领导力量，因而，党政军民学、东西南北中，党是领导一切的；强在要全面从严治党，把政治建设摆在首位，即把准政治方向，坚持党的政治领导，夯实政治根基，涵养政治生态，防范政治风险，永葆政治本色，提高政治能力。习近平同志关于党的建设的重要论述，其精神实质和本质特征就是"强党建设"，理解不到这一点，就没有把握习近平同志关于党的建设的重要论述的精髓和实质。对此，我们应有清醒的认识。

以上十大根本观点环环相扣，具有内在的逻辑联系，构成一个完备的具有纲领性和理论形态的科学理论体系，是指导实现中华民族伟大复兴的行动指南。其中，历史方位好比坐标点，民族复兴和人民中心好比两个坐标轴，哲学方法好比画好坐标的方法。我们需要按照历史方位、民族复兴、人民中心的体系来深读《习近平谈治国理政》第三卷，只有读懂历史方位、民族复兴、人民中心，只有读懂时代背景、根本主题、核心主线、哲学方法和根本观点，才能真正读懂第三卷。

（六）主要特点：增加新的内容、聚焦根本问题、具有严密逻辑

与《习近平谈治国理政》第一卷、第二卷相比，《习近平谈治国理政》第三卷具有许多新的特点、亮点。

一是增加新的内容。诸如单列一篇讲了胸怀"两个大局"，做好自己的事情；单列一个专题讲完善和发展我国国家制度和治理体系；单列一个专题讲增强忧患意识，防范化解风险挑战；首次专门阐述了精准方略，认为脱贫成败在于精准；单列一个专题讲促进人与自然和谐共生；有多个专题对"强党建设"与"伟大斗争""两种革命"展开了深入论述；单列一篇着重讲了不断开辟当代中国马克思主义、21世纪马克思主义新境界。

二是聚焦根本问题。第三卷立足历史方位及"两个大局"，基于"两大基石"（民族复兴和人民中心），围绕谱写"新时代中国特色社会主义

新篇章",更加聚焦阐述新发展理念与社会主要矛盾、打好"三大攻坚战"、推进国家治理现代化、保障国家安全和构建人类命运共同体、建设强大政党等重大理论和实践问题,集中回答"中国共产党为什么能、马克思主义为什么行、中国特色社会主义为什么好"等根本性问题。

三是具有严密逻辑。总体来看,《习近平谈治国理政》第三卷是具有内在逻辑的。这一逻辑,总体来说,就是以"两个大局"为时代背景,立足"民族复兴、人民中心"两大基石,在统筹推进"两大布局"和统揽"四个伟大"实践中,充分发挥"中国之治"的作用,以营造安全的国内环境和和平的国际环境,并集中打好"三大攻坚战",进而谱写新时代中国特色社会主义新篇章,不断开辟当代中国马克思主义、21世纪马克思主义新境界。其中蕴含的大逻辑是：全国各地、各个部门与各个领域、各项工作,都要聚焦于服务于实现中华民族伟大复兴战略全局,进而谱写新时代中国特色社会主义新篇章,开辟当代中国马克思主义、21世纪马克思主义新境界。

PART 4
第四章

理论之问：
新时代中国特色社会主义的理论逻辑

一、深化研究习近平新时代中国特色社会主义思想的重要学理性问题

我们需要把新时代中国特色社会主义的历史逻辑、实践逻辑、世界逻辑提升到理论上来思考，即进一步探究其理论逻辑，这主要集中在对习近平新时代中国特色社会主义思想的理解和把握上。

总的来说，我国理论界对习近平新时代中国特色社会主义思想的学习研究大致经历四个阶段：思想宣传—文本阐释—提炼概括—体系建构。今天，其研究总体上已进入第四个阶段，需要以建构性思维来探究这一思想的体系建构问题。在这一阶段，有以下重要学理性问题需要深入探究。

（一）关于深化对习近平新时代中国特色社会主义思想的学理性和整体性研究问题

在体系建构阶段，目标是建构这一思想的科学体系。为此，系统性和整体性、学理性和逻辑性、精准性和稳定性、世界性和通识性就显得十分重要。

党的十八大以来，我国理论界在研究习近平新时代中国特色社会主义思想方面取得了重要成就，值得充分肯定。同时，也存在一些值得关注的问题：一是研究成果同质化。报纸上发表的文章大同小异、重复雷同。二是浅层诠释。对习近平新时代中国特色社会主义思想的阐释还不够深入，存在表面化解读现象。三是去学理化，缺乏学理研究和创新性研究氛围。一些教师和相关人员不注重阅读《习近平谈治国理政》第一、二、三、四卷，不深入社会实践和现实实际，缺乏学术使命、学术情怀、学术功底，

不注重学理性问题、学理性方法、学理性观点、学理性论证、学理性话语以及学理逻辑和学术规范。四是文件语言堆砌。五是形式主义文体，存在模式化倾向。

今天，对习近平新时代中国特色社会主义思想的研究总体上已进入第四个阶段，即以建构性思维探究这一思想体系的建构问题。为反映这一发展趋向，需要采取一些办法解决上述问题，即需要精心营造一种注重学理研究和创新性研究的氛围，精读《习近平谈治国理政》第一、二、三、四卷，不断提高教学科研工作者的学术素养，培育相关教研人员的学术情怀，相关机构和人员都要自觉注重习近平新时代中国特色社会主义思想研究的系统性和整体性、学理性和逻辑性、精准性和稳定性以及世界性和通识性。

1. 注重系统性和整体性

关于习近平新时代中国特色社会主义思想，最早的提法是"习近平总书记系列重要讲话"；之后，是"习近平治国理政新理念新思想新战略"；党的十九大报告把这一思想概括为"八个明确""十四个坚持"；党的十九届六中全会把这一思想提炼概括为"十个明确"；党的二十大报告又把这一思想的主要内容概括为"十个明确""十四个坚持""十三个方面成就"，把这一思想的精髓要义概括为"六个必须坚持"[①]。

在建构习近平新时代中国特色社会主义思想科学体系阶段，其要旨就是在注重问题研究的同时，也要注重这一思想的整体性和系统性，即由"点"（重点）到"面"（全面或全要素）再到"体"（厘清各内容要素之间的顺序、逻辑、关系和结构，使其构成一个逻辑严密的系统整体），把这一思想的科学理论形态呈现出来。

"六个必须坚持"是对新时代根本问题的哲学回答，既意味着要把对习近平新时代中国特色社会主义思想的认识、理解和把握提升到哲学层面，深入其哲学基础，也意味着它提炼概括出了这一思想的精髓要义（如

---

① 参见习近平：《高举中国特色社会主义伟大旗帜 为全面建设社会主义现代化国家而团结奋斗——在中国共产党第二十次全国代表大会上的报告》，人民出版社2022年版，第19—21页。

人民幸福、民族复兴、世界大同、政党强大、守正创新、系统观念等）。

2. 突出学理性和逻辑性

探究这一思想的学理性和逻辑性，首先要思考其逻辑起点。其逻辑起点，就是我国发展起来以后使大国成为强国的新的历史方位。

党的十九大报告指出，中国特色社会主义进入了新时代，这是我国发展新的历史方位。我国理论界在该问题的研究上取得不少成果，美中不足的就是对新时代、新的历史方位及其地位、意义还没有真正从学理性、从逻辑上界定清楚。党的十九大报告、《中共中央关于党的百年奋斗重大成就和历史经验的决议》，都用五句话来概括新时代的内涵。这五句话是用政治话语、文件语言表述的。如果用学理话语来阐释，这个逻辑起点就是"我国发展起来以后使大国成为强国即实现强起来"的新的历史方位。

1978年至2012年这一段历史区间，我国主要是解决"欠发展"的问题。邓小平所讲的"发展才是硬道理"，江泽民所讲的"发展是党执政兴国的第一要务"，胡锦涛所讲的"第一要义是发展"，都主要是解决我国"欠发展"问题。进入新时代，我国发展步入了新的历史方位，这实质上就是我国发展起来以后新的历史方位。新的历史方位，主要是解决大国如何成为强国的问题。党的十九大报告所讲的"三个意味着"，其中第一个"意味着"就是"中华民族迎来了从站起来、富起来到强起来的伟大飞跃"。这实质上讲的就是习近平新时代中国特色社会主义思想的逻辑起点。

逻辑起点搞清楚后，就要进一步研究习近平新时代中国特色社会主义思想的科学体系之逻辑框架。依据习近平同志治国理政的实践逻辑，依据习近平总书记系列重要讲话，依据《习近平谈治国理政》第一、二、三、四卷，依据党中央相关重要文献，其科学体系的逻辑框架可提炼概括为以下几个方面。

第一，历史方位。习近平新时代中国特色社会主义思想是新时代的产物，新时代是这一思想之母。研究这一思想之科学体系的逻辑框架，首先要理解和把握其所处的新时代新的历史方位。这里的新时代、新的历史方位，主要就是我国发展起来以后使大国成为强国即实现强起来的历史方位；在这一历史方位，需要聚焦"两个大局"，即实现中华民族伟大复兴战略全局、世界百年未有之大变局。

第二，根本问题。问题是时代的声音，回答并指导解决问题是理论的根本任务，也是理论创新的起点和动力源。依据党的十九大报告和二十大报告，依据习近平同志当选党的总书记后与中外记者见面时所发表的演讲，依据党的十九届六中全会通过的《中共中央关于党的百年奋斗重大成就和历史经验的决议》，依据新的社会主要矛盾，可以揭示这一思想所要解决的根本问题。总体来说就是：人民生活美好不美好，国家、民族强不强，世界和平不和平，中国共产党自身硬不硬，马克思主义是否具有生机活力，其实质就是为中国人民谋幸福、为中华民族谋复兴、为世界谋大同、为中国共产党谋强大、为马克思主义谋生机。

第三，总体方略。解决上述根本问题需要有一个总体方略。这可从道、术、行三个层面理解："道"，就是习近平新时代中国特色社会主义思想的世界观和方法论；"术"，就是中国式现代化、新发展理念和两大布局（总体布局、战略布局）；"行"，就是"两步走"战略步骤。

第四，全面保障。解决上述根本问题，实现奋斗目标，还需要提供全面保障：一方面是国内保障，就是坚持总体国家安全观，统筹发展和安全；另一方面是国际保障，主要是构建人类命运共同体，创造人类文明新形态。

第五，中国之治。解决上述根本问题和治国理政不仅需要总体方略，而且需要抓住"牛鼻子"，找到根本抓手，这就是推进国家治理体系和治理能力现代化。

第六，领导力量。主要讲深入推进新时代党的建设新的伟大工程。

第七，哲学基础。党的二十大报告提出"六个必须坚持"的世界观和方法论，是从广义且从政治话语来讲这一思想的哲学基础的。若从狭义且用学理话语来讲，其哲学基础可表述为"主主平等普惠"世界观和"系统为基的战略辩证法"方法论。

第八，原创性贡献和历史地位。原创性贡献是谈习近平新时代中国特色社会主义思想的原创性贡献及其重大作用和价值；历史地位是谈这一思想的原创性贡献在马克思主义发展史、中国化时代化的马克思主义发展史、社会主义发展史、中华民族发展史中，在推进马克思主义发展问题上，所具有的重要地位。基于中国式现代化、创造人类文明新形态、构建人类命运共同体来发展 21 世纪马克思主义，主要表达的就是这一思想在总体上所具有的原创性贡献和历史地位。

3. 重视相对精准性和稳定性

探究这一思想的学理性和逻辑性，还要求以精准思维看待这一思想体系。这一点需要引起我国理论界的高度重视。

第一，精准性。既然要建构科学的思想体系，注重学理性和逻辑性，就必然进行话语转换，在坚持讲政治的前提下，由政治（宣传或文件）话语转换为学理话语，进一步用学理话语对具有标识性的核心性范畴、原创性论断和主体性理论给出相对精准的阐释，不能"大而化之""似是而非"。党的十八大以来，习近平同志在治国理政实践中特别注重"精准"，把"精准"上升到哲学层面，提出"精准思维"，使其具有了普遍性。"精准"这个表述最早见于 2013 年 11 月 3 日，当时，习近平同志到湘西考察提出"精准扶贫"。习近平同志不仅对"精准"作出重要论述，而且在治国理政实践中也坚持精准思维，具有许多体现精准思维的典型样本，如精准阅读、精准调研、精准脱贫、精准防控、精准设计、精准发力等。这就要求我们以精准思维对待习近平新时代中国特色社会主义思想的研究，即对这一思想的范畴、论断、理论从学理上给出相对精确的界定和解释，便于人们准确理解和把握，也便于国际传播。

第二，稳定性。精准性连着稳定性。被定义和解释清晰的范畴、论断、理论，自然应当保持其相对稳定性。当然，世界、时代、实践发展得太快，范畴、论断、理论的内涵也会不断发展完善，这就需要与时俱进。在关注快速发展变化的同时，也要注重其范畴、论断、理论在质上的相对稳定性，即划定其对象、边界、内涵和逻辑。

4. 彰显世界性和通识性

探究这一思想的世界性和通识性，需要坚持胸怀天下，进一步把习近平新时代中国特色社会主义思想及其核心范畴、论断、理论置于"两个大局"的世界历史意义中去把握，把中国问题转换成世界历史问题。因为这一思想致力于为人类谋进步、为世界谋大同，为解答"世界向何处去"或

"人类问题"贡献中国智慧和中国方案。

在把握这一思想之世界性的前提下,还要考虑并彰显其通识性。彰显通识性有两种方式:一是把核心性范畴、论断、理论置于世界历史发展进程中,且从学理上进行理论性定义,让世界读懂或懂得中国话语;二是让中国思想、中国理论走向世界,为解决世界历史问题或"人类问题"作出理论贡献。第一种方式是基础和前提,只有让中国话语世界化、通识化,让世界读懂或懂得中国话语,才能让中国思想、中国理论走向世界。

(二)关于中国式现代化理论建构问题

提出并概括阐述中国式现代化理论,是党的二十大的一个具有总体性的重大理论创新和原创性贡献,是科学社会主义的最新重大成果,具有全局意义、长远意义、世界意义及战略意义,需要进一步深化研究。从必然性看,中国式现代化的逻辑起点是"强国建设、民族复兴",可概括为强国逻辑。从应然性讲,如果要对其进行理论建构,就要回答中国式现代化"为什么、是什么、干什么、怎么干"等核心问题,就要研究其背后的深层逻辑,揭示其在世界历史中的战略意义。

1. 关于"为什么、是什么、干什么、怎么干"问题

第一,为什么的问题。目的是为中国人民谋幸福、为中华民族谋复兴、为世界谋大同、为中国共产党谋强大、为马克思主义谋生机,也是为自信自立。

第二,是什么的问题。首先是性质方向规定,其次是五大特征的论断,二者构成中国式现代化的内涵界定。这一界定的要点为:对自身的定性,是党领导的,是社会主义的,具有根本性;与"他者"的主要区别,是人口规模巨大的现实性、人民至上的价值观立场、两个文明的协调性、人与自然的和谐性以及和平发展的国际宣示,从不同维度界定了与其他国家现代化的不同,侧重的是中国现代化的独特性。

第三,干什么的问题。集中在九个方面,指向"总体(中国共产党领导+中国特色社会主义)—'五位一体'(高质量发展+全过程人民民主+精神世界+共同富裕+人与自然和谐共生)—共同体(人类命运共同体+

人类文明新形态)"的布局。其中，共同体要素包含两个层次：一是关于参与全球治理的价值主张，推动构建人类命运共同体；二是对人类文明的使命担当，创造人类文明新形态。

第四，怎么干的问题。这是中国式现代化的实践安排，包含两个层次：一是战略安排，即"两步走"；二是实践方略，即前进道路上必须牢牢把握的五个重大原则。这在本质上是一种行动框架。

2. 关于中国式现代化背后的深层逻辑尤其是哲学根基

这包括形成逻辑、政治逻辑、现实逻辑、强国逻辑（时代逻辑）、理论逻辑、实践逻辑、世界逻辑和哲学逻辑。

形成逻辑，从纵向讲，是由走自己的路（自主性成长），经中国特色社会主义道路（内涵性成长），到中国式现代化新道路（世界性成长），再到中国式现代化（理论性成长）；从横向讲，中国式现代化是在整合贯通我国的现实基础、吸收中华优秀传统文化、体现社会主义本质要求、反映我国历史发展的必然性和总结西方式现代化的经验教训的基础上，创立发展起来的。

政治逻辑，中国式现代化是中国共产党领导的社会主义现代化，要从这种性质的方向来理解中国式现代化的本质特征。

现实逻辑，中国式现代化是人口规模巨大的现代化，这是中国式现代化的现实基础和前提，具有政治意义和世界意义。

强国逻辑（时代逻辑），中国式现代化对接着新时代强国建设、民族复兴，解决新时代我国发展起来以后使大国成为强国即实现强起来的问题。

理论逻辑，中国式现代化"五句话"本质特征直接对接五大新发展理念，新发展理念是其理论（立论）基础，人口规模巨大的现代化要求创新发展，全体人民共同富裕的现代化体现共享发展，物质文明和精神文明相协调的现代化体现协调发展，人与自然和谐共生的现代化体现绿色发展，走和平发展道路的现代化体现开放发展。

实践逻辑，就是按照中国式现代化的本质要求，遵循五个重大原则，沿着"两步走"步骤，聚焦解决新时代人民日益增长的美好生活需要和不平衡不充分的发展之间的社会主要矛盾。

世界逻辑，就是坚持走和平发展道路，为人类实现现代化提供新的选择。

哲学逻辑，讲的是中国式现代化的哲学根基。中国式现代化超越了西方式现代化"主客二分""主统治客""西方中心论"的哲学范式，坚持"主主平等普惠"的哲学范式。这是从哲学根基上对西方式现代化弊端的破和对中国式现代化优势的立，具有本源意义。

3. 关于中国式现代化的深远历史意义

中国式现代化是中国共产党治国理政实践和理论上具有总体性的最大创新成果，具有战略意义和世界意义，它既是中国共产党治国理政的总框架，也是创新发展21世纪马克思主义的立足点。

（三）关于人类文明新形态的学理阐释问题

人类文明新形态与中国式现代化、人类命运共同体一起共同构成发展21世纪马克思主义的基石，也是习近平新时代中国特色社会主义思想的基石。我国理论界对人类文明新形态的学理阐释还远远不够。从学理上讲，坚持和发展中国特色社会主义、中国式现代化所创造的人类文明新形态，本质上就是注重"主主平等、和合普惠"的文明新形态。这一新形态，包含社会主义的"人本文明"、中华"化人为善、和合普惠"的新文明、中国特色社会主义的"民本文明"，分别体现社会主义向度、中华文明向度和中国特色社会主义向度。

1. 社会主义的"人本文明"

资本主义文明本质上属于"资本文明"，运行的是资本主导逻辑，蕴含的是"主统治客"的哲学范式。这种文明的本质特征，就是相对注重人和物、主体和客体关系中的"人化"事物，注重做事、理性、知识、能力和技艺。这种文明的负面后果是容易导致等级对立、两极分化、物质至上、资本掠夺和殖民扩张。马克思、恩格斯毕生研究资本主义社会的总目标，就是要超越资本占有劳动并控制社会的逻辑，实现人类解放、无产阶级解放和每个人自由而全面发展。其所追求和建构的文明，是以实现人类解放、无产阶级解放和每个人自由而全面发展为核心的"人本文明"。这种文明描述的是整个人类发展进步的历史趋向,相对注重的是人和人平等主体关系中的使人成其为人的积极成果和"化人为善"的历史进步过程。

社会主义的"人本文明"本质上也是"人类"维度上的"类本文明",即它破除了资本主义基于"主统治客"而产生的阶级对立、单向度发展、殖民掠夺等弊端,致力于构建人类命运共同体,追求人类解放、无产阶级解放和每个人自由平等全面发展,注重整个人类的和平发展、合作共赢、世界大同。从这个意义上说,它也是一种惠及人类、使人人从中平等受益的人类普惠文明。它积极推进社会全面进步和每个人自由平等全面发展,积极推动实现每个人精神生活共同富裕,积极解决精准脱贫问题,积极促进公平正义,也积极构建人类命运共同体。这样的"人本文明"既是一种应然,属于我们追求的理想目标;也是一种实然,是我们正在积极推进的实际行动。它代表着世界或人类发展进步的方向,定将展现出绚丽的光明前景。

2. 中华"化人为善、和合普惠"的新文明

中华传统文明主要是一种伦理型文明,强调伦理、道德、善,侧重于人和人关系中的"化人"。它相对注重做人、德行、善治框架中的"内化成人""化人为善""化物为善""德行天下"的历史进步过程。它是一种人人"开化"性的自我约束、自我完善、自我进步,虽然也注重"人化"因素,但更注重"人化"中因人性进步而具有的"利他"发展进步的积极成果。虽然中华传统文化在人性问题上也有"人性恶""格物致知"等思想观点,但总体上是"人性善""善治"占主导,相对强调正心、修身、齐家、治国、平天下。在新时代的中国,也是以文明之善积极参与并影响于世界的,它所强调的为人类谋进步、为世界谋大同,便是如此。

进入新时代,我们党成功创造并推进、拓展了中国式现代化,创造了人类文明新形态。这种人类文明新形态本质上也是中华"化人为善、和合普惠"的新文明。党的二十大报告所指出的中华优秀传统文化蕴含的天下为公、为政以德、厚德载物、讲信修睦、亲仁善邻是如此,它注重天下之善、为政之善、做人之善和邻里之善;党的二十大报告所强调的全体人民共同富裕、物质文明和精神文明相协调、人与自然和谐共生、走和平发展

道路更是如此。这种中华新文明注重"吸收外来",积极吸收西方传统文明中的知识、能力、技艺、器物等合理因素,注重科学技术,注重解决物质贫困、实现物质富足,强调物质富足是社会主义现代化的根本要求,不断厚植现代化的物质基础,不断夯实人民幸福生活的物质条件。然而,它更加注重不忘本来、面向未来,注重伦理道德之善,因而是一种知善并举且更基于善的"化人为善、和合普惠"的中华新文明。

3. 中国特色社会主义的"民本文明"

在中国共产党领导下,中国特色社会主义创造出来的文明,本质上是体现社会主义本质、积极传承中华优秀传统文化的文明,其实质是"民本文明"。

第一,体现了社会主义本质。社会主义社会是追求公平正义的社会,是消灭剥削,消除两极分化,最终达到共同富裕的社会,是社会全面进步和人全面发展的社会,是解放无产阶级,解放全人类,逐步实现每个人自由平等全面发展的社会。中国特色社会主义文明坚持人民至上,坚持以人民为中心的发展思想,把推进物质文明、政治文明、精神文明、社会文明、生态文明协调发展,推动实现全体人民共同富裕和促进人的全面发展作为核心内容,它是高于资本主义以物为本的人类文明新形态。

第二,传承中华优秀传统文化。积极传承中华优秀传统文化中的宇宙观、天下观、社会观、道德观及其重要体现的天下为公、民为邦本、为政以德、厚德载物、讲信修睦等思想观念,将其整合为"民本文明"。这种文明,把人民当作主体,发展依靠人民;把人民当作目的,发展为了人民;把人民当作标准,坚持人民至上;把人民当作根基,牢牢扎根于人民。

第三,奠基于中国式现代化的实践。中国特色社会主义进入新时代,历史发展的必然性把社会全面进步和人的全面发展推到历史前台。反映这种历史必然性,中国式现代化坚持人民至上,把坚持以人民为中心的发展思想作为重大原则,把发展全过程人民民主、丰富人民精神世界、实现全体人民共同富裕、促进人与自然和谐共生作为本质要求,因而它在本质上是使人民过上美好生活的现代化。

社会主义"人本文明"、中华"化人为善、和合普惠"的新文明、中国特色社会主义"民本文明"的共有哲学根基就是注重"主主平等、和合普惠",可称之为"主主平等、和合普惠"的人类文明新形态。这种人类文明新形态既强调国与国之间、人与人之间都是平等的主体,国与国、人与人都具有平等的主体性,又强调平等共享发展成果,且在这种平等共享中,国与国之间、人与人之间达到和合共生、包容普惠。

(四)关于构建人类命运共同体的哲学根基问题

关于构建人类命运共同体,我国理论界进行了较为全面的探讨,问题在于如何从学理上进一步深入探究其哲学根基。只有深究其哲学根基,才能真正理解和把握构建人类命运共同体的内涵及其实质。

构建人类命运共同体的哲学根基,是在"两制并存"(社会主义制度和资本主义制度并存)格局中强化各国之间在人类命运上的统一性,旨在达到"主主平等普惠",可简要称其为"多样统一、主主平等、包容普惠"。习近平同志所讲的"建设持久和平、普遍安全、共同繁荣、开放包容、清洁美丽的世界"[①],都是建立在这一哲学基础之上的。

(五)关于创新发展 21 世纪马克思主义问题

这是一个极具前瞻性和战略性意义的重大课题,特别需要从学理上进行系统而深入的阐释。目前我国理论界对此还没有从学理上展开全面而深入的研究。

1. 提出创新发展 21 世纪马克思主义命题具有何种意义

创新发展 21 世纪马克思主义,是对习近平新时代中国特色社会主义思想的历史地位和世界地位的政治判定,是继续推进马克思主义中国化时代化进而推进理论创新提出的标志性论断,是中国理论走向世界和未来的标识性符号。其实质是要发展 21 世纪马克思主义,使中国理论走向世界,用习近平新时代中国特色社会主义思想解释世界与观察时代、把握时

---

① 《习近平著作选读》第二卷,人民出版社 2023 年版,第 48 页。

代、引领时代，使习近平新时代中国特色社会主义思想成为 21 世纪马克思主义核心的理论形态，因而需要从学理上加强深入研究。

2. 创新发展 21 世纪马克思主义的理论内涵究竟是什么

这是立论的基础性、前提性问题。可从五个向度阐释：一是它属于马克思主义，以马克思主义为根和本，具有马克思主义"基因"。二是它既要超越以资本至上为主导逻辑的各种现代性的资本主义话语，更要书写坚持人民至上的中国式现代化新篇章。三是它可理解为世界社会主义运动中心历史性地转移到新时代中国所创立发展的马克思主义，是与中国特色社会主义进入新时代，习近平新时代中国特色社会主义思想呈现出时代意义、世界意义与未来向度相关的概念，它以"世纪"为标识。四是新时代中国已成为发展 21 世纪马克思主义的主要实践创新地和理论策源地。五是 21 世纪马克思主义是为观察时代、把握时代、引领时代、解释 21 世纪世界并掌握话语权贡献的科学理论体系，具有相对解释优势，能提供一种解释体系。

3. 习近平新时代中国特色社会主义思想为发展 21 世纪马克思主义作出了什么贡献

可以从四个方面阐释：一是从实践看这一思想具有原创性贡献的根据。可概括为四个方面：历史方位（逻辑起点和立论基础）、时代背景（是在迎来从富起来到强起来伟大飞跃的时代背景中创立的）、时代课题（需要破解的新的核心论题）和社会主要矛盾（需破解的根本问题）。二是从理论阐释这一思想的原创性贡献。主要体现在"十个明确"之中，其中有三个方面的原创性贡献可作进一步分析，即明确坚持中国共产党领导；贯彻新发展理念，构建新发展格局，推动高质量发展；中国式现代化、人类文明新形态、构建人类命运共同体。三是从历史角度把握其原创性贡献的历史地位。主要体现在两个方面：中国式现代化道路蕴含的"民本逻辑"为发展马克思主义作出原创性贡献；强国时代蕴含的"强国逻辑"为推进马克思主义中国化时代化作出原创性贡献。四是为发展中国特色社会主义理论作出原创性贡献。主要体现在：纵向上，继承、深化和创新发展邓小平理论、"三个代表"重要思想、科学发展观；横向上，从哲学、政治经济学、科学社会主义方面整合、创新发展中国特色社会主义理论体系。

（六）关于中国共产党能、中国特色社会主义好、"两个行"的关系问题

对这一问题，理论界探讨较多，成果丰硕。问题在于从学理上把三者看作彼此理解的关系，做得还不够。

从本质上说，中国共产党能、中国特色社会主义好与马克思主义行、中国化时代化的马克思主义行，是一种理论和实践的辩证关系。其中，"能"和"好"是实践问题，"两个行"是理论问题。

实践效果好不好，前提在理论行不行。科学的理论是实践成功的先导。马克思主义是我们立党立国、兴党兴国的根本指导思想，我们党把马克思主义基本原理进行"两个结合"，创立了中国化时代化的马克思主义，其世界观和方法论指导我们党在开创与拓展、推进中国特色社会主义方面取得历史性成就，发生历史性变革。这表明中国共产党能、中国特色社会主义好，进而表明马克思主义行、中国化时代化的马克思主义行。

理论行不行，实践成效说了算。中国用几十年时间走完了发达国家几百年走过的工业化历程，取得了经济快速发展奇迹和社会长期稳定奇迹，且屹立于世界民族之林。从实然性看，"两个行"是实践的结论，是被实践成效证明了的科学论断。

（七）关于习近平新时代中国特色社会主义思想的原创性贡献及其实现马克思主义中国化时代化新飞跃问题

对这一问题，我国理论界关切较多，但从学理上进行阐释还没有取得令人满意的成果。我们可从历史、实践、理论、世界四维逻辑来把握。

第一，历史飞跃。体现为不同历史阶段具有不同的飞跃内涵。马克思、恩格斯创立了科学社会主义，这是理论飞跃；列宁把科学社会主义由理论变成实践，这是实践飞跃；1978年进入改革开放新时期以来，我们

党把马克思主义基本原理同中国具体实际、同中华优秀传统文化相结合，开创了中国特色社会主义，这是科学社会主义在经济落后国家建设社会主义所实现的新飞跃；党的十八大以来，中国特色社会主义进入了新时代，它使科学社会主义走向了高潮，使中华民族迎来了从富起来到强起来的伟大飞跃，这是科学社会主义在中国由低潮走向高潮、由相对被动走向更加主动所实现的新飞跃。

第二，实践飞跃。表现为中国特色社会主义的发展阶段及其在世界中的地位不同。一是中华人民共和国成立后，属于中国特色社会主义觉醒与探索时期；改革开放新时期，属于社会主义初级阶段的中国特色社会主义开创与实践时期（"前半程"）；新时代，属于中国特色社会主义更加成熟定型与夺取伟大胜利时期（"后半程"）。二是党的十八大之前的中国特色社会主义，主要是解决人民日益增长的物质文化需要同落后的社会生产之间的矛盾，是致力于"实现富起来"的中国特色社会主义；党的十八大以后的中国特色社会主义，主要是解决人民日益增长的美好生活需要和不平衡不充分的发展之间的矛盾，是致力于"实现强起来"的中国特色社会主义，并对实现强起来新的历史方位、社会主要矛盾、奋斗目标、总体方略等作出了战略谋划。三是改革开放之初的中国特色社会主义相对注重社会主义的中国化或中国特色；党的十八大以后，开始注重中国特色社会主义的世界化，即为解决人类问题所贡献的中国智慧和中国方案。

第三，理论飞跃。建构起了实现强起来的科学理论体系，总体上初步建构了中国式现代化理论。

第四，世界飞跃。由改革开放之前的"世界失我"（再不加快发展，就有被"开除球籍"的危险），到改革开放新时期的"世界有我"（在世界上高高举起中国特色社会主义伟大旗帜），再到新时代"世界向我"（中国式现代化为人类实现现代化提供新的选择，为发展中国家实现现代化拓展了新的途径，为世界上那些既希望加快发展又希望保持自身独立性的国家和民族提供新的选择，为解决人类问题贡献中国智慧和中国方案，也使世界或人类发展朝着有利于社会主义的方向发展）。

（八）关于继续推进习近平新时代中国特色社会主义思想创新的方向、路径问题

党的二十大报告旨在继续推进理论创新，包括推进习近平新时代中国特色社会主义思想的创新，注重为其指明方向、提供思路，这就是"六个必须坚持"。对这一点，我国理论界认识得还不够深入，从学理上缺乏阐释。

继续推进理论创新，必须注重"两个结合"。因为，"两个结合"是不断推进马克思主义中国化时代化的根本路径，是推进理论创新从而使马克思主义保持生机活力的基本经验。做好"两个结合"必须坚持辩证唯物主义和历史唯物主义的世界观和方法论。因为，"两个结合"中涉及一般和特殊、理论和实践、主义和问题、主观和客观的关系，分析和解决这些关系，需要运用哲学上的世界观和方法论。这就使理论创新朝着"根"和"本"的方向发展，即提升到哲学层面。

"六个必须坚持"具有深刻意蕴，它把我们对继续推进理论创新，包括推进对习近平新时代中国特色社会主义思想创新的认识提升到哲学新境界，为继续推进理论创新，包括推进习近平新时代中国特色社会主义思想创新指明了方向，提供了思路。

第一，理论创新的根本任务是坚持问题导向。哲学是时代精神的精华，问题是时代的声音，"回答并指导解决问题是理论的根本任务"[①]。习近平同志治国理政实践具有问题意识，他聚焦于解决"实践遇到的新问题、改革发展稳定存在的深层次问题、人民群众急难愁盼问题、国际变局中的重大问题、党的建设面临的突出问题"[②]，且善于运用马克思主义的科学世界观和方法论及其中的立场观点方法解决中国问题，不断提出真正解决问题的新理念新思路新办法。发现问题、分析问题和解决问题，是推进理论创新的起点和动力源，推进理论创新首要任务就是分析问题和解决问题。实际上我们也正是在回答并指导解决问题的过程中推进理论创新包括

---

① 习近平：《高举中国特色社会主义伟大旗帜 为全面建设社会主义现代化国家而团结奋斗——在中国共产党第二十次全国代表大会上的报告》，人民出版社2022年版，第20页。
② 习近平：《高举中国特色社会主义伟大旗帜 为全面建设社会主义现代化国家而团结奋斗——在中国共产党第二十次全国代表大会上的报告》，人民出版社2022年版，第20页。

推进习近平新时代中国特色社会主义思想创新的。

第二，理论创新的根本立场是坚持人民至上。"人民性是马克思主义的本质属性，党的理论是来自人民、为了人民、造福人民的理论"①。因而首要是"站稳人民立场、把握人民愿望、尊重人民创造、集中人民智慧，形成为人民所喜爱、所认同、所拥有的理论"②，使之成为指导人民认识世界和改造世界的强大思想武器。只有站稳人民立场，才能把握好理论创新的正确方向和价值导向，否则，理论创新就会走向"邪"路。

第三，理论创新的科学态度是坚持守正创新。这关乎在理论创新过程中如何科学对待马克思主义基本观点、基本原理问题。理论创新，首先要坚持马克思主义基本原理不动摇，坚持党的全面领导不动摇，坚持中国特色社会主义不动摇，这是"守正"，是前提，离开"守正"的理论创新就会偏离马克思主义、党的全面领导、中国特色社会主义；同时，还要进一步推进"两个结合"，使马克思主义在中国扎根开花结果，用中国化时代化的马克思主义武装全党、教育人民、指导实践、解决问题、创造奇迹、走向成功，这是"创新"，是发展，否则就会走向教条主义。

第四，理论创新的思想方法是坚持系统观念。改革开放以来，中国特色社会主义总体上是沿着"重点突破—全面发展—系统谋划"的发展逻辑走过来的。习近平同志指出："系统观念是具有基础性的思想和工作方法。"③

第五，理论创新的世界眼光是坚持胸怀天下。新时代中国特色社会主义已融入世界历史，实现中华民族伟大复兴战略全局、世界百年未有之大变局"两个大局"交织互动、相互激荡。这意味着，进入21世纪，中国的问题也就是世界的问题，解决中国问题具有世界意义；世界的问题也是中国的问题，解决世界问题需要也可以贡献中国智慧、中国方案、中国理论。就此而言，21世纪是特别需要理论而且一定能够产生理论的世纪，迫切需要理论解释；是一个需要理论创新且也一定能够推进理论创新的世

---

① 中共中国社会科学院党组：《深刻领会"六个必须坚持" 继续推进实践基础上的理论创新》，《求是》2023年第3期。
② 习近平：《高举中国特色社会主义伟大旗帜 为全面建设社会主义现代化国家而团结奋斗——在中国共产党第二十次全国代表大会上的报告》，人民出版社2022年版，第19页。
③ 习近平：《关于〈中共中央关于制定国民经济和社会发展第十四个五年规划和二〇三五年远景目标的建议〉的说明》，《人民日报》2020年11月4日。

纪，迫切需要推进理论创新。继续推进理论创新，包括继续推进习近平新时代中国特色社会主义思想创新，既要立足中国，更要放眼世界，直面世界百年未有之大变局，把推进理论创新包括继续推进习近平新时代中国特色社会主义思想创新置于人类发展进步潮流中，创新发展21世纪马克思主义，进而为解决人类面临的共同问题作出中国贡献。

第六，理论创新的立足基点是"坚持自信自立"。这关系思想自主和理论创新的主体性问题。中国的问题必须从中国基本国情出发，由中国人自己来解答，且作出符合中国实际和时代要求的正确回答，基于中国国情、中国实际与时代要求，创立与时俱进的中国自己的理论成果，这是"自立"；用中国化时代化的马克思主义理论创新成果武装全党、教育人民、指导实践，可以解决问题、创造奇迹、走向成功，这是"自信"。因而，我们在推进理论创新的过程中，要坚持对马克思主义的坚定信仰、对中国特色社会主义的坚定信念，坚定"四个自信"。由此，在继续推进理论创新包括继续推进习近平新时代中国特色社会主义思想创新进程中，既要不断创新我们党自己的理论成果，又要对我们党的理论创新成果充满自信。

（九）党的二十大以后继续推进理论创新的生长点问题

党的二十大以后，针对新时代新实践新征程，可从八个方面把握理论创新的生长点。

第一，关于"两个大局"。在新时代新方位直面"两个大局"，是习近平新时代中国特色社会主义思想产生的重要时代背景，从学理上深入分析研究"两个大局"，有助于深化对习近平新时代中国特色社会主义思想的形成逻辑的理解。

第二，关于"中国之问""世界之问""人民之问""时代之问"。如何全面建成社会主义现代化强国、夺取中国特色社会主义伟大胜利，进而为中华民族谋复兴，这是"中国之问"；如何把握世界百年未有之大变局，解答"世界向何处去"问题，进而为世界谋大同，这是"世界之问"；如何使人民过上幸福美好的生活，为中国人民谋幸福，推动人的全面发展，这是"人民之问"；如何在"两制并存"格局中发挥社会主义制度优越性并克服资本主义制度的弊端，为人类谋进步，这是"时代之问"。这"四个之问"是根基、根底之问，具有本源意义。解答"四个之问"，必然推进理论创新，包括推进习近平新时代中国特色社会主义思想的创新。

第三，关于"强国时代与强国逻辑"。从学理上揭示强国逻辑，不仅能为强国时代提供新的理论引领，而且有助于把握习近平新时代中国特色社会主义思想创新的逻辑，建构由大国成为强国的理论体系和话语体系，进而掌握国际话语权。

第四，关于新时代党和人民奋进的"五个必由之路"。"五个必由之路"是我们党在长期实践中得出的至关紧要的规律性认识，可以深化对共产党执政规律、社会主义建设规律、人类社会发展规律的认识，进而有助于从规律性认识上推进习近平新时代中国特色社会主义思想的创新。

第五，关于掌握历史主动。掌握历史主动也是我们党经过长期探索和实践得出的一个至关紧要的规律性认识，它决定着党和国家发展的命运，关乎全面建设社会主义现代化国家、实现中华民族伟大复兴。只有把握历史规律，才能掌握历史主动。这是新时代新实践新征程中的一个带有根本性、全局性、战略性的问题，需要从学理上深入研究。

第六，关于"时刻保持解决大党独有难题的清醒和坚定"。这涉及党的建设理论创新问题，深化对"六个如何始终"大党独有难题的认识和理解，有助于推进习近平新时代中国特色社会主义思想关于党的建设的理论创新。

第七，关于自我革命。一个世界上最大的马克思主义执政党要力求长期执政，就必须时刻保持对解决自身独有难题的清醒和坚定，为此就必须勇于自我革命。这是新时代新实践新征程中特别突出的一个重大问题。从学理上深入研究这一重大问题，有助于深化对习近平新时代中国特色社会主义思想关于新时代、新矛盾、新问题、新使命、新任务、新方略的认识。

第八，关于"五为五谋"。习近平新时代中国特色社会主义思想的伟大历史意义及实质，就在于为中国人民谋幸福、为中华民族谋复兴、为世界谋大同、为中国共产党谋强大、为马克思主义谋生机，简称"五为五谋"。理解和把握"五为五谋"，有助于深化对习近平新时代中国特色社会主义思想的精髓、实质、意义的认识。

二、以学理方式把握习近平新时代中国特色社会主义思想的科学体系

习近平同志在二十届中共中央政治局第六次集体学习时指出，推进理论的体系化、学理化，是理论创新的内在要求和重要途径。这不仅是党的理论创新的内在要求，也表明理论界对党的创新理论研究要进入一个新的阶段、层次和水平，向新的高度和深度提升。体系化注重理论观点之间的逻辑结构、总体框架及其构成的完整性、完备性；学理化注重思想挖掘的深入化、话语表达的学理化、内容阐释的学理化、精髓概括的学理化、理论建构的逻辑化，且深入挖掘重大政治命题和论断背后的道理学理哲理；体系化内在要求学理化，学理化服务于体系化。这里严格按照中央关于"体系化、学理化"的要求，在研究和表述中，既知其言更知其义、既知其然更知其所以然、既知其语更知其道，在严格同中央精神对表并尊重文本原意的前提下，力求以学理化方式，精准挖掘相关重大政治命题和论断背后的道理学理哲理，且上升到科学体系高度、深入到学理深层面。

以学理化方式提炼概括、全面把握习近平新时代中国特色社会主义思想的科学体系，首先需要确定一种方法论。这一方法论可从两方面入手。

一是基于习近平同志治国理政的实践来把握其科学体系的板块结构、内在逻辑和总体框架。实践是理论之源。我们的理论是"一种历史的产物，它在不同的时代具有完全不同的形式，同时具有完全不同的内容"。这意味着首先要搞清楚习近平同志治国理政实践及其所处的时间、空间、条件即"历史方位"（也就是人们常说的时代背景）。党的十八大以来，中国特色社会主义进入了新时代，我国发展站在新的历史起点上。每个时代总有属于它自己的问题，习近平同志治国理政实践所解决的时代性问题，是强国建设、民族复兴，集中解决"大而不强"的问题，迎来从"站起来""富起来"到"强起来"的伟大飞跃。解决时代性问题、完成历史任务、实现奋斗目标，在习近平同志那里，既运用"哲学方法"，也采取"总体方略"，还提供"全面保障"。最为关键的是更需要一个强大的"领导主体"。

二是从比喻意义上理解科学体系的板块结构、内在逻辑和总体框架。这可从把握"一棵参天大树"的板块结构入手。一棵参天大树,首先要搞清楚它是"在什么时候、什么地方、什么条件下栽的",这好比科学体系所在的历史方位;其次要搞清楚这棵大树的"根深不深、实不实、牢不牢",根深才能叶茂,这好比科学体系的哲学根基;再次要搞清楚这棵大树的"主干高不高、粗不粗",这好比科学体系的体系主干;接下来,也需要搞清楚这棵大树主干上长出来的"枝干多不多、旺不旺、茂不茂",这好比科学体系的体系枝干;接下来,需要搞清楚这棵大树"所需要的环境、维护和保障",这好比科学体系中的所谓"全面保障";再接下来,还要进一步搞清楚负责这棵大树"管理、栽培、浇水、施肥、扎根、开花、结果、收获的主体",这好比科学体系中的所谓"领导主体";最后,经过各方努力,这棵大树要结出果实了,还需要搞清楚这棵大树及"枝干上结的是什么果实,果实大不大、多不多、好不好",这好比科学体系的"原创性贡献"。

综合"实践逻辑"和"大树比喻"两方面的分析并加以提炼概括,习近平新时代中国特色社会主义思想的科学体系及其板块结构、内在逻辑和总体框架就是:历史方位—哲学根基—体系主干(奋斗目标)—体系枝干(总体方略)—全面保障—领导主体—原创性贡献。全面深入研究和把握习近平新时代中国特色社会主义思想的科学体系,上述七个基本板块结构必不可少。

这里对人们谈论较多的"全面保障""领导主体"两个板块不再赘述,集中分析和阐述历史方位、哲学根基、体系主干、体系枝干。

(一)习近平新时代中国特色社会主义思想的历史方位

新时代、我国发展起来以后、"两个大局"、社会主要矛盾、大国成为强国、以中国式现代化全面推进强国建设、民族复兴,构成习近平新时代中国特色社会主义思想对历史方位判断的基本框架。

顾名思义,历史方位就是关于历史发展的位置,主要回答"由何而来""现在何处"问题,这就是习近平同志治国理政实践的"时代定位"问题。从相关文献看,党的十九大报告第一个部分所讲的"中国特色社会主义进入新时代""三个意味着""五个时代""社会主要矛盾",《习近平谈治国理政》第三卷所讲的"两个大局",党的十九届六中全会通过的《中共中央关于党的百年奋斗重大成就和历史经验的决议》,党的二十大报告提出的"中国式现代化""强国建设、民族复兴"等,共同构成理解习近平新时代中国特色社会主义思想关于历史方位的文本依据。

深入分析上述文本可以看出,"三个意味着"本质上是从中华民族发展、科学社会主义发展、中国特色社会主义发展三个维度,对习近平同志治国理政实践所处的历史方位进行确定,实质上讲的是"中国特色社会主义进入新时代""我国发展起来以后""使大国成为强国即实现强起来"的历史方位。第一个"意味着",指的是我国发展起来以后,中国特色社会主义进入新时代,中华民族迎来了从站起来、富起来到强起来的伟大飞跃,站在了实现强起来新的历史起点上,聚焦的是"中华民族发展进程",讲的是新时代"中华民族伟大复兴"的叙事,核心点是"中华民族"之主体和"站起来—富起来—强起来"(强国建设、民族复兴)之宏大历史进程。第二个"意味着",指的是社会主义由低谷到高潮,站在了焕发强大生机活力新的历史起点上,聚焦的是"科学社会主义发展进程",讲的是"中国特色社会主义使科学社会主义焕发强大生机活力"的叙事,主体是"科学社会主义",总体趋势是"走出低谷—焕发生机"。第三个"意味着",指的是中国特色社会主义开创了中国式现代化,站在了为解决人类问题贡献中国智慧和中国方案新的历史起点上,聚焦的是"人类实现现代化发展进程",讲的是"中国特色社会主义创造中国式现代化及其世界意义"的叙事,主体是"中国特色社会主义创造中国式现代化",关键点是在世界现代化版图中,中国式现代化具有世界意义,能为人类实现现代化提供一种具有光明前景的新的选择。由此不难看出,聚焦中华民族,使大国成为强国即实现"强起来";聚焦21世纪科学社会主义,使科学社会主义在21世纪的中国焕发出强大生机活力;聚焦人类实现现代化,中国式现代化为解决人类问题贡献了中国智慧和中国方案;三者构成上述文本的内在逻辑和核心线索。分析这一逻辑和线索可以发现,通过"中华民族—21世纪科学社会主义—人类实现现代化"这一层次递进的主体比较,通过我国发展起来前后的"站起来、富起来与强起来""社会主义与资本主义""发展中国家与发达国家"这三种不同的视野对照，关于新时代中国发展的时代境遇是什么就基本清晰了。在这个意义上可以说，新时代中国特色社会主义发展的内在逻辑是"强国建设、民族复兴"，即实现强起来。党的十九大报告和十九届六中全会通过的《中共中央关于党的百年奋斗重大成就和历史经验的决议》所讲的"五个时代"，就是从五个角度对新时代及其"强国建设、民族复兴"进行的阐释；新的社会主要矛盾，就是从解决人民生活"美好不美好"、国家和民族"强不强"两个根本方面，对新时代及其"强国建设、民族复兴"进行的阐释。

进一步看，习近平新时代中国特色社会主义思想在对"历史方位"进行界定的同时，还蕴含两个明显的方法论框架。一个是横向上，"两个大局"的分析框架贯穿党的十九大报告和二十大报告始终。党的十九大报告所讲的"五个时代"，就是在"强国建设、民族复兴"与世界现代化框架中思考新时代的历史定位；党的二十大报告第三个部分，在对世界历史趋势的观察、把握中，提出了新时代新征程的中心任务是以中国式现代化全面推进中华民族伟大复兴，中国式现代化为人类实现现代化提供了新的选择。这体现了一种"中国—世界"或"民族—人类"的"两个大局"观察方式和分析框架，其中，实现中华民族伟大复兴是战略全局，世界视野就是直面世界百年未有之大变局。另一个是纵向上，"大国建设—强国建设"成为一种贯通始终的逻辑分析进路。在对新时代10年的总结中，从基于中国人民创造"两大奇迹"，到转向"强起来"的历史判断，从基于探索世界或人类实现现代化进程中的"全新选择"，到形成关于"中国式现代化为人类实现现代化提供了新的选择"的历史自信等，都反映出中国共产党人对新时代中国发展从大国走向强国的理性自觉和自立自信。

（二）习近平新时代中国特色社会主义思想的哲学根基

理论的体系化和学理化、"时代、实践、文本、理论的根据"、系统为基的战略辩证法，是把握习近平新时代中国特色社会主义思想哲学根基的基本要素。

推进理论的体系化、学理化，是理论创新的内在要求和重要途径。马克思主义之所以影响深远，在于其以深刻的学理揭示人类社会发展的真理性、以完备的体系论证其理论的科学性。习近平新时代中国特色社会主义思想的发展是一个不断丰富拓展并不断体系化、学理化的过程。

这表明对习近平新时代中国特色社会主义思想的研究要向纵深推进，即继续推进理论创新，向理论的学理化阐释、学术化表达、体系化建构推进。体系化内在要求学理化、学术化，学理化阐释、学术化表达、体系化建构内在要求必须深入揭示出习近平新时代中国特色社会主义思想的哲学根基。没有哲学根基的理论根本谈不上体系化、学理化，没有哲学的体系就没有"根"。在这个意义上，建构习近平新时代中国特色社会主义思想的科学体系，对这一科学体系进行学理化阐释和学术化表达，最为纵深最为根本最为厚重的就是理解其中蕴含的哲学根基。这应当看作我们进一步认识、理解和把握习近平新时代中国特色社会主义思想之科学体系的深化，在这方面现有的相关成果还缺乏深入研究。习近平新时代中国特色社会主义思想的哲学根基，若从学理上加以分析、提炼和概括，就是系统为基的战略辩证法。

对系统为基的战略辩证法，需要进一步从历史、实践、文本、理论四方面作出深入说明和论证。

首先，系统为基的战略辩证法反映了中国特色社会主义发展的历史逻辑，有历史依据。中国特色社会主义开创之初，由于人民日益增长的物质文化需要同落后的社会生产之间的社会主要矛盾，我国发展在实践上相对注重"重点突破"，即以经济建设为中心，改革的重点在经济领域，意求建立社会主义市场经济体制来解放和发展社会生产力，它创造了经济快速发展奇迹。与此同时，出现了发展的不平衡不和谐不稳定，针对这种新情况新问题，当年我们党提出科学发展观，实质是强调"全面发展"。党的十八大以来，中国特色社会主义进入新时代，在注重全面发展的基础上，针对全面深化改革及其总目标，习近平同志强调全面深化改革中遇到的问题大都是系统性、整体性、全局性、根本性、战略性问题，牵一发而动全身。方法取决于问题的本性。既然问题大都是系统性、整体性、全局性、根本性、战略性的，而且破解这些问题必然涉及系统以及其中的历史和现实、现象和本质、全局和局部、当前和长远、宏观和微观、主要矛盾和次要矛盾、特殊和一般的关系，那么就必须坚持系统观念，把中国特色社会主义发展置于中华民族伟大复兴战略全局和世界百年未有之大变局进行

"系统性的战略谋划",统筹推进"五位一体"总体布局、协调推进"四个全面"战略布局,且要运用辩证思维来正确处理系统中一系列具有战略性的辩证关系。习近平同志指出:"党的十八届三中全会也是划时代的,开启了全面深化改革、系统整体设计推进改革的新时代,开创了我国改革开放的全新局面。"①全面深化改革之所以是"划时代"的,就在于它具有转折性、根本性、整体性、全局性、长远性,需要从战略上进行"系统整体设计"。这就把运用辩证思维进行"系统性的战略谋划"推到历史前台。正是基于中国特色社会主义发展的历史逻辑,习近平同志在党的十九届五中全会上鲜明提出坚持系统观念,进一步强调"系统观念是具有基础性的思想和工作方法",并把"坚持系统观念"作为"十四五"时期经济社会发展必须遵循的一个重要原则。党的二十大报告又进一步把"必须坚持系统观念"作为习近平新时代中国特色社会主义思想的世界观和方法论的核心内容之一,而且在对系统观念进行阐释时,专门谈到了战略思维和辩证思维。

其次,系统为基的战略辩证法反映了习近平同志治国理政实践的本质特征,有实践依据。问题是时代的声音,哲学是时代精神的精华。习近平同志在治国理政实践中所解决的问题很多,具有哲学意义上的时代性问题,就是"坚持和发展中国特色社会主义""建设社会主义现代化强国""建设长期执政的马克思主义政党",就是"中国之问""世界之问""人民之问""时代之问",就是"两个大局"中的重大问题,就是在大国成为强国进程中以中国式现代化全面推进中华民族伟大复兴,就是改革发展稳定存在的深层次问题。上述问题都是系统性、整体性、全局性、根本性、战略性问题,破解这些问题,需要运用系统为基的战略辩证法。

再次,系统为基的战略辩证法体现了习近平同志相关重要论述中的思想,有文本依据。关乎系统为基的战略辩证法的相关文本论述,一是习近平同志关于"系统观念是具有基础性的思想和工作方法"的重要论述,二是党的二十大报告中关于习近平新时代中国特色社会主义思想的世界观和方法论中的"必须坚持系统观念"。"系统观念是具有基础性的思想和工作

---

① 《习近平谈治国理政》第三卷,外文出版社2020年版,第178页。

方法"内涵丰富且有深意。"基础性"有其深意,意味着其他观念如战略观念、辩证观念等都是建立在系统观念基础上的;思想方法是认识世界的方法,工作方法是改变世界的方法,认识世界和改变世界是哲学的两个根本功能。显然,"基础性"及其"思想和工作方法"具有世界观和方法论意义。况且,任何系统都会涉及理论和实践、历史和现实、现象和本质、部分和整体、结构和功能、全局和局部、当前和长远、宏观和微观、主要矛盾和次要矛盾、特殊和一般等关系,这些关系都具有战略性、实践性,需要运用辩证思维来分析和破解。把上述分析加以整合、提升和概括,就蕴含系统为基的战略辩证法。作为习近平新时代中国特色社会主义思想的世界观和方法论之哲学精髓之一,就是"必须坚持系统观念"。党的二十大报告在阐述"必须坚持系统观念"时,是把系统思维、战略思维、辩证思维作为一个有机整体来谈的,将此加以整合,就可以提炼为系统为基的战略辩证法。此外,在习近平总书记系列重要讲话中,较多地使用了"系统性""整体性""全局性""战略性""总体性""辩证性"等话语表述。

最后,系统为基的战略辩证法体现了习近平新时代中国特色社会主义思想的本质特征,有理论依据。习近平同志治国理政实践所解决的问题大都是系统性、整体性、全局性、根本性、战略性的,反映这种实践并从实践上升到理论,也多是以系统性、整体性、全局性、根本性、战略性特征呈现的。如党的二十大报告把习近平新时代中国特色社会主义思想的主要内容概括为"十个明确""十四个坚持""十三个方面成就",其中就涉及"实现中华民族伟大复兴战略全局"、"五位一体"总体布局、"四个全面"战略布局、"两步走"总的战略安排、"全面深化改革总目标""新发展理念""坚持社会主义核心价值体系""坚持总体国家安全观"等,这些主要内容都鲜明地以系统性、整体性、全局性、根本性、战略性特征呈现出来。显然,从学理上看,习近平新时代中国特色社会主义思想蕴含着系统为基的战略辩证法。

(三)习近平新时代中国特色社会主义思想的体系主干

哲学根基、时代课题、社会主要矛盾、"四大之问""历史意义""主要内容"和"五为五谋",是把握习近平新时代中国特色社会主义思想体系主干的基本路径。

扎根于根基的是树干，植根于哲学根基的是体系主干，体系主干都是扎根于哲学根基的，没有离开哲学根基的体系主干。这一体系主干承上启下，既扎根于哲学根基，又长出体系枝干。

如何确定习近平新时代中国特色社会主义思想的体系主干？这是一个重要问题。现有的研究成果没有触及这个问题，也是我们研究上的一个短板，因为没有"主干"的思想只是思想的"散叶"，有"主干"的思想再加上其哲学根基，就抓住了科学体系的"思想芯片"。

要确定体系主干，需要从哲学根基、时代课题、社会主要矛盾、"四大之问""历史意义""主要内容"的文本表述中，有逻辑地提升概括出来。

第一，从哲学根基提升概括。哲学根基具有根本性。作为习近平新时代中国特色社会主义思想哲学根基的系统为基的战略辩证法，可成为提炼体系主干的第一个依据。其中最为关键的，就是要理解和把握其中蕴含的系统性、整体性、全局性、根本性、战略性问题。《习近平谈治国理政》第三卷指出，以前我们要解决"有没有"的问题，现在则要解决"好不好"的问题。这里的"好不好"，核心就是人民的美好生活。习近平同志当选我们党的总书记以后面对中外记者发表演讲，主题就是人民对美好生活的向往就是我们的奋斗目标。况且，新时代我国社会主要矛盾发生了历史性转化（社会主要矛盾影响我国发展的根本、全局、长远和整体），转化为人民日益增长的美好生活需要和不平衡不充分的发展之间的矛盾，这里把"人民对美好生活的向往"历史必然地推到新时代我国发展的前台和中心，其中蕴含的根本问题，就是解决人民生活"美好不美好"，实质就是"为中国人民谋幸福"。实现中华民族伟大复兴是战略全局，它是近代以来中华民族最伟大的梦想，任何国家和势力都阻挡不了我们前进的步伐。我国已经开启"强国建设、民族复兴"新征程，把以中国式现代化全面推进"强国建设、民族复兴"看作新时代新征程的中心任务，显然这既是战略性问题又是全局性问题，其实质就是解决国家和民族"强不强"的问题，从而"为中华民族谋复兴"。这两个问题，就是我们常讲的"初心和使命"。习近平同志治国理政具有世界眼光，坚持胸怀天下，直面世界百年未有之大变局。他提出的参与全球治理体系改革和建设，倡导全人类共同价值，创造人类文明新形态，构建人类命运共同体，实质上就是致力于解决世界"和平不和平"的问题，"为世界谋大同"。党政军民学、东西南北中，党是领导一切的，办好中国的事情，关键在党，中国共产党领导是中国特色社会主义最本质的特征，是中国特色社会主义制度的最大优势，坚持党的全面领导是坚持和发展中国特色社会主义的必由之路，全面从严治党是党永葆生机活力、走好新的赶考之路的必由之路。党的十八大以来，习近平同志治国理政总体上是围绕"打铁必须自身硬"展开的，他所讲的统揽推进"伟大斗争、伟大工程、伟大事业、伟大梦想"，其中起决定性作用的是新时代党的建设新的伟大工程，所讲的协调推进"四个全面"战略布局、"十个明确"之首尾、"十四个坚持"之首尾、党百年奋斗十条历史经验之首尾，及中国特色社会主义制度的十三个"显著优势"，等等，都把坚持党的全面领导和全面从严治党的统一置于核心地位，其实质就是聚焦解决中国共产党自身"硬不硬"的问题，"为中国共产党谋强大"。马克思主义是我们立党立国、兴党兴国的"根本指导思想"。实践告诉我们，中国共产党为什么能，中国特色社会主义为什么好，归根到底是马克思主义行，是中国化时代化的马克思主义行。拥有马克思主义科学理论指导是我们党坚定信仰信念、把握历史主动的根本所在。百年来，党坚持把马克思主义写在自己的旗帜上，马克思主义中国化时代化不断取得成功，使世界范围内社会主义和资本主义两种意识形态、两种社会制度的历史演进及其较量发生了有利于社会主义的重大转变。这里，"旗帜""根本指导思想""归根到底是马克思主义行，是中国化时代化的马克思主义行"等，都充分表明马克思主义在我们党治国理政实践的全局中居于核心地位，实质就是解决马克思主义如何始终保持蓬勃生机、旺盛活力的问题，从而"为马克思主义谋生机"。归结起来，从哲学根基所蕴含的系统性、整体性、全局性、根本性、战略性问题中，我们分析和揭示出了"为中国人民谋幸福""为中华民族谋复兴""为世界谋大同""为中国共产党谋强大""为马克思主义谋生机"五大内核，这五大内核涉及"人民""中华民族""世界""中国共产党""马克思主义"，这恰恰是在习近平新时代中国特色社会主义思想科学体系中最具根本性、全局性、长远性、战略性的问题，居于核心地位。

第二，从"时代课题"提升概括。"时代课题"管根本、管全局、管整体、管长远，具有系统性和战略性，能成为提炼体系主干的第二个依据。习近平同志就"新时代坚持和发展什么样的中国特色社会主义、怎样坚持和发展中国特色社会主义，建设什么样的社会主义现代化强国、怎样建设社会主义现代化强国，建设什么样的长期执政的马克思主义政党、怎样建设长期执政的马克思主义政党"等重大时代课题进行深邃思考和科学判断，提出了一系列原创性的治国理政新理念新思想新战略。其中，建设社会主义现代化强国，本质上就是解决国家和民族"强不强"的问题，是"为中华民族谋复兴"；建设长期执政的马克思主义政党，本质上就是解决中国共产党自身"硬不硬"的问题，是"为中国共产党谋强大"；建设中国特色社会主义，与马克思主义、中国化时代化的马克思主义本质相联，因为科学社会主义因中国特色社会主义而在 21 世纪的中国焕发出强大生机活力，中国特色社会主义为什么好，归根到底是马克思主义行、中国化时代化的马克思主义行，其实质就是解决马克思主义如何始终保持蓬勃生机、旺盛活力的问题，从而"为马克思主义谋生机"。"为中华民族谋复兴""为中国共产党谋强大""为马克思主义谋生机"，是从"时代课题"中提炼概括出的体系主干。

第三，从"社会主要矛盾"提升概括。社会主要矛盾具有全局性、根本性和长远性，能成为提炼体系主干的第三个依据。新时代的社会主要矛盾，是人民日益增长的美好生活需要和不平衡不充分的发展之间的矛盾。"人民日益增长的美好生活需要"，主要是解决人民生活"好不好"的问题，其实质是为中国人民谋幸福；"不平衡不充分的发展"，主要是解决国家和民族"强不强"的问题，其实质是为中华民族谋复兴。

第四，从"四大之问"提升概括。"四大之问"具有系统性、整体性、全局性、根本性、战略性，涉及党和国家事业的整体、全局、根本和战略，能成为提炼体系主干的第四个依据。《习近平谈治国理政》第四卷"出版说明"强调："习近平在领导党和人民应变局、开新局的伟大实践中，坚持解放思想、实事求是、守正创新，对关系新时代党和国家事业发展的一系列重大理论和实践问题进行新的深邃思考和科学判断，提出了一系列原创性的治国理政新理念新思想新战略，进一步科学回答了中国之问、世界之问、人民之问、时代之问。""中国之问"之根本，就是解决国家和民族"强不强"的问题，是"为中华民族谋复兴"；"世界之问"

之核心,就是解决世界"和平不和平"或"世界向何处去"的问题,是"为世界谋大同";"人民之问"之关键,就是解决人民生活"美好不美好"的问题,是"为中国人民谋幸福";"时代之问"与"新时代及其时代特征"和"时代课题"本质相关,其内核涉及如何谱写马克思主义中国化时代化新篇章,涉及新时代在"为中国人民谋幸福""为中华民族谋复兴""为中国共产党谋强大"进程中如何"为马克思主义谋生机"。显然,"四大之问"蕴含了"为中国人民谋幸福""为中华民族谋复兴""为中国共产党谋强大""为世界谋大同""为马克思主义谋生机",这是从"四大之问"中提炼概括出的体系主干。

第五,从"历史意义"提升概括。这里讲的"历史意义",是中国共产党百年奋斗的历史意义。党的十九届六中全会通过的《中共中央关于党的百年奋斗重大成就和历史经验的决议》,是用大历史观,从党史、新中国史、改革开放史、社会主义发展史、中华民族发展史、人类发展史这种宽广、长远、整体、纵深的视野来分析和揭示中国共产党百年奋斗的伟大历史意义,其"历史意义"能成为提炼体系主干的第五个依据。这里讲的伟大"历史意义",是分别从"中国人民""中华民族""马克思主义""世界历史""中国共产党"五大根本主题来讲的。深读文本可以明确看出,其核心内容分别讲的是"中国人民对美好生活的向往""中华民族向世界展现的是一派欣欣向荣的气象""马克思主义中国化时代化不断取得成功,使马克思主义以崭新形象展现在世界上""党为世界谋大同""保持了党的先进性和纯洁性,党的执政能力和领导水平不断提高"。其实质显然讲的就是"为中国人民谋幸福""为中华民族谋复兴""为马克思主义谋生机""为世界谋大同""为中国共产党谋强大"。这是从"历史意义"中提炼概括出的体系主干。

第六,从"主要内容"提升概括。"主要内容"具有涵盖性、根本性、核心性、直接性,能成为提炼体系主干的第六个依据。习近平新时代中国特色社会主义思想的主要内容可概括为"十个明确""十四个坚持""十三个方面成就"。"十四个坚持"中的第二个坚持、第八个坚持和第九个坚持,第十一个坚持和第十二个坚持,第十三个坚持,第一个坚持和第十四个坚持,本质上分别讲的是"为中国人民谋幸福""为中华民族谋复兴""为世界谋大同""为中国共产党谋强大"。尤其是"十个明确"，属于习近平新时代中国特色社会主义思想的根本观点，其中第三个明确，第二个明确，第九个明确，第一个明确和第十个明确，就分别讲到了"人民""中华民族""世界""中国共产党"，从更为本质和深层的意义上加以提升，其实质就是"为中国人民谋幸福""为中华民族谋复兴""为世界谋大同""为中国共产党谋强大"。

综合上述分析，习近平新时代中国特色社会主义思想的体系主干，就是为中国人民谋幸福、为中华民族谋复兴、为世界谋大同、为中国共产党谋强大、为马克思主义谋生机。

（四）习近平新时代中国特色社会主义思想的体系枝干

"新发展理念""两大布局""战略安排"，是理解和把握习近平新时代中国特色社会主义思想体系枝干的基本逻辑。

从逻辑上讲，体系之所以成为体系，要旨就在"体"和"系"要完备，整体逻辑要自洽。其中，核心在"体"，即要有主体或主干结构，"主干"内生出各种"枝干"；"系"，附着于"体"，是从"体"生长出来"枝干"，它要"枝叶繁茂"。把握习近平新时代中国特色社会主义思想的科学体系，同样如此。

从学理逻辑上讲，如果说"五为五谋"是习近平新时代中国特色社会主义思想的体系主干，那么，"新发展理念""两大布局"和"战略安排"就是从"五为五谋"生长出来的体系枝干之核心内容，可概括为"总体方略"。现有的相关研究成果多从体系枝干及其他方面展开研究和论述，而从哲学根基、体系主干层面研究的比较少，甚至缺乏系统深入研究。

从"十个明确""十四个坚持""十三个方面成就"主要内容中，我们可提炼概括出最为核心的内核，即"新发展理念""两大布局"和"战略安排"，这分别是从"道""术""行"三个维度讲的。"十个明确"的逻辑是：方向道路—历史方位—奋斗目标—重大布局—政治保障。"十四个坚持"的逻辑是：治党治国治军—"五位一体"总体布局—"四个全面"战略布局—内政外交国防—改革发展稳定。"十三个方面成就"的逻辑是：党的领导—"五位一体"总体布局—"四个全面"战略布局—国防、安全、统一、外交。如果暂且不谈上述属于历史方位、体系主干、全面保障、领导主体等的内容的话，留下的核心内容就是"新发展理念""两大布局"和"战略安排"。这方面的内容就是"体系"之"系"，属于体系枝干，亦即为实现"五为五谋"所确定的总体方略。

"新发展理念"既然是"理念"，就属于"道"的范畴，是为实现"五为五谋"提供"道"上的总体方略。党的二十大报告指出："贯彻新发展理念是新时代我国发展壮大的必由之路"。"路"就是路径，路径属于方略范畴。新发展理念是从"道"的层面讲的"我国发展壮大"亦即"为中华民族谋复兴"的总体方略，其根本支撑是坚持以人民为中心的发展思想，就是说，它也是"为中国人民谋幸福"的总体方略。习近平同志强调："党的十八大以来我们对经济社会发展提出了许多重大理论和理念，其中新发展理念是最重要、最主要的。新发展理念是一个系统的理论体系，回答了关于发展的目的、动力、方式、路径等一系列理论和实践问题，阐明了我们党关于发展的政治立场、价值导向、发展模式、发展道路等重大政治问题。"① 他又明确强调："为人民谋幸福、为民族谋复兴，这既是我们党领导现代化建设的出发点和落脚点，也是新发展理念的'根'和'魂'。"② 不言而喻，新发展理念发源于"为人民谋幸福、为民族谋复兴"之"根"，同时也是引领"两大布局"之"道"。

"两大布局"既然是"布局"，就属于"术"的范畴，是为实现"五为五谋"提供"术"上的总体方略。习近平同志治国理政在实践上谈的相对多的就是"两大布局"：一是统筹推进"五位一体"总体布局，二是协调推进"四个全面"战略布局。这"两大布局"，把我国的经济、政治、文化、社会、生态文明、改革、法治、强国建设、党的建设等都包括进来了。现有的相关研究成果大都是围绕这些内容展开的，有合理性，然而还需要从中深入挖掘和提炼概括出科学体系的"思想芯片"。

"两步走"的战略安排既然是"安排"，就属于"行"的范畴，它是从"行"的层面为实现"五为五谋"提供的总体方略。

---

① 《习近平著作选读》第二卷，人民出版社 2023 年版，第 406 页。
② 《习近平著作选读》第二卷，人民出版社 2023 年版，第 407 页。

三、建构中国式现代化的理论形态

深化对习近平新时代中国特色社会主义思想的研究，其重要生长点之一，就是致力于建构中国式现代化的理论形态。

党的十八大以来，我们在理论和实践上的一个重大创新突破，就是成功推进和拓展了中国式现代化。为破解西方中心论的理论体系和话语体系[①]，当今特别需要立足于中国式现代化，从历史方位、根本问题、哲学根基、分析方法、核心理念、体系主干、体系枝干、原创性贡献等方面，建构中国式现代化的理论体系和话语体系。基于大历史观分析框架，这里着重从哲学上探究"中国式现代化及其理论体系和话语体系究竟是如何成功创造和建构起来的"这一重大问题。

（一）从对西方现代化潮流冲击的被动防御到主动应对

现代化运动和潮流是由西方启蒙运动，尤其是西方工业革命开启的。工业革命、市场经济、资本逻辑和政治民主等，是西方开启现代化运动的标志性符号。马克思、恩格斯的《德意志意识形态》《共产党宣言》等著作，揭示了西方现代化运动和潮流开启的内在机理。《德意志意识形态》主要揭示、分析和阐述了生产力、资本、世界市场、普遍交往（世界交往）所开辟的世界历史，使地域性历史转变为世界历史。《共产党宣言》主要揭示、分析和阐述了生产工具、大工业、世界市场、世界交往"创造出一个世界"[②]，一个具有统一性的世界。埃里克·沃尔夫认为："我们中间许多人甚至开始认为西方世界拥有一个系谱，就像古希腊孕育了古罗马；古罗马孕育了基督教欧洲；基督教欧洲孕育了文艺复兴、启蒙运动以及随之出现的政治民主和工业革命。而工业夹杂着民主，反过来催生了象征生命、自由与追逐幸福权利的美国。"[③] 西方开启的现代化运动和潮流

[①] 西方中心论的理论体系和话语体系，总体上是围绕"线性道路""单数文明""民族优越""天赋人权""社会进化""理性尺度""开化使命""美丽神话""唯一哲学"等建构起来的。
[②] 《马克思恩格斯选集》第一卷，人民出版社2012年版，第404页。
[③] ［澳］布雷特·鲍登：《文明的帝国——帝国观念的演化》，杜富祥、季澄、王程译，社会科学文献出版社2020年版，第280—281页。

极大推动了生产力发展和人类文明发展，促进地方历史、民族历史转变为世界历史。马克思、恩格斯指出："资产阶级在它的不到一百年的阶级统治中所创造的生产力，比过去一切世代创造的全部生产力还要多，还要大。"①弗洛姆认为："过去一百年来，我们在西方世界创造了比人类历史上其他任何社会都多的物质财富。"②然而，在西方现代化发展历程中，却逐渐导致无产阶级和资产阶级的对立、先发现代化国家和后发现代化国家的对立，导致人和自然的疏离、人和社会的疏离、人和人的疏离、人的身心疏离。西方现代化演进的逻辑，是从启蒙现代性、经典现代性，经资本现代性批判和反思现代性，最后走向后现代主义。

"现代性"的共同点是具有强烈的历史意识和时间意识。"启蒙现代性"呈现在启蒙运动历史时期，诞生于资本主义工业化初期，其根基是人的主体性、理性和个人自由，其核心是理性逻辑。它以人的主体性反对"神性"，以理性反对蒙昧，以个人自由反对宗教禁锢，在摆脱"神性"并培育人的独立性上发挥了历史进步作用。启蒙现代性在高扬理性主义的同时，也使理性走向膨胀，使经验理性超验化，使有限理性无限化，使属人理性实体化。

"经典现代性"呈现于资本主义工业化时期，是对18世纪工业革命以来西方国家现代化进程，即传统社会向现代社会转型的理论阐释，18世纪法国启蒙运动是其体现。它扬弃启蒙现代性的理性和自由，立足现代工业文明阐释现代性。经典现代性以理性人为起点，以合理性为目标（具有语言、认识和行为能力的人获得和使用知识，获取物质财富），它使理性日益工具化、世俗化和物化，成为工具理性和世俗理性。线性历史观、物质主义至上的单向度发展观、自由主义和工具理性是其鲜明标识，理性逻辑和物化逻辑是其内核。经典现代性强调现代化模式的唯一性和普遍性，认为后发国家实现现代化须遵循它所设定的现代化模式。这就为"特殊"披上"普遍"的外衣，蕴含西方中心论的基因。

马克思从资本批判和理性批判展开"资本现代性批判"。资本批判主要是对资本占有劳动并具有控制社会权力的资本逻辑的批判；理性批判主

---

① 《马克思恩格斯选集》第一卷，人民出版社2012年版，第405页。
② ［美］艾里希·弗洛姆：《健全的社会》，孙恺祥译，上海译文出版社2011年版，第1页。

要是遏制理性主义膨胀，矫正工具理性和科技理性。马克思所处的资本主义社会及其现代性基础，是资本扩张的逻辑。资本是处在特定社会关系中的物，具有独立性和个性，是统治社会的力量，成为资本主义社会的"最后本体""终极实在""最高主宰"，具有万物归一的最高统一性和终极解释性，把整个社会和人都卷入资本主导逻辑之中，受资本"同一性"和"总体性"控制。

"反思现代性"则注重对经典现代性及其负效应的反思、批判和修正，实质是重建西方现代社会新的现代性。后现代主义产生于后工业社会，从哲学上关切信息社会的现代性问题，注重对以理性为基础的现代性的全面颠覆。后现代主义走向经典现代性的反题即多元逻辑，其哲学标志就是从整体上终结理性形而上学，颠覆机械决定论世界观，构建新的哲学范式及其逻辑，即否定理性、超验性、一元性、统一性、整体性、线性、精确性、普遍性、连续性、决定论、可控性、均衡性、永恒性和宏大叙事，注重感性、经验性、多元性、独特性、个体性、多线性、不确定性、差异性、断裂性、非决定论、批判精神、非均衡性、突变性和微观叙事。概言之，它告别启蒙运动关于人性解放、唯心主义关于精神目的论、历史主义关于意义阐释的神话，告别注重主体、本质和中心的世界观，坚持注重感性、多元性和非决定论的世界观，本质上是对"不确定时代"的概括，一定意义上开始动摇西方中心论的哲学根基。

现代化运动作为一种世界潮流，把各国卷入其中，追求现代化成为世界各国面临的共同命运，中国亦不例外。"它使未开化和半开化的国家从属于文明的国家，使农民的民族从属于资产阶级的民族，使东方从属于西方。"[①] 西方一些现代化理论以"传统—现代"为解释框架看待先发现代化国家和后发现代化国家之间的关系，强调在实现现代化问题上，后发国家必须依附于先发国家，其中蕴含着西方中心论的逻辑。西方现代化潮流对清朝末年的中国产生强烈冲击，也加速了晚清的没落。面对冲击，中国开始一次次具有被动防御性的回应。

第一次回应是洋务运动，主要是"器物"层面对西方现代化的回应。当时西方的洋枪洋炮打开了中国大门，以曾国藩、李鸿章、左宗棠、张之

---

① 《马克思恩格斯选集》第一卷，人民出版社2012年版，第405页。

洞等为主要代表的洋务派，强调引进西方的武器装备，学习西方的科学技术，兴办洋务，办军用企业和钢铁工业，生产洋枪洋炮和舰船。与之相应，也产生其理论主张，即张之洞强调的"中学为体，西学为用"。洋务运动在性质上是晚清内部部分官僚为了挽救封建统治，从武器装备和科学技术等器物层面向西方学习的自救自强的改革运动。它的历史进步意义在于冲破封建主义封闭保守的狭隘眼界，打破重农轻商的历史传统，一定程度上促进了近代中国生产力的发展，也促进了国防的近代化，使中国人初步具有了现代化意识。它的消极影响在于为帝国主义、官僚资本主义、封建主义的勾结提供了条件。这也是导致国家蒙辱、人民蒙难、文明蒙尘的根本原因之一。它表明：晚清官僚承担不了中国实现现代化的历史重任。

第二次回应是戊戌变法，主要是"制度"层面对西方现代化的回应，以康有为、梁启超、谭嗣同等为主要代表。戊戌变法在性质上是资产阶级改良的爱国救亡的政治运动，其目的是用资本主义的政治、经济、社会、文化、教育等制度来取代封建专制的政治体制、自给自足的自然经济，从制度层面推进中国现代化。它的积极作用在于推动了晚清政府的自我改革，推动知识分子由维新向革命转化，使其成为革命党人，推动了辛亥革命的到来，也从制度上推动了中国现代化。它的消极作用在于不敢否定封建专制，对帝国主义抱有幻想。百日维新最终以失败而告终，其根本原因在于资产阶级的软弱性和封建专制守旧势力的顽固性，强大的封建守旧势力极力反对变法。这表明：在半殖民地半封建的旧中国，没有代表无产阶级和人民群众的强有力的先进政治组织，没有广大人民群众支持，仅依靠资产阶级自上而下的改良道路来实现中国现代化，是行不通的。

这里需要说明的是，辛亥革命对西方现代化潮流的回应，与戊戌变法有异曲同工之处，显然也是一种重要的回应，甚至推翻了封建君主专制，但也属于"制度"层面的回应。

第三次回应是五四运动，主要是"文化"层面对西方现代化的回应，主要代表人物有陈独秀、李大钊、蔡元培、胡适等。五四运动是一场以青年学生为主，工人阶级、小资产阶级和资产阶级等共同参与的反对帝国主义、封建主义的爱国运动，为马克思主义在中国的传播创造了条件，为推进中国现代化提供了思想文化基础。五四运动前后，在中国思想文化界，在如何应对西方现代化冲击问题上，争论较为激烈。归结起来，主要有五种路线和观点：完全接纳西方化、现代化；完全拒绝西方化、现代化；可以西方化但不能现代化；接受现代化但不能西方化；在现代化进程中，起飞阶段可以吸收西方文化中的许多因素，在现代化加快发展阶段，西方化的比率要下降，本土文化应获得复兴和伸张。五四运动表明：解决中国现代化问题，最为关键的，一是必须有正确的科学思想引领，二是必须有强有力的领导组织力量。

第四次回应是中国共产党诞生及其对道路的探寻。这种回应，首要在"文化"层面，积极主动推进马克思主义中国化，把马克思列宁主义基本原理同中国具体实际相结合，具有先进思想引领；也在"领导组织"层面，马克思列宁主义与中国工人运动相结合产生了中国共产党，具有先进组织领导；还建立起马克思主义中国化同"中国道路"的本质联系，从根本上积极探寻解决中国问题的中国道路。探索中国现代化道路的重任，历史地落在中国共产党身上。马克思主义中国化时代化历史进程，马克思主义基本原理同中国具体实际相结合、同中华优秀传统文化相结合，最为实质的就是中国共产党从根本上找到一条能解决中国问题的现代化道路。道路探寻是贯穿马克思主义中国化时代化的一条根本主线。毛泽东指出："应该把马列主义的基本原理同中国社会主义革命和建设的具体实际结合起来，探索在我们国家里建设社会主义的道路了。"[①] 中国共产党诞生，对中国实现现代化具有开天辟地的历史转折意义。它一改过去中国对西方现代化潮流冲击的被动防御性回应为积极主动性应对，从指导思想、领导力量、中国道路三个根本方面掌握了历史主动，使中国不断开辟了实现社会主义现代化进而实现中华民族伟大复兴的正确道路，为实现现代化创造了根本社会条件，从根本上改变了中国人民的前途命运，逐步展示了马克思主义的强大生命力。其中，道路问题，就成为我们党搞革命、搞建设、搞改革的最根本问题。这一时期我国对现代化道路的探索和实践所形成的最大成果，就凝练为"走自己的路"。这表明中国共产党在中国实现现代化问题上开始掌握历史主动。

在中华人民共和国成立后的社会主义革命和建设时期，我们党确立了

---

① 中共中央文献研究室编：《毛泽东年谱（1949—1976）》第二卷，中央文献出版社2013年版，第550页。

社会主义基本制度，为现代化建设奠定根本政治前提和宝贵经验、理论准备、物质基础；同时，为解决中国经济落后问题，周恩来明确提出实现"四个现代化"；毛泽东提出"以苏为鉴"、独立自主地探索适合中国国情的社会主义现代化建设道路。这是中国共产党执政以后治理国家，对中国实现现代化第一次作出较为全面的战略性思考和主动性谋划，影响深远。

作为中国共产党百年奋斗一个历史分期的改革开放和社会主义现代化建设新时期，其主线就是全面建设社会主义现代化。中国共产党主动继承发展、推进拓展了"四个现代化"，为追赶世界现代化潮流，建立起了社会主义与现代化的本质联系，积极主动致力于全面实现社会主义现代化，并把中国特色社会主义作为实现社会主义现代化的必由之路，鲜明地把实现社会主义现代化作为中国特色社会主义的总任务之一，为中国式现代化提供了充满活力的体制保证和快速发展的物质条件。这一时期，西方现代化理论，包括狭义现代化理论（20世纪五六十年代兴盛于美国的现代化理论）和广义现代化理论（基于西方工业化和民主化进程，研究因资本主义发展而在欧洲兴起的现代化运动和潮流），对我国产生了影响，其中的"冷战意识形态""文明开化使命论""西方优越论"具有意识形态因素。对此，我们党主动提出要防止西方意识形态渗透。这一时期，对社会主义现代化道路的探索和实践所形成的最大成果，就凝练为"中国特色社会主义道路"。

中国特色社会主义进入新时代，作为具有划时代意义的全面深化改革的总目标之一，就是积极主动"推进国家治理体系和治理能力现代化"。如果说改革开放之初建设社会主义现代化主要是解放和发展社会生产力的话，那么中国特色社会主义进入新时代所推进的全面深化改革，则主要是坚持和完善中国特色社会主义制度、推进国家治理体系和治理能力现代化。其中提出的中国特色社会主义"制度"和国家"治理"，涉及的都是中国特色社会主义的"根"和"本"，是建设社会主义现代化的"根"和"本"，是全面性的、根本性的，具有"治本"性，其实践意义就是以"制度"更好地"治理"国家，解决我国经济社会发展的动力机制和平衡机制问题。因而，这实质上是从"治本"意义上主动提出国家治理现代化。从"四个现代化"，经社会主义现代化，再到国家治理体系和治理能力现代化，反映和体现的是我国不断实现现代化的历史演进逻辑。总结这一历程可以看出，中国共产党掌握了中国实现社会主义现代化的根本和主动，那就是党的坚强领导、先进思想引领、选择正确道路和以制度优势治理好国家。

（二）中国式现代化成功创造和建构的演进逻辑

在中华人民共和国成立以来的历史演进中，中国共产党逐步成功创造了中国式现代化。习近平同志指出："在新中国成立特别是改革开放以来长期探索和实践基础上，经过十八大以来在理论和实践上的创新突破，我们党成功推进和拓展了中国式现代化。"[①] 这实质上讲的就是中国式现代化的生成逻辑和创造建构逻辑。我们党究竟是如何通过创造性突破从而成功推进拓展中国式现代化的？

2021年以来，党的重要文献先后提出"走自己的路""中国特色社会主义道路""创造了中国式现代化新道路""中国式现代化"四个重要概念或论断。对这四个重要概念或论断的关系，我国理论界还缺乏全面深入探讨。从哲学上讲，这四个重要概念或论断是沿着历史逻辑、理论逻辑、实践逻辑"出场"的，是历史逻辑上步步递进提升，理论逻辑和实践逻辑上不断推进拓展的关系。

最早提出的是"走自己的路"。"走自己的路"之关键词是"自己的"。这一论断虽简洁，但具有三大实质意义：一是从"破"上力求破除对西方现代化道路和传统苏联模式的路径依赖，为开启走自己的路提供前提；二是从"立"上确立中国实现现代化"道路"问题上的"中国自主性"，为走自己的路提供自主性基础；三是从"走"上达到认识自觉，即无论"破"还是"立"，都意味着脚下的路坎坷曲折，需要具备守正创新的科学态度和勇毅前行的精神状态。显然，这是一种前提性、基础性的突破，着重体现了中国实现现代化的自主性，没有这种自主性，中国式现代化便无从谈起。

之后提出了"中国特色社会主义道路"。中国特色社会主义道路是

[①] 习近平：《高举中国特色社会主义伟大旗帜 为全面建设社会主义现代化国家而团结奋斗——在中国共产党第二十次全国代表大会上的报告》，人民出版社2022年版，第22页。

"走自己的路"在改革开放和社会主义现代化建设新时期的具体体现。它源于"走自己的路",同时又推进拓展为"中国特色社会主义道路",赋予"走自己的路"以新的具体内涵:一是把"自己的"转换为"中国特色社会主义"。我们既走的是"中国特色"之路,要适合改革开放和社会主义建设新时期的国情,又走的是"社会主义"道路。二是确定了"中国特色社会主义道路"的基本内涵。这就是"四个坚持":坚持以经济建设为中心,坚持四项基本原则,坚持改革开放,坚持独立自主。换一种表述方式,就是坚持"一个中心、两个基本点"的党的基本路线,坚持独立自主。其中,最值得从学理上关注的,就是"基本路线"和"独立自主"。这意味着既坚持党的基本路线一百年不动摇,又表达"自主性成长"的意义。三是从基本内涵中提炼出本质内涵,就是"坚持中国共产党领导""坚持人民至上"和"坚持社会主义市场经济体制"。党的基本路线中有坚持四项基本原则,坚持四项基本原则中有"坚持中国共产党的领导",中国共产党领导是中国特色社会主义最本质的特征,是中国特色社会主义制度最大的优势;也有"坚持社会主义道路",社会主义道路本质上就是创造人民美好生活、为中国人民谋幸福之路,这是"坚持人民至上"的体现。党的基本路线中也有"坚持以经济建设为中心""坚持改革开放",它们都与构建高水平社会主义市场经济体制本质相关。四是坚持中国特色社会主义道路,既要坚定不移又要守正创新。坚定不移,就是坚持道不变、志不改;守正创新,就是既不走封闭僵化的老路(创新),也不走改旗易帜的邪路(守正)。确立中国特色社会主义道路意义重大,它是党和人民在"走自己的路"问题上,历经千辛万苦、付出巨大代价取得的根本成就,在坚持自主性的同时,又赋予、拓展了中国实现现代化的内涵。由"自主性"到"内涵",就是一种创造性生成、推进和拓展。

其后提出了"中国式现代化新道路"。中国式现代化新道路是从对中国特色社会主义道路的推进拓展角度讲的,它源于并进一步推进拓展了中国特色社会主义道路。"源于"是说中国特色社会主义道路本质上就是实现社会主义现代化的道路,中国式现代化新道路就是从中国特色社会主义道路中"走"出来的,中国特色社会主义道路是来源和基础。"进一步推进拓展"表明:

1. "中国式"是从"中国特色"创造性地转换、提升出来的

"中国特色"表达的是蕴含中华文化、体现中国国情、具有中国特点,"中国式"则把这种中华文化、中国国情、中国特点提升为一种中国范式,它是相对于西方现代化范式而言的。这是一种更为规范的表述,表达的是世界现代化的一种类型,因而具有类型学意义;它可以与西方现代化处在同一主题上进行平等对话,因而具有对话传播意义;它表明在世界现代化进程中"有我"的存在及其世界意义,能增强我们在现代化问题上的自信。

2. "现代化"是从"社会主义"转换、凝练出来的

中国式现代化首要是社会主义现代化,从应然性来讲,它区别于又高于西方资本主义现代化,因为它既要克服西方资本主义现代化的历史弊端,又注重避免改革开放之初我国社会主义现代化建设所付出的代价。显然,"现代化"既是更为明确地把中国特色社会主义道路确定为实现社会主义现代化道路,也是为了突出现代化。

3. "新"在一定场景和语境中有其独立存在的价值

这里的"新"是相对于三个方面而言的。一是相对于西方现代化而言的"新",它为人类实现现代化开辟出一种新的范式或类型,打破了那种把现代化完全等于西方化的迷思,也努力避免西方现代化的代价。二是相对于我国改革开放之初"中国式的现代化道路"而言的与时俱进意义上的"新"。"中国式现代化新道路"是在改革开放之初所讲的"中国式的现代化道路"基础上推进拓展出来的。邓小平明确提出:"要在本世纪内实现四个现代化,把我国建成一个社会主义强国,这是一个非常艰巨的任务。""过去搞民主革命,要适合中国情况,走毛泽东同志开辟的农村包围城市的道路。现在搞建设,也要适合中国情况,走出一条中国式的现代化道路。"① 他还指出,我们叫中国式的现代化,就是把标准放低一点,目

---

① 《邓小平文选》第二卷,人民出版社 1994 年版,第 163 页。

标是小康社会,"这个小康社会,叫做中国式的现代化"①。这些阐述表明,邓小平强调的"中国式的现代化道路"有两层含义,即"适合中国情况"和"建成小康社会"。当今习近平同志所讲的"中国式现代化新道路",同样强调要"适合中国情况";同时也要看到,"中国式现代化新道路"既要积极避免改革开放之初中国式的现代化前进道路上所付出的代价,又要明确对接"新时代",其目标是指向全面建成社会主义现代化强国、全面推进中华民族伟大复兴。"我们坚持和发展中国特色社会主义,推动物质文明、政治文明、精神文明、社会文明、生态文明协调发展,创造了中国式现代化新道路,创造了人类文明新形态。"②这里,"两个创造"是坚持和发展中国特色社会主义并推动"五大文明"之"果",坚持和发展中国特色社会主义并推动"五大文明"是"两个创造"之"因"。"五大文明"协调发展是党的十八大以后提出的概念和论断,是对改革开放之初那种相对注重物质财富增长和人民基本需求满足的"中国式的现代化道路"的推进和拓展。三是相对于中国现代化发展在世界现代化发展进程中的地位而言的"新"。在世界现代化发展进程中,从"世界失我"到"世界有我"再到"世界向我",表明中国式现代化新道路在世界现代化发展历程中不断彰显步步提升的新地位,也彰显了中国实现现代化的世界性意义。就此而言,提出中国式现代化新道路,具有独特的历史内涵和存在的特殊价值。

今天又提出"中国式现代化"。这进一步推进拓展了中国式现代化新道路,既体现在它跳出了仅从道路来谈中国式现代化,而拓展为从更为广阔的道路、理论、制度、文化等层面和维度来理解和把握中国式现代化;又体现在它把中华人民共和国成立特别是改革开放尤其是党的十八大以来中国实现现代化的实践经验上升到理论建构,初步形成了中国式现代化的新的理论体系和话语体系;也体现在我国由过去在现代化问题上的"话语依赖"走向今天的"话语自主",掌握了中国实现现代化问题上的"中国话语权"。这有助于中国实现现代化的"理论建构"。

在中国实现现代化的实践历程中,我们从走自己的路的"自主性",

---

① 《邓小平文选》第三卷,人民出版社 1993 年版,第 54 页。
② 习近平:《在庆祝中国共产党成立 100 周年大会上的讲话》,人民出版社 2021 年版,第 13—14 页。

经中国特色社会主义道路的"内涵式",到中国式现代化新道路的"世界意义",再到中国式现代化的初步"理论建构",这一连串的创造性推进拓展,就集中体现为成功创造和建构起了中国式现代化。中国式现代化就是这样成功创造出来的。

(三)从实践经验到中国式现代化理论体系和话语体系的初步建构

在探索和实践基础上创造突破和成功推进的中国式现代化,需要进一步作出理论上的阐述和论证,从总体上建构起中国式现代化的理论体系和话语体系。这正是党的二十大报告的一个重大贡献,从创新突破、使命任务、性质方向、共同特征、中国特色、本质要求、重大原则等方面,总体上初步建构起中国式现代化的新的理论体系和话语体系。

1. 创新突破

这是中国式现代化的生成逻辑,主要回答中国式现代化就形成而言"由何而来"的问题。对其生成逻辑,我国理论界还缺乏系统深入的分析研究。

中华人民共和国成立特别是改革开放以来的长期探索和实践,是党成功推进和拓展中国式现代化的基础,这就保持了中国式现代化同"长期探索和实践"的历史连续性,但它还不是中国式现代化主体本身。党的十八大以来我们在理论和实践上的创新突破,就聚焦和提升为成功推进和拓展了中国式现代化,这就阐明了中国式现代化"主体本身"同"长期探索和实践"的关系,表明了质的创新突破或飞跃。换言之,以质的创新性突破且成功推进拓展中国式现代化主体本身的历史起点,是新时代这 10 年。中华人民共和国成立特别是改革开放以来的长期探索和实践,主要是为这种质的创新性突破且成功推进拓展中国式现代化主体本身提供基础。党的二十大报告对中国式现代化的系列重要论述,都是对接"新时代"即强国时代这一历史方位,"新时代"创造性且具有质的突破性成果,就是成功推进拓展了中国式现代化主体本身,其目标是"全面建成社会主义现代化强国"和"实现中华民族伟大复兴"。

新时代以来，党在已有基础上继续前进，不断实现理论和实践上的创新突破。集中体现在：

（1）实现"整体转型升级"，这是创新突破、成功建构中国式现代化的第一个鲜明标识。习近平同志指出，中国要实现的现代化，是人口规模巨大的现代化，是全体人民共同富裕的现代化，是物质文明和精神文明相协调的现代化，是人与自然和谐共生的现代化，是走和平发展道路的现代化。这五个"中国特色"即本质特征都是逻辑对接"新时代"的，主要是从"新时代"强国建设所推进和拓展的现代化来讲的，直接目标是指向"全面建成社会主义现代化强国"和"实现中华民族伟大复兴"的。这对改革开放之初所讲的"中国式的现代化道路"来说，是一种整体转型升级。

（2）中国式现代化从"现代化在中国"走向"中国式现代化在世界"，如前所述，它彰显了"世界有我"乃至"世界向我"的存在，这是创新突破、成功建构中国式现代化的第二个鲜明标识。起初我们的中国特色社会主义道路，相对侧重于国内实现社会主义现代化、实现中华民族伟大复兴，中国特色社会主义道路是实现中华民族伟大复兴的必由之路；随着中国特色社会主义进入新时代，中国式现代化也注重为发展中国家走向现代化提供新的途径，为人类实现现代化提供新的选择，为解决人类问题贡献中国智慧和中国方案。

（3）从实践经验到重大论断再走向理论建构，这是创新突破、成功建构中国式现代化的第三个鲜明标识。党的十九届六中全会通过的《中共中央关于党的百年奋斗重大成就和历史经验的决议》提出"中国式现代化"概念，但对其理论内涵未展开系统阐述。党的二十大报告第一次对中国式现代化作出了系统的理论阐述并初步建构起中国式现代化的理论体系和话语体系。

2. 使命任务

这是中国式现代化的目标逻辑，主要回答中国式现代化就目标而言"要干什么"的问题。

"中国共产党的中心任务就是团结带领全国各族人民全面建成社会主义现代化强国、实现第二个百年奋斗目标，以中国式现代化全面推进中华民族伟大复兴。"①把"以中国式现代化全面推进中华民族伟大复兴"作为党的中心任务，意味着中国式现代化是全面推进中华民族伟大复兴的必由之路。这是我们在长期探索和实践中得出的至关紧要的规律性认识。"规律性"，意味着中国式现代化与实现中华民族伟大复兴具有因果上的内在本质联系，体现的是社会主义建设规律。我们无论搞革命、搞建设、搞改革，道路问题都是最根本的问题，是第一位的问题。为解决这个最根本的问题，我们党积极推进马克思主义中国化时代化，把马克思主义基本原理同中国具体实际相结合、同中华优秀传统文化相结合，其中最根本的创新成果，就是找到了中国实现现代化的正确道路。历史和实践表明：我们之所以能够创造出人类历史上前无古人的发展成就，找到一条正确道路是根本原因。把中国式现代化同全面推进中华民族伟大复兴在本质上联系起来，意味着中国式现代化蕴含使大国成为强国的"强国逻辑"。

3. 性质方向

这是中国式现代化的政治逻辑，主要回答中国式现代化就政治而言"由谁领导、具何性质"的问题。

中国式现代化，是中国共产党领导的社会主义现代化。习近平同志指出："党的领导直接关系中国式现代化的根本方向、前途命运、最终成败。"②党的领导决定中国式现代化的根本性质，只有毫不动摇坚持党的领导，中国式现代化才能前景光明、繁荣兴盛。这实质上谈的是中国式现代化的性质方向和政治基础。从毛泽东所讲的"中国工业化"，到周恩来所讲的"四个现代化"，经邓小平所讲的"社会主义现代化"，再到习近平同志所讲的"推进国家治理体系和治理能力现代化""中国式现代化新道路"，都是在中国共产党领导下不断探索和实践所取得的重要成果，不仅都坚持中国共产党领导，而且都坚持社会主义方向。"中国式现代化"同样坚持中国共产党领导、坚持社会主义方向，党的二十大报告所讲的中国式现代化的"中国特色""本质要求""重大原则"等，都首要是基于这

---

① 习近平：《高举中国特色社会主义伟大旗帜 为全面建设社会主义现代化国家而团结奋斗——在中国共产党第二十次全国代表大会上的报告》，人民出版社2022年版，第21页。
② 《习近平新时代中国特色社会主义思想学习纲要（2023年版）》，学习出版社、人民出版社2023年版，第55页。

一性质方向和政治基础来确定的，离开这一点，其他都无从谈起。

4. 共同特征

这是中国式现代化的"统一性"逻辑，主要回答中国式现代化就现代化而言"是什么"的问题。

中国式现代化有各国现代化的共同特征。就是说，中国要走向现代化，与世界各国现代化一样，从静态讲都蕴含现代化的一般要素，从动态讲都要遵循现代化一般规律。这是前提，也是中国式现代化融入并影响人类实现现代化进程的前提。正如列宁所说，"个别一定与一般相联而存在"，"任何个别（不论怎样）都是一般"。[①] 从一般要素讲，在从农业社会向工业社会转变的社会结构变迁进程中，必然注重工业化、城市化、全球化，注重市场经济、科学技术，注重民主法治、公平正义、自由平等。自改革开放以来，我国社会主义现代化建设从总体上也注重这些一般要素。

究竟如何揭示世界现代化发展的一般规律？这是学术界还需要进一步深究的一个重要理论问题。世界现代化发展的一般规律，窃以为从动态和纵向上遵循的是"现代化起飞阶段相对注重发展动力、持续运行阶段相对注重发展的平衡和谐、当动能不足发展失衡时要注重治理"的发展规律。中国式现代化也遵循这种一般规律。在改革开放之初，首先注重的是激活我国经济社会发展的动力，强调解放思想、解放人、解放生产力，强调敢闯敢干、敢为人先，杀出一条血路。在我国社会主义现代化进一步发展进程中，一定程度上出现了发展不全面、不兼顾、不平衡、不协调、不和谐的新情况新问题，我们党提出的科学发展观特别强调构建社会主义和谐社会，就是直奔解决这种新情况新问题而去的。党的十八大以来，我国发展步入新的历史方位。党的十八届三中全会的主题是全面深化改革，其总目标就是完善和发展中国特色社会主义制度、推进国家治理体系和治理能力现代化，这就把国家治理体系和治理能力现代化问题推到了我国历史发展的前台，着重强调"治理"的现代化。

[①] 《列宁全集》第五十五卷，人民出版社2017年版，第307页。

5. 中国特色

这是中国式现代化的"多样性"逻辑，主要回答中国式现代化就中国式而言"是什么"的问题。

"一般只能在个别中存在，只能通过个别而存在"，"任何个别都不能完全地包括在一般之中"。[①] 中国要走向现代化，更要符合本国实际，具有本国特点。五大"中国特色"深刻揭示了中国式现代化的科学内涵，揭示了中国式现代化的本和源、根和魂。从学理上，可以从五大基础深化对其本质特征的理解：

（1）政治基础是中国共产党领导的社会主义现代化。中国共产党领导的社会主义现代化，内在要求它应是全体人民共同富裕的现代化，是物质文明和精神文明相协调的现代化，是人与自然和谐共生的现代化，是走和平发展道路的现代化。

（2）现实基础是人口规模巨大。正因为人口规模巨大，所以必须实现全体人民共同富裕，使物质文明和精神文明相协调，促进人与自然和谐共生，走和平发展道路，否则，如果出现两极分化、物质主义膨胀的单向度发展、掠夺和破坏自然资源，这对14亿多中国人民来说将是灾难。

（3）哲学基础是"主主平等"。西方现代化以两极分化、单向度发展、掠夺自然资源和殖民主义扩张为本质特征，其哲学基础是"主统治客"，它把资本家当作"主"，把工人当作"客"，正如弗洛姆指出，资本主义制度中的一切经济活动都围绕利润而旋转，这种"以利润为取向的社会"和"重占有的生存方式"，本质上使人的劳动能力成了抽象的金钱活动；把人类当作"主"，把自然当作征服和掠夺对象的"客"；把西方世界当作"主"，把非西方世界当作"客"，它使"东方从属于西方"[②]。中国式现代化的哲学基础是"主主平等"，强调全体人民在实现共同富裕、物质文明和精神文明齐头并进，以及在人与自然的关系、世界各国之间的关系上的"主主平等"。因为中国式现代化力求克服西方现代化的弊端，包括中国实现现代化进程中所付出的代价，所以它从哲学范式上既区别于又高于西方现代化，能够为人类实现现代化提供具有光明前景的新的

---

① 《列宁全集》第五十五卷，人民出版社2017年版，第307页。
② 《马克思恩格斯选集》第一卷，人民出版社2012年版，第405页。

选择，由"东方从属于西方"历史性地转向"中国式现代化为人类实现现代化提供新的选择"。

（4）理论基础是新发展理念。贯彻新发展理念是新时代我国发展壮大的必由之路，这是我们在长期实践中得出的至关紧要的规律性认识。贯彻新发展理念对中国式现代化提出了本质要求：协调发展要求物质文明和精神文明相协调；绿色发展要求人与自然和谐共生；开放发展中我们必须走和平发展道路，所追求的目标就是世界和平发展、合作共赢；共享发展要求实现全体人民共同富裕；创新发展可以破解人口规模巨大的现代化难题。人口规模巨大是中国实现现代化的起点，体现的是一种国情和条件，其特点是人口多、起点低、难度大，其艰巨性、复杂性前所未有，发展途径和推进方式的独特性前所未有，唯有创新，方是出路。

（5）时代基础是"强国时代"。我们是在新时代全面建成社会主义现代化强国的时代背景下提出中国式现代化及其本质特征的，其目标追求及实质就是全面建成社会主义现代化强国，为人类实现现代化提供新的选择。其中蕴含的就是，使我国发展壮大或使大国成为强国即实现"强起来"的"强国逻辑"。

6. 本质要求

这是中国式现代化的实践逻辑，主要回答中国式现代化就实践而言的"目标愿景"问题。

习近平同志指出："中国式现代化的本质要求是：坚持中国共产党领导，坚持中国特色社会主义，实现高质量发展，发展全过程人民民主，丰富人民精神世界，实现全体人民共同富裕，促进人与自然和谐共生，推动构建人类命运共同体，创造人类文明新形态。"① 要理解和把握其背后的道理学理哲理，可以从三个方面入手：

（1）"本质要求"何意？本质特征和本质要求既区别又联系，二者都是"本质性"的，这是共同点，但"本质特征"属于对中国式现代化的本质规定，是中国式现代化之所以成其为中国式现代化（得以存在）的本质

---

① 习近平：《高举中国特色社会主义伟大旗帜 为全面建设社会主义现代化国家而团结奋斗——在中国共产党第二十次全国代表大会上的报告》，人民出版社2022年版，第23—24页。

性根据，离开其根据，中国式现代化就不再是中国式现代化了，它属于"属性"范畴；"本质要求"则是本质规定在实践推进中需要实现或落实的目标要求（实践愿景），属于"实践""实现"范畴。

（2）九大"本质要求"体现的是什么逻辑？它们是按照"总体—'五位一体'—共同体"的逻辑思路来讲的：坚持中国共产党领导，坚持中国特色社会主义，属于"总体"，管全局、管根本、管引领；实现高质量发展，发展全过程人民民主，丰富人民精神世界，实现全体人民共同富裕，促进人与自然和谐共生，属于"五位一体"，是分别从经济、政治、文化、社会、生态五大领域来讲的；推动构建人类命运共同体，创造人类文明新形态，属于"共同体"，注重"共同"。

（3）把创造人类文明新形态放在最后位置意味着什么？实现高质量发展，发展全过程人民民主，丰富人民精神世界，实现全体人民共同富裕，促进人与自然和谐共生，推动构建人类命运共同体，是中国共产党领导的中国特色社会主义所创造的人类文明新形态"新"之所在，一定意义上可以看作创造人类文明新形态的基本内涵。坚持中国共产党领导，坚持中国特色社会主义，实现高质量发展，发展全过程人民民主，丰富人民精神世界，实现全体人民共同富裕，促进人与自然和谐共生，推动构建人类命运共同体，既区别于西方文明，也为人类文明发展指明了方向、展现了光明前景。

7. 重大原则

这是中国式现代化的保障逻辑，主要回答中国式现代化就遵循和方略而言的"怎样干"问题。

推进中国式现代化，是一项前无古人的开创性事业，必然遇到各种可以预料和难以预料的风险挑战、艰难险阻甚至惊涛骇浪。因此，在以中国式现代化全面推进中华民族伟大复兴的新征程中，必须增强忧患意识，坚持底线思维，牢牢把握五个"重大原则"，即坚持和加强党的全面领导，坚持中国特色社会主义道路，坚持以人民为中心的发展思想，坚持深化改革开放，坚持发扬斗争精神。这里，人们从学理上关注的问题是：

（1）何谓"重大原则"？"重大原则"也属于"实践""实现"范畴，旨在为以中国式现代化全面推进中华民族伟大复兴与全面建设社会主义现代化国家提供根本遵循和总体方略。

（2）五个"重大原则"具有怎样的逻辑结构？它们分别回答在谁领导下，需要采取何种路径方略，依靠谁又为了谁，"动力之源"何来，应以什么样的精神状态应对前进道路上的重大考验和风险挑战。因而，它们聚焦解决的是以中国式现代化全面推进中华民族伟大复兴与全面建设社会主义现代化国家前进道路上的领导主体、目标追求、路径方略、动力之源和精神状态问题。

（3）五个"重大原则"的目的及实质是什么？它们既是以中国式现代化全面推进中华民族伟大复兴与全面建设社会主义现代化国家的根本遵循和总体方略，也是应对前进道路上重大考验和风险挑战的根本保障和"定海神针"，它们分别提供领导保证、道路保证、力量保证、动力保证和精神保证。

综上所述，可以提炼概括出中国式现代化理论体系的总体框架：历史方位是"强国时代"；根本问题是"如何全面建成社会主义现代化强国"；哲学根基是"主主平等"；分析方法（解释框架）是"坚持统一性和多样性统一"；核心理念是"坚持人民至上"；体系主干是"为中国人民谋幸福、为中华民族谋复兴、为世界谋大同、为中国共产党谋强大、为马克思主义谋生机"；体系枝干是"本质要求、重大原则和重大关系"；原创性贡献是"自主创造中国式现代化道路、创造人类文明新形态、构建人类命运共同体，为创新发展21世纪马克思主义奠定基石"。

四、为全面建成社会主义现代化强国提供理论支撑

对中国式现代化与强国建设、民族复兴给以文本上的阐述，应到《习近平谈治国理政》第四卷中去寻找。

《习近平谈治国理政》第四卷收入的是习近平同志在2020年2月3日至2022年5月10日期间的重要著作，共有讲话、谈话、演讲、致辞、指示、贺信等一百零九篇。全书分为21个专题，每个专题的内容按时间顺序编排。需强调的是，《习近平谈治国理政》第四卷以统揽"四个伟

大"，尤其是推进"两大布局"为总框架，坚持系统观念，用大历史观和战略思维，聚焦回答"中国之问"（如何全面建成社会主义现代化强国，即为中华民族谋复兴）、"世界之问"（在世界百年未有之大变局进程中如何为解答"世界向何处去"问题贡献中国智慧和中国方案，即为世界谋大同）、"人民之问"（如何推进全体人民实现共同富裕并过上美好生活，即为中国人民谋幸福）、"时代之问"（如何掌握历史主动，在新时代更好坚持和发展中国特色社会主义，如何建设长期执政的马克思主义政党，进而实现强起来，如何创新发展21世纪马克思主义以引领时代，即为中国共产党谋强大、为马克思主义谋生机），进而深化理解中国之路、中国之治、中国之理。总体来讲，《习近平谈治国理政》第四卷以文本方式，对习近平新时代中国特色社会主义思想所涉的历史方位、根本问题、哲学方法、总体框架、原创性贡献、历史地位等进行了阐述，是掌握历史主动，在新时代更好坚持和发展中国特色社会主义，进而续写马克思主义中国化时代化新篇章的光辉文献，是全面建设社会主义现代化国家的行动指南，是应对世界百年未有之大变局中风险挑战的战略谋划。

（一）历史方位：新时代与大变局

要读懂《习近平谈治国理政》第四卷，首先要理解和把握所面对的历史方位。这里的历史方位，主要是"新时代"和"大变局"。

就国内而言，新时代，就是继续夺取中国特色社会主义伟大胜利的时代，是不断创造美好生活、逐步实现全体人民共同富裕的时代，是全面建成社会主义现代化强国、实现中华民族伟大复兴的时代（此可称为"战略全局"），是不断为人类作出更大贡献的时代；就世界而言，大变局，就是世界百年未有之大变局。"新时代"和"大变局"实际上讲的是"两个大局"。《习近平谈治国理政》第三卷强调，要"胸怀两个大局，做好自己的事情"[①]。

先谈谈新时代。党的十九大报告和党的十九届六中全会通过的《中共中央关于党的百年奋斗重大成就和历史经验的决议》（简称《决议》），

---

① 《习近平谈治国理政》第三卷，外文出版社2020年版，第77页。

都对"新时代"或"我国发展新的历史方位"的内涵作出了全面界定。其核心要义是：继续夺取中国特色社会主义伟大胜利，全面建设社会主义现代化强国，不断创造美好生活、逐步实现全体人民共同富裕，奋力实现中华民族伟大复兴，不断为人类作出更大贡献。①这五句话，总体上讲的就是要夺取中国特色社会主义伟大胜利、实现中华民族伟大复兴。根据《习近平谈治国理政》第四卷的相关论述，实质上就是迎来从站起来、富起来到强起来的伟大飞跃的新时代，即属于实现强起来的"强国时代"。为此，就需要作出战略性的谋划。

再谈谈大变局，即世界百年未有之大变局。这里的大变局，就是指整个世界处在大发展、大变革、大调整进程中，使"当今世界进入新的动荡变革期"②，这种动荡变革导致了整个世界的不稳定不确定。其集中体现在：一是世界多极化、经济全球化处于深刻变化之中，世界变化越来越复杂，这是"大变化"；二是现行国际体系和国际秩序的核心理念是多边主义，世界越来越朝着更加公正合理的方向变革、发展，但霸权主义和强权政治却百般阻挠，世界变革越来越激烈，这是"大变革"；三是一些国家往往从"本国优先"的角度看问题，不断把世界导入"激烈竞争"的境地，"在国际上搞'小圈子'、'新冷战'，排斥、威胁、恐吓他人，动不动就搞脱钩、断供、制裁，人为造成相互隔离甚至隔绝"③，把世界推向分裂甚至对抗的境地，使隔阂和对立加深，世界分裂越来越深刻，与此同时，下决心推动世界经济动力转换、方式转变、结构调整的趋势和努力也在加强，这是"大调整"；四是世界发展方向处在单边主义和多边主义激烈较量中，"单边主义、保护主义、霸凌行径愈演愈烈"④，世界越来越多变，这是"大变数"；五是多边和单边、公道和霸道之争较为激烈，干涉内政、单边制裁、"长臂管辖"愈演愈烈，世界博弈越来越激烈，这是"大博弈"；六是人类迷茫感无力感越来越凸显，信任赤字有增无减，这是"大赤字"。总之，"世界经济复苏势头仍然很不稳定，前景存在很大

---

① 参见《中国共产党第十九届中央委员会第六次全体会议文件汇编》，人民出版社 2021 年版，第 45 页。
② 《习近平谈治国理政》第四卷，外文出版社 2022 年版，第 450 页。
③ 《习近平谈治国理政》第四卷，外文出版社 2022 年版，第 461 页。
④ 《习近平谈治国理政》第四卷，外文出版社 2022 年版，第 455 页。

不确定性"①。整个世界处在新的"动荡变革期",因而迫切需要重构世界格局。

上述强国时代和战略谋划、世界变革和格局重构,实际上构成了《习近平谈治国理政》第四卷大的时代背景,也成为习近平新时代中国特色社会主义思想的立论基础。《习近平谈治国理政》第四卷对许多问题、思想和内容的阐释,都是在这种时代背景或历史方位中展开的。

(二)根本问题:社会主要矛盾与坚持"五为五谋"

习近平同志治国理政具有问题意识和目标导向,强调"治大国如烹小鲜"。也就是说,习近平同志治国理政善于抓住治国理政的中心任务或工作重点,其中心任务或工作重点是到新历史方位中那些决定党和国家发展命运的根本问题中去寻找的,而根本问题则需要进一步到社会主要矛盾中去寻找。

中国特色社会主义进入新时代,其历史发展的必然性使习近平同志更为关切新时代"如何夺取"中国特色社会主义伟大胜利。根据《决议》,新时代,要继续夺取中国特色社会主义伟大胜利,关键是在新发展阶段,要聚焦新的社会主要矛盾,聚焦破解新时代、新发展阶段决定党和国家发展命运的五大根本问题,即人民生活"好不好"、国家和民族"强不强"、世界"和平不和平"、中国共产党"硬不硬"、马克思主义是否具有"生机活力"。

社会主要矛盾以高度浓缩和凝练的方式,集中表达的是一定时代或历史发展阶段的根本问题。新时代我国社会主要矛盾是人民日益增长的美好生活需要和不平衡不充分的发展之间的矛盾。满足人民日益增长的美好生活需要,实际上就是解决人民生活"好不好"的问题;解决不平衡不充分的发展,实际上就是解决国家和民族"强不强"的问题。中国共产党人是解决这两个根本问题的核心主体,要解决好这两个根本问题,就对中国共产党人提出了更高的要求,因为打铁必须自身硬,这实际上就是解决中国共产党自身"硬不硬"的问题。社会主要矛盾是就国内而言的。就整个世

---

① 《习近平谈治国理政》第四卷,外文出版社2022年版,第460页。

界来讲,当今世界面临的总问题,主要就是世界人民日益增长的和平发展、合作共赢的诉求与霸权主义、单边主义之间的矛盾,这意味着我们要着力解决世界"和平不和平"的问题。解决人民生活"好不好"、国家和民族"强不强"、世界"和平不和平"、中国共产党自身"硬不硬",关乎21世纪马克思主义是否具有"生机活力"的问题,因为马克思主义就是为人民立言的理论,是我们党的指导思想,是全面建设社会主义现代化国家、实现中华民族伟大复兴的行动指南,是胸怀天下并解放全人类的理论。

《习近平谈治国理政》第四卷所解决的问题很多,而所解决的根本问题,主要就是上述五大问题。第一个专题(掌握历史主动,在新时代更好坚持和发展中国特色社会主义),实际上讲的就是如何继续夺取中国特色社会主义伟大胜利;第三个专题(始终坚持人民至上)、第十个专题(积极发展全过程人民民主)、第十三个专题(以保障和改善民生为重点加强社会建设)、第十四个专题(坚持人与自然和谐共生),以及第六个专题第五节(扎实推动共同富裕),主要就是解决人民生活"好不好"的问题;第一个专题、第四个专题(坚持敢于斗争)、第五个专题第四节(使伟大抗疫精神转化为实现中华民族伟大复兴的强大力量)、第六个专题(全面建成小康社会,开启全面建设社会主义现代化国家新征程)、第七个专题(把握新发展阶段,贯彻新发展理念,构建新发展格局)、第八个专题(坚定不移走高质量发展之路)、第九个专题(全面深化改革开放)、第十个专题第七节(当代青年要在实现民族复兴的赛道上奋勇争先)、第十一个专题(加快建设社会主义法治国家)、第十二个专题(推进社会主义文化强国建设)、第十三个专题第三节(在加快推进教育现代化的新征程中培养担当民族复兴大任的时代新人)、第十五个专题(坚持走中国特色强军之路)、第十七个专题(坚持"一国两制"和推进祖国统一)等,主要就是解决国家和民族"强不强"的问题;第十八个专题(弘扬全人类共同价值,推动构建人类命运共同体)、第十九个专题(完善全球治理,践行真正的多边主义)、第二十个专题(推动"一带一路"建设高质量发展),主要就是解决世界"和平不和平"的问题;第二个专题(坚持党的全面领导)、第五个专题(统筹疫情防控和经济社会发展)、第二十一个专题(以伟大自我革命引领伟大社会革命),实质上就是主要解决中国共产党自身"硬不硬"的问题；夺取中国特色社会主义伟大胜利，并解决好上述四大根本问题，直接影响乃至决定21世纪马克思主义的发展命运，其实质就是要解决好21世纪马克思主义是否具有"生机活力"的问题。从根本上说，《习近平谈治国理政》第四卷共二十一个专题，都是致力于解决这五大根本问题的。

解决上述五大根本问题之实质，分别是为中国人民谋幸福、为中华民族谋复兴、为世界谋大同、为中国共产党谋强大、为马克思主义谋生机。

（三）哲学方法：以系统为基础的战略辩证法

解决治国理政中的根本问题需要方法，尤其是哲学方法。习近平同志治国理政致力于解决上述五大根本问题的根本方法，主要是哲学方法，如他在《习近平谈治国理政》第三卷中曾多次讲的历史思维、系统思维、战略思维、创新思维、辩证思维、法治思维、底线思维以及精准思维等。

贯穿《习近平谈治国理政》第四卷的哲学方法，主要是系统观念、战略思维、辩证思维、法治思维、精准思维等，尤其是系统观念、战略思维、辩证思维，可整合成为系统为基的战略辩证法。这是符合中国特色社会主义的发展逻辑，尤其是新时代中国特色社会主义发展逻辑的。从根本上且简要来说，中国特色社会主义的发展逻辑，可以理解为"重点突破—全面发展—系统谋划"。

在改革开放和社会主义现代化建设初期，由于人民日益增长的物质文化需要同落后的社会生产之间的社会主要矛盾使然，我国经济社会发展在实践上相对注重"重点突破"，强调以经济建设为中心，解放和发展社会生产力，使一部分地区、一部分人通过诚实劳动、合法经营先富起来，注重先在经济领域进行改革，在沿海设立经济特区等。2007年前后，依据我国经济社会发展的历史必然性，把"全面协调可持续"突出出来，更注重"全面发展"。胡锦涛提出的科学发展观，就是在重点突破的基础上，把"全面发展"问题提上了日程。党的十八大以来，中国特色社会主义进入新时代，在注重全面发展的基础上，习近平同志坚持系统观念，把我国经济社会发展置于实现中华民族伟大复兴战略全局和世界百年未有之大变局中进行"系统谋划"，进一步强调统筹推进"五位一体"总体布局、协调推进"四个全面"战略布局，注重对全面深化改革、全面建设社会主义现代化国家、实现中华民族伟大复兴战略全局，以及新发展阶段构建新发展格局等作出战略谋划，推动党和国家各个领域、各项事业取得了历史性成就、发生了历史性变革。习近平同志强调指出："'十四五'时期经济社会发展必须遵循坚持系统观念的原则。党的十八大以来，党中央坚持系统谋划、统筹推进党和国家各项事业，根据新的实践需要，形成一系列新布局和新方略，带领全党全国各族人民取得了历史性成就。在这个过程中，系统观念是具有基础性的思想和工作方法。""必须从系统观念出发加以谋划和解决，全面协调推动各领域工作和社会主义现代化建设。"①概言之，坚持系统观念，是习近平同志在强调对新时代党和国家各项事业进行战略谋划时提出的，是谋划各领域工作和社会主义现代化建设的基础性思想和工作方法。

坚持系统观念，在实践和现实中意味着，新时代党和国家各项事业发展所面临的问题大都是"系统性问题"。面对系统性问题，就需要运用辩证思维进行战略谋划，即以系统为基础，运用辩证法进行战略谋划。由此，习近平同志指出："战略问题是一个政党、一个国家的根本性问题。战略上判断得准确，战略上谋划得科学，战略上赢得主动，党和人民事业就大有希望。""战略是从全局、长远、大势上作出判断和决策。我们是一个大党，领导的是一个大国，进行的是伟大的事业，要善于进行战略思维，善于从战略上看问题、想问题。"②全面深化改革之所以被习近平同志看作"划时代"的，就在于它具有转折性与系统性、全局性、根本性、长远性，需要以系统为基础并运用辩证思维，从战略上进行"系统整体设计"。这就把从整体上进行"系统性的战略谋划"推到了历史前台。实际上，习近平同志从政以来，始终注重战略谋划，如在福州工作时提出"3820"战略设想，在浙江工作时提出"八八战略"，党的十八大以后提出"战略全局""战略思维""新的战略阶段""新的战略环境"等。

从学理上，系统观念是一种基础观念。表面看，事物似乎都是杂乱无章的，然而，运用哲学理性思维看待事物，就会发现任何事物都是由各种

---

① 《习近平谈治国理政》第四卷，外文出版社2022年版，第117页。
② 《习近平谈治国理政》第四卷，外文出版社2022年版，第31页。

要素构成的，在揭示事物各要素的基础上，系统观念要求进一步揭示其中的根本要素，并运用其根本要素分析事物。系统观念是一种结构观念。在揭示构成事物的根本要素的基础上，系统观念要求进一步分析这些根本要素之间的关系、顺序、比例，即结构。事物内部的结构至关重要，它影响事物的整体功能及其发挥，事物的结构是什么样的，其功能就是什么样的。结构性观念是系统观念的根本，要发挥好事物的功能，首要在于调整好结构。系统观念是一种整体观念。坚持系统观念，既要揭示事物的根本要素，又要调整理顺根本要素之间的关系、顺序、比例，使其相互配合，构成最佳的合理结构，从而充分发挥事物的整体功能，实现整体效应最大化，事物的各个根本要素最终都要服务于事物整体功能的发挥。整体性观念是系统观念的核心。由此，要把事物各部分根本要素置于事物的整体框架中进行谋划。系统观念是一种战略观念。系统观念强调以整体眼光看事物，而事物的整体性是在时间、空间、外部环境中呈现出来的。时间上，系统观念要求跳出眼前从长远看眼前，正确看待眼前和长远的关系，从事物发展的历史长河中把握其完整性；空间上，系统观念要求跳出局部从全局看局部，把握好局部和全局的关系，从事物的全局上把握其完整性；外部环境上，系统观念要求跳出事物自身，把事物置于更为宽广的外部大环境中来把握，把握好事物自身与外部大环境的关系，从事物与外部大环境关系上把握其完整性。系统观念还是一种辩证观念。辩证法是把握事物之关系的一种根本方法。每一种事物作为一个系统，处在各种各样的关系中，诸如事物各要素之间的关系、事物的部分和整体的关系、事物发展的目前和长远的关系、事物之局部和全局的关系、事物和外部大环境的关系等等，因此需要运用辩证思维来理解、用发展眼光看待系统，避免孤立、静止、片面地看问题。

在《习近平谈治国理政》第四卷中，具有许多系统为基的战略辩证法的典型样本。其一，习近平同志强调运用系统观念、战略思维统筹推进"五位一体"总体布局。统筹推进"五位一体"总体布局是一项复杂的系统工程，涉及生产力、生产关系、经济基础和上层建筑，涉及党和国家工作全局，涉及经济建设、政治建设、文化建设、社会建设、生态文明建设等各个领域，需要把各领域各方面联系起来分析、统筹起来谋划。这五个方面的建设是总体布局中的根本要素，五个根本要素是相互贯通、相互作用、相辅相成、彼此理解的关系，是一个有机的系统整体。这意味着要把经济建设、政治建设、文化建设、社会建设、生态文明建设作为一个系统整体来彼此理解和把握，不可割裂，理解其中一种建设，一定结合其他四种建设。其二，习近平同志强调运用系统观念、战略思维协调推进"四个全面"战略布局。协调推进"四个全面"战略布局也是一项复杂的系统工程，同样涉及党和国家工作全局，涉及经济社会发展各个领域、各个方面，需要加强系统性的战略谋划。其中每一个"全面"都是战略布局中的根本要素，四个根本要素相互贯通、相互作用、相辅相成、彼此理解，也是一个有机的系统整体。这意味着要把"四个全面"看作一种协调推进的系统有机整体，使"四个全面"彼此理解和把握，理解其中一个"全面"，一定结合其他三个"全面"。其三，习近平同志运用系统观念、战略思维谋划构建新发展格局。他强调，"构建新发展格局是一个系统工程"，"是事关全局的系统性、深层次变革，是立足当前、着眼长远的战略谋划。我们要从全局和战略的高度准确把握加快构建新发展格局的战略构想"。[①]他还强调，"加快构建以国内大循环为主体、国内国际双循环相互促进的新发展格局，是'十四五'规划《建议》提出的一项关系我国发展全局的重大战略任务，需要从全局高度准确把握和积极推进"[②]。这种战略谋划主要就是：加快培育完整内需体系，加快科技自立自强，推动产业链供应链优化升级，推进农业农村现代化，提高人民生活品质，牢牢守住安全发展底线。其四，习近平同志还运用系统观念、战略思维对全面深化改革与全面建设社会主义现代化国家、实现中华民族伟大复兴战略全局进行系统性战略谋划。

（四）总体框架：根本观点与内在逻辑

只要深入分析就可以看出，《习近平谈治国理政》第四卷的二十一个专题及其标题，基本上都是围绕习近平新时代中国特色社会主义思想的根本观点即"十个明确"来分解的。其中第二个专题对接的是第一个"明确"；第一个专题对接的是第二个"明确"；第三、十个专题对接的是

---

① 《习近平谈治国理政》第四卷，外文出版社 2022 年版，第 157、154 页。
② 《习近平谈治国理政》第四卷，外文出版社 2022 年版，第 174 页。

第四章 理论之问：新时代中国特色社会主义的理论逻辑

第三个"明确"；第六、十二、十三、十四个专题对接的是第四个"明确"；第九个专题对接的是第五个"明确"；第十一个专题对接的是第六个"明确"；第七、八、十六个专题对接的是第七个"明确"；第十五个专题对接的是第八个"明确"；第十八、十九、二十个专题对接的是第九个"明确"；第四、二十一个专题对接的是第十个"明确"。

《习近平谈治国理政》第四卷的二十一个专题有其内在逻辑，这一逻辑总体上是按照习近平同志治国理政的逻辑思路展开的。这种逻辑思路大致来说就是："历史方位—奋斗目标—总体方略—全面保障—根本抓手—领导力量"。一个时代只能提出和解决这个时代的问题，习近平同志是在新时代或我国发展新的历史方位中治国理政的，这可以从第一、七个专题看出来；强调历史方位，是为了与时俱进、切合时宜地确定这一时代或新的历史方位的奋斗目标，这一奋斗目标总体来讲，从事实维度上说就是全面建成社会主义现代化强国、实现中华民族伟大复兴，从价值维度上说就是满足人民对美好生活的向往，不断实现全体人民共同富裕，不断促进人的全面发展，这可从第一、三、五、六、十、十三个专题看出来；要实现一定历史方位中的奋斗目标，首先需要确定总体方略，这就是贯彻新发展理念，构建新发展格局，统筹推进"五位一体"总体布局、协调推进"四个全面"战略布局，"分两步走"，第六、七、八、十、十一、十二、十三、十四个专题就是谈论总体方略的；要实现一定历史方位中的奋斗目标，也要提供全面保障，就国内而言，就是坚持总体国家安全观，就国际而言，就是积极构建人类命运共同体，第五、十六、十七、十八、十九、二十个专题就是如此；要实现一定历史方位中的奋斗目标，还要找到根本抓手，这就是推进国家治理体系和治理能力现代化，第九个专题涉及这一点；要实现一定历史方位中的奋斗目标，最根本的，就是坚持和加强党的集中统一领导，把中国共产党建设得更加坚强有力，第二、四、二十一个专题就是集中谈论这一点的。

大道至简，纲举目张。可以按照"历史方位—奋斗目标—总体方略—全面保障—根本抓手—领导力量"这一治国理政的总体性逻辑思路，依据《习近平谈治国理政》第四卷的内容，从"十个明确"中提炼概括出"历史方位—民族复兴—人民中心—发展理念—两大布局—战略步骤—国家安全—命运共同—国家治理—强大政党"等十大根本观点。显然，这十大根本观点具有严密的内在逻辑，是一个有机整体，构成一个总体框架，也构成习近平新时代中国特色社会主义思想的科学体系。

（五）历史地位：新飞跃与主形态

习近平新时代中国特色社会主义思想的历史地位，需要围绕就国内而言所实现的马克思主义中国化新的飞跃和就世界而言创新发展21世纪马克思主义来进行阐述和论证。关于习近平新时代中国特色社会主义思想所实现的马克思主义中国化新的飞跃，《习近平谈治国理政》第四卷集中且系统的阐述不多，人们对这一问题也已经给予了较多的思考和研究，如从新历史方位、新时代背景、新时代课题、新社会主要矛盾、新历史使命、新哲学方法、新战略谋划等方面来阐释和论证这种新飞跃。因此，这里着重阐释习近平新时代中国特色社会主义思想创新发展了21世纪马克思主义、成为21世纪马克思主义的主体形态这一历史地位。

依据习近平同志相关重要讲话，创新发展21世纪马克思主义，是继续深入推进马克思主义中国化时代化进而推进理论创新提出的一个标志性论断，是中国理论走向世界和未来的标识性符号，当然也是一个正在生成发展的重大命题。21世纪马克思主义，是与资本主义历史性变化和社会主义运动中心历史性转移密切相关的一个概念。最早提出"发展21世纪马克思主义"这一论断，是习近平同志2015年12月在全国党校工作会议上的讲话。《习近平谈治国理政》第四卷更是强调，新的征程上，我们必须"用马克思主义观察时代、把握时代、引领时代，继续发展当代中国马克思主义、二十一世纪马克思主义"[①]。这些具有代表性的重要论述，是按着"作出努力—继续发展—如何发展—引领时代—'是'的判定"的逻辑，从与时俱进推进理论创新的高度，反复强调要创新发展21世纪马克思主义，这体现了中国共产党人的责任担当，也是对习近平新时代中国特色社会主义思想之历史地位和世界地位的政治判定，为从学理上全面准确深入研究21世纪马克思主义这一理论界涉及较少的基础性问题提供了根本遵循。发展21世纪马克思主义，其实质，是要持续深入推进马克思主

---

① 《习近平著作选读》第二卷，人民出版社2023年版，第483页。

义中国化时代化,使"中国理论"走向世界,用习近平新时代中国特色社会主义思想解释世界与观察时代、把握时代、引领时代,使习近平新时代中国特色社会主义思想成为 21 世纪马克思主义的主体理论形态。

我们既要从历史发展的连续性和阶段性相统一理解 21 世纪马克思主义,也要从"牢固坚守""反思现代""与时俱进""胸怀天下""引领时代"五个维度理解 21 世纪马克思主义的理论内涵。发展 21 世纪马克思主义,应在赓续马克思主义根本立场、价值取向、理想信念、基本原理、方法原则的基础上,深入研究当代中国和世界的现代化演进逻辑,研究"两个大局"、当代中国和世界交融互动、社会主义和资本主义并存背景下提出的重大时代课题,研究马克思主义中国化、当代中国马克思主义和 21 世纪马克思主义之间的关系。习近平新时代中国特色社会主义思想抓住了 21 世纪带有总体性、时代性、全局性的根本问题,如中国式现代化道路、人类文明新形态、构建人类命运共同体这三大基石,为发展 21 世纪马克思主义提供了具有世界意义的典型样本,从实践、理论和历史三个层面作出了原创性贡献,也能为解释当今世界与观察时代、把握时代、引领时代提供科学理论体系,由此能成为 21 世纪马克思主义的主体理论形态。

(六)新的亮点:新发展阶段注重战略谋划与新动荡变革期注重风险防范

《习近平谈治国理政》从第一卷到第四卷都是从文本上阐述习近平同志治国理政实践与习近平新时代中国特色社会主义思想的,这是共同点。同时,与《习近平谈治国理政》第一、二、三卷相比,《习近平谈治国理政》第四卷有其新的特点、重点、亮点。

一是具有新特点。《习近平谈治国理政》第一卷(2018 年 1 月出版),主要是习近平总书记系列重要讲话的集成,体现了习近平新时代中国特色社会主义思想的雏形;《习近平谈治国理政》第二卷(2017 年 11 月出版),主要是对习近平总书记治国理政新理念新思想新战略的文本阐述;《习近平谈治国理政》第三卷(2020 年 6 月出版),主要是对习近平新时代中国特色社会主义思想的基本观点、基本方略的文本表达和阐述;

《习近平谈治国理政》第四卷（2022年6月出版），则主要是按照"纲举目张"的思路，从党的十九大报告中的"八个明确、十四个坚持"的基本观点、基本方略中提炼出根本观点，构成总体框架，这是用"十个明确"来明确表述的，称得上是"原创性思想"。

二是增加新专题。与《习近平谈治国理政》第一、二、三卷相比，《习近平谈治国理政》第四卷增加了新的专题，主要有："掌握历史主动，在新时代更好坚持和发展中国特色社会主义""坚持敢于斗争""统筹疫情防控和经济社会发展""积极发展全过程人民民主""统筹发展和安全""完善全球治理，践行真正的多边主义"等。

三是体现新思考。新思考之一体现在，在踏上新征程的新发展阶段，面对目标更加接近、任务更加艰巨、风险挑战更加严峻的现实，习近平同志十分注重作出新的战略谋划。《习近平谈治国理政》第四卷就相对多地表达了这种新的战略性谋划，集中体现为对立足新发展阶段、贯彻新发展理念、构建新发展格局的系统阐述，这在第四卷中格外亮眼。立足新发展阶段，是为全面建设社会主义现代化国家确定历史方位。所谓新发展阶段，就是社会主义初级阶段中站在新的起点上的一个更高阶段，是开启全面建设社会主义现代化国家新征程的阶段，是实施高质量发展的阶段，是"我们党带领人民迎来从站起来、富起来到强起来历史性跨越的新阶段"[1]，也是"我国社会主义从初级阶段向更高阶段迈进"[2]的阶段。《习近平谈治国理政》第四卷对贯彻新发展理念给以新的更高定位，把它看作全面建设社会主义现代化国家的指导原则和行动指南，看作"新时代我国发展壮大的必由之路"[3]，也看作党的十八大以来对经济社会发展理念和思路作出调整的最重要、最主要方面。习近平同志指出，党的十八大以来我们对经济社会发展理念和思路作出了13个方面的调整，"其中新发展理念是最重要、最主要的"[4]。新发展理念是一个系统的理论体系，回答了关于发展的目的、动力、方式、路径等的一系列理论和实践问题，阐明了我们党关于发展的政治立场、价值导向、发展模式、发展道路等重大政

---

[1] 《习近平谈治国理政》第四卷，外文出版社2022年版，第162页。
[2] 《习近平谈治国理政》第四卷，外文出版社2022年版，第165页。
[3] 《习近平谈治国理政》第四卷，外文出版社2022年版，第34页。
[4] 《习近平谈治国理政》第四卷，外文出版社2022年版，第170页。

治问题。构建新发展格局是我国经济现代化的路径选择，是应对新发展阶段机遇和挑战、贯彻新发展理念的战略选择。这种新发展格局是以国内大循环为主体、国内国际双循环相互促进的格局，其着力点主要是：加快培育完整内需体系、加快科技自立自强、推动产业链供应链优化升级、推进农业农村现代化、提高人民生活品质、牢牢守住安全发展底线、建设国内统一市场体系等。

新思考之二体现在，面对世界百年未有之大变局进程中新的动荡变革，更加强调防范风险。"两个大局"交织互动、相互影响，全球的世纪疫情，西方霸权主义、单边主义逆时代潮流而动等，导致"世所罕见、史所罕见"的风险挑战日趋增多，如"灰犀牛"事件（具有必然性且影响全局和长远的大风险）和"黑天鹅"事件（具有偶然性且随时可能发生的小风险）。《习近平谈治国理政》第四卷相对多地阐述了风险挑战日趋增多及其防范和应对问题，强调要运用好党百年奋斗积累起来的历史经验，坚持和加强党中央集中统一领导，紧紧依靠人民，坚持敢于斗争，把握共产党执政规律、社会主义建设规律、人类社会发展规律，站在历史正确一边，掌握历史主动，做正确的事。这在第四卷中也格外亮眼。

新思考，是《习近平谈治国理政》第四卷中的重点。

四是丰富新内容。面对新发展阶段和新动荡变革期的任务更加艰巨、风险更加严峻的现实，《习近平谈治国理政》第四卷作出了新的思考，丰富发展了习近平新时代中国特色社会主义思想，呈现出新的亮点。在历史方位上，首次提出坚持系统观念与立足新发展阶段、贯彻新发展理念、构建新发展格局、走高质量发展之路的重大论断；在根本主题上，首次提出掌握历史主动、坚持"两个结合"、创造中国式现代化道路和人类文明新形态、在新时代更好坚持和发展中国特色社会主义等重大论断，并充分表明马克思主义行；在党的全面领导上，既首次提出了党的"根本问题"、心怀"国之大者"等重大论断，也首次提出并系统阐释了伟大建党精神和精神谱系，以及伟大抗美援朝精神、伟大抗疫精神、脱贫攻坚精神，进一步强调坚持敢于斗争，强调以伟大自我革命引领伟大社会革命；在坚持以人民为中心的发展思想上，聚焦解决社会主要矛盾，既首次提出并阐释积极发展全过程人民民主的重大命题，认为全过程人民民主就是民主选举、民主协商、民主决策、民主管理、民主监督的统一，是实现过程民主和成果民主、程序民主和实质民主、直接民主和间接民主、人民民主和国家意志的统一,也首次系统阐述了实现全体人民共同富裕包括精神生活共同富裕的内涵,并强调我们党创造了减贫治理的中国样本,形成了中国特色反贫困理论;在发展理念上,强调要正确认识和把握资本的特性和行为规律,把贯彻新发展理念看作新时代我国发展壮大的必由之路;在国内保障上,格外强调要进一步坚持总体国家安全观,统筹疫情防控和国家安全,统筹发展和安全;在国际保障上,特别明确强调要进一步坚持和践行真正的多边主义;在国家治理上,既强调要进一步运用好历史经验,把握好"三大规律",也系统阐释了铸牢中华民族共同体意识,还强调要树立精准思维,站在历史正确一边,掌握历史主动,强调团结奋斗,防范化解重大风险挑战,进而自觉主动地去化危为机。

五、掌握意识形态建设的话语权

党的创新理论建设的核心,是巩固理论主体性,掌握党对意识形态建设的话语权。

中国奇迹、中国道路、中国理论和中国话语具有内在的逻辑相关性,要用中国道路解释中国奇迹,用中国理论阐释中国道路,用中国话语表达中国理论。要练好意识形态建设的"内功",关键在于紧紧抓住并做好解释中国奇迹、阐释中国道路、构建中国理论和讲好中国话语这四个方面紧密相连的根本性工作。

(一)中国道路是中国理论阐释的核心内容

目前,中国已到了应当加快构建中国理论的重要时刻。首先,习近平同志特别强调,这是一个需要理论而且一定能够产生理论的时代,我们不能辜负了这个时代。因而,要加快构建"理论中的中国"。显然,习近平同志敏锐把握时代发展大势,对构建中国理论给予了高度的重视。其次,改革开放40多年来,中国的改革发展取得了巨大成就。但取得成就的密码在哪里？我们该如何总结改革开放40多年的发展历程及其取得的历史性成就？我们既要从经验上进行总结，更要从理论上进行总结，即要搞清楚我国改革开放40多年究竟形成了哪些能解决中国问题和为解决人类问题贡献中国智慧的中国理论。只有这样，才能使我国的理论研究达到时代发展所要求的水平。再次，1978年改革开放以来，西方对中国的意识形态影响是显而易见的。这种影响既有器物层面的，也有制度层面的，还有理论层面的。其中最深刻、最持久的当属理论影响。比如对西方的经典、西方的概念、西方的理论、西方的思想、西方的范式，我国的一些学者都如数家珍，信手拈来。而要消除西方某些理论对我国意识形态的消极影响，自觉主动地加强我国意识形态建设，最好的方法就是首先积极构建起我们自己的中国理论。

构建中国理论不是"空穴来风"，也不是"飞来峰"，必须建立在坚实的基础上，也就是说首先必须具有赖以阐释的对象，也必须聚焦于这一对象。这一对象当属我国改革开放以来所形成的"中国道路"。这是因为：第一，探究经济文化落后国家建设社会主义的道路，是自晚年列宁以来所有建设社会主义的国家和所有共产党共同关注并加以思考的一个根本性问题。列宁以毕生精力所探究的核心主题，就是经济文化落后的俄国社会主义建设的道路问题，并提出了许多重要论述。① 中华人民共和国成立后，毛泽东所关注和探究的根本主题，就是中国建设社会主义的道路问题。中国特色社会主义是改革开放以来我们党全部理论和实践的主题，其核心当然是中国特色社会主义道路。第二，改革开放以来，我们所取得的最大成就是形成了中国特色社会主义道路、理论、制度和文化，其中首要的是中国特色社会主义道路（简称"中国道路"），中国理论、中国制度、中国文化都是建立在中国道路基础之上的。第三，改革开放以来，中国对世界的最大影响和最大贡献就是形成了中国道路。正如党的十九大报告所讲的，中国特色社会主义道路，为发展中国家走向现代化拓展了新的路径，为那些既希望加快发展而又希望保持自身独立性的国家和民族提供了全新选择，为解决人类问题贡献了中国智慧和中国方案。第四，当今国

---

① 参见《马克思主义哲学史》编写组：《马克思主义哲学史》，高等教育出版社、人民出版社2012年版，第285页。

内外意识形态斗争的焦点，首先聚焦到发展道路上来。西方中心论、历史终结论、新自由主义、"普世价值"、宪政民主等这些所谓西方理论的实质和核心，就是要向全世界输出和推广"西方道路"，西方一些国家在意识形态上对我国进行攻击，也主要聚焦于中国道路。

1978 年改革开放以后，我国意识形态领域的争论，其核心焦点也是中国道路。这可称为"中国道路之争"。正因如此，构建中国理论，首要就是对中国道路进行理论上的阐释，是要在对中国道路的阐释中构建中国理论。这实际上是关于中国道路的中国理论，而不是关于别的什么的理论。离开中国道路来构建中国理论是本末倒置，是没有抓住本质或根本。

（二）围绕中国道路构建中国理论

关于中国道路，我们党的文件已经作出了全面阐述。基于这些阐释，从学理来讲，中国道路的核心内涵、灵魂，可简要概括为党的领导力量、市场配置力量和人民主体力量之合力。这条道路，正如习近平同志所讲的，是在改革开放的伟大实践中走出来的，是在中华人民共和国成立 70 年的持续探索中走出来的，是在对近代以来 170 多年中华民族发展历程的深刻总结中走出来的，是在对中华民族 5000 多年悠久文明的传承中走出来的，具有深厚的历史渊源和广泛的现实基础；这条道路是中国共产党人和中国人民共同探讨的核心成果和重要结晶。这条道路体现了社会主义本质，并从政治和经济上体现了中国特色，即政治上是中国共产党的领导（中国共产党领导是中国特色社会主义最本质的特征），经济上是让市场在资源配置中起决定性作用和更好发挥政府作用；这条道路既能加快中国发展，又能保持我们国家和民族的独立性，因为党的领导力量、市场配置力量、人民主体力量不仅可以激发整个社会的创新活力，而且可以解决难题、办成大事、加快发展。如前所述，这条道路为发展中国家走向现代化拓展了新的路径，为那些既希望加快发展又希望保持自身独立性的国家和民族提供了全新选择，为解决人类问题贡献了中国智慧和中国方案。

中国理论的构建必须紧紧围绕对中国道路的阐释。实际上，中国理论就是关于中国道路的理论，把中国道路解释清楚了，我们所构建的中国理论也就基本清楚了。中国道路必然包括以下核心要素：奋斗目标、实现路径、历史逻辑、价值导向、强大动力、领导主体。任何一条道路都一定是朝着某种确定的奋斗目标前行的；要实现这种奋斗目标，就必须选择并确定实现这种奋斗目标的根本路径；要保证这条根本路径能朝着奋斗目标正确前行，既必须具有正确的价值导向，也必须具有坚强的领导主体和前行的强大动力。同时，这条道路既要有合理来路，也要有发展逻辑和坚实的地基，即要具有历史逻辑。没有这些核心要素，就根本谈不上所谓的道路。

只有基于中国道路这六大核心要素，才能构建当代具有核心地位的中国理论。这一中国理论的核心要义是：（1）世界多样性（世界观）。世界是多样的，要以多样化的观念观察世界。这一世界观是坚持世界各国发展道路的多样性的立论基础。由于世界各国的国情、历史、文化、传统各不相同，因此各个国家理应根据自己国家的国情、历史、文化、传统，自主选择国家的独立的发展道路，这一独立的发展道路只要是适合自己国家的就是好的。列宁曾说过，各个国家的发展道路必然具有各自的特点。任何国家最终都要走向社会主义，但"走法"不一样。也就是说，经济文化落后的国家可以以其独特的方式走向社会主义。（2）包容发展（发展观）。世界各国可以根据本国的国情、历史、文化、传统，即自身的历史发展逻辑，自主选择其发展道路。中国尊重其他国家根据自己的国情、历史、文化、传统而自主选择的发展道路，同时中国也应根据自己的国情、历史、文化、传统，自主选择独立的发展道路，这条道路能保持我们国家自身的独立性。（3）党的领导（领导观）。坚持中国共产党领导中国发展。中国共产党领导是中国特色社会主义最本质的特征，是中国特色社会主义制度最大的优势。只有中国共产党才能真正把国家和社会的一切资源和力量动员和组织起来，才能真正把人民动员和组织起来。因而，中国发展的密码首要在政治领域，中国成功的密码也首要在政治领域。（4）人民至上（价值观）。中国的发展，一切要依靠人民，人民是主体；一切要为了人民，人民是目的；一切要接受人民的评价，人民是尺度。概言之，无论是执政还是发展，人民至上的根本立场和价值取向是首要的。这里的"人民"，主要指中国人民，也指世界人民。因为为人民谋幸福是中国共产党人的初心，人民对美好生活的向往是中国共产党人的奋斗目标,全心全意为人民服务是中国共产党的根本宗旨,以人民为中心是中国特色社会主义的价值取向。(5)奋斗目标(目标观)。全面建成社会主义现代化强国,实现中华民族伟大复兴,满足人民对美好生活的向往,使中国日益走近世界舞台中央,为人类作出更大的贡献(为世界谋大同),既是中国特色社会主义要实现的目标,也是中国共产党人的奋斗目标。(6)必由之路(路径观)。中国特色社会主义是实现社会主义现代化和实现中华民族伟大复兴的必由之路。(7)强大动力(动力观)。改革开放是发展中国、发展中国特色社会主义的强大动力。发展出题目,改革做文章,问题倒逼改革。改革开放是决定中国命运的关键一招,改革是强国之路,改革开放也能为世界发展提供更多的机遇。

这样,我们就可以把阐释中国道路的中国理论简要概括为"发展普惠论"。这一理论可具体表述为:世界是多样的,要以多样化的观念观察世界;世界各国可以根据本国的国情、历史、文化、传统,即自身发展的历史逻辑,自主选择其发展道路;要坚持中国共产党领导;中国的发展,一切依靠人民,一切为了人民,一切接受人民的评价;全面建成社会主义现代化强国,实现中华民族伟大复兴,满足人民对美好生活的向往,为世界谋大同,既是中国特色社会主义所要实现的目标,也是中国共产党人的奋斗目标;中国特色社会主义是实现社会主义现代化和实现中华民族伟大复兴的必由之路,既能激发社会创新活力、促进社会和谐稳定,还能推进国家治理现代化;改革开放是发展中国、发展中国特色社会主义、为世界提供发展机遇的强大动力。

(三)基于中国理论构建中国话语

中国理论是中国话语的内核,中国话语是对中国理论的话语表达。习近平同志在党的新闻舆论工作座谈会上强调,话语背后的力量是思想、是道。这个道,当然包括理论。中国话语的背后是中国理论。中国理论要得到有效传播,被人们理解、掌握和认同,就必须将其转化为中国话语。过去,我们在对理论进行宣传、传播,在对人们进行理论教育时,往往忽视中国话语这一环节,结果往往是事倍功半。因此,基于中国理论构建中国话语，我们应该处理好以下几个关系。

第一，要正确处理好普遍与特殊的关系，赋予中国理论以普遍的形式。构建中国话语，就是要赋予中国理论以普遍的形式，从而使其成为"唯一合乎理性的、有普遍意义的思想"①。关于对中国道路进行理论阐释的中国理论，本质上是一种"发展普惠论"，具有普遍意义。其普遍意义不仅在于它为发展中国家走向现代化拓展了新的路径，而且也为那些既希望加快发展又希望保持自身独立的国家和民族提供了全新选择，还能为解决人类问题贡献中国智慧和中国方案。赋予中国理论以普遍的形式，其实质就是使中国理论具有普遍意义的实现形式，让更大范围的人理解、掌握和接受。

第二，要正确处理好真理性与道义性的关系，讲清楚中国理论既具有真理性，又具有道义性。"发展普惠论"这一中国理论具有真理性和道义性的本质特征。"发展普惠论"既是从中国发展的历史逻辑中走出来的，体现了中国的国情、历史、文化和传统，反映了时代发展趋势和实践发展要求，具有真理性；同时也把满足人民美好生活的需要和实现人民幸福作为价值导向，奉行人民至上的价值观，也具有道义性。讲清楚"发展普惠论"这一中国理论具有真理性和道义性，其实质就是指出这一理论具有真理的力量和道义的力量，进而具有温度和魅力，具有无穷的影响力，能赢得人们的认同和接受。

第三，要正确处理好人民性与人类性的关系，讲清楚中国理论既具有人民性，又具有人类性。"发展普惠论"这一中国理论奉行人民至上的价值观，它把为人民谋幸福看作是中国共产党的初心，把人民对美好生活的向往看作是中国共产党人的奋斗目标，把全心全意为人民服务看作是中国共产党的根本宗旨，把以人民为中心看作是中国特色社会主义的价值取向，这就是"人民性"。同时，"发展普惠论"这一中国理论还主张为世界谋大同，为人类作出更大的贡献，为世界发展提供更多机遇，这是其"人类性"。讲清楚"发展普惠论"这一中国理论所具有的人民性和人类性，其实质就是指出这一理论既是为人民立言的，又是发展人类利益的，从而能赢得中国人民和世界人民的认同和接受。

---

① 《马克思恩格斯选集》第一卷，人民出版社 2012 年版，第 180 页。

第四，要正确处理好执政与人民的关系，讲清楚中国理论既是执政者的主导思想，同时这一主导思想又反映了人民的需求，把人民的需求转化为对执政者的要求，也把执政者的要求转化为人民的需求。"发展普惠论"这一中国理论是作为执政者的中国共产党为实现社会主义现代化和中华民族伟大复兴而提出的，它要求人们在实现社会主义现代化和中华民族伟大复兴这一问题上，要有一种紧迫感、责任感，要有一种使命意识和担当意识。同时，"发展普惠论"这一中国理论又表达了人民至上的价值情怀，表达了中国共产党人以人民为中心的价值取向，因而它又要求中国共产党人把人民对美好生活的向往作为奋斗目标。讲清楚中国理论既是执政者的主导思想，同时这一主导思想又反映了人民的需求，其实质就是使"发展普惠论"这一中国理论能更好地被广大人民群众所理解、掌握和认同，并转化为广大人民群众的行动力量。

第五，要正确处理好普惠性与开放性的关系，讲清楚中国理论既具有普惠性，同时又具有开放性。"发展普惠论"这一中国理论是为中国人民谋幸福、为世界谋大同、使发展成果惠及全体人民的理论，因而具有普惠性；同时"发展普惠论"是追求发展的理论，而且它所追求的发展是开放性发展，注重改革开放，注重向世界开放，进而注重汲取一切人类文明有益成果，因而又具有开放性。讲清楚"发展普惠论"这一中国理论所具有的普惠性和开放性，其实质就是讲清楚"发展普惠论"在实践上力求使人民有获得感，在对待其他具有积极意义的理论上具有包容性。

第六，要正确处理好符合规律性与富有创造性的关系，讲清楚中国理论既符合规律性，又富有创新性。"发展普惠论"这一中国理论是在遵循党的执政规律、社会主义建设规律、人类社会发展规律的基础上提出的。在实现社会主义现代化和中华民族伟大复兴的大背景、大框架中，中国共产党的执政规律主要体现为集中解决好生产力、生产关系和上层建筑方面的三大根本问题：生产力方面要解决"激发人民群众创新活力"问题，使社会充满生机活力；生产关系方面要解决"让全体共享发展成果"问题，使社会达至平衡和谐稳定；上层建筑方面要解决中国共产党推进国家治理体系和治理能力现代化问题，其中蕴含着"鼓励人民参与治理"即共治。共产党执政得好不好，归根结底要看中国共产党能否激发人民的创新活力，能否实现人民共享发展成果，能否有效治理国家和社会。当今我国正在推动经济社会发展的全面转型升级,在生产力发展方面由要素驱动、投资规模驱动转向更加注重创新驱动;在生产关系方面由让一部分人先富起来走向更加坚持分配正义,走共同富裕道路,使全体人民共享发展成果;在上层建筑方面由国家主导体制走向在坚持中国共产党的领导下积极推进国家治理现代化。这三个根本方面的转型升级蕴含在"发展普惠论"这一中国理论之中,体现了"发展普惠论"的内在要求。"发展普惠论"既坚持人民主体,主张人民群众参与社会治理,因而能激发人民群众的创新活力,又坚持人民是目的,使全体人民共享发展成果。社会主义建设规律主要体现为人民共创、共享、共治之间的本质联系。社会主义社会既是一个使人民群众充分发挥创新活力的社会,也是一个达至平衡和谐稳定的社会,又是一个能得到有效治理且具有良性发展秩序的社会,还是一个以人民为中心的社会。社会主义建设得好不好,最终要看它能否真正激发人民群众的创新活力,能否真正实现全体人民共享发展成果,能否真正使人民参与国家和社会治理。如果既没有创新活力,人民群众不能共享发展成果,社会又缺乏平衡和谐稳定,人民不能参与国家和社会的有效治理,以人民为中心得不到真正体现,那么它就难以超越资本主义社会,难以显示社会主义制度的优越性。"发展普惠论"这一中国理论既体现了社会主义本质,又能激发社会创新活力从而加快中国发展,还能坚持以人民为中心,使全体人民共享发展成果,从而保持社会平衡和谐稳定。人类社会发展有其一般规律,各个国家的具体发展道路总的说来是服从这一规律的。但同时,各个国家的发展道路必然具有各自的特点,人类社会发展一般规律正是在这些各具特点的各国具体发展道路中得到表现。列宁强调指出:"世界历史发展的一般规律,不仅丝毫不排斥个别发展阶段在发展的形式或顺序上表现出特殊性,反而是以此为前提的。"[①] 一个国家不可能完全沿着另一个国家的道路发展而不作任何改变。经济文化相对落后国家的发展道路不同于经济文化发达国家的发展道路,发达国家之间、不发达国家之间的发展道路也会各具特色。个别国家在其发展道路上呈现这样那样的特点的事实,不能被作为其离开世界历史发展总进程、总路线的根据,不能被看作是违背人类社会发展一般规律的。反映中国道路的中国理论——

---

① 《列宁全集》第四十三卷,人民出版社 2017 年版,第 374 页。

"发展普惠论",遵循了唯物史观关于社会基本矛盾运动的一般规律,力求通过改革开放解决生产关系与生产力、上层建筑与经济基础不适合的问题,进而既能使经济社会发展具有创新活力,又能使经济社会发展达至和谐平衡,还能使经济社会得到有效治理。因而,它也是遵循人类社会发展一般规律的。"发展普惠论"这一中国理论也富有创新性,它所反映的中国道路是中国共产党人在改革开放进程中开创出的一条道路,其本身也是一种原创性理论。讲清楚中国理论既符合规律性又富有创新性,其实质就是强调这一理论符合时代发展趋势,具有生命力。

第七,要正确处理好政治话语、学理话语和大众话语之间的关系,讲清楚中国理论需要用政治话语、学理话语和大众话语来表达和表述。关于"发展普惠论",既要运用政治话语来表述和表达,因为它是中国共产党人为解决中国问题和人类问题而贡献的中国智慧和中国理论,也要精准运用学术概念、学理话语来表述和表达,要从学理上阐释好这一中国理论,还要运用大众话语来表述和表达,要让平民大众能记得住、听得懂、好掌握、易认同。用政治话语、学理话语和大众话语来表达和表述清楚中国理论,其实质就是为了使这一理论易于理解、掌握和传播,并被接受和认同。

(四)意识形态建设要围绕中国奇迹、中国道路、中国理论、中国话语四个核心问题进行

意识形态建设与经济建设具有同等重要地位,其作用和意义不可低估,目的是抵御错误思潮侵蚀,赢得价值认同,凝聚人们共识,掌握思想权威。

社会主义意识形态建设首先要着力练好"内功"。要练好"内功",最为关键的就是我国意识形态建设要聚焦于中国奇迹、中国道路、中国理论、中国话语这四个核心问题上。

1. 要解释好中国奇迹

西方对我国意识形态的"攻击",首先指向我国改革开放以来所取得的成就,认为这是由于走了西方的道路而取得的奇迹。对此,我们应掌握

解释中国奇迹的话语权，而中国奇迹的密码就在中国道路之中，我们应从中国道路中寻找中国取得奇迹的根源。

2. 要围绕解释中国道路来进行

所谓"中国道路"，在一定意义上具有意识形态性质，中国道路之争往往是意识形态之争。西方中心论、历史终结论、新自由主义、历史虚无主义误读中国、歪曲中国、污蔑中国、攻击中国的内容之一，就是排斥"中国特色社会主义道路"，要求中国走"西方道路"；即使讲"中国道路"，也往往认为"中国道路"就是"国家资本主义""权贵资本主义"；等等。国内一些错误思潮对中国特色社会主义道路在不同意义上也持排斥态度，要么极为崇拜新自由主义，要么妄想回到"文化大革命"的老路上去。因此，要回应意识形态挑战，凝聚共识、赢得民众认同，树立思想上的权威，就必须阐释好中国道路，从政治上、理论上把中国道路的内涵、实质及其重大意义讲清楚。这是意识形态建设的一项基础性的重要工作。如果讲意识形态建设不去研究中国道路，不仅是研究上的短板和硬伤，还是研究上的不彻底、不深入，是浮在空中的所谓"研究"。

3. 要围绕构建中国理论来进行

意识形态建设最基础也最核心的内容是中国理论建设。一方面，改革开放以来，西方的器物、制度、文化、理论、思想等对我国产生了许多影响，但直接影响我国意识形态的是西方理论、西方思想，而且这种影响最深刻、最持久。党的十八大以前，我国一些大学的经济学、政治学、法学、社会学等教科书，以及这些学科在课堂上所讲的内容，大都是西方的概念、论断、命题、理论、思想、范式等等。在我国学术界流行的西方中心论、历史终结论、文明冲突论、新自由主义、历史虚无主义、"普世价值"、宪政民主、公民社会、新闻自由、文化软实力、娱乐至死等都是从西方传过来的。正是这些概念、论断、命题、理论、思想、范式对我国意识形态产生了挑战。所以，为了应对意识形态领域的挑战，我们必须加快构建中国理论。另一方面，这是一个需要理论而且一定能够产生理论的时代，我们不要辜负这个时代，应加快构建"理论中的中国"，即构建"中国理论"。1978年改革开放以来，中国社会实践发生了广泛而深刻的变化，中国特色社会主义建设也取得巨大成就，中国特色社会主义和社会主义现代化建设对世界产生了巨大影响，中国问题更引起了世界广泛的关注和思考。所以，为回应时代呼唤、反映时代精神、解答时代之问，也应构建起"中国理论"，这同时也是我国意识形态建设的一个十分重要的内容。否则，我国的学术研究、理论研究就达不到时代发展、实践发展所要求的水平，社会主义意识形态的感召力、影响力、引领力就发挥不出来。从现状来看，中国自己的"中国理论"在学术界、理论界还未真正构建起来。当今我们还缺乏阐释中国问题、中国实践、中国经验的中国理论，因而既难以真正识破西方理论的实质及其危害，也难以应对西方理论的挑战，容易被西方理论所迷惑，因而一些人往往用西方的概念、理论、思想、范式来解释中国问题、中国实践、中国经验，导致马克思主义在我国某些领域、某些方面要么失语，要么失声，要么失踪，而被一些西方理论与西方错误思潮、自己的某些错误观念占据着。究其深层原因，是我们还缺乏从学理上全面、准确、具体、深入解释中国问题、中国实践、中国现实、中国经验的中国理论。理论的力量只能用理论的力量来摧毁。只有积极自觉地建构起从学理上全面、准确、具体、深入解释中国问题、中国实践、中国现实、中国经验的中国理论，使中国理论深深扎根于中国大地且被人们所掌握，提升我们自身的免疫力，才能真正抵制西方话语、西方范式之"病毒"的侵袭，才能有效地构建起我国的意识形态思想体系。当今西方之所以具有较强的话语权，能够对我们实行意识形态渗透，对我国学术界及理论界具有一定的影响力，其中一个主要原因，就是它们具有一套较为完备的理论体系。话语的背后是理论，理论的背后是意识形态。我们党的意识形态是否具有主导力、影响力、感召力，中国话语是否具有主导力、影响力、感召力，关键在于能否真正建构起以马克思主义为指导、被广大人民群众所掌握的且能解释中国问题、中国实践、中国现实、中国经验的中国理论。只有建构起这种理论，才能真正构建起以这种理论为基础、核心的中国话语和中国话语体系，也才能真正解决上述所谓的"三失"问题，才能真正占据我国意识形态的主阵地，抵御西方意识形态的渗透。中国理论"立"不起来，西方错误思潮就"破"不了，中国理论只有真正"立"起来，才能真正"破"解西方错误思潮。意识形态建设首先应该是中国话语建设，中国话语建设的核心是中国理论建设。所以，当今我国社会主义意识形态建设的一项十分重要的核心工作，就是构建中国理论。掌握意识形态领域的话语权不能只停留在口头上，要真正落实到行动和实践上。要言之，要真正掌握我国意识形态领域的话语权，必须首先围绕中国道路来积极构建中国理论。

4. 要围绕构建中国话语来进行

中国话语建设的根本，是中国理论建设。中国话语的背后是道。中国话语建设问题，首先是从意识形态建设的问题场域中提出的。究其深层原因，是我们既缺乏从学理上全面、准确、具体、深入解释中国问题、中国实践、中国现实、中国经验的中国理论，也缺乏表述、表达中国理论的中国话语，用西方概念、西方话语来解释中国是行不通的。只有积极建构起从学理上全面、准确、具体、深入解释中国问题、中国实践、中国现实、中国经验的中国理论，进而自觉地建构起中国话语和中国话语体系，使中国话语深深扎根于中国大地且被人们所掌握，才能真正抵制西方话语的侵袭，并有效地构建起我国的意识形态。由此我们应该认识到，话语建设是一个重大课题，事关我国社会主义意识形态建设，其中的逻辑是意识形态建设首先要聚焦到中国话语建设上，而中国话语建设则首先要聚焦到中国理论建设上，中国理论建设首先要聚焦到对中国道路的阐释上。中国道路、中国理论和中国话语是我国社会主义意识形态建设的三个核心要素。我们的理论工作者要把意识形态建设的重心和关键放在对中国道路、中国理论、中国话语的研究上，要对意识形态建设的实质问题有清醒的认识。

PART 5
第五章

哲学之问:
新时代中国特色社会主义的哲学逻辑

一、马克思、恩格斯唯物主义辩证法的总体性

对新时代中国特色社会主义大逻辑的研究,最根本最核心的,就是要研究其哲学逻辑,这是本源追问,即寻求其逻辑根基。

先从总体上论述马克思主义哲学。

马克思在《〈科隆日报〉第179号的社论》中,对哲学作了最早的论述,表达了他从事理论研究初期的"哲学观",使人倾耳注目。之后,在《〈黑格尔法哲学批判〉导言》《1844年经济学哲学手稿》《关于费尔巴哈的提纲》《德意志意识形态》《反杜林论》《路德维希·费尔巴哈和德国古典哲学的终结》《自然辩证法》等著作中,马克思、恩格斯对哲学也作了阐述。然而,1845年以后,马克思、恩格斯没有明确地称自己的理论为"哲学",而多称为"世界观""现代唯物主义""唯物主义历史观"。恩格斯在《反杜林论》《路德维希·费尔巴哈和德国古典哲学的终结》《自然辩证法》等著作中强调,随着"旧哲学"的终结,留下的只有逻辑和辩证法。这就提出了我们深切追问的重要问题:马克思、恩格斯如何看待哲学?他们为什么没有明确地把自己的理论称为"哲学",而多称为"唯物主义辩证法""现代唯物主义世界观""唯物主义历史观"?他们的理论究竟属不属于哲学?若属于哲学,是不是介于"超验"和"经验"之间的哲学?若不属于哲学,那又是什么?唯物主义辩证法、现代唯物主义世界观、唯物主义历史观三者的含义及其关系是什么?唯物主义辩证法在马克思、恩格斯那里是否具有总体性?这些问题最终涉及马克思、恩格斯究竟要构建一种什么样的哲学观,因而需要从学理上加以厘清。

（一）马克思、恩格斯关于"旧哲学"终结的含义

在马克思、恩格斯以前，历史领域都被唯心主义笼罩着。之所以如此，是因为历史领域从事活动的人，具有利益、情感、意志、观念与动机，会用"有色眼镜"看历史，即用头脑中臆造的人为联系代替事物自身的现实联系。马克思、恩格斯在理论上毕生秉持的本心，就是把唯心主义从自然领域和历史领域中赶出去，确立唯物主义在历史领域的权威（在此意义上，也基于我国学术界较为关注历史观，着重谈论历史观，暂不涉及自然观）。由此，他们对费尔巴哈"不满意抽象的思维"[1]给予高度评价，认为费尔巴哈唯物主义使人看到历史领域的客观性，使人透过被纷繁复杂的意识形态掩盖的种种假象，看到历史领域"事物自身"的现实联系。

然而，他们又批判费尔巴哈仅"诉诸感性的直观""把感性不是看做实践的、人的感性的活动"[2]的缺陷。如果仅满足于"感性的直观"，就难以真正揭示历史领域的现实联系与发展过程，也难以确立唯物主义在历史领域的权威。若在历史领域揭示其现实联系与发展过程，进而确立唯物主义权威，就必须借助辩证法。辩证法能透过历史现象理解历史本质，透过历史偶然性把握历史必然性，透过臆想的人为联系把握历史的现实联系。在此意义上，恩格斯高度评价黑格尔辩证法的历史贡献：它"把整个自然的、历史的和精神的世界描写为一个过程，即把它描写为处在不断的运动、变化、转变和发展中，并企图揭示这种运动和发展的内在联系"[3]。恩格斯洞隐烛微，明确指出："辩证法在考察事物及其在观念上的反映时，本质上是从它们的联系、它们的联结、它们的运动、它们的产生和消逝方面去考察的。"[4]"只有辩证法才为自然界中出现的发展过程，为各种普遍的联系""提供说明方法"。[5]于是，马克思、恩格斯汲取黑格尔辩证法的"合理内核"和费尔巴哈唯物主义的"基本内核"，创造性地提出唯物主义辩证法，并将其运用于历史领域以相互构建——既运用辩证法确立唯物主义在历史领域的权威，又运用唯物主义确立辩证法在历史领域的

---

[1] 《马克思恩格斯选集》第一卷，人民出版社2012年版，第139页。
[2] 《马克思恩格斯选集》第一卷，人民出版社2012年版，第139页。
[3] 《马克思恩格斯文集》第九卷，人民出版社2009年版，第26页。
[4] 《马克思恩格斯文集》第九卷，人民出版社2009年版，第25页。
[5] 《马克思恩格斯文集》第九卷，人民出版社2009年版，第436页。

权威，进而创立了现代唯物主义世界观和唯物主义历史观。恩格斯指出："马克思和我，可以说是唯一把自觉的辩证法从德国唯心主义哲学中拯救出来并运用于唯物主义的自然观和历史观的人。"①

正是在这个意义上，恩格斯多次断言：唯物主义历史观"结束了历史领域内的哲学"②，即历史哲学；唯物主义自然观终结了自然领域的哲学，即自然哲学，使自然领域和历史领域的哲学成为不必要和不可能了。"现在无论在哪一个领域，都不再是从头脑中想出联系，而是从事实中发现联系了。这样，对于已经从自然界和历史中被驱逐出去的哲学来说，要是还留下什么的话，那就只留下一个纯粹思想的领域：关于思维过程本身的规律的学说，即逻辑和辩证法。"③又指出："现代唯物主义本质上都是辩证的，而且不再需要任何凌驾于其他科学之上的哲学了。一旦对每一门科学都提出要求，要它们弄清它们自己在事物以及关于事物的知识的总联系中的地位，关于总联系的任何特殊科学就是多余的了。于是，在以往的全部哲学中仍然独立存在的，就只有关于思维及其规律的学说——形式逻辑和辩证法。其他一切都归到关于自然和历史的实证科学中去了。"④于是就形成了这样一种逻辑清晰的格局：实证科学—事物、知识之间的总联系进入理论领域并依靠理论思维—把自然哲学、历史哲学从自然领域和历史领域中驱逐出去—在思维领域存在的作为解释世界之辩证思维方法的辩证哲学—通达并确立现代唯物主义世界观—唯物主义自然观、唯物主义历史观。也就是说，"哲学"依然存在，但首要在思维领域存在，它是从总体上解释世界的辩证思维（理论思维）方法，是关于人的思维的历史发展的科学，它对"总联系"进行系统研究，卓有成效；在马克思、恩格斯那里，这种"哲学"发展成为唯物主义辩证法。唯物主义辩证法有两层内涵：一是作为辩证思维方法的唯物主义辩证法，它在本质上首先是从总体上解释世界的辩证思维方法，是区别于思辨哲学的辩证哲学；二是它用于解释说明自然领域和历史领域即外部现实世界的普遍联系、矛盾运动、发展过程及其一般规律。也就是说，唯物主义辩证法是"关于外部世界和人

---

① 《马克思恩格斯文集》第九卷，人民出版社 2009 年版，第 13 页。
② 《马克思恩格斯选集》第四卷，人民出版社 2012 年版，第 264 页。
③ 《马克思恩格斯选集》第四卷，人民出版社 2012 年版，第 264 页。
④ 《马克思恩格斯文集》第九卷，人民出版社 2009 年版，第 28 页。

类思维的运动的一般规律的科学"①。这样的唯物主义辩证法具有总体性，即具有批判性、现实性、实践生成性和历史性，它直接通达、走向自然领域和历史领域，不具有独立性的外观，只有用于解释说明自然领域和历史领域的普遍联系、矛盾运动、发展过程及其一般规律，尤其是改造世界，才得以确证和表达"离开了现实的历史就没有任何价值"②。由于不再是从"头脑"中臆想出联系，而是从"事实"中发现总联系，所以，哲学就被驱逐出自然领域和历史领域，不能称为"自然哲学""历史哲学"，而应称为唯物主义自然观和唯物主义历史观。唯物主义自然观和唯物主义历史观，是唯物主义辩证法、现代唯物主义世界观在自然领域和历史领域实现的变革及其理论成果；世界观是关于人的感性生活世界即自然的、历史的和精神的世界之普遍联系、矛盾运动、发展过程的根本观点；马克思、恩格斯在历史领域确立的是唯物主义历史观，它蕴含着历史领域的唯物主义辩证法和现代唯物主义世界观。

在上述意义上，依据其他相关论述，马克思、恩格斯强调以下意义上的哲学终结。一是不能满足国家与群众需要的，抓不住事物本质的，不能说服人、不能被群众掌握的哲学（《〈黑格尔法哲学批判〉导言》《1844年经济学哲学手稿》）；二是满足于感性直观，看不到人的感性实践活动的直观唯物主义哲学（《关于费尔巴哈的提纲》）；三是不关注人的感性实践活动和现实生活实际发展过程（不使哲学现实化），只注重抽象思维、只讲意识形态空话、只注重自我意识想象的纯粹思辨哲学（《关于费尔巴哈的提纲》《德意志意识形态》）；四是在历史领域，用头脑中臆想的联系代替现实的普遍联系，以观念构建世界的历史唯心主义哲学（《反杜林论》《路德维希·费尔巴哈和德国古典哲学的终结》）；五是"凌驾于其他科学之上"的哲学（《反杜林论》）；六是把马克思、恩格斯的世界观当作教义而不是当作方法的教条主义哲学。

以上六种意义上的哲学之终，乃是以哲学危机的形式宣告传统形而上学、抽象思辨哲学和旧唯物主义哲学的衰落，同时呼唤新哲学的诞生。这种新哲学，在马克思、恩格斯尤其恩格斯那里，首要是作为解释世界的思

---

① 《马克思恩格斯文集》第四卷，人民出版社2009年版，第298页。
② 《马克思恩格斯选集》第一卷，人民出版社2012年版，第153页。

维方法——唯物主义辩证法，即解释说明外部世界和人类思维运动一般规律的辩证哲学。

（二）唯物主义辩证法、现代唯物主义世界观、唯物主义历史观三者的逻辑关系

1845年以后，马克思、恩格斯没有明确地把他们的理论称为"哲学"。这不意味着他们断然否定哲学，而是否定旧哲学，期望创立一种超越形而上学、思辨哲学、旧唯物主义的哲学，即以辩证思维方法解释说明世界之普遍联系、矛盾运动、发展过程及其一般规律的辩证哲学。这种辩证哲学，首要是唯物主义辩证法。当谈到面向人的感性生活世界及其实践活动和历史发展过程的理论时，马克思、恩格斯不明确将其称为"哲学"，而明确称为"新世界观"，即现代唯物主义世界观；当谈到历史领域变革的成果时，马克思、恩格斯也不明确将其称为"哲学"，而明确称为"唯物主义历史观"。这究竟是为什么？窃以为，其深意不在否定什么，而在注重什么。

首先要厘清唯物主义辩证法、现代唯物主义世界观、唯物主义历史观三者之间的逻辑递进关系。

在"整理资料"阶段，马克思、恩格斯首先面临的是如何解释说明各个事物、知识之间的"总联系"。旧形而上学、思辨哲学、直观唯物主义不能科学解释说明这一"总联系"。马克思、恩格斯把黑格尔辩证法的"合理内核"和费尔巴哈唯物主义的"基本内核"拯救出来，将二者在人的实践活动的基础上实现创新性发展，创立了以人的感性实践活动为基础的唯物主义辩证法，即辩证哲学。唯物主义辩证法的本质功能是科学解释说明这种"总联系"，解释说明人的感性生活世界之普遍联系、矛盾运动、发展过程及其一般规律，因而具有总体性。这种总体性包括批判性、现实性、实践生成性和历史性。它在本性上内在通达并走向此岸的现实世界、实践生成和历史发展，以事物的现实联系代替哲学家头脑中臆造的人为联系，形成了关于人的感性生活世界之普遍联系、矛盾运动、发展过程及其一般规律的根本观点，进而通达并走向改造资本逻辑所统治的世界，形成具有"生成性"特质的新世界观。恩格斯指出，"要精确地描绘宇宙、宇宙的发展和人类的发展，以及这种发展在人们头脑中的反映，就只

有用辩证的方法"①；又强调，"思维的任务现在就是要透过一切迷乱现象探索这一过程的逐步发展的阶段，并且透过一切表面的偶然性揭示这一过程的内在规律性"②。也就是说，只有借助辩证的方法，才能揭示现实世界的普遍联系、矛盾运动、发展过程及其内在规律性。这种新世界观蕴含着"改造世界"的辩证生成、历史生成和实践生成，因而是新（或现代）唯物主义世界观。这种现代唯物主义世界观在本质上是唯物的、辩证的、历史的、实践的，人的感性实践活动及其现实生活过程之展开就是历史，它既能在历史领域确立唯物主义和辩证法的权威，又必然在历史领域实现变革，创立唯物主义历史观，从而终结历史领域的历史哲学。显然，唯物主义历史观的基础和前提是现代唯物主义世界观，而现代唯物主义世界观的前提是唯物主义辩证法，因为它在本质上首先是辩证的，解释现实世界的方法首先必须是唯物主义辩证法；唯物主义辩证法、现代唯物主义世界观确立了辩证法和唯物主义在历史领域的权威。这种以唯物主义辩证法、现代唯物主义世界观为前提的唯物主义历史观，是马克思、恩格斯历史观变革之所在。

在此基础上，可解释唯物主义辩证法、现代唯物主义世界观、唯物主义历史观之间的关系。

它们之间具有本质联系。在马克思、恩格斯那里，逻辑在先的首要范畴是作为解释与把握具有"总联系"世界（认识和改造的世界）的总体方法的辩证思维方法，或作为辩证哲学的唯物主义辩证法。唯物主义辩证法在本质上就是摆脱"主观臆想"（彼岸）进而通达"事物自身"（此岸），解释说明客观事物的普遍联系、矛盾运动、发展过程及其内在规律的范畴。事物之"存在"，马克思、恩格斯把它明确规定为人的感性生活世界，亦即与改造世界相关的人化世界。现代唯物主义世界观，就是运用唯物主义辩证法解释说明人的感性生活世界而生长出来的范畴。唯物主义历史观，就是唯物主义辩证法和现代唯物主义世界观在历史领域解释说明人的现实生活过程生长出来的范畴。人的现实生活过程，用马克思、恩格斯的话说，就是人们的社会存在，即现实的人及其历史发展。只有当历史领

---

① 《马克思恩格斯文集》第九卷，人民出版社2009年版，第26页。
② 《马克思恩格斯文集》第九卷，人民出版社2009年版，第27页。

域内在生长出唯物主义和辩证法因素时,才会创立唯物主义历史观。这可从《德意志意识形态》《反杜林论》对现实的人及其感性生活世界的分析中看出来。恩格斯指出:"现代唯物主义把历史看做人类的发展过程,而它的任务就在于发现这个过程的运动规律。"① 就把握世界的总体方法及其逻辑而言,只有确立唯物主义辩证法,才会确立现代唯物主义世界观,只有确立唯物主义辩证法和现代唯物主义世界观,才会进一步确立唯物主义历史观。概言之,没有唯物主义辩证法,就没有现代唯物主义世界观,新世界观包含现代唯物主义的一切要素,而唯物主义历史观,是唯物主义辩证法、现代唯物主义世界观在历史领域实现变革之所在。

由此,唯物主义辩证法、现代唯物主义世界观、唯物主义历史观三者具有统一性。第一,三者统一于唯物主义辩证法,是唯物主义辩证法在逻辑递进中的不同存在形式。就解释说明整个世界的辩证思维方法而言,可把唯物主义辩证法称为辩证哲学,这是作为方法论的唯物主义辩证法;就存在基础和立脚点而言,可把马克思、恩格斯的理论称为现代唯物主义世界观,这是作为世界观的唯物主义辩证法;就历史(社会存在)领域实现变革的理论成果而言,可把马克思、恩格斯的理论称为唯物主义历史观,这是作为历史观的唯物主义辩证法。这里,唯物主义辩证法、现代唯物主义世界观、唯物主义历史观是彼此理解的关系:理解唯物主义辩证法,须结合现代唯物主义世界观、唯物主义历史观,唯物主义辩证法存在于现实和历史深处,现代唯物主义世界观和唯物主义历史观都是唯物主义辩证法的存在形式,唯物主义辩证法只有在现代唯物主义世界观和唯物主义历史观中才能获得存在的意义,否则,这种辩证法就只是一种抽象的"外在反思"或"形式方法"②;理解现代唯物主义世界观,须结合唯物主义辩证法和唯物主义历史观,否则,这种世界观就属于"无头无尾"的世界观,既不"顶天"(哲学的辩证思维),也不"立地"(历史);理解唯物主义历史观,也必须结合唯物主义辩证法、现代唯物主义世界观,否则,这种历史观就失去了基础和前提。第二,三者统一于对自然、历史和人类思维的普遍联系、矛盾运动、发展过程及其一般规律的把握中,即分别从方法

---

① 《马克思恩格斯文集》第九卷,人民出版社2009年版,第28页。
② 参见吴晓明:《论马克思辩证法的"实在主体"》,《哲学研究》2020年第8期。

第五章 哲学之问：新时代中国特色社会主义的哲学逻辑

论、世界观和历史观不同角度，共同把握自然、历史和人类思维的普遍联系、矛盾运动、发展过程及其一般规律。第三，三者统一于认识世界和改造世界，都是为认识世界和改造世界服务的。

在逻辑顺序上把唯物主义辩证法置于世界观之前，除上述所讲的逻辑递进关系外，还有三个根据。（1）马克思、恩格斯创立的唯物主义辩证法是辩证哲学，是从总体上解释与把握具有"总联系"的整个世界的辩证思维方法，是关于外部世界和人类思维运动一般规律的科学。它具有总体性，即批判性、现实性、实践生成性和历史性，不仅逻辑在先，而且在本质上能直接通达、走向现实世界，注重认识世界和改造世界。（2）正是借助这种总体性方法解释与把握世界，旧世界观转变成现代唯物主义世界观。（3）马克思、恩格斯创立的唯物主义辩证法具有总体性，不能像传统哲学教科书那样，只把它看作马克思主义哲学的一个组成部分。

其次要在确定三者具有统一性的前提下，廓清三者之间的相对区别。一是指向对象相对不同。唯物主义辩证法是"关于思维及其规律的学说"[①]，是一种以人的感性实践活动、感性生活世界为客观基础的辩证思维方法，它以"思维"为首要对象。恩格斯大多是在"思维"意义上讲辩证哲学的。他指出，"对于现今的自然科学来说，辩证法恰好是最重要的思维形式"[②]，是"最高的思维形式"[③]；自然科学家还得受哲学支配，即"受某种建立在通晓思维历史及其成就的基础上的理论思维形式的支配"[④]。

现代唯物主义世界观是关于人的感性生活世界之"存在"的普遍联系、矛盾运动、发展过程及其一般规律的根本观点，它以人的感性生活世界之"存在"为首要对象。这里的世界观有三层含义。（1）世界指什么？指"整个自然的、历史的和精神的世界"[⑤]。（2）世界是什么存在，是物质的存在还是精神的存在？恩格斯强调："唯心主义和唯物主义这两个用语本来没有任何别的意思，它们在这里也不是在别的意义上使用的。"[⑥]恩格斯认为"存在"（自然）是本原，"存在"决定"思维"，自然决定

---

① 《马克思恩格斯文集》第九卷，人民出版社2009年版，第28页。
② 《马克思恩格斯文集》第九卷，人民出版社2009年版，第436页。
③ 《马克思恩格斯文集》第九卷，人民出版社2009年版，第22页。
④ 《马克思恩格斯文集》第九卷，人民出版社2009年版，第460页。
⑤ 《马克思恩格斯文集》第九卷，人民出版社2009年版，第26页。
⑥ 《马克思恩格斯文集》第四卷，人民出版社2009年版，第278页。

精神；指出费尔巴哈"把唯物主义这种建立在对物质和精神关系的特定理解上的一般世界观同这一世界观在特定的历史阶段即18世纪所表现的特殊形式混为一谈了"①。显然，恩格斯是明确在"存在"意义上使用唯物主义概念并讲世界观的。因此，恩格斯一语中的地指出，现代唯物主义"已经根本不再是哲学，而只是世界观"②。（3）世界怎样存在，是静止的、片面的、孤立的抽象存在，或是发展的、全面的、联系的具体存在，抑或是辩证的、实践的、历史的生成性存在？显然，现代唯物主义世界观是辩证的、实践的和历史的。

唯物主义历史观是关于历史领域"现实的人及其历史发展的科学"③，它以"人们的存在就是他们的现实生活过程"④为对象。唯物主义辩证法的对象相对侧重于"思维"，当然不排斥"存在"，没有离开"存在"的"思维"；现代唯物主义世界观的对象相对侧重于人的感性生活世界之"存在"，当然不排斥"思维"，没有离开思维的存在；唯物主义历史观的对象相对侧重于"社会存在"，当然也不排斥"思维"和"存在"，没有离开"思维"和"存在"的历史。

二是针对性相对不同。马克思、恩格斯创立的唯物主义辩证法——"辩证哲学"，主要是针对黑格尔等以"思辨哲学"解释世界的抽象"超验"方式而言的。这种方式"从天国降到人间"，用主观臆想联系替代客观现实联系，辩证哲学则"从人间升到天国"，注重事物的客观现实联系。

现代唯物主义世界观，主要针对旧世界观，即黑格尔唯心主义和费尔巴哈直观唯物主义而言。这种旧世界观要么注重抽象思辨、抽象思维；要么反对抽象思维，仅满足于"感性直观"，未看到人的感性实践活动。针对旧世界观，现代唯物主义世界观注重人的感性实践活动，既注重对象的客观性，也注重实践活动主体的能动性，注重感性实践活动对改造世界的"'革命的'、'实践批判的'活动的意义"⑤。它是关于人的感性生活世界

---

① 《马克思恩格斯文集》第四卷，人民出版社2009年版，第281页。
② 《马克思恩格斯文集》第九卷，人民出版社2009年版，第146页。
③ 《马克思恩格斯文集》第四卷，人民出版社2009年版，第295页。
④ 《马克思恩格斯选集》第一卷，人民出版社2012年版，第152页。
⑤ 《马克思恩格斯选集》第一卷，人民出版社2012年版，第137页。

及其生成性的根本观点，是基于唯物主义辩证法与人的感性实践活动、感性生活世界而建构起来的；它旨在以新世界观认识世界和改造世界，旨在对唯物主义、认识论、教育、宗教、人类社会、哲学家与世界的关系等作出实践唯物主义的洞彻事理的理解。新唯物主义在《关于费尔巴哈的提纲》中首次被提出，是针对旧唯物主义的。旧唯物主义世界观的特征是非辩证性、非实践性、非历史性，新唯物主义世界观的本质特征是注重实践性、辩证性、历史性。新唯物主义是"实践的"唯物主义、"辩证的"唯物主义、"历史的"唯物主义，因而在总体上是现代唯物主义。

唯物主义历史观，是恩格斯在《反杜林论》《路德维希·费尔巴哈和德国古典哲学的终结》等著作中经常使用的概念范畴，主要针对唯心主义历史观。它既注重历史内部的唯物主义基础，着眼于解释历史的物质本原，此即历史唯物主义或唯物史观；又注重历史自身的"辩证"本性，揭示历史发展过程的本质联系与发展规律，此即历史辩证法或辩证史观；还注重历史的实践生成性，强调历史是人的实践活动创造的，注重改变世界，使现存世界革命化，此即实践唯物主义或实践史观。

三是着眼点相对不同。唯物主义辩证法在思维领域独立存在，首要着眼于运用辩证思维方法，为世界的普遍联系和发展过程提供说明的方法论；现代唯物主义世界观主要存在于人的感性生活世界，着眼于观察现实的人的感性生活世界之存在的视界、本原和方式的存在论；唯物主义历史观主要存在于历史领域，着眼于历史领域之现实的人及其历史发展的历史观。

四是任务和把握世界的方式相对不同。唯物主义辩证法的任务既是以辩证思维方式"透过一切表面的偶然性"①揭示世界的普遍联系和发展过程的内在规律性，说明整个世界是怎样存在的，又是以其"批判的、革命的"的生成性指向改造世界。它在哲学方法论上具有相对独立性和总体性，在现实和实践上具有生成性，因而在整个世界之"存在"问题上不再保留独立性的外观；它虽然说明"世界怎样存在"，但不直接回答"世界指什么""世界是什么存在"，在严格且精准的意义上，它不完全、直接等于"世界观"，首要属于"哲学方法论"。这样，唯物主义辩证法实质上是哲学把握整个世界的一种总体方法。恩格斯也曾把他和马克思之前的

---

① 《马克思恩格斯文集》第九卷，人民出版社2009年版，第27页。

辩证法看作世界观，把共产主义也看作世界观，这主要是就关于"世界怎样存在和发展"的意义而言的。后来恩格斯明确强调，《关于费尔巴哈的提纲》是"包含着新世界观的天才萌芽的第一个文献"①。这里讲的新世界观，主要指以人的感性实践活动为基础的感性生活世界及其普遍联系、矛盾运动、发展过程的根本观点，实质就是现代唯物主义世界观。之后，恩格斯就把唯物主义辩证法和世界观相对区分开来，指出：对杜林的论战"转变成对马克思和我所主张的辩证方法和共产主义世界观的比较连贯的阐述"②。列宁曾笼而统之地把马克思、恩格斯创立的所有理论包括唯物主义辩证法都看作世界观。这既是从"世界怎样存在"意义上讲的，也是为了突出新世界观的意义。

现代唯物主义世界观的任务是揭示人的感性生活世界之普遍联系、矛盾运动和发展过程，这可以从《关于费尔巴哈的提纲》中看出来。现代唯物主义体现了新世界观的本质，这种"新"体现在对"存在"所具有的现实性、辩证性、历史性、实践性的深刻理解，体现在其既区别于"超验"的形而上学和思辨哲学，又超越于"经验"的实证科学，介于"超验"和"经验"之间。现代唯物主义属于新世界观，它以回答"世界是什么存在""世界怎样存在"的方式，把握人的感性生活世界。从"世界怎样存在"讲，现代唯物主义世界观体现了辩证哲学，它主要是回答世界之"存在"的世界观意义上的哲学，是辩证哲学在人的感性生活世界的一种存在方式，但不完全、直接等同于本来意义上以"辩证思维方法"为核心内容的辩证哲学。马克思、恩格斯为了同以往那种在自然领域和历史领域以哲学家头脑中臆造的人为联系来代替现实的必然联系，把历史发展过程看作抽象意识、观念的发展过程的旧哲学划清界限，特别强调人的感性生活世界中的唯物主义及其"新"的本质特征；也因为现代唯物主义体现了特定的辩证哲学意蕴，他们便将现代唯物主义直接称为"新世界观"，不直接称为"哲学"。恩格斯明确指出，"这里第一次对唯物主义世界观采取了真正严肃的态度"③。

唯物主义历史观的任务，体现为马克思、恩格斯运用唯物主义辩证

---

① 《马克思恩格斯文集》第四卷，人民出版社 2009 年版，第 266 页。
② 《马克思恩格斯文集》第九卷，人民出版社 2009 年版，第 11 页。
③ 《马克思恩格斯文集》第四卷，人民出版社 2009 年版，第 297 页。

法，立足于现代唯物主义世界观，揭示历史领域的内在联系、矛盾运动、发展过程及其一般规律，在历史领域中实现"变革"。它以理解历史领域中现实的人及其历史发展来把握世界，因而是唯物主义辩证法和现代唯物主义世界观在历史领域的存在方式。

（三）重新理解马克思主义哲学、唯物主义辩证法和世界观

厘清唯物主义辩证法、现代唯物主义世界观、唯物主义历史观的逻辑关系，对重新理解马克思主义哲学、唯物主义辩证法和世界观具有重要的学理价值。

1. 精准理解马克思、恩格斯理论中的边界与逻辑

在作为辩证哲学的唯物主义辩证法、现代唯物主义世界观、唯物主义历史观三者之间的逻辑关系方面，我国学术研究往往关注它们之间的贯通性，对其边界与逻辑相对关注不够。一种观点认为，马克思、恩格斯的辩证哲学就是世界观，现代唯物主义是哲学，唯物主义历史观既是哲学也是世界观。

就三者具有统一性而言，笼统这么说并不为过。如果尊重马克思、恩格斯的本意，就应在坚持它们之间具有统一性的前提下，厘清它们之间的相对区别及边界。精准来讲，马克思、恩格斯把他们所有的创新成果统称为"理论"，但对"理论"也作相对区分。马克思、恩格斯的辩证哲学能生长出现代唯物主义世界观，但不完全等同于世界观本身，它不直接回答世界存在——"世界存在指什么""世界是什么存在"——之存在论意义上的问题，这是世界观直接回答的问题。马克思和恩格斯尤其是恩格斯常常在狭义的辩证思维方法上使用哲学概念，即哲学主要指作为辩证哲学的唯物主义辩证法。这可以从《反杜林论》《路德维希·费尔巴哈和德国古典哲学的终结》《自然辩证法》等著作中看出来。当然，从广义上来说，就唯物主义辩证法、现代唯物主义世界观、唯物主义历史观都回答"思维和存在的关系"这一哲学基本问题而言，它们都是哲学；但就思维和存在的相对区别而言，**唯物主义辩证法才是本来意义上的哲学，现代唯物主义世界观是辩证哲学在人的感性生活世界的一种存在形式，它不完全、直接等

同于辩证哲学本身。从本质上，现代唯物主义主要是世界观，因为它摒弃了形而上学和抽象思辨，注重现实世界的感性对象、感性活动和感性生活过程之存在。恩格斯对辩证思维方式和世界观的边界作了相对划分，指出，以往全部哲学"留下的是辩证的思维方式以及关于自然的、历史的和精神的世界是一个无止境地运动着和转变着的、处在不断的生成和消逝过程中的世界的观点"[①]。在思维和存在关系的意义上，唯物主义历史观既是哲学也是世界观，但只是辩证哲学和现代唯物主义世界观在历史领域的一种特殊存在形式。唯物主义辩证法、现代唯物主义世界观、唯物主义历史观三者具有相对区别。

马克思、恩格斯确实常在同一问题上有多种表述，如历史理论、唯物史观、历史唯物主义、唯物主义历史观等。这些表述具有共同点，都是马克思、恩格斯在历史领域创立的理论成果，但也有一定区别：一是语境不同；二是内涵侧重不同。历史理论是通称，具有最大通约性，历史唯物主义、唯物主义历史观、唯物史观都可看作马克思、恩格斯的历史理论。由于翻译的原因，唯物史观常被看作唯物主义历史观的简称。历史唯物主义与唯物主义历史观虽相差无几，但也有一定区别。二者都强调历史领域的唯物主义，这是共性。然而，历史唯物主义相对注重历史领域的唯物主义，是现代唯物主义的一种形式，与"辩证的"唯物主义、"实践的"唯物主义是类似概念；唯物主义历史观相对侧重于把唯物主义辩证法和现代唯物主义世界观贯彻到历史领域，注重历史领域唯物主义的辩证性、实践性、生成性等本质特征，注重在历史领域终结历史哲学，实现历史观变革，与唯物主义辩证法、唯物主义认识论、唯物主义实践观是同类概念。

进一步讲，马克思、恩格斯的理论可从三个层次及其内在联系进行完整理解。第一个层次是作为哲学方法论的唯物主义辩证法。它是区别于思辨哲学的辩证哲学，是哲学把握整个世界的一种总体性的辩证思维方法。第二个层次是现代唯物主义世界观。它主要是世界观，是观察人的感性生活世界之存在的视界、本原、方式的理论。这种世界观从不能感性直观的东西中寻求对可感知的东西——人的感性生活世界——的解释。人的感性生活世界，在存在视界上包括自然的、历史的和精神的世界，在本原上

[①] 《马克思恩格斯文集》第九卷，人民出版社 2009 年版，第 26 页。

是"唯物主义",在存在方式上强调世界自身的普遍联系、矛盾运动和发展过程。第三个层次是唯物主义历史观。现代唯物主义注重唯物性、辩证性、实践性、历史性、社会性,必然在历史领域透过人的感性实践活动及其实际历史发展过程,揭示人的主观行为背后的物质动因,发现历史领域的客观普遍联系、矛盾运动与发展规律,进而创立唯物主义历史观。唯物主义历史观不是历史哲学,不是凌驾于其他科学之上的特殊科学,不是实证科学所提供的具体科学知识,而是对从人类历史发展的考察中抽象出来的最一般的结果的概括。

由此,在相应、合适的场域和语境中,应当正本清源,尊重马克思、恩格斯的本意,不宜把后人的理解强加于马克思、恩格斯。

2. 在"超验"和"经验"间重新把握马克思、恩格斯的哲学、现代唯物主义世界观和唯物主义历史观

以往的哲学研究存在两种倾向,要么把马克思、恩格斯的哲学、现代唯物主义世界观、唯物主义历史观看作一种具有超验性的哲学,满足于抽象思辨;要么把马克思、恩格斯的哲学、现代唯物主义世界观、唯物主义历史观当作一种具有经验性的具体科学,满足于感性直观和感性经验。由上文分析可以看出,马克思、恩格斯的哲学、现代唯物主义世界观和唯物主义历史观共有的本质特征,介于"超验"和"经验"之间,它们既依靠经验自然科学所提供的事实解释与把握"总联系",以区别于"超验",又对经验自然科学所提供的事实作出抽象概括从而得出一般的结果,以区别于"经验"。

在以辩证思维方法解释与把握世界的意义上,马克思、恩格斯的哲学就是辩证哲学。它既区别于仅注重"超验"的抽象思辨哲学,强调辩证哲学的现实性、实践生成性特质,也区别于仅满足于感性"经验"且注重分门别类研究的具体实证科学,强调以辩证思维方式对事物、知识之间的"总联系"进行系统研究和抽象概括。由此,恩格斯把唯物主义辩证法看作马克思和他自己的"最好的工具和最锐利的武器"[①]。

---

① 《马克思恩格斯选集》第四卷,人民出版社 2012 年版,第 250 页。

在把握人的感性生活世界的意义上,现代唯物主义世界观不同于具体经验科学提供的实证知识。它是对世界的本质性、逻辑性、概括性的理解,即寻求非经验的东西,力求从"可见的东西中寻求不可见的本质",因而是立足于实践、"从人间升到天国"的新世界观。这种世界观又具有非"超验"的现实性,可以"用纯粹经验的方法来确认"①。它注重"立地",立足于人的感性实践活动和现实生活世界,立足于"人类社会"②。它不是满足于仅具有经验科学性质的"立地",而是注重揭示人的感性生活世界之本质与规律的"立地"。它也注重"顶天",通过唯物主义辩证法把握人的感性生活世界之普遍联系、矛盾运动、发展过程及其一般规律。它不是脱离现实和实践的"顶天",而是建立在现实和实践基础上的"顶天"。因而,这种世界观是介于"人间"和"天国"之间的世界观。它直面人的感性生活世界,扬弃形而上学、思辨哲学的超验性,在这种意义上亲近实证科学;它扬弃以经验为基础的实证科学,在这种意义上又高于以经验为基础的实证科学。这就是新世界观的特质。马克思、恩格斯强调这种特质,所以,一般不将这种新世界观称为作为辩证思维方式的哲学。如果一定要从本意且从本质特征上称呼马克思、恩格斯的理论,那就是"现代唯物主义世界观"。这种世界观扬弃了哲学,既保留了哲学的内容,即以辩证思维方法把握现实世界的普遍联系、矛盾运动和发展过程,又克服了以往哲学那种抽象思辨的形式。

在注重揭示历史领域的普遍联系、矛盾运动、发展过程及其一般规律的意义上,唯物主义历史观既对具体历史科学的实证知识具有超验性,是对从具体历史科学的实证知识、历史经验、人类历史发展的考察中抽象出来的一般结果的概括(不提供可以适用于各个历史时代的药方或公式),又对"超验"的形而上学、抽象思辨哲学具有经验性,强调经验观察。它来自"经验"又高于"经验",拒斥"超验"又超越"经验"。

所以,需要遵循"从人间升到天国"的路径,来理解马克思、恩格斯的辩证哲学、现代唯物主义世界观和唯物主义历史观。当代中国马克思主义哲学研究既不宜将其满足于超验性的纯粹抽象思辨,也不能把它等同于

---

① 《马克思恩格斯选集》第一卷,人民出版社 2012 年版,第 146 页。
② 《马克思恩格斯选集》第一卷,人民出版社 2012 年版,第 140 页。

以经验为基础的具体实证科学——它既不提供实证科学知识,也不对人的感性生活世界作超验的抽象思辨的主观臆想,而是以哲学方法论和现代唯物主义世界观切入人的感性生活世界,对实证科学知识的一般结果作出抽象概括。

3. 从总体性上重新理解唯物主义辩证法,它关乎马克思、恩格斯学说的整体性质

有些哲学教科书把唯物主义辩证法看作马克思主义哲学中与辩证唯物论、实践认识论、唯物史观相提并论的内容。这不大符合马克思、恩格斯对唯物主义辩证法原有的理解。

在马克思、恩格斯的理论逻辑中,处于第一层次的是作为辩证哲学的唯物主义辩证法,它具有融合为一的总体性与前提性。这体现在:在马克思、恩格斯所谓的"整理材料"阶段,以辩证思维方法解释与把握世界为核心内容的唯物主义辩证法,注重对各个事物、知识之间的"总联系"进行系统研究;它是关于外部世界和人类思维运动的一般规律的科学;它"包含着更广泛的世界观的萌芽"①。就唯物主义辩证法表达的是"事物的辩证法",是对"自然界和人类历史中进行的并服从于辩证形式的现实发展的反映"②而言,现代唯物主义世界观和唯物主义历史观都体现唯物主义辩证法,是唯物主义辩证法的存在形式。唯物主义辩证法贯穿于马克思、恩格斯的整个学说中,既与唯物主义相互建构,使唯物主义成为现代唯物主义,在本质上是辩证的,又以辩证思维方式把握存在、认识存在,正如列宁所说,辩证法也就是马克思主义的认识论;还把唯物主义历史观看作其存在形式。正如吴晓明指出的,马克思是把辩证法作为一种普遍的方法来把握的,即将辩证法贯彻到"任何历史科学、社会科学"的研究中,贯穿于他的整个学说中。③ 马克思的学说,毫无疑问是以据有并运用辩证法为本质特征的。因而,对辩证法的理解和把握,最关本质地涉及马克思学说的整体性质。

---

① 《马克思恩格斯文集》第九卷,人民出版社2009年版,第142页。
② 《马克思恩格斯选集》第四卷,人民出版社2012年版,第625页。
③ 参见吴晓明:《论马克思辩证法的"实在主体"》,《哲学研究》2020年第8期。

深入来说，贯穿于马克思、恩格斯所有学说且作为具有总体性的唯物主义辩证法，以三种形式出现，它既是方法论，也是世界观，还是历史观。作为方法论的唯物主义辩证法是以辩证思维方式把握整个世界的辩证哲学。作为世界观的唯物主义辩证法在人的感性生活世界存在，意在揭示人的感性生活世界的普遍联系、矛盾运动和发展过程。唯物主义辩证法具有现实性、实践生成性，它既走向并反映现实发展，还为改造世界服务，在现实和实践中得到确证。离开现实、历史和实践，它没有任何价值。马克思指出："人的思维是否具有客观的［gegenständliche］真理性，这不是一个理论的问题，而是一个实践的问题。人应该在实践中证明自己思维的真理性，即自己思维的现实性和力量，自己思维的此岸性。关于思维——离开实践的思维——的现实性或非现实性的争论，是一个纯粹经院哲学的问题。"① 作为历史观的唯物主义辩证法存在于历史领域深处，力在揭示现实的人及其历史发展规律，能内在生长出唯物主义历史观。

据此，需要对唯物主义辩证法作重新理解，把它的总体性呈现出来，既从总体上理解唯物主义辩证法，也从总体上理解马克思、恩格斯的整个学说。

4. 重新把握马克思、恩格斯哲学的生成逻辑与完整图景

作为唯物主义辩证法的辩证哲学之生成逻辑是什么？对此，学术界有所关注，但有浅尝辄止之感。

在童年时期，哲学是"一切知识的总汇"，"一切知识"都在哲学的框架内和影响下。这样的哲学具有综合性，面对的是整个世界，是在"与整个世界的关系"框架中界定的。

后来，一些认识世界所形成的具体实证科学逐渐从哲学中分离出去。此时，一些哲学家把哲学看作"科学之科学"。这样的哲学面对的是具体科学，是在"与具体科学的关系"框架中定义的，哲学的实证化倾向得以呈现。

其后，自然领域和历史领域及各种事物、知识、科学间的联系越来越具有综合性，它们之间的"总联系"整体地呈现出来了。这时，哲学把握

---

① 《马克思恩格斯选集》第一卷，人民出版社2012年版，第134页。

世界主要有两种方式：一是用主观臆想的人为联系代替事物自身的现实联系，这是形而上学或抽象思辨哲学；二是注重解释客观事物自身的普遍联系、矛盾运动、发展过程及其一般规律，这是辩证哲学。马克思、恩格斯坚持第二种方式，实现了哲学变革，把用主观臆想的人为联系代替事物的现实联系的"自然哲学""历史哲学"从自然领域和历史领域中驱逐出去，摒弃了形而上学仅满足于抽象思辨的"超验性"，直面由具有"总联系"的综合性科学所涉及的人化世界；面对人化世界，马克思、恩格斯不满足于"感性直观"和"感性对象"，使"思维"走向此岸，关切人的感性实践活动及其所生成的感性生活世界。于是，马克思、恩格斯就用唯物主义辩证法把握以人的感性活动为基础的感性生活世界（存在），形成了现代唯物主义世界观。马克思、恩格斯又运用唯物主义辩证法研究人的现实生活过程，建立起唯物主义辩证法与历史的本质联系，使唯物主义辩证法在历史领域得以开启，创立了唯物主义历史观。这样，哲学直面的是"存在"和"社会存在"，是在"思维和存在关系"框架中定义的，唯物主义辩证法实际上就是思维辩证地把握存在的哲学。其逻辑是：首先在"思维"领域确立唯物主义辩证法，这是作为方法论的唯物主义辩证法；其次为使思维走向此岸的现实世界，确定其"存在"的物质基础——人的感性生活世界和现实生活过程，这样的辩证哲学已经不是形而上学，而是世界观、历史观，这种世界观、历史观所讲的世界，是与"存在"直接相关的人化世界。

5. 廓清马克思、恩格斯把其理论多称为世界观和方法论的缘由

对这一问题，我国哲学界已有一些有价值的学术成果，但还需要潜精研思，作深入思考。

马克思、恩格斯往往不把他们的理论明确称为"哲学"，多称为"世界观"和"方法论"，如恩格斯往往称"马克思的世界观"[①]，很少称"马克思的哲学"。

一是当时形而上学或抽象思辨哲学在自然领域和历史领域总是以主观臆想的人为联系代替现实的必然联系，不能为自然和历史提供说明方法，

---

① 《马克思恩格斯文集》第四卷，人民出版社 2009 年版，第 265 页。

从而在历史领域走向唯心主义；马克思、恩格斯则十分注重现实世界存在的普遍联系、矛盾运动和发展过程。

二是马克思、恩格斯依然需要哲学，但这种哲学存在的领域、方式和功能转变了。它是一种新的辩证哲学，在思维领域存在；在自然领域和历史领域，其存在方式不再具有独立性外观，需要通过现代唯物主义世界观和唯物主义历史观体现和确证；在功能上，它必须运用于解释说明人的感性生活世界和现实生活过程，揭示其普遍联系、矛盾运动、发展过程及其一般规律。这种哲学，显然区别于远离现实世界之"感性活动"的抽象思辨的旧哲学。

三是辩证哲学方法论运用之创新成果是现代唯物主义世界观。这一新世界观不仅表达了作为辩证哲学的唯物主义辩证法，而且侧重于把握"现实世界之存在"。

四是基于存在决定思维的唯物主义逻辑，马克思、恩格斯注重在历史领域建立唯物主义的权威，这种唯物主义本质上是辩证的，即现代唯物主义。具有辩证本质的现代唯物主义，是针对形而上学、抽象思辨哲学和直观唯物主义世界观等旧哲学出场的。旧哲学的主观致命缺陷，就是在历史领域强调人为臆想的联系，陷入唯心主义。马克思、恩格斯断然与这种旧哲学世界观决裂，以建立一种新的理论——马克思、恩格斯称其为"新世界观"，即以现代唯物主义及唯物主义历史观为核心内容的新世界观。这里，辩证哲学表现为现代唯物主义世界观和唯物主义历史观。

五是为走出旧哲学"超验性"的泥潭，超越实证科学的"经验性"，注重表达其创新理论的特质与辩证哲学通达、走向世界观和历史观的实质，马克思、恩格斯大多称其创新理论为"世界观"。

二、马克思主义实践生成论及其本源意义

唯物主义辩证法体现在实践上，必然内生出实践生成论，实践生成论是马克思主义哲学最为本质的特征。这里再进一步谈谈马克思主义哲学的

精髓灵魂与思想特质。

改革开放以后，中国哲学界曾就"生成论"及其相关论题进行过研究，提出了一些颇有启发性的真知灼见，深化并拓展了马克思主义哲学研究的问题域。然而，这些讨论仅仅局限于哲学认识论层面，对"生成论"的内涵、实践生成论的建构，尤其是其本源意义的探讨还远不够深入；有的人还用抽象既定论排斥实践生成论，用应然代替实然，用应然方向裁定进而怀疑现实道路——要言之，用抽象的"是"否定"历史地成为是"。这些模糊认识产生的哲学根源之一，就是不理解马克思主义哲学所蕴含的实践生成论及其思维方式。因此，立足于马克思主义唯物史观，进一步建构并阐释实践生成论及其本源意义，成为当前亟待深化的现实课题。

（一）实践生成论的马克思主义基础

马克思主义经典作家以及中国共产党人为构建实践生成论奠定了坚实的理论根基，提供了丰富的思想资源。通过梳理实践生成论的形成线索和发展脉络，可以揭示出实践生成论的深刻内涵和本质特征。

马克思、恩格斯把实践、辩证法、历史思维引入唯物主义，把生成论思维方式引入哲学，注重哲学的实践解释方法、辩证解释方法和历史解释方法，从既成论思维方式转向实践生成论思维方式，实现了哲学思维方式的变革，认为任何事物和对象都是在实践的、辩证的、历史的展开过程中生成自身，此可谓"过程生成"。马克思指出："历史的全部运动，既是它的现实的产生活动……同时，对它的思维着的意识来说，又是它的被理解和被认识到的生成运动。"① "对社会主义的人来说，整个所谓世界历史不外是人通过人的劳动而诞生的过程，是自然界对人来说的生成过程"②。恩格斯也强调指出，辩证法在考察事物时，本质上是从它们的产生和消逝方面去考察的，它不断地注视生成和消逝之间、前进的变化和后退的变化之间的普遍相互作用，它把整个自然的、历史的和精神的世界描写为一个过程。现代唯物主义把历史看作人类的发展过程。③ 这些论述所揭示的

---

① 《马克思恩格斯全集》第三卷，人民出版社2002年版，第297页。
② 《马克思恩格斯文集》第一卷，人民出版社2009年版，第196页。
③ 参见《马克思恩格斯选集》第三卷，人民出版社2012年版，第398、400页。

就是"生成性"思维方式。为说明这一点，恩格斯还引用了赫拉克利特的观点，即一切都存在而又不存在，一切都处在流动、变化过程之中，在不断地生成和消逝。①马克思、恩格斯通过这些重要表述展示了生成论思维方式的实质所在和本质特征，并将其贯彻到对实践唯物主义、辩证唯物主义、历史唯物主义的理解当中。从本质上而言，生成论就是实践生成论，它始终关注人类实践过程及其事物在实践过程中的历史性生成。从更深层次的理论构建而言，实践生成论更重要且更关键之处在于，它将实践解释原则、辩证解释原则和历史解释原则引入了世界观和方法论。在马克思、恩格斯以后的马克思主义发展进程中，实践生成论得到了具体体现和贯彻落实。

列宁晚年关于俄国从小农经济向社会主义过渡的思想，十分鲜明地蕴含着实践生成论思维方式。其最具代表性、标识性的论断，就是十月革命后列宁所指出的：我们对社会主义的整个看法发生了根本改变；人民群众的实践创立了生气勃勃的创造性的社会主义。"对俄国来说，根据书本争论社会主义纲领的时代也已经过去了，我深信已经一去不复返了。今天只能根据经验来谈论社会主义。"②这就是说，社会主义的一般原则及其实现，现实的社会主义以及社会主义的发展，本质上都根源于活生生的社会实践，都是在人民群众的实践进程中不断生成的，是人民群众的实践活动保障了生气勃勃的创造性的社会主义的发展和完善。

毛泽东关于实践论与马克思主义中国化的论述，充分体现了实践生成论及其思维方式。毛泽东鲜明地反对教条主义、经验主义、本本主义等主观主义，认为一切认识都是从人的实践活动中产生的，只有人们的社会实践，才是人们对于外界认识的真理性的标准。毛泽东还特别注重推进马克思主义中国化。"马克思主义中国化"这一论断实质上强调的是：马克思主义要在中国实践和中国发展中发挥指导作用，必须具备一个前提条件，那就是它必须与中国具体实际相结合，并在实践发展进程中"生成和产生"马克思主义中国化的成果，即"中国版本"的马克思主义；在相结合的过程中，这种"中国版本"的马克思主义理论创新成果也要随着中

---

① 参见《马克思恩格斯选集》第三卷，人民出版社 2012 年版，第 395 页。
② 《列宁全集》第三十四卷，人民出版社 2017 年版，第 466 页。

国实践的发展而发展。这实质上就是实践生成论及其思维方式的具体体现。毛泽东思想具有实践性、辩证性和历史性,它们充分体现着实践生成论思维:"实践性"注重现实过程和实际条件,反对教条主义;"辩证性"强调联系和发展,反对形而上学;"历史性"注重发展过程,反对僵化保守。

邓小平更是运用实践生成论及其思维方式的高手。邓小平强调,"实事求是"是马克思主义的精髓,也是毛泽东思想的精髓;它是中国革命取得成功的关键所在,也是中国建设、改革取得成功的关键所在。当今,中国的生产力水平与发达国家相比尚有明显的差距,社会主义还是一个"不够格"的社会主义,还处在社会主义初级阶段;社会主义初级阶段的根本性任务,就是解放和发展社会生产力。邓小平关于社会主义初级阶段和首要任务的论述,是从实践生成论及其思维方式角度来阐发的。不仅如此,邓小平还强调指出,社会主义的本质是解放生产力、发展生产力、消灭剥削、消除两极分化,最终达到共同富裕。这一对社会主义本质的说明,充分体现了实践生成论思维。邓小平进而强调,中国特色社会主义是从社会主义初级阶段产生出来的社会主义,是由人民群众的实践活动开创出来的社会主义,其自身的不断发展,必然使"不够格"的社会主义成为"够格"的社会主义。这种对中国特色社会主义的理解,充分体现了实践生成论及其思维方式。

此外,江泽民强调的"与时俱进"、胡锦涛阐述的中国改革开放的"十个结合"经验、习近平同志提出的"新时代""中国发展新的历史方位"以及中国特色社会主义的"四个走出来"等重大论断,也蕴含着实践生成论及其思维方式,是对实践生成论及其思维方式的充分运用和发展完善。

(二)实践生成论的建构与阐释

为了阐明实践生成论及其本源意义,还需要解答两个问题:究竟何谓实践生成论?应从哪些方面建构并阐释实践生成论?

第一,就"生成"的外延而言,所谓生成论思维方式中的"生成",主要包括实践性生成、辩证性生成、历史性生成;但从本质或核心来讲,首要的是实践性生成，辩证性生成、历史性生成都植根于实践性生成。当今中国哲学界所谓的实践唯物主义、辩证唯物主义、历史唯物主义，本质上讲的就是实践性生成、辩证性生成、历史性生成：所谓实践性生成，就是事物在实践过程中之生成，可称之为"实践即生成"；所谓辩证性生成，就是在批判、超越和改变事物的现状之过程中的生成，可称之为"辩证即生成"；所谓历史性生成，就是事物在历史过程中生成，可称之为"历史即生成"。实践生成论强调具体存在先于抽象本质，抽象本质皆在具体存在之发展过程中被内在地提升出来。辩证性生成、历史性生成只有在实践性生成中才能得到合理解释，因为辩证法是实践过程中的辩证法，历史则是由人类的实践活动及其过程构成的历史。具体而言，一方面，辩证法在本质上或本源上是实践活动中的辩证法，其批判的、革命的特质源于实践活动，正如马克思、恩格斯在《德意志意识形态》中所强调的，实践唯物主义就是要使现存世界革命化，并实际地改变事物的现状。另一方面，历史唯物主义所蕴含的历史原则、历史思维与历史生成源于作为人类历史前提和出发点的人的实践活动。因为按照马克思、恩格斯在《德意志意识形态》中所言，他们分析研究历史，是从一定社会条件下的人的实践活动出发的；在这种实践活动过程中，人们为了生存和生活，必须进行物质生产，而物质生产可以从生产力和交往形式（生产关系）两个根本方面来考察；正是在分析、研究生产力和交往形式（生产关系）之内在矛盾运动的过程中，马克思、恩格斯发现并揭示了人类历史发展的一般规律，进而创立了历史唯物主义。所以，辩证性生成和历史性生成从本源意义上都源于实践性生成。

第二，就"实践"和"实践生成"的本质而言，实践的本质是生成，实践生成的本质则表现为任何事物都是在实践进程中得以生成、实现和确证的。分而论之，有三个渐进的层面：其一，就"实践"而言，实践在本质上就是改变事物的现状，使现存世界革命化，进而使远大理想、目标追求得以实现，因而实践之本质就是"生成性"，具有"生成性"特点。其二，就"生成"而言，生成就是铸就或塑造、创生或生长、成长或成为，总之就是从无到有、从小到大、从大到强、从量到质、从理念到现实的必然过程。其三，就"实践生成"而言，实践生成意味着任何事物都是在人们的实践活动过程中必然"成其为是"（即生成的），任何事物都是在人们的实践活动过程中得到确证的,任何远大理想、目标追求都是在人们的实践活动过程中得以实现的,离开人们的实践活动及其过程,任何事物将不会有于人而言的"生成"与"确证",任何远大理想、目标追求也就没有于人而言的"实现"。"凡是合理的都是现实的",在一定意义上就包含这种生成性思维。

第三,就实践生成论的机制而言,它包括方法逻辑、现实逻辑、决策逻辑、目标逻辑、革命逻辑、实现逻辑、历史逻辑和创新逻辑。如上所述,实践生成论关注的是实践过程及其事物在实践过程中的生成,它的内在生成机制包括诸多环节。具体来说,实践生成论注重不断推进马克思主义中国化,始终坚持马克思主义的基本原理,又结合中国具体实际发展马克思主义,这是其方法逻辑;实践生成论注重实事求是与现实条件,直面现实人的生活世界,坚持从客观实际出发来认识中国国情、中国实际和中国现实,进而作出科学研判,这是其现实逻辑;实践生成论注重在对客观事物与客观世界进行科学研判的基础上作出科学决策,进而制定正确的工作方针,坚持"把好脉、开好方",这是其决策逻辑;实践生成论注重在科学决策的基础上确定实践目标,坚持目标的科学性、道义性与操作性,这是其目标逻辑;实践生成论注重通过人民群众生机勃勃的创造性实践活动和斗争精神改变事物的现状,使现存世界革命化,坚持批判和超越、改变和变革,这是其革命逻辑(或斗争逻辑、实干逻辑、奋斗逻辑);实践生成论注重采取行之有效的战略谋划、战略安排与总体方略来实现目标,坚持实际操作的行之有效性,这是其实现逻辑(或效果逻辑);实践生成论注重基于人的实践活动创造历史、书写历史、推动历史发展,坚持历史发展是一个过程,这是其历史逻辑;实践生成论注重通过上述具有内在逻辑联系的机制和环节,使事物在实践过程中成为"是",在千百万人民群众的活生生的实践中创造性地成为"是",这是其创新逻辑。

第四,就实践生成论的构建方式而言,它注重在"破"中"立",在"消解"中"构建"。其一,实践生成论反对教条主义和本本主义,注重现实人的生活世界及其现实逻辑。所谓现实人的生活世界,就是在时空条件下存在并可具体观察到的世界,因而是完全可以凭借时空条件来理解和把握的。生成之"生",就是生长过程;生成之"成",就是所谓"开花、结果"。总之,所谓生成就是事物、对象在现实人的生活世界及其现实逻辑中的生长和"成为"过程,它可以用具体的时间、空间和条件来把握。这就把实践生成论建立在厚重的现实基础之上,其实质就是要遵循事物发展的现实逻辑,注重从现实发展过程出发规定事物。显然,这样的实践生成论与教条主义和本本主义是对立的。其二,实践生成论反对以抽象的设定来把握事物的"是"。马克思指出,社会生活在本质上是实践的。同理,现实人的生活世界在本质上也是实践构成的。这就是说,一方面,现实人的生活世界、社会生活是在实践中得以生成、实现和确证的,它遵循的是具体的实践发展过程及其实践发展逻辑;另一方面,现实人的生活世界是一个自然历史发展过程,它具有自身发展的现实逻辑。马克思曾经指出,现实人的生活世界是人的实践活动参与其中的世界,是人的实践活动的人化(或外化、对象化)。人的实践活动是一种具体的感性活动,人的实践活动总是在推动事物的发展,因而,具体的实践发展进程便具有生成性。就此而言,"生成"本质上就是在具体实践发展过程中之生成。实践生成论注重从具体的实践过程出发来规定具体事物,强调要用实践的生成规律取代预定的先验规律,它注重"是",更注重"成为是"。因而,实践生成论反对以抽象设定来理解和把握事物或"是"。其三,实践生成论彻底反对历史虚无主义。实践生成论认为,所有人类历史都是人类实践活动创造的。人类历史过程实际上就是一种历史性生成,是因"生成"而"生长"或"形成"的历史,没有"生成"便没有历史。具体的历史过程是可以理解和把握的,它可以凭借历史时间(如历史阶段、历史时期、历史方位等)、历史空间(如东方、西方等)被衡量和把握。历史发展过程具有连续性和阶段性,连续性和阶段性就蕴含着必然的"生成"。实践生成论的核心,就是要理解和把握具体实践及其历史发展过程所蕴含的"必然的"历史生成逻辑,其实质就是注重从历史过程出发规定事物(所谓"过程规定",是相对于"抽象规定"而言的),注重任何事物在其历史发展过程中的积极成长,因而它反对历史虚无主义。其四,实践生成论反对空想主义和先验主义,注重实现理想的现实基础和现实运动。理想属于应当实现的"应然",它只规定"实然"所应达至的方向和目标,但并不具体确定"实然"的道路或路径,"实然"的具体道路是根据具体的现实条件、实践条件和历史条件确定的。

第五,就实践生成论蕴含的思维方式而言,它注重"成为是",是实践思维、求实思维、辩证思维、过程思维、历史思维。马克思、恩格斯都拒斥和批判近代西方所谓的形而上学,某种意义上,可以说形而上学是一种既成性思维方式,因为它机械而片面地注重"是",强调"是"就是"是","不是"就是"不是"。总之,这种既成性思维方式否认"过程生长",否认事物是作为一种过程而存在和生成的;这样来理解和把握事物,事物就永远是静止的、永恒的、不变的。实践生成论所蕴含的思维方式之所以是先进的,一方面在于它注重"成为是",它对事物的理解和把握是从"成为""生长"入手的。也就是说,它既从事物的相对确定性角度来理解事物,认为任何事物都具有相对静止的一面,有其质的规定性;同时,它又从事物的不确定性角度来理解具体事物,认为任何具体事物都具有发展、变化的一面,都处在运动、发展、变化即"生成"(生长、成为)过程之中,没有绝对静止不动和永恒不变的抽象事物和对象,事物的相对静止的"质"的规定性,都是在生成过程中被确定并加以实现的,离开实践过程、历史过程和具体的现实条件,事物的所谓"静止性"的"质"的规定性都是抽象的。另一方面在于它注重"必然"出场的各个事物之间的因果逻辑,注重实践、现实、历史发展过程中各个环节在生成性上的"环环相扣"的因果生成性。

(三)实践生成论具有本源意义

由于实践生成论本身所体现的巨大现实感,使其具有了强烈的本源意义。所谓"具有本源意义"有三个层面的规定:一是指对于人及其认识对象而言,实践是事物存在和发展的本源和根据;二是指我们党的创新理论之所以具有"创新性",本源于"实践生成论的思维方式";三是指它从本源上有助于澄清诸多理论和实践上的迷误。对此,学界的研究还远远不够,需要引起关注并深化对这一课题的探讨。

1. 需要基于实践生成论思维来认识和理解"两个必然"和"两个决不会"

简要来说,《共产党宣言》中提出的"两个必然",是马克思、恩格斯运用"生产力决定生产关系""经济基础决定上层建筑"的历史唯物主义基本原理,来分析近代欧洲社会由封建主义走向资本主义,进而由资本主义走向社会主义的历史发展必然趋势;这一经典论断的提出具有历史必然性,其中对资本的分析蕴含着实践生成论思维,因为它是运用"成为是"的历史生成性原则来分析和解释历史的。在1859年《〈政治经济学批判〉序言》中,马克思又提出了"两个决不会"。[①] 这是马克思在分析当时欧洲资本主义社会发展的历史境况、历史境遇与实现社会主义的历史条件的基础上提出的。也就是说,当资本主义的生产力发展依然具有生命力且不具有消亡的历史条件时,资本主义就决不会灭亡,也决不会退出历史舞台;当还达不到实现社会主义的历史条件时,社会主义也决不会"生成"即出现。要言之,马克思提出的"两个必然""两个决不会"体现的都是实践生成论思维,实践生成论思维是理解和把握"两个必然""两个决不会"的根据。

2. 需要基于实践生成论思维来认识和理解马克思主义中国化的理论成果

有的人对1978年以来我们党的创新理论理解得不够到位,认为理论创新速度太快。这是一种认识误区。如果运用实践生成论思维来理解和把握我们党不断推进马克思主义中国化所取得的理论创新成果,就会有茅塞顿开之感。实践是理论之源,时代是思想之母,思想是时代的声音。实践创新每推进一步,理论创新必然会跟进一步,这就是与时俱进。1978年以来,中国的社会实践发生了迅速而剧烈的变化,这一变革时代的社会实践迫切(必然)需要理论指导;亦即社会实践不断进行创新,理论必然需要跟进和创新。如果理论跟不上时代发展水平和实践发展步伐,就会导致社会的无序和混乱。1978年以后至党的十八大以前,中国社会处于"欠发展"的历史方位,因此,我们党的主要历史使命是解决人民富起来的问题,解决"欠发展"问题属于当务之急,由此就必然地提出了邓小平理论、"三个代表"重要思想、科学发展观。党的十八大以后,中国步入了"发展起来以后"如何"使大国成为强国"的历史方位,我们党的历史

---

① 参见《马克思恩格斯选集》第二卷,人民出版社2012年版,第3页。

使命就是实现中华民族伟大复兴，实现"强起来"，由此，解决"发展起来以后"的问题，为实现中华民族伟大复兴提供行动指南，就属于当务之急。于是，党的十九大必然地提出习近平新时代中国特色社会主义思想。历史发展的必然性确定社会存在，社会存在决定着社会意识。这其中蕴含的实践生成或内生逻辑是：我们党在对各种"思想"和"主义"的比较中，根据中国的具体实际，把马克思主义基本原理与中国实际相结合，选择马克思主义作为我们党的指导思想，并根据不断发展的时代和实践奋力推进马克思主义中国化，奋力推进理论创新。

3. 需要基于实践生成论思维来认识和理解中国特色社会主义

有些人认为，中国特色社会主义就是"国家资本主义"，或者认为形式上是社会主义，实质是资本主义。为了克服这些认识偏颇，需要基于实践生成论思维，把何为"资本"及其本质说清楚，借此也就基本上能把中国特色社会主义说清楚。中国特色社会主义是在中国社会主义初级阶段所要建设的现实的、具体的社会主义。这种现实的、具体的社会主义与马克思、恩格斯所构想的社会主义具有共同点，但也有一定区别。也就是说，与马克思、恩格斯所构想的社会主义相比，我们所建设的社会主义还不完全"够格"。之所以不完全"够格"，主要在于中国的社会生产力还不很发达，缺乏雄厚的物质基础。要使不很"够格"的社会主义成为"够格"的社会主义，就必须大力解放和发展社会生产力——要做到这一点，既需要运用市场经济，让市场在资源配置中起决定性作用；也需要适当利用资本，让资本把各种分散的生产要素聚集到一起，从而创造社会物质财富，提高社会生产力。要言之，在社会生产力不发达的基础上建设社会主义的现实和实际，内在地需要合理利用市场经济和资本来解决落后的社会生产问题。这就使社会主义具有了"中国特色"。这种中国特色社会主义不是国家资本主义，而是在中国共产党领导下，在公有制为主体的前提下，既适当利用资本，又驾驭资本以解放和发展社会生产力，从而为建设社会主义奠定雄厚的物质基础。也就是说，我们的奋斗目标是社会主义，但由于历史的逻辑或历史发展的内在必然性，在手段和方式上是在中国共产党领导下可以适当利用资本和驾驭资本；当中国社会生产力高度发展以后，就要进一步去解决体现公平正义的制度安排问题，此时，就要更进一步增强和加大社会主义公有制的主体地位，合理限制、控制和驾驭资本。总之，在改革开放之初，为了解放和发展社会生产力，在建设中国特色社会主义进程中可以适当利用和驾驭资本；进入新时代，新时代中国特色社会主义为了追求并体现公平正义，需要适度限制资本。

当今，一些人一谈资本，便认为它是"洪水猛兽"，是"吃人"的魔鬼，必然滋生拜金主义。这涉及如何评价资本的历史作用问题。如果从马克思、恩格斯当年所构想的社会主义、共产主义的尺度来看待资本，或者从价值尺度来看待资本，资本确确实实具有"吃人"的本性，这主要体现在资本占有劳动并控制社会。由此，我们必须批判并超越资本的历史局限和弊端。我们看到，马克思、恩格斯曾运用实践生成论思维，分析了资本产生的历史必然性，认为"资产阶级赖以形成的生产资料和交换手段，是在封建社会里造成的"①。因为当这种生产资料和交换手段发展到一定历史阶段时，封建的所有制关系就不再适应已经发展起来的社会生产力了，或者已经变成生产力发展的桎梏。由此可见，如果基于实践生成论思维，基于历史尺度（历史必然性），那么资本还是具有一定的历史进步作用，即从历史发展过程来看，资本在一定程度上有助于发展社会生产力，为"生成"（或"成为"）我们期望的"够格"的社会主义提供物质基础。马克思、恩格斯在《共产党宣言》中指出，资产阶级在历史上曾经起过非常革命的作用，它打破了一切封建的、宗法的关系以及封建羁绊，冲破了自给自足和闭关自守状态，创造了诸多惊人奇迹，开拓了世界市场，建立起了新的工业，扩大了世界交往，证明了人的活动能够取得重大成就；它克服了民族的片面性和局限性，使很大一部分居民脱离了农村生活的愚昧状态。总之，"资产阶级在它的不到一百年的阶级统治中所创造的生产力，比过去一切世代创造的全部生产力还要多，还要大"。"过去哪一个世纪料想到在社会劳动里蕴藏有这样的生产力呢？"②资本的历史作用主要在于它具有虹吸、聚集和纽带作用：它作为纽带，可以把基本的生产要素如劳动者、技术、管理者、劳动工具等聚集在一起，发挥各自的作用，从而提高生产效率或生产力。马克思、恩格斯还基于实践生成论思维，分析了

---

① 《马克思恩格斯文集》第二卷，人民出版社2009年版，第36页。
② 《马克思恩格斯选集》第一卷，人民出版社2012年版，第405页。

资本退出历史舞台的必然性。他们指出,"现在,我们眼前又进行着类似的运动。资产阶级的生产关系和交换关系,资产阶级的所有制关系,这个曾经仿佛用法术创造了如此庞大的生产资料和交换手段的现代资产阶级社会,现在像一个魔法师一样不能再支配自己用法术呼唤出来的魔鬼了"①。这就是说,无产阶级也是在资本主义社会历史发展的历史逻辑中产生的。因为,当资产阶级生产资料和交换形式发展到一定的历史阶段时,资本主义的所有制关系就不再适应已经发展起来的社会生产力,并变成了社会生产力发展的桎梏。在中国社会主义初级阶段,要解决落后的社会生产问题,解放和发展社会生产力,在一定程度和一定意义上也要适当利用资本的历史作用,这是历史发展的必然逻辑和必然生成。列宁在讲到俄国由小农经济向社会主义过渡的问题时,就认为相对于封建主义,资本主义具有历史进步作用。②然而,在社会主义初级阶段,在中国特色社会主义发展进程中,资本逻辑也只是在解放和发展社会生产力这个意义上才被利用。在利用资本的过程中,可能会出现资本占有劳动的情境,也可能会导致一定程度上的分配不公,这势必会影响劳动者积极性、主动性、创造性的充分发挥。为此,历史发展的内在逻辑必然要提出限制和控制资本作用的范围问题,这就内在地要求中国共产党人既要学会利用资本,又要学会驾驭资本。利用资本和驾驭资本,都是本源于实践生成论思维才得到深刻理解和把握的。这里的实践生成或内生逻辑是:落后的生产力—利用资本和驾驭资本—生产力发展与世界交往和世界历史—社会主义;资本占有劳动和分配不公—社会不和谐—限制资本和控制资本。

4. 需要基于实践生成论思维来认识和理解社会主义"市场经济"

当今,一些人一谈论市场经济,就会过于强调市场经济的负面效应,认为市场经济在中国是有害的,它是滋生利己主义、功利主义并导致物化生存与物欲横流的根源,甚至会导致贫富两极分化。这涉及究竟如何评价市场经济的问题。在马克思、恩格斯关于未来理想社会的"词典"里,是找不到"市场经济"概念的。不容否认,从价值尺度看,从马克思、恩格

---

① 《马克思恩格斯选集》第一卷,人民出版社 2012 年版,第 405—406 页。
② 参见《列宁选集》第四卷,人民出版社 2012 年版,第 489—496、510 页。

斯当年所构想的社会主义、共产主义的尺度来看，市场经济确实具有历史局限和弊端，它在一定意义上会滋长利己主义、功利主义、拜金主义，导致物欲横流、贪欲膨胀。对此必须加以警惕！如果基于实践生成论思维来分析市场经济，即运用历史尺度（历史必然性）来看待市场经济，就要认识到：基于中国社会生产力相对落后、人民生活水平不是很高，即社会主义还"不够格"或还处在社会主义初级阶段的历史和现实，市场经济在中国还是具有一定历史进步作用的，它是"生成"生产力进而成为"够格"的社会主义的基础和条件。

"基础和条件"是实践生成论及其思维方式的要件。在中国要建成和实现社会主义，需要两个坚实基础和前提条件：一是社会生产力发展到一定程度，为社会主义奠定较为雄厚的物质基础；二是人民物质文化生活水平得到较大提高，具有较高的文化素质。解决第一个问题需要借助市场经济，市场经济依然是当今世界解放和发展社会生产力的较为有效的方式和手段之一。因为市场经济注重按照能力贡献与生产效率进行分配，这能在一定程度上调动从事经济活动的人的积极性、主动性和创造性，进而有助于提高生产效率与创造社会财富。解决第二个问题也需要市场经济，市场是一所"大学校"，这所特殊的大学校可以提高人们的效率意识、勤劳意识、能力意识、独立意识、自主意识和平等竞争意识，也可以逐步消除懒汉和"等""靠""要"等不良现象。这恰是建设社会主义所需要的一些基本现代意识。另外，市场经济既有助于促进经济全球化，使地域历史走向世界历史，同时又能激发人的主动性和创造性。马克思、恩格斯在《德意志意识形态》中认为，资本主义社会以市场及资本为纽带的大工业，必然使地域历史成为世界历史，而世界历史是共产主义产生（即"生成"）的前提条件；甚至他们对共产主义的界定，也本源于实践生成论的思维方式。[①] 这里的实践生成或内生逻辑是：社会生产力落后—市场经济—社会生产力发展和人的素质提高—平等自由公正精神和世界历史—社会主义。显然，运用实践生成论思维方式来分析市场经济，可以澄清过去我们对市场经济理解上的某些迷误。

---

① 参见《马克思恩格斯选集》第一卷，人民出版社2012年版，第166—174页。

三、哲学把握经济的基本方式

可以运用马克思主义哲学唯物辩证法和实践生成论来理解和把握当代中国话语问题，以经济样本来彰显马克思主义哲学的世界观和方法论。

研究经济哲学的一个原点，就是阐释经济哲学这一基本概念，这是经济哲学研究的学理前提。我国经济哲学研究始于对经济哲学这个原点进行的学理理解。以此为基础，我国学者开启了经济哲学研究的历程。其中，一些学者对我国的经济哲学研究作出了学术贡献。主要体现在经济哲学研究在不断地反思经济活动的合理性，自觉用哲学方式来把握经济。在这种反思中，经济哲学致力于超越经济活动的局限性，矫正经济活动的偏执性，规制我国经济活动的正确方向。其中有六次较为重要的反思：一是在商品经济活动中，追问"道德是否滑坡了"；二是在市场经济活动中，追问"人文精神是否缺失了"；三是在经济快速增长的过程中，追问"人们在价值观上是否迷失了"；四是在资本逻辑的运作中，追问"人性是否出现了扭曲""人的价值是否遭到了漠视"；五是在财富增长和积累的进程中，追问"公平正义的制度安排是否缺位了"；六是在追求经济快速增长和发展中，追问"发展是否付出了沉重代价"。在这六次反思中，哲学，尤其是经济哲学发挥了"猫头鹰"的功能，也发挥着"雄鸡"的作用，还发挥着"啄木鸟"的力量。

中国特色社会主义进入新时代，需要对我国经济活动、经济问题进行总体反思。这种反思首先要回到经济哲学研究的原点，依据马克思主义经典文本，对经济哲学给出全面深入的理解。

总体来讲，理解经济哲学有五个维度，分别从本体论、认识论、辩证法、价值观、人学切入，具有环环相扣的逻辑关系。这五个维度，实际上也是哲学把握经济的基本方式。

（一）对经济活动的本体论理解：追问劳动的本质

这是第一个维度，实质是追问经济活动的本体——劳动的本质。

生产劳动，是经济活动与经济哲学的基石和基础，离开生产劳动，就无法从根本上理解和把握经济活动与经济哲学，所以，在《1844年经济学哲学手稿》《德意志意识形态》《政治经济学批判大纲》《资本论》等文献中，马克思、恩格斯把生产劳动看作是一切经济活动的基础和前提，又把经济活动作为理解一切经济问题的基础和前提。

马克思的《1844年经济学哲学手稿》，是对经济活动给以本体论理解的一个典型样本。其中，马克思从哲学上批判国民经济学，认为国民经济学只看到劳动的经济学意义，把劳动的本质看作"生产财富"的劳动。在国民经济学看来，生产劳动的真正目的是带来多少利息，每年总共积攒多少钱，它不知道处于劳动关系之外的人，不把工人当人看，它认为劳动就是追求利润的最大化。在李嘉图看来："人是微不足道的，而产品则是一切。"①对劳动本质的这种经济学理解，本质上是一种功利主义经济学。马克思批判这种对劳动本质的功利主义理解。他指出："国民经济学按其本质来说是发财致富的科学。"②马克思从"人"的维度来理解和把握劳动，认为劳动的本质，就是使人的本质力量得到充分发挥，就是人的自我产生过程。③这种理解，本质上是在构建一种人本主义经济学。进一步来说，国民经济学只关心劳动创造财富，而马克思则更加关切当时的劳动如何被异化的内在机理。所谓"异化劳动"，本质上就是工人劳动所创造的财富被资本家占有，成为与自己对立的力量，工人本身为此作出巨大牺牲。正如马克思所讲的，工人生产的财富越多他就越贫穷，物的世界的增值同人的世界的贬值成正比。④工人劳动被异化的深层原因究竟是什么？马克思给出的答案是：人和人的关系异化了。他进一步指出，这种人和人关系异化之根源，就是私有财产制度。"尽管私有财产表现为外化劳动的根据和原因"，同时"它是外化劳动的后果"，"后来，这种关系就变成相互作用的关系"。⑤这里的私有财产制度，实质上就是财产、财富的所有制度和分配制度。这种财产、财富的所有制度和分配制度维护了资本家的利益，却剥夺和牺牲了劳动工人的利益。马克思从当时他所接受的人本主

---

① 《马克思恩格斯全集》第三卷，人民出版社2002年版，第248页。
② 《马克思恩格斯选集》第一卷，人民出版社2012年版，第874页。
③ 参见《马克思恩格斯全集》第三卷，人民出版社2002年版，第320页。
④ 参见《马克思恩格斯选集》第一卷，人民出版社2012年版，第51页。
⑤ 《马克思恩格斯选集》第一卷，人民出版社2012年版，第60页。

义出发，对劳动的本质作出不同于国民经济学的新的哲学理解。显然，国民经济学和马克思的经济学都是基于对劳动本质的本体论追问。不过，国民经济学家是自发的，而马克思是自觉的；国民经济学家只从经济学意义上理解劳动的本质，把劳动只看作一种创造物质财富的经济活动，而马克思则从人本主义哲学上理解劳动的本质，把劳动理解为人的本质力量的充分发挥和人的自我实现。对劳动的本质理解不同，经济学研究的路向和路径也就不同：一个是功利主义经济学，一个是人本主义经济学。

因此，当面对经济活动、经济问题与经济学时，首先要追问经济活动的本体之维——对劳动本质的理解。改革开放之初，我国一些地方往往把经济建设仅看作"项目经济"，又把项目经济仅看作"金钱经济"。这种理解是对经济建设的本质在认知上出现了偏差。在这种把追求经济项目、GDP 增长当作唯一的进程中，从事经济哲学研究的学者强调，不能把经济增长和经济发展仅理解为 GDP 的增长，还要关注经济增长和经济发展中的"公平正义""人的价值"。后来，中央也提出了以人为本的科学发展观。党的十八大以来，习近平同志又提出以人民为中心的发展思想。这些，都体现了对我国经济活动、经济发展、经济问题之本质的哲学反思和追问，具有重要的学术价值和实践意义。

（二）对经济活动的认识论分析：追问经济问题的哲学之道

这是第二个维度，实质是从具体到抽象，自觉从哲学之"道"的层面来认识和理解经济活动、经济问题，或者自觉理解和把握经济活动、经济问题中的哲学之"道"。追问经济活动的本体离不开人的认识，需要借助人的认识来进行，因为认识是达到对事物本质的认识。

马克思主义哲学认识论的核心观点，就是强调人的认识是在实践基础上达到对事物之本质的认识。要达到这一目的，一般要经过两个阶段：一是从感性认识上升到理性认识，这是第一次飞跃；二是从理性认识回到实践，这是第二次飞跃。感性认识所认识的是事物的现象，理性认识则是认识事物的本质。黑格尔认为，人的认识过程要经过感性—知性—理性三个阶段。这里讲的"理性"也是达到对事物之本质的认识。列宁所讲的辩证法是研究自在（an sich）之物、本质的，也有类似的意思。中华传统文化讲"道""术""行",这里所讲的"道",主要指的是对事物现象背后的本质理念的认识和理解。这就启示我们:对事物和对象的认识,首先是对其现象的认识,最后要达到对事物、对象之本质的认识,这种认识的成果就是"道"。对经济活动、经济问题同样如此,即要从感性—知性—理性三个层面来理解,尤其要从理性层面来揭示经济活动、经济问题中的哲学之道,或者说,要认识和理解经济活动、经济问题之道,就必须进入哲学层次,从具象到抽象。经济活动、经济问题中的"道",主要讲的是反映经济活动、经济问题之本质的哲学理念、哲学思想。认识、理解经济活动、经济问题的哲学之道至关重要,它有助于我们从哲学上理解和把握经济活动、经济问题的本质、规律。

《资本论》就是从理性层面揭示经济活动、经济问题的哲学之道的典型样本。在《资本论》中,马克思是沿着从具体到抽象的思维逻辑,先从具体的感性层面——资本主义社会最普遍、最平凡的事实即商品——入手,来分析资本主义社会内部的基本矛盾;其致思走向,就是通过抽象,一步步深入到理性层面,来揭示劳动工人所创造的剩余价值被资本家占有和剥削的秘密;再进一步通过对生产资料私人占有与生产社会化的矛盾、无产阶级和资产阶级的矛盾的辩证分析,揭示出"由物的依赖走向自由个性"的历史必然性和道义必要性;基于这一历史必然性,马克思批判并超越了资本占有劳动并控制社会的逻辑,提出了以"促进每个人自由全面发展"为核心理念的哲学之道。

一些人谈论经济活动、经济问题,多停留在感性认识上,较注重"术"和"行"的层面,很少进入理性认识或"道"的层面,因而往往看到的是经济活动、经济问题的现象,而看不到经济活动、经济问题背后的哲学之道,所以,往往抓不住问题的本质。

我们试从哲学之道层面,对近年国内马克思主义理论中的前沿问题加以哲学分析。

先看社会主义市场经济。把社会主义制度和市场经济有机结合起来,已被党的十九届四中全会列入我国现阶段的基本经济制度。以往,一些人着重于从经济学角度认识和理解市场经济,认为市场经济就是追求经济利益和利润最大化,因而,往往把"利益"看作市场经济之"道"。对市场经济的这种认识和理解是产生功利主义、拜金主义的认识论根源,也是实

第五章　哲学之问：新时代中国特色社会主义的哲学逻辑

践上使市场经济"剑走偏锋"的认识论根源。其实，"利益"，并非市场经济的真正之"道"。要真正认识和理解市场经济之"道"，必须进入哲学层次。如果从哲学层次来认识和理解市场经济之"道"，那么，市场经济就是追求利益、能力、理性、自立四者的有机统一：应当承认，从事经济活动的人首先追求的是经济利益，这是原初动因，不然，就不会有他们所从事的经济活动。那么，我们要追问：获取经济利益合法性或合理性的根据是什么？当然，应当是从事经济活动的人最大限度地发挥其能力，作出相应的业绩或贡献，凭"能绩立足"，此可谓"能力发挥最大化"。我们再进一步追问：怎样才能保证从事经济活动的人最大限度地发挥其能力？就必须有一种能体现公平正义的制度安排，只有这样的制度安排，才能真正保证从事经济活动的人最大限度地发挥其能力，这种制度安排，必须基于人的高度的理性自觉，缺乏高度的理性自觉，不可能有这样的制度安排，此可谓"理性最大化"。从事经济活动的人在体现公平正义的制度安排中最大限度地发挥其能力，作出相应的业绩或贡献，从而获取经济利益和利润的最大化，这在实质上意味着从事经济活动的人要凭其能力和业绩而自立，此可谓"自立的最大化。""能力"可以相对应于"权力"，"理性"可以相对应于"非理性"，"自立"可以相对应于"依附"。这样，从上述具有因果逻辑关系的哲学层面来完整认识和理解市场经济之"道"，就超越了对市场经济的狭隘经济学理解，也超越了对"利益"的偏狭追求，能把市场经济提升到哲学境界，而这种境界，会把市场经济引入正途，会使市场经济的积极因素充分发挥出来，也会避免人们对市场经济的误读和误解。更何况当今我们谈论的是社会主义的市场经济。

再看分配制度。分配是马克思主义政治经济学的一个核心问题，它涉及人的根本利益。如果仅限于经济学视域的理解，分配自然首要指向的是经济领域基于"效率"的分配，而获得这种经济效率的根据，自然是从事经济活动的人的能力和贡献。这实际上就是经济学家所讲的第一次分配，它体现的是"实然"意义上的基于"市场"中的能力和业绩的"应得性"，即比例对等或相对平等，亦即哲学理念上的"公平"。这种认识和理解之积极意义，就是力戒懒惰，鼓励勤劳，反对平均主义，使"蛋糕"越做越大。同时也要认识到，人们之间的能力乃至业绩的差异是客观存在的，如果仅仅按照能力和业绩进行分配，就必然拉开人们之间在收入上的差距。这样，即使一些人再努力，但由于先天禀赋差异与后天能力、业绩的有限，其收入也追不上能力、业绩较大的人。久而久之，人们之间的收入差距会越拉越大，甚至出现贫富悬殊，当超过临界点时，就会导致社会不稳定。这样，按照能力和业绩进行的所谓第一次"市场"意义上的分配应有其边界。这时，就必须超越对分配仅仅作经济学或"市场"意义上的狭隘认识和理解，进而从哲学所讲的"正义"层面来认识和理解分配，这种分配实际上就是人们所讲的第二次分配。这种分配主要是在政治领域进行的，因而在这种分配中，政府必须出场。就是说，政府要基于哲学理念上的"正义"原则，运用公共权力和公共政策，通过财政和税收等手段，对人们之间过大的收入差距进行合理调节。显然，上述第一次分配实质上是解决经济效率问题，体现的是"公平"，它有助于"做大蛋糕"，促进经济发展；而第二次分配实质上是致力于解决社会稳定问题，体现的是"正义"，它有利于"分好蛋糕"，使经济社会发展具有稳定性和可持续性。众所周知，政府也不是万能的，政府治理也具有一定的历史局限和缺陷。政府注重从政治领域解决"正义"意义上的分配问题，却不能完全解决社会领域的"道义"调节问题。于是，还必须进一步超越对分配的政治领域中的认识和理解，进而再从哲学理念所讲的"道义"层面并在社会领域来认识和理解分配，这就是人们常讲的第三次分配。在这种分配中，整个社会都是对过大收入差距进行调节的主体，它是由个人和非政府组织及其他组织（如慈善机构等）构成，以"道义"为指针，采用募捐、救助、设立基金等人道手段自觉进行社会调节，它体现的是人道原则，其目的主要在于救助社会弱势群体。简要归纳一下上面所讲的三次分配：第一次分配的主体是市场，主要在经济领域，主要是根据能力和业绩进行分配，体现的是效率优先原则，它确保分配的效率性（对等性公平带来效率），目的在于"做大蛋糕"，促进经济发展；第二次分配的主体是政府，主要在政治领域，体现的是正义原则，确保分配的正义性，目的在于"分好蛋糕"，促进经济、政治和社会的稳定；第三次分配的主体是社会，主要在社会领域，体现的是人道原则，确保分配的道义性，目的在于促进社会和谐。显然，支撑这三次分配的哲学之道或哲学理念，分别是"公平""正义"和"道义"，三者共同构成哲学意义上的所谓整体性的"分配结构"。

第五章 哲学之问：新时代中国特色社会主义的哲学逻辑

最后看当代中国经济快速发展的奇迹。党的十九届四中全会首次对中国奇迹作出精辟概括，即"经济快速发展奇迹和社会长期稳定奇迹"。对经济快速发展奇迹既可以作经济学阐释，也可以作哲学理解，这就是揭示我国经济快速发展奇迹背后的"哲理"——哲学之道。其实，哲学的理解更具根本性、深刻性，它是从"道"的层面进行的。从"道理"来看，中国经济快速发展奇迹是全国各族人民共同奋斗出来的；从"学理"来看，中国经济快速发展奇迹背后有其道路逻辑和制度密码。学理基于道理，哲理基于学理又高于学理；从"哲理"来看，创造中国经济快速发展奇迹的哲学之道，可以理解为在中国共产党领导下的"权力""劳动""资本"三大根本要素之合力的结果。这三个要素具有严格的界定。"权力"，这里仅指中国共产党集中统一领导的力量，具体体现为中国共产党运用权力，动员、组织和集中国家资源和力量办大事。当代中国经济快速发展奇迹的密码，首要在政治领域。要理解当代中国经济快速发展奇迹，首先要理解中国共产党，只有理解中国共产党，才能真正理解当代中国经济快速发展奇迹。"资本"，既指我们党所讲的"资本投资"或"投资驱动"，又指资本可以把许多生产要素聚合起来，激发它们推动经济快速发展的活力，也指市场配置资源的力量。显然，这里所谓的"资本"，主要是"国家掌握和驾驭的资本"，当然也包括被国家允许、鼓励和引导的民营经济中的资本。要言之，我们所讲的"资本"，从根本上是在中国共产党领导下，在社会主义制度框架内运作，被合理引导的、为中国特色社会主义和社会主义现代化建设发挥积极作用的资本，而不是马克思当年所批判的那种具有"吃人本性"的资本。"劳动"，指的是中国特色社会主义事业的建设者，具体来说是指从事整个社会财富创造的中国广大劳动人民群众及其人民主体力量。这三大根本要素（"权力""劳动""资本"）或三大力量（"党的集中统一领导力量""市场配置力量""人民主体力量"）之合力，既能实现我国经济赶超式发展和跨越式发展的所谓经济快速发展，又能保持我国自身的独立性。这就是当代中国经济快速发展奇迹的"哲理"，就是当代中国经济快速发展奇迹的哲学之道，就是对当代中国经济快速发展奇迹的哲学理解。当然，对"资本"逻辑不加以合理限制和管制，不把领导干部手中的"权力"关进制度的"笼子"里，"劳动"价值得不到应有的尊重，"权力"向"资本"寻租，政商关系不正当，是许多问题产生的根源。

因而，认识和理解经济活动、经济问题，也要注重从具体到抽象，自觉从哲学层面理解和把握其哲学之道，即经济活动、经济问题深层背后的哲学理念、哲学思想。

（三）对经济活动的辩证法阐释：经济问题的哲学分析

这是第三个维度，实质是用哲学讲经济，用辩证方法分析经济问题，对经济问题进行哲学批判。这种批判，不是政治学意义上的"推翻"，而是哲学意义上的"辨析"。无论是理解和把握经济活动的本体，还是理解和把握经济活动、经济问题中的哲学之道，都需要借助辩证方法。列宁曾讲过，辩证法也就是马克思主义的认识论。

《德意志意识形态》《共产党宣言》《资本论》，是用辩证方法分析经济问题的典型样本。这种用辩证方法分析经济问题之重大成果，就是实现了哲学变革、经济学变革和政治学变革。

在《德意志意识形态》中，马克思、恩格斯通过对经济问题的哲学分析，创立了唯物史观，从而实现了"哲学变革"。马克思、恩格斯首先集中面对的，是经济学的一个基本概念——"物质生产劳动"。在马克思、恩格斯看来，历史首先是人类活动参与其中的历史，研究人类历史，其前提和出发点是关注现实的个人。现实的个人就是有生命的个人，这种有生命的个人具有肉体组织的需要，这种需要主要就是"吃喝住穿"，即对物质生活资料的需要。满足人的物质生活资料的需要，这叫作"生活"。人和动物不同，人必须也只有通过物质生产劳动这种方式，才能获取物质生活资料，进而才能满足人的肉体组织的需要，所以，人首先要"生活"，然后才去从事"生产"（这可以看作是经济学问题）。由此，马克思、恩格斯进一步去研究人的物质生产劳动，开始运用辩证方法，来分析研究物质生产劳动中的两个矛盾着的根本方面：一个是生产过程中人和自然所发生的根本关系，他们用"生产力"这一核心概念进行分析；一个是在生产过程中人和人所发生的根本关系，他们开始用"交往形式"后来用"生产关系"这一核心概念进行分析。接着，马克思、恩格斯又进一步运用历史辩证法及其矛盾分析方法，去研究物质生产劳动过程中这两个根本方面，即生产力和生产关系的内在矛盾运动及其历史发展过程,结果从中发现并揭示了人类历史发展的一般规律,从而创立了唯物史观,进而实现了"哲学变革"(这可以看作是哲学分析)。这里,马克思、恩格斯是通过对经济问题(肉体组织的需要—吃喝住穿—物质生活资料—物质生产劳动)进行哲学上的辩证分析,从而创立唯物史观的。

在《资本论》中,马克思通过对经济问题作哲学上的辩证分析,创立了剩余价值学说,实现了"经济学变革"。马克思从德国古典哲学继承下来的首要是辩证法。在这个意义上,他称自己曾是黑格尔的学生。然而,马克思又力求把黑格尔"头脚倒置"的辩证法颠倒过来,将其改造成为唯物辩证法。唯物辩证法是马克思哲学方法论体系中最为核心的方法。他运用唯物辩证法分析人类历史发展的内在矛盾——社会基本矛盾,揭示了人类历史发展的一般规律,创立了唯物史观。他又运用唯物辩证法分析研究资本主义社会的基本矛盾,揭示了资本主义社会形态的特殊运动规律,从而创立了剩余价值学说。剩余价值学说,是马克思运用唯物辩证法,在揭示劳动与资本的矛盾关系时提出的一种学说,因而只有借助唯物辩证法,并在劳动与资本的矛盾关系中,才能得到真正理解。列宁认为,马克思"遗留下《资本论》的逻辑"[①]。这一"逻辑",当然包括唯物史观,但首要是唯物辩证法,用大家熟知的话来说,就是"矛盾分析方法"。正如恩格斯所说,"马克思对于政治经济学的批判就是以这个方法做基础的"[②]。马克思之所以运用唯物辩证法来研究资本主义生产方式,主要是因为《资本论》所致力于揭示的是其基本经济事实背后的内在本质联系即矛盾关系,而唯物辩证法就是研究事物内部的本质联系或内在矛盾关系。在《资本论》中,马克思运用唯物辩证法分析资本主义社会的基本矛盾,分析资本主义社会形态的特殊运动规律,主要体现在分析一系列经济范畴的矛盾二重性及其矛盾运动上,这是从分析资本主义社会所存在的一个基本经济事实——商品开始的,或者说,马克思首先从资本主义社会最简单、最基本、最普遍、最平凡的事实即商品开始,逐步揭示出资本主义社会的一切矛盾,这是逻辑起点。列宁陈述马克思的思想时认为,商品是资产阶级社

[①] 《列宁专题文集·论辩证唯物主义和历史唯物主义》,人民出版社2009年版,第145页。
[②] 《马克思恩格斯文集》第二卷,人民出版社2009年版,第603页。

会的"细胞",它包含着资产阶级社会的"一切矛盾的萌芽",包含着资本主义尚未展开的一切主要矛盾。商品,显然属于经济学范畴,是经济问题。然而,马克思运用唯物辩证法的矛盾分析方法,首先揭示出商品本身的内在矛盾,即使用价值和价值的矛盾;接着,从使用价值和价值的矛盾中,揭示出具体劳动和抽象劳动的矛盾;然后,再从具体劳动和抽象劳动的矛盾中,进一步深入揭示出私人劳动和社会劳动的矛盾;再接着,又从私人劳动和社会劳动的矛盾中,揭示出生产资料私人占有和生产社会化的矛盾;之后,力求从物和物的关系背后揭示出人和人的关系,即无产阶级(工人)和资产阶级(资本家)的矛盾关系。马克思试图从分析劳动和资本的矛盾入手,来分析无产阶级(工人)和资产阶级(资本家)的矛盾。沿着劳动和资本的矛盾这一逻辑,马克思分别从劳动和资本两个方面来揭示剩余价值的来源及其产生的秘密:从劳动方面说,资本主义生产过程的实质是劳动过程与价值增殖过程的统一,作为劳动过程,工人的具体劳动转移生产资料的价值,作为价值增殖过程,工人的抽象劳动既创造劳动力自身的价值,也为资本家创造剩余价值;从资本方面说,马克思把资本区分为不变资本和可变资本,正是在对不变资本和可变资本在价值增殖过程中不同作用的分析中,进一步揭示了剩余价值的真正来源。显然,马克思通过对上述一系列矛盾关系的辩证分析,创立了剩余价值学说,揭示了工人的劳动被资本占有、工人创造的剩余价值被资本家剥夺的秘密。所以,他号召全世界无产者联合起来,消灭私有制,解放无产阶级,进而解放全人类,最终实现每个人自由而全面发展。总之,以上所谓的"逻辑",就是马克思运用唯物辩证法的矛盾分析方法,从分析和揭示经济学中最基本的事实和细胞——"商品"开始,一步一步地揭示出剩余价值的来源或产生的秘密,从而创立了剩余价值学说,创立了以劳动人民为本的马克思主义政治经济学,实现了"经济学变革"。

在《共产党宣言》中,马克思、恩格斯通过对经济问题的辩证分析,创立了科学社会主义学说,从而实现了"政治学变革"。这是通过分析"资本和雇佣劳动的关系"来实现的。"资本"属于经济学范畴,蕴含的是经济问题。资本和雇佣劳动是一种辩证关系。马克思、恩格斯指出:"资产阶级生存和统治的根本条件,是财富在私人手里的积累,是资本的形成和增殖;资本的条件是雇佣劳动。雇佣劳动完全是建立在工人的自相竞争之上的。"① 这种自相竞争,是工人在找工作中的自相竞争,现代的工人只有当他们找到工作的时候才能生存,而且只有当他们的劳动增殖资本的时候才能找到工作。这些都是私有制造成的。然而,随着资产阶级即资本的发展,无产阶级即现代的工人阶级也在同一程度上得到发展,因为资产阶级无意中造成而又无力抵抗的工业进步,使工人通过结社而达到的革命联合代替了他们由于竞争而造成的分散状态。于是,随着大工业的发展,资产阶级赖以生产和占有产品的基础本身也就从它的脚下被挖掉了。它首先生产的是它自身的掘墓人,就是说,资产阶级不仅锻造了置自身于死地的武器,同时它还产生了运用这种武器的人——现代的个人,即无产者。因此,共产主义的特征,就是首先必须对所有权和资产阶级生产关系实行暴力的干涉,即消灭旧的生产关系,废除资产阶级所有制。当然,它并不剥夺任何人占有社会产品的机会,只剥夺利用这种占有关系去奴役他人劳动的机会。由此,无产阶级要运用自己的政治统治,一步一步夺取资产阶级所有的全部资本,把一切生产资料集中在国家手里,即集中在已组织成为统治阶级的无产阶级手里,并且尽可能更快地增加生产力的总量。资产阶级的灭亡和无产阶级的胜利同样是不可避免的。这里,劳动是生产力中的决定因素。因为在一般意义上,我们所说的生产力,主要包含劳动对象、劳动工具、劳动者,其中劳动者是劳动生产力中最活跃、最革命的因素。马克思在《资本论》第一卷中就提出了"劳动生产力"概念:"劳动生产力,即由于生产条件发展程度的不同,等量的劳动在同样时间内会提供较多或较少的产品量。"② 他又指出:"劳动生产力是由多种情况决定的,其中包括:工人的平均熟练程度,科学的发展水平和它在工艺上应用的程度,生产过程的社会结合,生产资料的规模和效能,以及自然条件。"③ 这里的资本,代表的是一种生产关系。他认为:"资本也是一种社会生产关系。这是资产阶级的生产关系,是资产阶级社会的生产关系。"④ "资本不是物,而是一定的、社会的、属于一定历史社会形态的生

---

① 《马克思恩格斯选集》第一卷,人民出版社2012年版,第412页。
② 《马克思恩格斯文集》第五卷,人民出版社2009年版,第594页。
③ 《马克思恩格斯文集》第五卷,人民出版社2009年版,第53页。
④ 《马克思恩格斯选集》第一卷,人民出版社2012年版,第341页。

产关系，后者体现在一个物上，并赋予这个物以独特的社会性质。"[①] 马克思、恩格斯运用唯物辩证法的矛盾分析方法，对"资本占有劳动并控制社会的逻辑"这一当时资本主义社会存在的"总问题"进行了深入的分析：首先分析了雇佣劳动对资本的依附关系和资本对雇佣劳动的依存关系；接着，进一步分析资本和劳动、资产阶级和无产阶级之间的"彼此推进"与相互作用、相互矛盾（即相互对立、彼此斗争）的关系；再接着，运用历史尺度和价值尺度相统一的辩证法，又进一步分析并揭示了资本和雇佣劳动关系的历史必然性和历史局限性，最终得出"全世界无产者，联合起来""消灭私有制""资本主义必然灭亡，社会主义必然胜利""每个人的自由发展是一切人的自由发展的条件"等结论。这里，马克思、恩格斯运用唯物辩证法及唯物史观，分析和揭示了资本主义社会的现实逻辑，创立了科学社会主义，实现了"政治学变革"。

因此，当面对经济活动、经济问题时，也要注重对其作哲学分析和"批判"。新时代中国特色社会主义建设的一个基本事实，就是要经常处理其发展过程中必然遭遇的一系列基本矛盾关系，诸如"社会主义制度和市场经济""政府和市场""效率和公平""劳动和资本""又快又好""跨越式发展和循序渐进""经济全球化和独立自主""经济发展和环境保护"等。能否正确处理这些矛盾关系，事关新时代中国特色社会主义建设事业的成败。要正确处理这些矛盾关系，就必须运用辩证方法。善于运用辩证分析正确驾驭和处理好这些关系，中国特色社会主义建设就容易走向成功，否则，就会遭遇曲折。

（四）对经济活动的价值观解读：经济问题的价值评价

这是第四个维度，实质是注重把握经济活动、经济问题中的事实尺度和价值尺度、实证和规范之间的辩证关系，注重对经济问题作出正确的价值评价。把握经济活动的本体，理解经济活动、经济问题中的哲学之道，对经济活动进行辩证分析，总体上属于对经济活动"事实"维度的理解；"价值"与"事实"相对应，在对经济活动的"事实"维度给以理解时，

[①] 《马克思恩格斯选集》第二卷，人民出版社 2012 年版，第 644 页。

还应对经济活动作价值评价。

《1844年经济学哲学手稿》《共产党宣言》是对经济问题作出价值评价的典型样本。

马克思在《1844年经济学哲学手稿》中指出，国民经济学只讲经济事实，也只对经济事实作实证分析，不作价值评价。它思考劳动、私有财产和资本，都是基于对经济事实的描述。它们的研究只对经济活动、经济事实、经济问题作事实判断而不作价值判断，只作实证性分析而不作规范性研究，对经济活动、经济事实、经济问题作价值评价，在它那里是缺失的。马克思指出，"私有财产是一个事实，国民经济学对此没有说明理由，但是，这个事实是国民经济学的基础"①；"整个国民经济学便建立在一个没有必然性的事实的基础上"②。马克思在《1844年经济学哲学手稿》中，既尊重经济活动、经济事实、经济问题的"本性"，这遵循的是事实尺度；同时又对经济活动、经济事实、经济问题作出价值评价，给出价值导向，这注重的是价值尺度。从价值评价来看，他认为，在资本主义社会，工人的劳动被异化了，这是有悖于人的本质和人性的劳动，它不是对人的本质的确证，反而使人的本质丧失，使人性受到压抑，得不到充分发挥，使工人不具有做人的尊严；私有财产使人成为"占有"或"拥有"者，使人变得愚蠢而片面，使人成为利己主义者；资本使工人的劳动仅仅成为其谋生的手段，而不是使人的能力得到充分发挥。正是基于对经济活动、经济事实、经济问题既作事实判断，又作价值评价，马克思得出结论："共产主义是私有财产即人的自我异化的积极的扬弃，因而是通过人并且为了人而对人的本质的真正占有；因此，它是人向自身、向社会的即合乎人性的人的复归，这种复归是完全的，自觉的和在以往发展的全部财富的范围内生成的。"③

在《共产党宣言》中，马克思、恩格斯同样运用历史尺度和价值尺度辩证统一分析批判资本主义社会。他们从历史尺度看待资本和资本主义社会，对此作出了中肯评价，认为资产阶级在它的不到100年的阶级统治中所创造的生产力，比过去一切世代创造的全部生产力还要多，还要大；

---

① 《马克思恩格斯文集》第一卷，人民出版社2009年版，第783页。
② 《马克思恩格斯选集》第一卷，人民出版社2012年版，第874页。
③ 《马克思恩格斯全集》第三卷，人民出版社2002年版，第297页。

然而，他们话锋一转，又从价值尺度批判资本和资本主义社会，认为在资产阶级社会，资本具有独立性和个性，而资本却占有劳动，使活动着的个人没有独立性和个性。① 由此，马克思、恩格斯得出结论：要通过无产阶级革命消灭私有制，解放无产阶级，进而解放全人类，促进每个人的自由发展。

这里涉及一个深层次的理论问题，即对事物和对象的认识所达到的"知"，是否包含价值评价？或者什么叫作真正的"知"？在马克思主义哲学看来，任何事物和对象既具有原本的"事实"属性，也具有对于人而言的"价值"属性，或者说既具有"自在规定"，也具有"关系规定"（即为人而存在的规定性）。在马克思的范畴和话语体系中，也都具有这两种规定性，比如"货币""劳动""资本""财富"等，它们既是"自在性"范畴，具有自身的原本规定性，也是"价值观"范畴，具有对人而言的价值观意义上的规定性。因此，对任何事物和对象的认识，既是对其"客观实在性"的认识，也是对其"价值性"的认识，所谓"知"，就是对事物和对象之"客观实在性的知"和"价值性的知"的有机统一。换言之，只有坚持事实尺度和价值尺度、实证和规范相统一，才能达到对事物和对象真正完整的认识，达到真正完整的"知"。由此，借客观性而否认对事物和对象作价值评价，是片面的。当然，不把价值评价建立在科学认知上，也是片面的。

改革开放以来，许多人注重从经济谈经济，一讲经济就是 GDP，就是项目经济，就是金钱经济，就是资本投资。这说明在经济活动中，价值评价相对缺位。结果导致了人和自然关系的紧张，出现环境污染；导致人和社会关系的紧张，社会发展以牺牲某些个人发展为代价；导致人和人的关系紧张，人们之间存在着不信任、不和谐；人自身的身心关系紧张，即身心不和谐，身体在享受现代化的物质成果，而心灵世界或精神世界却依然处于空虚、无序和焦虑的状态。随着我国经济社会的整体转型升级，我国哲学界逐渐具有一种超越精神，即以学术探索精神，以价值关怀，自觉主动去研究经济发展中的代价，研究"发展与代价"的关系，超越"资本"的逻辑，提出了经济发展要树立以人为本的价值取向；我们中国共产

---

① 参见《马克思恩格斯选集》第一卷，人民出版社 2012 年版，第 415 页。

党人也具有哲学反思精神，从价值观高度，提出了以人为本的科学发展观和以人民为中心的发展思想，从而把我国的经济发展引向了正确航道。

可见，对经济活动、经济事实、经济问题，既要具有价值批判意识，也要具有高度的价值自觉，即作出价值评价，进行价值引导，使经济活动、经济发展沿着正确的方向前行。

（五）对经济活动的人学追问：对人的本性、人的本质的理解

这是第五个维度，实质是把握从事经济活动的人的本性、人的本质。把握经济活动的本体，理解经济活动、经济问题的哲学之道，对经济活动进行辩证分析和价值评价，主体都是"人"，最终目的也都是为了"人"，所以，对经济活动的人学追问，是经济哲学研究的出发点和落脚点。

在西方经济学研究的传统中，有一个人性假设问题。这种人性假设，核心是确定从事经济活动的人之本性，而不是人的本质。人的本质和人的本性是两个有联系但又有本质区别的概念。人的本性主要指所有自然人共同具有的原初本性，如"追求自我利益""趋利避害""自保"。人的本质则是指人之所以成为人的根据。前一个"人"指的是"自然人"，后一个"人"既指作为最高价值追求的"理想的人"，也指作为具有"类"属性（或类意识）的人、作为具有社会属性的人、作为具有自主创造个性的个人。就作为人的修养、塑造和境界而言，人的本质显然高于人的本性。西方经济学具有自己的"人性假设"，这种"人性假设"中所谓的"人的本性"，核心是指"每个人追求其利益最大化"或"自我利益驱动"，西方经济学的理论体系就是建立在这种"人性假设"基础上的。它们由此认为，从事经济活动的人都是追求其利益最大化的人，对这样的"人"，不宜作价值判断。由此就产生了自由主义经济学、功利主义经济学及其诸多变种。

马克思主义政治经济学不作"人性假设"，而注重谈论从事经济活动的主体和前提。在马克思看来，在现实社会中，不存在"抽象的人"或抽象的"自然人"，人都是现实的人，这种现实的人是处在一定社会实践活动和社会关系中进而满足其需要的人，人的需要、社会实践活动、社会关

系是什么样的，人就是什么样的。所以，首先要分析研究人的需要、人所从事的社会实践活动和所处的社会关系。这就把西方经济学所讲的"人性假设"或抽象的自然本性给否定掉了。

马克思的经济学研究与建构的政治经济学也是围绕"人"进行的，但他所讲的"人"是现实的人，是具有需要并"从事实际活动的人"，是处在一定社会关系总和中的人，是"以一定的方式进行生产活动的一定的个人"。① 马克思是把"现实的人"作为经济学研究的出发点，因而对经济活动进行人学追问，就要分析研究经济活动中人的需要、人的实践活动、人的社会关系和人的个性。"人性假设"与"出发点"是两个截然不同的概念："人性假设"中的"人"是抽象的、固定不变的，而"出发点"中的"人"，是处在社会关系总和中的现实的、发展变化的人，如在《1844年经济学哲学手稿》《关于费尔巴哈的提纲》《德意志意识形态》《哲学的贫困》《共产党宣言》《资本论》中所讲的"人"，都是现实的人。正因如此，马克思的政治经济学都具有政治立场和价值导向，也具有浓浓的人文情怀，当然，更是建立在唯物史观基础之上的。

由此，把握经济活动还要确立一种科学的人学观，对从事经济活动与经济问题中的"人"给出科学和道义的解释，对经济活动、经济问题作出事实和价值相统一的科学判断。

经济哲学的本体论理解、辩证法阐释、认识论分析、价值观解读和人学追问之间，具有内在逻辑关系，构成理解经济哲学的完整图景，也构成以哲学方式把握经济的完整框架。生产劳动是经济活动与经济哲学的基石，离开生产劳动，就无法从根本上理解经济活动与经济哲学，所以在经典文献中，马克思都把生产劳动作为理解经济活动的前提，把生产劳动看作人的内在本质力量的充分发挥。这便引出对经济活动的本体论理解：追问劳动的本质。存在决定意识。既然对经济活动首先有一种本体论理解，接着就需要对经济活动进行认识论分析，从哲学上进一步追问经济活动、经济问题中的哲学之道，从哲学之道来理解经济活动、经济问题，这便有了对经济活动的认识论分析。任何事物和对象都是一种矛盾性存在，对任何事物和对象的认识都是一种辩证认识过程，从哲学

---

① 参见《马克思恩格斯选集》第一卷，人民出版社2012年版，第152、151页。

上理解经济活动，所看到的是经济活动也具有辩证的性质。由此，便有对经济活动的辩证阐释，对经济问题进行哲学分析，其实质，就是用唯物辩证法的矛盾方法分析经济活动和经济问题。从哲学上讲，对经济活动、经济问题不仅要从客观存在上加以理解，注重其事实尺度，而且逻辑上也要对经济活动、经济问题进行价值评价，注重价值尺度，这就从逻辑上进一步提出要对经济活动、经济问题作价值观解读，其实质，就是要把握经济活动、经济问题中的事实尺度和价值尺度、实证和规范之间的关系。人是从事一切经济活动的主体，理解经济活动和经济问题最终都是为了人，所以，在经济活动和经济问题的深层背后，在经济学与经济哲学研究中，都有一个对"人"的理解问题，这就是对经济活动、经济问题的人学追问，其实质，就是要把握从事经济活动的人的本性和人的本质。对经济哲学上述五种理解之内在逻辑关系，就这样呈现出来了。

四、建构当代中国马克思主义哲学新范式

哲学是时代中的思想，是把握在思想中的时代。哲学理解和把握"新时代"，就要建构起当代中国马克思主义哲学新范式，换言之，建构当代中国马克思主义哲学新范式，也是新时代中国特色社会主义大逻辑的哲学表达。

随着中国改革开放和社会主义现代化实践的不断深入，我们既需要全面、系统、深入地总结40多年中国改革开放和社会主义现代化建设实践的成功经验，又需要探索新的时代条件下坚持和发展中国特色社会主义新的指导理论。要做到这些，需要马克思主义哲学"有所作为"。尤其是在西方学术话语霸权仍然占据强势地位的情境下，在当代中国"发展起来"且由大国迈向强国的"强起来"的历史进程中，躬身面向"中国问题"，增强我们中国的学术自觉，确立学术主体，坚守中国的理论立场，建构中国的话语体系，发出中国的理论声音，进而建构当代中国马克思主义

哲学，不仅有助于增强中国的学术自信、理论自信乃至思想自信，而且有助于中国实现"强起来"的历史性飞跃，甚至有助于发挥"理论引领"的作用。

（一）建构当代中国马克思主义哲学的逻辑必然性

所谓"当代中国马克思主义哲学"，主要是指改革开放特别是进入21世纪以来，基于中国现时代实践发展进程生长出来且能破解问题、贡献中国理论的各种范式的马克思主义哲学理论的总和。这样的界定包含几个基本要素：（1）中国改革开放所开创的新的历史、新的时代和新的实践及其新的要求；（2）面向的是世界格局背景下的"中国问题"；（3）改革开放以来，虽然我们不同程度上存在着对西方的所谓"学术依赖"，但实际上也在以不同方式逐渐确立中国马克思主义哲学研究的学术主体性；（4）当代中国的马克思主义哲学研究取得了不少原创性的成果，尤其党的十八大以来，中国共产党人提出了一些具有标识性的理论与思想。基于此，当代中国完全可以按照构建"理论中的中国"的要求，建构中国的核心理论，为解决当代人类问题贡献中国理论、中国智慧。

建构当代中国马克思主义哲学，并不是一个纯粹偶然的事件，也不是我们纯粹主观上的一厢情愿，而是时代、实践和哲学研究发展的逻辑必然和内在要求。时代是思想之母，实践是理论之源，问题是理论创新的起点和动力源。

首先，建构当代中国马克思主义哲学，是与时俱进地反映世界发展趋势的需要。近代以来，主导世界的核心理论是西方中心论。这种理论在实质上主张的是"主体统治客体"的哲学理念和哲学思维，蕴含的是资本主导的逻辑。它把整个世界划分为"西方世界"和"非西方世界"，认为"西方世界"是世界主体，"非西方世界"是客体，受"西方世界"主导和支配，"非西方世界"应向"西方世界"看齐和靠拢，应走"西方世界"的道路。西方中心论的当代表达，就是福山提出的"历史终结论"。这种西方式的哲学理念、哲学思维和理论导致了"治理赤字、信任赤字、和平赤字、发展赤字"世界四大根本性难题。就此而言，世界需要寻求破解难题、健康发展的再生之路。这一道路，应该以承认世界多样性和统一性为前提，以坚持世界各国之间的平等为基础，以互学互鉴、合作共赢、和平发展、包容普惠为核心内容。当代中国从全人类共同福祉出发所提出的以"一带一路"合作倡议、参与全球治理、构建人类命运共同体为核心内容的中国理论，恰恰能为解决世界四大根本难题提供中国智慧，能为寻求世界发展的再生之路提供中国方案。

其次，建构当代中国马克思主义哲学，是适应当代中国时代发展和实践发展新要求的需要。在改革开放以来中国发展取得巨大成就的基础上，尤其党的十八大以来，党和国家事业发生了历史性变革，中国发展站到了新的历史起点上，中国特色社会主义进入了新的发展阶段。其标志是：近代以来历经磨难的中华民族实现了从站起来、富起来到强起来的历史性飞跃；社会主义在中国焕发出强大生机和活力，并不断开辟发展新境界；中国特色社会主义拓展了发展中国家走向现代化的途径，为解决人类问题贡献了中国智慧、提供了中国方案。这意味着当代中国的马克思主义哲学由改革开放之初对"中国特色"社会主义的"理论辩护"，经富起来后对中国特色社会主义道路、理论、制度、文化的"理论阐释"，要走向因中国特色社会主义拓展了发展中国家走向现代化的途径，并为解决人类问题贡献了中国智慧、提供了中国方案，从而更加注重"理论引领"，进而将在引领世界发展进程中发挥理论的作用。建构当代中国马克思主义哲学应担负起这样的时代和历史使命。

最后，建构当代中国马克思主义哲学，是由当代中国马克思主义哲学研究的内在逻辑决定的。恩格斯说："每一个时代的理论思维，包括我们这个时代的理论思维，都是一种历史的产物，它在不同的时代具有完全不同的形式，同时具有完全不同的内容。"[①] 我们认为，中国发展起来的当今时代，呼唤当代中国马克思主义哲学研究实现历史性转变。（1）在研究重心上，应从"耕西方地"到"犁中国田"。过去，一些学者在研究对象上存在着"西方依赖"。当代中国正处在发展起来进而实现民族复兴的关键时期，时代和实践把研究"中国发展起来以后出现的新问题"与"实现现代化和民族复兴"的时代课题摆在了学者面前。这要求当代中国马克思主义哲学应立足中国实践，面向当代中国发展的现实逻辑，全面深入研究

[①] 《马克思恩格斯选集》第三卷，人民出版社2012年版，第873页。

"中国问题"。(2)在研究范式上,应从"概念演绎"到"现实逻辑"。当代中国马克思主义哲学研究的一个不足,就是要么是从概念到概念的演绎,要么对1978年以来中国所发生的广泛而深刻的时代和实践变化及其内在逻辑缺乏全面深入的研究,未从中提炼出新概念、新范畴、新理念、新思想。为了反映时代和实践发展新要求,当代中国马克思主义哲学研究范式应实现转型,由注重概念演绎逻辑走向更加注重现实生活逻辑。(3)在研究认知上,应从"学术依赖"到"学术自信"。"耕了西方地、荒了中国田",其背后意味着学徒心态有余而学术主体性和学术自我主张不足。随着当今中国的迅速发展,自然会提出构建"理论中国"与"中国话语体系"问题,其目的是提升中国话语权,这实际上就是学术自信、理论自信和话语自信问题。这就要求当代中国马克思主义哲学研究工作者更加注重研究已被世界关注的当代中国发展的现实逻辑与中国问题,从中构建起我们自己的哲学新概念、新范畴、新表述、新话语、新理论,构建起我们自己的哲学学科体系、学术体系、话语体系、评价体系,着力提出能够体现中国立场、中国智慧、中国价值的哲学理念和主张。(4)在研究格局上,应从"拿来主义"到"中国贡献"。当今中国已经发展起来且在向强国迈进。在这一新的历史起点上,特别需要为此做好哲学准备。这是一个需要理论而且一定能够产生理论的时代,这是一个需要思想而且一定能够产生思想的时代。当代中国马克思主义哲学研究工作者应敢立时代之潮头,担负起历史使命,为构建"理论中国"贡献哲学力量。由此,我们应由"拿来主义"走向更加注重从正面创立并为世界贡献具有原创性、标识性的中国哲学理论。习近平同志提出的"人类命运共同体",就是在"中国发展起来但还不发达"的历史方位中,提出的一种具有原创性和标识性的且能为世界作出贡献的中国理论。近代西方为世界输出的是西方中心论;在当今实现中华民族伟大复兴的历史进程中,中国为世界贡献出了超越西方中心论且能为世界带来福祉的"人类命运共同体论"。(5)在研究层次上,应从"理论辩护"到"理论引领"。当代马克思主义哲学研究工作者要进一步注重研究发展21世纪马克思主义哲学、当代中国马克思主义哲学,并从哲学上为构建人类命运共同体提供"理论引领"。

（二）建构当代中国马克思主义哲学的学术背景

建构当代中国马克思主义哲学，是以中国马克思主义哲学发展的"历史和现状"为重要基础或背景的，我们将之分为三个阶段。

第一个阶段，自20世纪初特别是俄国"十月革命"至中华人民共和国成立前。由于当时特殊的社会历史环境，这一阶段中国马克思主义哲学研究主要侧重于学术上的译介。除了李大钊、陈独秀、瞿秋白、李达、陈望道、艾思奇等学者注重对马克思主义哲学研究之外，毛泽东的《实践论》和《矛盾论》可谓是对马克思主义哲学的一种较为典型的创新性学习和发展。这一时期中国马克思主义哲学研究和发展的最大特点，就是它深深地与中国新民主主义革命的实践相结合，并诞生了毛泽东思想这一伟大理论成果，为马克思主义哲学中国化奠定了坚实基础。这一阶段的不足之处，就是中国并没有形成独立而完整的马克思主义哲学学科体系，也没有拥有庞大的马克思主义哲学研究专业梯队，而主要依靠很少一部分学者进行宣传研究，这主要是受当时的环境所限。因此，这一阶段之于中国马克思主义哲学的研究，只能算是"起步"阶段。

第二个阶段，是中华人民共和国成立以后至改革开放之前。这一阶段，可以说是中国马克思主义哲学研究的"跟跑"阶段。之所以得出如此判断，是因为在这一时期，中国虽然开始了相对独立的马克思主义哲学教科书体系的研究与建设，尝试"走自己的路"，但总体来说，我们的学科体系、学术体系、理论体系、话语体系和思想观点并没有完全脱离苏联传统教科书体系的影响，甚至于我们多是以之为"模板"建构起了自己的教科书体系。尽管在20世纪50年代中后期发生了中苏论战、波兹南和匈牙利事件等这样的社会主义"突发性"事件，但这并没有影响中国马克思主义哲学原理教科书体系的建设仍主要以苏联传统教科书体系为"蓝本"。当时西方国家的马克思主义、生命哲学、存在主义、法兰克福学派的社会批判理论，乃至东欧国家的新马克思主义等，都没有引起中国马克思主义哲学研究的足够重视。当然，其中也有个案能够说明当时对马克思主义哲学自觉建构的情况，中国马克思主义哲学界也有学者保持了清醒的学术头脑和自主自觉的学术研究，在20世纪50年代初对苏联传统教科书提出辨析，并在20世纪80年代中期主持编写了马克思主义哲学新教材《马克思主义哲学基础》,开创了新时期中国马克思主义哲学教科书之超越苏联传统教科书体系的改革先河。

第三个阶段,是改革开放至今。总体来说,这是开启马克思主义哲学"中国化"的阶段。在这一阶段,虽然一定程度上还存在着对西方的某种"学术依赖",但中国马克思主义哲学界已出现了百花齐放、百家争鸣的繁荣局面与态势。自20世纪70年代末实行改革开放以来,中国不但迎来了经济发展的春天,而且出现了学术研究的春天。其实,在1978年改革开放步伐迈开之际,中国学界就围绕着"真理标准"问题展开了一场针锋相对的大讨论。通过讨论,重新确立了"实践是检验真理的唯一标准"这一马克思主义哲学的基本观点,极大地解放了人们的思想。随之,在20世纪80年代初,中国学界又掀起了一场关于马克思主义人道主义与异化问题的大讨论,这场讨论极大地促进了我们中国自己的学术自觉和学术反思。加之中国改革开放实践的不断推进,对中国传统教科书体系的改革提上了议事日程。自20世纪80年代中后期,中国马克思主义哲学界以传统哲学教科书体系改革为契机,在学术上展开了一场关于实践唯物主义和主体性问题的大讨论。这场讨论虽然在观点上并未最终达成共识,且进入21世纪后大有被历史唯物主义讨论所取代之势,但对"科学实践观之于马克思哲学变革作用"的强调却取得了广泛认同。于是,实践本体论、实践存在论、实践生成论、实践唯物主义等纷纷进入人们的视界。正是随着学术探究的不断推进,自20世纪90年代中后期,中国马克思主义哲学界又开始兴起一股对马克思、恩格斯等经典作家文本(文献)研究的热潮。这既是学术研究逻辑不断深入的必然要求,又是一种高度的学术自觉,同时也显示了中国马克思主义哲学学者主体意识的觉醒,即注重在学术研究中彰显自己的研究个性,突出主体的解读方法与研究模式。当然,学者们的这种主体自信与能力水平,实际上从20世纪80年代初伊始的国外马克思主义哲学译介和研究中就已经显示出来。当然,进入新世纪以来,马克思主义哲学教科书体系的研究与建设也取得了进一步发展,一批高水平的教材已经进入高校课堂。中国化马克思主义哲学的研究方面,则提出了科学发展观、社会主义和谐社会、"四个全面"战略布局、"新发展理念"等重大创新理论和观点。此外,马克思主义人学、价值哲学、文化哲学、社会哲学、经济哲学、政治哲学、生态哲学、出场学等研究,也不断丰富并直接推进了当代中国马克思主义哲学的繁荣与发展。可以说，今日中国之马克思主义哲学研究已呈现出学派林立、百花齐放、百家争鸣的局面与态势。较之于20世纪的"起步"和"跟跑"阶段，在这一"中国化"阶段，当代中国马克思主义哲学研究就其总体而言，尤其在哲学的整体创见方面，虽未超越西方，但亦未落后于西方，因而也可将之概括为"齐头并进"的"并跑"阶段。

当代中国马克思主义哲学研究在经历了"起步"阶段、"跟跑"阶段和"并跑"阶段后，取得了一定成果，但也存在不少问题。如当代中国马克思主义哲学研究并不能充分反映和回答时代提出的问题，一定意义上仍然落后于时代发展所要求的水平；与当代中国实践和现实的结合亦不够紧密，对当代中国发展的现实逻辑及其蕴含的"中国问题"缺乏全面深入的系统研究；缺少与本民族文化元素的深度融合；学术派别之间缺乏真诚的对话；国际交流相对较少；等等。由此，我们认为，应积极推动当代中国马克思主义哲学向前发展，努力建构适合于时代和当代中国实践发展要求的当代中国马克思主义哲学；其中最根本和首要的，在于认真总结、清理以往哲学界所形成的研究定势，注重理论创新，找到建构当代中国马克思主义哲学的基本路径。

（三）建构当代中国马克思主义哲学的基本路径

建构当代中国马克思主义哲学，必须坚持马克思主义哲学的基本精神，必须注重把握时代特征，注重解决中国问题，注重凸显民族特色，注重加强互动交流，构建基本范畴与核心理论。

第一，建构当代中国马克思主义哲学必须坚持马克思主义哲学的基本精神，即面向现实人的生活世界的现实精神。这是必须坚守的基本原则。

马克思、恩格斯在其早期的著述中就已显示出了强烈的现实关怀。如马克思的《〈黑格尔法哲学批判〉导言》《论犹太人问题》《1844年经济学哲学手稿》，以及恩格斯的《国民经济学批判大纲》《英国工人阶级状况》，等等。更为重要的是，现实精神是马克思主义哲学内在的本真精神，马克思的哲学革命正是得益于其现实精神。在标志着马克思主义哲学新世界观诞生的《德意志意识形态》中，马克思、恩格斯强烈地批判了当时德国青年黑格尔派之满足于纯粹思辨的"意识哲学",指责其"仅仅反对这个世界的词句",而"不是反对现实的现存世界"。因而,"这些哲学家没有一个想到要提出关于德国哲学和德国现实之间的联系问题,关于他们所作的批判和他们自身的物质环境之间的联系问题"。① 而马克思、恩格斯正是从"现实前提"出发,才创造了自己的新世界观,即唯物史观。马克思、恩格斯指出,他们自己的"考察方法"(我们认为,这种"考察方法"就是作为世界观和方法论相统一的现实性)是一种历史性考察方法,即唯物史"观"。这种方法在考察具体的历史实践过程时,不但蕴含了唯物性,而且包含了否定之否定的辩证批判本性。这种"考察方法"是马克思、恩格斯提出并使用但却没有系统而明确地予以阐述的总体性方法——不是没有前提的,"它从现实的前提出发",而且"一刻也不离开这种前提"。这种前提是人,是现实的人,即"处在现实的、可以通过经验观察到的、在一定条件下进行的发展过程中的人";而"历史"正是这种现实的人的"能动的生活过程","历史"本身也是"现实",而且作为现实的人的"能动的生活过程",它就是马克思在《关于费尔巴哈的提纲》中的"实践"概念,也就是能动的"感性的人的活动"。② 同时,这种"历史"观也是马克思对其《1844年经济学哲学手稿》和《神圣家族》中的"历史"观的进一步发展。由是,我们认为,马克思、恩格斯的现实精神是蕴含于其哲学观中的一种基本精神,是作为其新世界观即实践的、历史的、辩证的总体性"考察方法"的一种根本底蕴。当今,建构当代中国马克思主义哲学须要坚持这种现实精神,即要坚持现实的历史的辩证的总体性考察方法。

在此,我们还需进一步说明的是马克思、恩格斯的历史"观"与"历史"观之间的关系。作为世界观和方法论相统一的历史"观",乃是马克思主义哲学的总体性观点,其根本属性是方法性。即便作为"世界观"概念,它也是一种"观"世界的方式,即考察世界的根本方法,是"按照事物的真实面目及其产生情况来理解事物"的考察方法,也是"从物质实践出发来解释各种观念形态"的解释原则。尽管这种方法和原则看起来似乎

---

① 《马克思恩格斯选集》第一卷,人民出版社2012年版,第145—146页。
② 参见《马克思恩格斯选集》第一卷,人民出版社2012年版,第153、133页。

仅仅是"唯物主义"的,但它作为一种主张"从事实本身的联系而不是从幻想的联系来把握"事物的"唯物主义世界观",却是被"彻底地(至少在主要方面)运用到所研究的一切知识领域里去了"。严格来讲,这种考察方法必然内在地包含了主、客观即"外部世界和人类思维运动的一般规律";根据恩格斯的说法,这个规律正是"多年来"他和马克思"最好的工具和最锐利的武器的唯物主义辩证法"。而由于马克思、恩格斯的"现实"精神被一些人所忽视,他们的总体性方法也就随之被遮蔽,故而导致有些人曾将他们的观点歪曲为经济决定论。针对种种不顾考察"现实"的"懒汉"学者,恩格斯曾反复强调:"如果不把唯物主义方法当做研究历史的指南,而把它当做现成的公式,按照它来剪裁各种历史事实,那它就会转变为自己的对立物。""马克思的整个世界观不是教义,而是方法。"①我们以为,只有以总体性马克思主义哲学方法为指导,踏踏实实地去研究"现实",才是对马克思主义哲学本真精神的继承与发扬。

第二,建构当代中国马克思主义哲学必须注重把握时代特征。这是"时代化"。

"任何真正的哲学都是自己时代的精神上的精华",建构当代中国马克思主义哲学,首要的就是把握时代特征。我们认为,总体而言,当今时代最大的特征就是全球化,也就是以利益为中轴、以资本为主导的资本、经济、信息、交往的全球化。尽管古语有言"天下熙熙,皆为利来;天下攘攘,皆为利往",但利益主导的原则远没有当今如此之普遍。资本主义时代就是一个逐利的时代,全球化的资本主义时代就是每一个原子般的个体都追求物质利益最大化的时代;资本主义时代是一个理性的时代,但它是工具理性压抑价值理性的时代,是理性计算普遍使用的时代;资本主义是一个尊重个性、张扬个性的时代,但同时也是无视个性、压抑个性乃至批量化制造"个性"的时代;资本主义时代是一个多元并列、五彩纷呈的时代,但同时也一个四分五裂、"整体"破碎的时代;资本主义时代是一个需要自由、追求自由的时代,但也是一个"剥夺"自由和限制自由的时代。总之,资本主义是一个矛盾体,既让人拼命追求,又让人永不满足;资本主义社会是一个缺憾,既让人不断"满足",又让人更加饥

---

① 《马克思恩格斯文集》第十卷,人民出版社 2009 年版,第 583、691 页。

饿；资本主义社会是一个幻象，既让人觉得安全，又让人深陷恐惧；资本主义社会是一种背反，它既带来了充裕也带来了贫乏，既带来了机遇也带来了挑战，既带来了自由也带来了奴役，既带来了平等也带来了掠夺，既带来了规则也带来了无序，既带来了理性也带来了盲目，既带来了同一也带来了撕裂。一句话，既带来了肯定，也带来了否定。资本主义在资本无情而又疯狂的扩张动力下，不断在全球每一个角落布展，于是将它的现代性的"孤独"、"自反"、同质化、扁平化、碎片化、形式化、物质化乃至虚无化的"本性""复制"到了每一个原子式的"灵魂"深处。在这种情形下的个体，往往是有意识但却不自觉地接受了这种"虚假的"个性塑造，并且毫无"反击之力"。这些原子化的个体往往是有需求但不再有满足，有满足但不再有享受，有享受但不再有品位，有品位但不再有记忆，有记忆但不再有乡愁，有乡愁但不再有理想，有理想但不再有崇高，有崇高但不再有灵魂，有灵魂但不再有差异，有差异但不再有个性，有个性但不再有交往，有交往但不再有友谊，有友谊但不再有诚信，有诚信但不再有品德，有品德但不再有慈善，有慈善但不再有爱心，有爱心但不再有自我，有自我但不再有选择，有选择但不再有责任，有责任但不再有担当，有担当但不再有代价，有代价但不再有让步，有让步但不再有牺牲，有牺牲但不愿是自己。而从大的方面看，当今世界一系列全球化问题诸如环境污染、生态破坏、贫富分化、民族争端、宗教狂热、恐怖主义、精神空虚等，无不与资本主义的唯利是图息息相关。当今世界已经深陷于资本主义的泥沼之中难以自拔。超越资本主义，超越现代性，不仅仅是社会主义的内在之义，也成了资本主义自身的迫切要求。建构当代中国马克思主义哲学，必须深刻把握现代性、全球化的总体性时代特征，为走出资本主导的逻辑及其困境贡献中国智慧和中国理论。

第三，建构当代中国马克思主义哲学必须注重解决中国问题。这是"中国化"。

问题导向其实就是现实导向，说到底是实践导向。马克思说过，他的新哲学是最终致力于"改变世界"的哲学，因为"全部社会生活在本质上是实践的"，对于"实践的唯物主义者即共产主义者来说，全部问题都在于使现存世界革命化"。① 马克思主义哲学在中国最初的传播和产生，并不是源于纯粹的理论兴趣或学术追求，而是为了解决中国的现实问题。当时中国最大的问题，就是落后的半殖民地半封建的"中国往何处去"的问题。围绕对这一问题的解答，产生了中国新民主主义革命的理论，并形成了马克思主义（哲学）中国化的第一大理论成果，即毛泽东思想。中华人民共和国成立后，由于我们自身缺乏经验，并且缺少可资借鉴的其他成功经验，对社会主义建设规律的认识不够全面、不够深刻，加之种种国际因素的影响，以至于在确立了当时社会的主要矛盾后，转而又产生了对国内形势的误判，甚至发生了严重影响经济建设与人们生活的不良后果。而这时的马克思主义哲学之所以没有获得很大发展，一方面是因为它被教条化了，另一方面则恰恰在于它脱离了当时中国社会的真正现实。改革开放以后，马克思主义哲学的"科学性"即实事求是的内在诉求得以重新恢复和确立，并且围绕中国的改革开放和社会主义现代化建设实践，围绕传统教科书体系改革等重大现实问题，国内一些学者和党内高层领导人都开始了独立的思考和严肃的探索。这一方面促进了中国马克思主义哲学的大发展大繁荣，另一方面则催生了马克思主义（哲学）中国化的第二大理论成果，即中国特色社会主义理论体系。由此可见，没有对现实的关注，离开对重大现实问题的思考与解答，就没有马克思主义哲学理论的真正发展。如果说，对19世纪欧洲资本主义发展情形的思考与分析、对欧洲各主要资本主义国家工人运动的关注与引导，是马克思主义哲学产生的现实原因；对19世纪末20世纪初帝国主义和垄断资本主义矛盾的分析、对当时俄国社会主要矛盾以及国际形势的深刻把握，是列宁主义产生的现实原因；那么，对20世纪不同阶段和时期中国社会主要矛盾的深刻分析、对中国革命、建设和改革问题的深刻思考，对20世纪风云变幻的国际形势的正确判断，就是中国马克思主义哲学产生与发展的现实原因。

今天，建构当代中国马克思主义哲学，也要注重对当下国内重大现实问题的思索与解答，注重对当前重大国际形势的分析与判断。我们以为，至少应包括以下五个方面：一是世界历史进程中的中国现代化问题；二是经济发展新常态下的改革开放问题；三是网络信息社会兴起下的治国理政

---

① 《马克思恩格斯选集》第一卷，人民出版社2012年版，第135、155页。

问题；四是全球化背景下的全球治理问题；五是市场经济背景下的意义世界即人的精神家园重建问题。在此，我们仅以世界历史进程中的中国现代化问题为例稍加分析。现代化、工业社会、近代市场体制、民主这几个要素是密不可分的，而这几个要素长期以来又是近代以来西方社会的主要产物，且作为概念，其话语权和解释权似乎也由西方独占。但是近代以来，由西方主导的世界历史进程呈现出多样性的特点，在今天，这种特点更是明显地表露出来。换句话说，以资本主导、殖民掠夺和军事扩张为动力与保障的现代化，不可能持续，也不应该持续，并且，它的产生与最初运行之必然性与合法性的"历史"亦有待"反思"。今天，世界上有许多国家致力于通过商品交换和资本运作的"文明"手段来实现自己的现代化。中国式的现代化依存于这样一个大背景，但具有其特殊性，那就是，它是社会主义现代化，并且生长于传统的伦理文明的土壤之中。由此带来的一系列问题在于：同一性的市场逻辑将异质性的市场制度捆绑在了一起，那么市场的微观乃至宏观主体之间的矛盾冲突之解决能否做到"价值中立"？市场带来的原子化个体如何与集体主义相适应？社会主义市场经济之正当利益导向下的精神诉求如何与中国传统文化倡导的道德修养相协调（或如何继承与发展）？当代中国马克思主义哲学需要在解答经邦治国、济世立人的上述一系列现实问题中建构起来。

第四，建构当代中国马克思主义哲学必须注重凸显民族特色。这是"民族化"。

梁漱溟曾经说过，"一民族之有今日结果的情景，全由他自己以往文化使然"①。我们认为，今日中国之遭遇，无论成功与失败，无一不与我们数千年的传统文化息息相关。否定自己的传统文化，就是在否定我们自己的精神之根、民族之魂。客观地来看，中华几千年的文明一路走来，虽然历经劫难，但却是当今世界唯一没有中断的文明，仅从这一现象来看，也不容轻易否定。我们应当认真地反思、传承、弘扬中华优秀传统文化。建构当代中国马克思主义哲学，要注重从中华优秀传统文化中汲取营养。作为早期中国化马克思主义哲学集大成者的毛泽东曾经鲜明地强调过："我们这个民族有数千年的历史，有它的特点，有它的许多珍贵品。对于这

---

① 梁漱溟：《东西文化及其哲学》，商务印书馆1999年版，第206页。

些，我们还是小学生。今天的中国是历史的中国的一个发展；我们是马克思主义的历史主义者，我们不应当割断历史。从孔夫子到孙中山，我们应当给以总结，承继这一份珍贵的遗产。"① 并且，按照毛泽东的观点，建构当代中国马克思主义哲学，必须将其与当代中国的具体实际相结合，并通过一定的"民族形式"来实现，使之与我们的民族"血肉相连"，并且，使其"表现"与"应用"都具有中国特点、体现中国作风和中国气派。正如习近平同志所说："不忘本来才能开辟未来，善于继承才能更好创新。"② "只有坚持从历史走向未来，从延续民族文化血脉中开拓前进，我们才能做好今天的事业。"③ 如果我们否定过去，割断联系，那么我们就谈不上真正的创新。此外，我们认为，建构当代中国马克思主义哲学，应当坚持、继承和发扬中华民族的基本精神，如自强不息、厚德载物的精神品格，用习近平同志的话说，它"支撑着中华民族生生不息、薪火相传，今天依然是我们推进改革开放和社会主义现代化建设的强大精神力量"④。

当然，对于中华优秀传统文化的基本精神，我们要加以阐释，使之在现代社会彰显出生命力和解释力，也就是要"使中华民族最基本的文化基因与当代文化相适应、与现代社会相协调"。但这里又的确需要考虑一个特别重要的问题。我们都知道，在马克思主义哲学的经典解释框架中，经济基础具有最终的决定权即解释力，意识诸形态只具有相对的独立性，且马克思强调"'思想'一旦离开'利益'，就一定会使自己出丑"，"'精神'从一开始就很倒霉，受到物质的'纠缠'"。⑤ 中国传统精神基本上来说是一种"心"的文化，它恰恰主张建立一种由"心"主导下的物质生活。加之，当今时代乃是一个资本主导的物性世界，表面上看起来是一个需要"心"和呼唤"心"的时代，人们也的确经历着价值世界的消隐；但在后现代对现代性的解构过程中，我们既没有感受到"心"的苏醒，也丝毫没有发现物性统治的减少，我们发现的反而是虚无和幻灭。后现代否定一切、消解一切的逻辑自然不可取，它本身就是一个"不可能

---

① 《毛泽东选集》第二卷，人民出版社1991年版，第533—534页。
② 《习近平谈治国理政》第一卷，外文出版社2018年版，第164页。
③ 《习近平著作选读》第一卷，人民出版社2023年版，第283页。
④ 《习近平谈治国理政》第一卷，外文出版社2018年版，第158页。
⑤ 《马克思恩格斯文集》第一卷，人民出版社2009年版，第286、533页。

的存在之真"①。但后现代现象的出现本身却说明,"精神"本身虽然具有了"自我实现"的"冲动",但似乎依然只能"委身"于"物质"的"压蔽"之下;或者说,在现代性的资本存在场域中,精神或意义世界始终是一个让人"等待"的"戈多"。因而,这必然导致我们对中国传统"心"文化在当代社会实践中"落地"的担忧。一方面是现代中国人在寻找精神之"根";另一方面,传统精神却又缺乏"现代"之"根"。我们期待着两者的"相遇",且也在为两者寻找中介。但现实的"现代"往往总是让人视传统"精神"为虚无的"浪漫"。说到底,这是一个中华传统文化现代化的困境问题。建构当代中国马克思主义哲学,若欲凸显民族特色,需要面对这些问题,因为我们无法绕开,也不能绕开。

第五,建构当代中国马克思主义哲学必须注重加强互动交流。这是"互学互鉴"问题。

正如有学者认为,真正的哲学繁荣应该是每一种哲学都能够充分发展自己的个性。我们所主张的互动,正是在尊重这种"个性"基础上的交流。随着改革开放实践的不断推进,中国马克思主义哲学理论界也出现了百花齐放、百家争鸣的局面;学派林立,观点频出,在今日中国之马克思主义哲学界已经不是新鲜事。建构当代中国马克思主义哲学正是基于这样的"多样性"背景。对这种"多样性",我们可以从不同层面和角度来加以审视和认识。总体而言,我们以为,当代中国马克思主义哲学研究都具有很强的"问题"意识,要么是以求解当代中国实践中的现实问题为旨归,要么是以回答理论自身领域内重大迫切问题为目的。这样的"问题"意识,显然可以分为两大路向:现实实践路向与理论逻辑路向。在这两大路向的发展界域中,又可以根据不同的理论取向和功能特点将其分为政治、学术与大众三大存在形态。而近些年来,有些学者又根据不同标准,将当代中国马克思主义哲学研究分为不同的"范式",如王南湜的"四类范式"说,任平的"九范式"说,等等。可见,当代中国马克思主义哲学呈现出"多样性"的特点。"单一"当然谈不上对话,正是因为"多样",才有了开展对话交流的必要性与可能性,否则,"自说自话、各说各话"不但不利于学术的成长和繁荣,反而容易造成"分裂"。所谓的交

---

① 张一兵:《不可能的存在之真——拉康哲学映像》(修订版),上海人民出版社2020年版。

第五章　哲学之问：新时代中国特色社会主义的哲学逻辑

流对话，这里主要指以下几个方面：一是指当代中国马克思主义哲学与当代政治经济学、科学社会主义之间的对话；二是指当代中国马克思主义哲学诸专业之间的对话，即马克思主义哲学原理、马克思主义哲学发展史、中国化马克思主义哲学和国外马克思主义哲学之间的对话；三是指当代中国马克思主义哲学与各具体社会人文科学之间的对话；四是指当代中国马克思主义哲学的政治、学术和大众三大形态之间的对话；五是指当代中国马克思主义哲学的各种范式之间的对话；六是指当代马克思主义哲学与中国传统哲学、西方哲学之间的对话。尤其需要指出的是，我们赞同将建构当代中国马克思主义哲学纳入到整个当代中国哲学的建设之中，使当代中国马克思主义哲学自然而然地成为当代中国哲学的有机组成部分，特别是可以通过将"中国传统哲学中的精华吸纳到马克思主义哲学中来"，从而实现中国传统哲学的现代化，这样就出现了"中不离马，马不离中；中即是马，马即是中"的"一体两面"的哲学样态，这正如有学者所指出的，"建构当代中国马克思主义哲学其实质就是培育和弘扬民族精神的灵魂"[①]。另外，我们认为，学界提出的加强中国哲学、西方哲学、马克思主义哲学"价值信念层面的对话"，对于建构具有国际领先水平的当代中国马克思主义哲学不无裨益。

第六，建构当代中国马克思主义哲学，更要构建起自己的概念范畴体系，尤其是核心理论。

概念范畴体系是细胞、是基础，核心理论是灵魂、是本质。这些概念范畴体系和核心理论，实际上也可以从马克思主义哲学中国化的系列成果中去提炼和提升，尤其可以从党的十八大以来我们中国共产党人的创新理论中去提炼和提升。因此一定意义上可以说，当今中国的马克思主义哲学研究应与中国共产党人的理论创新相辅相成，相得益彰。

总之，建构当代中国的马克思主义哲学，是适应当今世界发展趋势、符合当今时代和中国实践发展新要求，以及尊重改革开放以来中国马克思主义哲学研究的内在逻辑的一项历史使命与责任。当代中国马克思主义哲学学者应当清醒地意识到世界哲学理论的发展态势，认识到马克思主义哲

---

① 赵剑英：《建构中国化马克思主义哲学新形态的再思考》，《南京大学学报（哲学·人文科学·社会科学）》2005年第6期。

学面临的新挑战,自觉确立学术主体性,坚定学术自信,肩负使命担当,共同参与打造当代中国马克思主义哲学学术共同体,为建构当代中国马克思主义哲学进而构建中国哲学核心理论贡献自己的智慧,为建设"领跑"当代世界的马克思主义哲学发挥自己的聪明才智。我们不能辜负这种期待,我们也对马克思主义哲学未来充满信心。

(四)当代中国马克思主义哲学的新范式:主主平等普惠

哲学是时代精神的精华。在当今时代,核心进程是人类实现现代化,现代化话语是时代精神的重要内容。在全球范围内,现代化运动的潮流始于西方,在欧美成为"经典"之后,逐渐向东方扩展,对中国也产生了强烈冲击。一定意义上,在20世纪的现代化话语体系中,"西方"是与"现代化"紧密相连而又难以分割的关键词。进入21世纪,随着中国奇迹的外溢效应不断增强,中国式现代化日益崛起,逐渐成为全球现代化格局中的新方向和新话语。从纵向看,两种现代化话语体系具有历史时间上的先后之分,体现出先发和后发的异质性。从横向看,两者共生于商品经济历史阶段,在演进中形成"资本至上"和"劳动至上"两种不同的逻辑进路。归根结底是因为各自现代化背后所依据的哲学根基具有根本区别。西方现代化的哲学根基是"主客对立",底层架构是"主统治客";中国式现代化的哲学根基是"主主平等普惠",底层是"主体际"分析框架。哲学根基不同,决定了两种现代化实践及其历史命运的不同。这是我们研究中国式现代化的宏观历史语境。在此前提下,我们重点分析基于中国式现代化并反过来指导它的当代中国马克思主义哲学的一个重大问题:其哲学范式应该是什么?

一般来说,当代中国马克思主义哲学是指改革开放以来形成和发展起来的马克思主义哲学,是在对改革开放以来我国理论界哲学研究成果进行清理总结的基础上,在对党的创新理论进行哲学提升概括的基础上构建起来的,是马克思主义哲学中国化时代化的理论创新成果。谈论当代中国马克思主义哲学,首先应搞清楚这是一个建构性问题。也就是说,当代中国马克思主义哲学是建构起来的。要建构当代中国马克思主义哲学,需要明确其研究对象、基本方法、哲学范式、核心概念、主体理论、总体框架、理论地位等，其中哲学范式是最为核心的。我们认为，当代中国马克思主义哲学的新范式是系统为基的"主主平等普惠"。

1. 西方现代化和西方中心论的哲学根基："主客对立"

西方现代化运动是从启蒙运动中走出来的，工业革命和政治民主是西方开启现代化运动的标志。"基督教欧洲孕育了文艺复兴、启蒙运动以及随之出现的政治民主和工业革命。而工业夹杂着民主，反过来催生了象征生命、自由与追逐幸福权利的美国。""以启蒙形式呈现的进步思想代表了第一个现代化理论。"① 西方开启的现代化运动是一种世界潮流，实现现代化是世界各国具有根本性的共同命运。马克思、恩格斯的《德意志意识形态》《共产党宣言》等著作都分析、揭示、阐述了西方现代化运动和潮流开启的内在机理。《德意志意识形态》揭示、分析和阐述了生产力、资本、世界市场、普遍交往（世界交往）所开辟的世界历史，使地域性历史转变为世界历史②；《共产党宣言》揭示、分析和阐述了生产工具、大工业、世界市场、世界交往"创造出一个世界"，一个具有"统一性"的世界。应当肯定西方现代化对推进人类进步和人类文明所作出的重要历史贡献。它极大推动了生产力的发展，促进地方历史和民族历史转变为世界历史，推进了人类文明的发展。

然而，正是基于这种重要贡献，西方国家在现代化历史演进中，沿着"传统—现代"的思维路径，逐渐将其转化为所谓的帝国"文明"，并进一步建构起西方中心论的理论体系和话语体系。

西方中心论理论体系和话语体系的逻辑起点是西方现代化道路，其建构逻辑包括环环相扣、步步递进的几个环节：历史道路、文明解释、民族优越、人性辩护、社会论证、理性标准、开化使命、美丽神话、哲学根基。

由上可见，西方中心论蕴含"传统—现代"现代化观、线性历史进步观、唯"西"世界史观、"单数"一元文明观、唯"西"民族优越观、天

---

① ［澳］布雷特·鲍登：《文明的帝国：帝国观念的演化》，杜富祥、季澄、王程译，社会科学文献出版社2020年版，第280—281、86页。
② 参见《马克思恩格斯选集》第一卷，人民出版社2012年版，第166—169页。

赋人权观、社会进化论、理性尺度观、开化使命观、意识形态神话观、唯"一"哲学观或理性形而上学世界观等，其哲学根基或哲学范式是"主统治客"的"主客对立"。

2. 马克思理论体系的哲学基础："主主平等发展"

基于矛盾思维的扬弃是辩证法的本质，马克思在对西方现代化"主客二分"的哲学根基进行批判的同时，也进行了革命性创造，构建起了新的哲学范式——"主主平等发展"。这主要体现在马克思关于人的发展三形态和社会发展三阶段理论上。在该理论中，马克思对"真正的共同体"或"自由人联合体"的构建以及"资本批判和理性批判"，对于我们深入理解其哲学范式具有启示意义。

第一，对"真正的共同体"或"自由人联合体"的构建。其深层哲学基础就是"主主平等发展"，即人人都作为"主体"具有"平等性"，人人都能得到自由发展、平等发展、和谐发展、全面发展。这里，"主主平等"和"发展"构成马克思理论体系之哲学基础的两个基点。对这两个基点可从文本和逻辑两方面进行理解和把握。

从文本看，马克思通过对人的发展三形态和人类历史发展三阶段的考察，揭示出人类社会发展内含"主主平等发展"之深层逻辑进路。从交换的演进视角出发，马克思将人类社会发展界定为三大阶段：基于人与自然交换的自然经济历史时期，基于人与人进行交换的商品经济历史时期，基于人与社会直接交换的未来产品经济历史时期。在此前提下，马克思指出："人的依赖关系（起初完全是自然发生的），是最初的社会形式，在这种形式下，人的生产能力只是在狭小的范围内和孤立的地点上发展着。以物的依赖性为基础的人的独立性，是第二大形式，在这种形式下，才形成普遍的社会物质变换、全面的关系、多方面的需要以及全面的能力的体系。建立在个人全面发展和他们共同的、社会的生产能力成为从属于他们的社会财富这一基础上的自由个性，是第三个阶段。"[①] 可以说，人的发展被概括为三种历史形态：基于自然经济历史阶段的"人的依赖"，基于商品经济历史阶段的物的依赖基础上的"人的独立性"，基于未来产品经济

---

① 《马克思恩格斯全集》第三十卷，人民出版社1995年版，第107—108页。

历史阶段的"自由个性",体现出"人的依赖—人的独立性—自由个性"发展链条。其中,人的依赖根源于生产力低下,即在大自然面前,单个人是渺小的,只能通过群体力量增大生存空间。在该阶段,人因靠天吃饭,地域性局限是人的发展的基本特征,体现为人主要靠种地(农业)活着,农业生产是主导生产方式,农村是主要生活区域,农民是主体人群。因为土地是静止的,所以人的流动性有限,由此形成基于地缘和血缘的传统熟人社会。

在人的独立性阶段,人的独立性的形成建立在商品生产基础上,即人通过社会性生产,一定程度上摆脱了对自然的依赖,人的自主活动空间加大,人的独立性凸显。在该阶段,人因受制于生产资料的私人占有,事实上分化成两类群体:拥有生产资料的和没有生产资料的,前者演化为资产阶级,后者演化为无产阶级。从个体角度看,资产者在交换中除了拥有劳动力资源,还有因占有生产资料而产生的对商品分配的主导权和支配权,即优先拥有一般商品资源。而无产者因为不占有生产资料,在社会生产中只拥有劳动力这唯一的资源。从性质上看,一般意义的商品是"身外之物",劳动力商品是"身内之物"。在这种历史背景下,基于物的依赖的人的独立性之基本内容就逐渐演化为如下现实情形:在交换中,资产者自然地优先用"身外之物"进行交换,无产者只能用"身内之物"进行交换,由此商品交换内生出两种交换逻辑,即资本至上逻辑和劳动至上逻辑。在这里,基于物的依赖的人的独立性内含三层意蕴。一是人对物的依赖性,即劳动者对商品的依赖。所有的人对商品交换的依赖,体现为劳动是谋生的手段。劳动力成为商品,所有人必须通过商品交换才能生存和生活。从哲学层面看,人创造出商品但同时又受制于商品及其交换,人的发展呈现出对物的依赖。二是人的全面发展的可能性。对个体人来说,随着交换需求的扩大和物质交换的普遍化,世界交往及全球化成为现实,人的能力的全面发展也随之成为可能。三是一定意义的自由性。人因为商品交换具有了一定的可选择性,可以自由选择与谁进行交换、不与谁进行交换(当然因生产力的限制,人们无法选择不交换),人的发展的自由向度开始在现实中呈现并逐渐凸显。

在自由个性阶段,因为生产力的高度发达,社会物质财富极大丰富,社会将实现按需分配。届时,商品交换的需求将消失,商品经济将消失,劳动作为谋生手段的根源也将消失，劳动成为第一需要，人的活动只受客观必然性支配。基于合规律性的自由将成为现实，基于自由个性的人的全面发展也将成为现实。在这个意义上，自由个性内含三个基本点：劳动成为第一需要；人的活动只受必然性限制；人的自由而全面发展将成为现实常态。综合上述人的发展的三种历史形态及其基本内涵，可以看到，马克思对人类社会发展的分析，始终围绕"历史主体"这一要素，始终坚持基于主客统一的"主体际"这一分析框架（或者说从不同历史时期的主体地位及其主体之间的关系角度展开对历史发展的分析），始终指向人类社会生产力的发展这一向度。质言之，从马克思的文本中我们看到了其对"主体际""平等""发展"等核心理念的注重和偏好。那么，这种方法论意义上的注重和偏好意味着什么呢？我们以为，可以进一步深入分析这些核心理念的整体逻辑。

从整体逻辑看，上述核心理念最终指向"发展"与"主体"之间的关系。具体说，自然经济历史时期，人的发展主要受制于自然条件，生产力水平低下，社会主体主要分化为奴隶与贵族、农民与地主两大对立阶级，阶级斗争是推动社会发展的直接动力；商品经济历史阶段，人的发展主要受制于社会生产力水平，生产力水平相对不高，社会主体主要分化为资产者和无产者两大阵营，资产阶级革命、无产阶级专政、科技革命是推动社会发展的重要力量；未来产品经济历史时期，人的发展只受制于客观必然性，生产力水平极大提高，社会主体演化为基于自由个性的"自由人联合体"，这是"真正的共同体"，社会发展的力量集中指向改造必然王国的科学和技术。不难发现，马克思对人类社会发展的哲学分析具有这样的特征：对人类发展的观察立足"主体"维度，运用"主体际"分析框架，强调"主体性"方面，在分析中一以贯之的是"生产力发展"主线。换言之，上述特征呈现出这样的逻辑关联：着眼"主主之间"—强调主主之间的"历史的平等性"（即历史地具体地分析社会主体）——以贯之"发展"之主线。在马克思的理论阐释中，我们经常看到这样的情形：无论是分析哪一个历史阶段，总是历史地具体分析该阶段社会主体的价值，既强调其推动历史发展的进步性，也批判其阻碍历史进步的反动性，体现的是一种对"主主之间"分析范式的注重，呈现出科学尺度与价值尺度的有机结合，遵循一种辩证思维原则。这种分析完全超越了西方传统的"主客二分"及其"主统治客"的简单化、抽象式的形而上学思维模式。从比较意义上看，这种对"主主之间"范式的高度自觉和对"主客对立"的扬弃，以及对"主统治客"的批判，实质上蕴含了对"主主之间"不是"对立"、不是"统治"之关系的理论申张。从逻辑角度看，在 AB 关系模态中，如果不是 AB 二分，不是 A 统治 B 或者 B 统治 A，那就是 A=B，即 A 和 B 是平等的。要言之，马克思对人类社会的哲学观察体现了以下逻辑架构：着眼于主主之间—秉持 A=B 模式—聚焦生产力发展。一定意义上可以说，马克思理论体系的哲学范式可以概括为"主主平等发展"。

第二，关于"资本批判和理性批判"。马克思不满意西方那种理性形而上学或唯"一"哲学观，认为它有三大根本缺陷：一是抽象性，脱离现实、历史和实践；二是唯一性，强调抽象的"一"统治着现实世界的"多"；三是非革命性，强调"多"服从"一"的统治。于是，马克思就展开了对理性形而上学或唯"一"哲学观的批判，把哲学从天国降到人间。这种批判是从资本批判和理性批判两个维度展开"资本现代性批判"开始的。马克思对物化的批判集中体现为对资本的批判，对资本的批判主要是对资本占有劳动并控制社会权力的资本逻辑的批判，批判资本的独立性、主体性；理性批判服从资本批判，主要是要遏制理性主义或理性形而上学对那个抽象的"一"的无限膨胀，矫正工具理性和科技理性。在马克思看来，他所处的资本主义社会及其现代性基础是资本逻辑及其运作，资本是处在特定社会关系中的物，具有独立性、个性和主体性，是统治社会的主体力量。资本已经成为资本主义现实社会的"最后本体""终极实在""最高主宰"，具有万物归一的最高主体性、统一性和终极解释性。整个社会和人都被卷入资本主导的逻辑之中，受资本"同一性""总体性"控制。

实际上，资本具有投资、经营、扩张、统治、寄生和伪装的本性，进而具有增殖、自由、掠夺、操纵、功利和恶的基因。这种本性和基因内生出的单向度发展观、理性主义和自由主义，是为资本主导逻辑辩护的，同时也作为资本形而上学，与注重"同一性"的理性形而上学"共谋"，是理性形而上学的"一"在资本主义现实社会的集中体现。显然，资本逻辑的底层逻辑就是"主统治客"的"主客二分"的哲学逻辑。马克思毕生的历史使命就是从根本上瓦解资本逻辑，颠覆理性形而上学，实现社会主义和人在思想、现实中的双重解放。其实质就是由资本逻辑而走向人本逻辑，追求人类解放、无产阶级解放和每个人自由全面发展的理想社会。显然，马克思瓦解资本逻辑而走向人本逻辑的哲学基础，也同样是"主主平等发展"。

3. 当代中国马克思主义哲学应确立的新范式：系统为基的"主主平等普惠"

与时俱进是马克思主义哲学的理论品格。在新时代，中国马克思主义哲学应确立什么样的新范式，这是一个新的学理问题。从源头意义上说，当代中国马克思主义哲学新范式归属于马克思主义哲学的"主主平等发展"范畴序列。这是马克思主义哲学与时俱进的题中应有之义。从当下实践看，中国式现代化实践除了具有人类历史发展的一般性内涵之外，更具有中国发展的特殊指称和独特历史意义。这意味着，研究中国式现代化需要在发展的一般性中界定出中国发展特质，即要回应"当代中国发展是处于什么阶段的发展，是具有什么特质的发展"这一重大问题。这需要从历时性角度分析中国发展的历史逻辑，从共时性角度分析中国发展的现实逻辑。从未来发展趋势看，中国式现代化将在人类历史长河中产生什么样的历史影响，将如何改变人类历史进程，也需要在这一新范式中予以揭示。也就是说，新哲学范式要进一步阐释中国式现代化实践的未来走向及其必然性。基于此，关于当代中国马克思主义哲学要确立什么样的新范式，至少应把握三个基本点：一是系统性，以系统思维为基点；二是主体际性，既突出主主之间的"A=B"之逻辑样态，又强调主主之间的"和而不同"，扬弃"主客对立"之思维范式；三是普惠性，在遵循发展合规律性基础上注重发展的合目的性，指向并凸显共享发展、共同富裕、和谐共生、合作共赢等向度。一言以蔽之，我们所讲的系统为基的"主主平等普惠"，摒弃"主统治客"的"主客对立"哲学范式；立足点是"多种"（多样）要素构成的有机系统，反对基于"一元"的对立；把系统各要素都看作主体，而非有的是主体，有的却是客体；强调各要素作为主体都是平等的主体，主体之间是平等关系，具有平等性；注重主体际所具有的普惠性，即共享发展、共同富裕、和谐共生、合作共赢；蕴含"利他为善""化人为善""自我完善""善治普惠"的时代精神。系统为基的"主主平等普惠"哲学范式,体现于中国特色社会主义发展的"历史逻辑""现实逻辑""理论逻辑"和"时代逻辑"之中。

(1)反映了中国特色社会主义发展的历史逻辑

中国特色社会主义发展的历史逻辑,就是"重点突破—全面发展—系统要素主主平等普惠"。改革开放之初,由于相对注重解决"物"的问题的历史必然性(解放和发展社会生产力,积累社会物质财富),中国特色社会主义建设在实践上的鲜明特征就是相对注重"重点突破"。2007年左右,中国特色社会主义实践的发展就走向相对注重"全面发展",科学发展观的提出便是如此。以党的十八大召开为历史起点和逻辑起点,中国特色社会主义进入新时代,中国特色社会主义实践的发展进一步走向了系统要素的"主主平等普惠"。因为在新时代,无论国内国外,所要破解的问题大都是系统性问题,牵一发而动全身。方法取决于问题的本性,破解系统性问题就需要运用作为思想方法的系统观念。系统问题首要的是系统的要素及其合理结构和整体功能问题。新时代新征程,为全面建成社会主义现代化强国、全面推进中华民族伟大复兴,为弘扬全人类共同价值、创造人类文明新形态、构建人类命运共同体,为解决"人"本身的问题(全体人民共同富裕问题与人本身的全面自由发展、平等发展、和谐发展、全面发展问题),就必然要求注重系统内部各要素都能作为主体且具有平等性和普惠性。只有这样,才能既充分发挥各要素的积极因素及其能量,也能激发各要素之合力所发挥出的最佳整体功能(效能)。

(2)体现了中国式现代化的现实逻辑

中国式现代化的本质特征,是人口规模巨大的现代化,是全体人民共同富裕的现代化,是物质文明和精神文明相协调的现代化,是人与自然和谐共生的现代化,是走和平发展道路的现代化。其哲学根基,就是系统为基的"主主平等普惠"。全体人民共同富裕的现代化,意味着14亿多中国人民都是平等共享中国式现代化成果的主体,在享受中国式现代化成果上具有平等性和普惠性,即"平等富裕"。物质文明和精神文明相协调的现代化,意味着物质文明和精神文明齐头并进、平等发展,在发展理念、安排和机会上具有平等性,即"发展平等"。人与自然和谐共生的现代化,意味着人与自然是平等相处、平等交换能量的主体,是平等关系、和谐关系、共生关系，而不是人类掠夺、征服、战胜自然的关系，即"共生平等"。走和平发展道路的现代化，意味着世界各国不论大小强弱，在主权、规则和机会上都应当是平等的，都是平等享有国家主权的主体，是和平发展、合作共赢关系，因而应平等相待，而不应实施霸凌主义、霸权主义。

（3）彰显了习近平新时代中国特色社会主义思想的理论逻辑

基于中国特色社会主义发展的历史逻辑和中国式现代化的现实逻辑，我们党创立了习近平新时代中国特色社会主义思想。这一思想的理论逻辑之哲学根基，就是系统为基的"主主平等普惠"哲学范式，包括八个方面的内容。①"中心任务"，即"全面建成社会主义现代化强国""全面推进中华民族伟大复兴"。这"两个全面"是一个有机的系统整体，系统各要素之间具有平等地位，目标是实现人民对美好生活的向往，实现共享发展。②人民至上，即把人民都当作主体。紧紧依靠亿万人民，又把人民当作目的，全方位满足人民日益增长的美好生活需要；把人民当作尺度，把发展好、维护好、实现好最广大人民的根本利益作为衡量我们一切工作的出发点和落脚点；把人民当作根基，牢牢扎根于人民。显然，"依靠人民、为了人民、人民至上、扎根人民"是一个有机的系统整体，且人民都是平等的主体，最终目的是人民共享发展成果即普惠。③新发展理念。这是一个系统的理论体系。创新发展、协调发展、绿色发展、开放发展、共享发展具有平等的地位，也具有彼此理解、相辅相成、相得益彰的关系，相辅相成亦即"普惠"。④"两个布局"，即"五位一体"总体布局和"四个全面"战略布局。"五位一体"总体布局是一个有机的系统整体，"五位"之间具有平等地位，是相辅相成、相得益彰的关系。"四个全面"战略布局也是一个有机的系统整体。在坚持全面从严治党具有根本地位的前提下，全面建成社会主义现代化强国、全面深化改革、全面依法治国之间具有平等地位，而且每一个"全面"也是一个有机的系统整体，内部各要素之间具有平等地位，相辅相成、相得益彰。⑤总体国家安全观，包括政治安全、国土安全、军事安全、经济安全、文化安全、社会安全、科技安全、网络安全、生态安全、资源安全、核安全、海外利益安全、生物安全等。这些"安全"构成一个有机的系统整体，各个"安全"之间具有协同地位，是相辅相成、相得益彰的关系。⑥创造人类文明新形态。从哲学维度讲，以"多样统一""主主平等"为哲学范式的多元共赢文明，区别于西方那种"主客对立"的一元文明。这是人类文明新形态在哲学范式上的体现，关乎人类存在和交往方式，属于本源性的人类文明新形态。从关系维度讲，坚持人民至上，发展全过程人民民主，丰富人民精神世界，实现全体人民共同富裕，不断促进人的全面发展的民本文明区别于资本至上、两极分化的资本文明，是共享发展、平等发展、共同富裕基础上的普惠文明。从空间维度讲，坚持走和平发展道路，强调世界大同、和平发展、合作共赢的类本文明区别于西方中心论、狭隘民族主义、殖民扩张的地域性文明，是"主主平等普惠"基础上的类本文明。⑦构建人类命运共同体。其哲学基础是"主主平等普惠"。它以人类为主体，以世界多样性统一为现实依据，以国家富强、民族振兴、人民幸福为根本立场，以系统观念、辩证思维、平等包容为世界观方法论，以和平发展、合作共赢、命运与共为核心理念，以建设利益共同体、价值共同体、发展共同体、安全共同体、合作共同体为核心内容。其实质是从"共存"中的博弈、超越、重构，走向"包容普惠"，背后的哲学基础是致力于达至"主主平等普惠"。⑧加强和改进党的建设。其核心内容是坚持党的全面领导和全面从严治党有机统一。这里的"两个全面"不仅是一个有机的系统整体，包括一系列系统要素，而且两者之间也是相辅相成、相得益彰的关系。

（4）21世纪世界发展的时代逻辑

当今人类面临着越来越多的全球性挑战。21世纪的世界将走向何处？这是全人类需要共同解决的"时代之问"。中国共产党始终把为人类作出更大贡献作为自己的使命。新时代中国特色社会主义致力于推动构建人类命运共同体，这样的社会主义自然有着重大世界意义。从这一意义上说，习近平新时代中国特色社会主义思想蕴含着21世纪世界发展的时代逻辑。习近平新时代中国特色社会主义思想，在本质上就是实现中华民族伟大复兴、推动构建人类命运共同体的理论。

当代中国马克思主义哲学理应反映和体现中国特色社会主义发展的历史逻辑、中国式现代化的现实逻辑、习近平新时代中国特色社会主义思想的理论逻辑、21世纪世界发展的时代逻辑，并以此为基础，建构起"主主平等普惠"的哲学范式。换言之，当代中国马克思主义哲学需要确立的哲学新范式，应是"主主平等普惠"。

结 语

阐释"四大之问"

新时代中国特色社会主义所回答的"历史之问""现实之问""世界之问""理论之问""哲学之问",最终都是要回到或归结到回答"中国之问""世界之问""人民之问""时代之问"上来,这是根本与核心。

习近平同志多次强调要不断回答"中国之问""世界之问""人民之问""时代之问"(简称"四大之问"),要作出符合中国实际和时代要求的正确回答,且从总体上为解答"四大之问"指明了方向、提供了思路。回答"四大之问"意义重大,涉及不断开辟马克思主义中国化时代化新境界,进而始终保持马克思主义的蓬勃生机和旺盛活力问题。然而,迄今为止,我国理论界对"四大之问"还没有给出一个相对统一的完整解释。因此,我们需要结合习近平同志的相关重要论述,进一步全面深入准确地揭示和阐释"四大之问"的基本含义及其实质。

一、"中国之问"之解

究竟什么是"中国之问"?至今理论界还没有给出一个相对统一的解释。

"中国之问"内涵丰富,习近平同志对此作过相关重要论述,我国理论界也在探究。作为一个重要表述,当今还需要进一步明确"中国之问"的具体内涵。

习近平同志指出:"当代中国正在经历人类历史上最为宏大而独特的

实践创新，改革发展稳定任务之重、矛盾风险挑战之多、治国理政考验之大都前所未有，世界百年未有之大变局深刻变化前所未有，提出了大量亟待回答的理论和实践课题。"①"我们要增强问题意识，聚焦实践遇到的新问题、改革发展稳定存在的深层次问题、人民群众急难愁盼问题、国际变局中的重大问题、党的建设面临的突出问题"②。这里，习近平同志主要从宏观上为揭示"中国之问"提供了方向和思路，即从坚持和发展中国特色社会主义、从新时代党和国家事业发展面临的一系列重大理论和实践问题上提出了"中国之问"。

依据习近平同志的相关重要论述，以及我国理论界的研究成果，"中国之问"注重的是"中国化"叙事，强调马克思主义必须同中国具体实际相结合。它具有以下五层内涵：（1）在新时代坚持和发展什么样的中国特色社会主义、怎样坚持和发展中国特色社会主义；（2）在新时代建设什么样的社会主义现代化强国、怎样建设社会主义现代化强国；（3）在新时代建设一个什么样的长期执政的马克思主义政党、怎样建设一个长期执政的马克思主义政党；（4）在新时代要解决什么样的社会主要矛盾及其蕴含的根本问题、怎样解决这一社会主要矛盾及其蕴含的根本问题，不断满足什么样的人民日益增长的美好生活需要、怎样满足人民日益增长的美好生活需要；（5）在新时代应具备什么样的精神状态、怎样培育这种精神状态。

毫无疑问，就"新时代党和国家事业发展面临的重大理论和实践问题"而言，新时代坚持和发展什么样的中国特色社会主义、怎样坚持和发展中国特色社会主义，其实质讲的是"中国之路"，简称"道路之问"，它与党的十九届六中全会所讲的重大时代课题密切相关。这是"中国之问"的第一个内容。

新时代党和国家事业发展面临的一系列重大理论和实践问题，也可以从新时代的社会主要矛盾入手来揭示。新时代的社会主要矛盾，是人民日益增长的美好生活需要和不平衡不充分的发展之间的矛盾。人民日益增长的美好生活需要，实质上主要是解决人民生活"美好不美好"的问题，以

---

① 《习近平谈治国理政》第四卷，外文出版社2022年版，第30页。
② 习近平：《高举中国特色社会主义伟大旗帜 为全面建设社会主义现代化国家而团结奋斗——在中国共产党第二十次全国代表大会上的报告》，人民出版社2022年版，第20页。

及解决人民群众急难愁盼问题，解答如何使人民过上美好幸福生活，这是"福民之问"。这是"中国之问"的第二个内容。

社会主要矛盾中的不平衡不充分的发展，实质上是解决国家和民族"强不强"的问题，这是"强国之问"，涉及强国建设、民族复兴，与实践遇到的新问题、改革发展稳定存在的深层次问题密切相连，与建设什么样的社会主义现代化强国、怎样建设社会主义现代化强国这一重大时代课题直接相关。这是"中国之问"的第三个内容。

打铁必须自身硬。无论是坚持和发展中国特色社会主义，还是建设社会主义现代化强国和使人民群众过上美好幸福生活，都需要建设一个长期执政的强大马克思主义政党，这实质上是解决中国共产党如何使自身强大的问题，以及解决党的建设面临的突出问题，这是"强党之问"。这是"中国之问"的第四个内容。

不仅如此，在回答举什么旗走什么路、实现什么样的奋斗目标问题上，还有一个精神状态问题，即要具有永不懈怠、踔厉奋发、勇毅前行的精神状态，这是回答"精神之问"。这是"中国之问"的第五个内容。

这样，所谓"中国之问"，就是"道路之问""福民之问""强国之问""强党之问""精神之问"。其实质，就是为中华民族谋复兴。

解答"中国之问"，必须从中国基本国情出发，由中国人自己来解答。回答并指导解决问题，是理论的根本任务。今天我们所面临的问题的复杂程度、解决问题的艰巨程度明显加大，这对理论创新提出了全新要求。我们要增强问题意识，不断提出真正解决问题的新理念新思路新办法。习近平新时代中国特色社会主义思想，就是解答"中国之问"的新理念新思路新办法。这一思想还要继续随着时代和实践的发展不断推进理论创新，不断谱写马克思主义中国化时代化新篇章。习近平新时代中国特色社会主义思想坚持人民至上，坚持以人民为中心的发展思想，把人民对美好生活的向往作为奋斗目标，致力于解决新时代人民日益增长的美好生活需要即"好不好"的问题，解答"福民之问"；习近平新时代中国特色社会主义思想把强国建设、民族复兴作为中心任务和目标追求，把建设社会主义现代化强国作为重大时代课题，它是强国建设、民族复兴的行动指南，致力于解答"强国之问"；习近平新时代中国特色社会主义思想强调打铁必须自身硬，强调坚持和加强党中央集中统一领导，加强党的全面领导和全面从严治党相统一，把党的集中统一领导制度和全面领导制度作为中国特色社会主义的根本领导制度，把建设一个长期执政的马克思主义政党作为重大时代课题之一，致力于解答"强党之问"；习近平新时代中国特色社会主义思想高举中国特色社会主义伟大旗帜，把坚持和发展中国特色社会主义作为主题和重大时代课题，不断谱写中国特色社会主义新篇章，致力于解答"道路之问"；习近平新时代中国特色社会主义思想反复强调我们要不断进行具有许多新的历史特点的伟大斗争，始终强调要具备永不懈怠、踔厉奋发、勇毅前行的精神状态，致力于解答"精神之问"。所以，习近平新时代中国特色社会主义思想是解答"中国之问"的我们中国自己的理论，在解答"中国之问"上充分彰显出强大的思想力量。

二、"世界之问"之义

究竟什么是"世界之问"？理论界也没有给出一个相对统一的解释。

实际上，"世界之问"内涵丰富，习近平同志对此也有相关重要论述，我国理论界也在探究。作为一个重要表述，还需要进一步界定"世界之问"的具体含义。

习近平同志指出："当今世界正在经历百年未有之大变局。这场变局不限于一时一事、一国一域，而是深刻而宏阔的时代之变。"①"大变局带来大挑战，也带来大机遇，我们必须因势而谋、应势而动、顺势而为。"②就是说，当今世界正经历百年未有之大变局，世界进入新的动荡变革期，不稳定性不确定性更加突出，人类面临许多共同的风险挑战。习近平同志又指出："当前，最迫切的任务是引领世界经济走出困境。世界经济长期低迷，贫富差距、南北差距问题更加突出。究其根源，是经济领域三大突出矛盾没有得到有效解决。""一是全球增长动能不足，难以支撑世界经济持续稳定增长。""二是全球经济治理滞后，难以适应世界经济新变化。""三是全球发展失衡，难以满足人们对美好生活的期待。""这些问

---

① 《习近平谈治国理政》第四卷，外文出版社2022年版，第483页。
② 中共中央党史和文献研究院编：《十八大以来重要文献选编》（下），中央文献出版社2018年版，第10页。

题反映出，当今世界经济增长、治理、发展模式存在必须解决的问题。"①由此他强调："世界怎么了、我们怎么办？这是整个世界都在思考的问题，也是我一直在思考的问题。"②党的十九届六中全会通过的《中共中央关于党的百年奋斗重大成就和历史经验的决议》指出，"党始终以世界眼光关注人类前途命运，从人类发展大潮流、世界变化大格局、中国发展大历史正确认识和处理同外部世界的关系"③。党的二十大报告指出，"必须坚持胸怀天下。中国共产党是为中国人民谋幸福、为中华民族谋复兴的党，也是为人类谋进步、为世界谋大同的党。我们要拓展世界眼光，深刻洞察人类发展进步潮流，积极回应各国人民普遍关切，为解决人类面临的共同问题作出贡献"④。

依据习近平同志上述相关重要论述，以及我国理论界研究的相关成果，"世界之问"强调的是拓展"世界"眼光、"全球"视野，深刻洞察人类发展进步潮流，积极回应世界各国人民普遍关切，注重马克思主义必须同人类发展进步共命运。具体来说，"世界之问"有三大内涵：（1）人类面临哪些共同问题，究竟遭遇哪些共同的风险挑战，人类发展的前途命运如何，中国如何为人类谋进步；（2）世界究竟向何处去，"世界怎么了、我们怎么办"，中国如何为世界谋大同；（3）在21世纪"两制并存"的格局下，社会主义和资本主义如何相处，如何发挥社会主义制度的优越性、克服资本主义制度的弊端，中国如何为解决人类问题和世界问题作出贡献，推动建设更加美好的世界。

这三个问题具有共同之处，其实质都是为世界谋大同、为人类谋进步。但也有区别：人类究竟遭遇哪些共同的风险挑战，人类发展的前途命运如何，如何为人类谋进步，是整个人类共同面临的根本问题；世界究竟向何处去，"世界怎么了、我们怎么办"，如何为世界谋大同，是世界各国共同面临的根本问题；在21世纪"两制并存"的格局下，社会主义和资本主义如何相处，如何发挥社会主义制度的优越性、克服资本主义制度

---

① 《习近平谈治国理政》第二卷，外文出版社2017年版，第479—480页。
② 《习近平著作选读》第一卷，人民出版社2023年版，第561页。
③ 《中共中央关于党的百年奋斗重大成就和历史经验的决议》，人民出版社2021年版，第68页。
④ 习近平：《高举中国特色社会主义伟大旗帜 为全面建设社会主义现代化国家而团结奋斗——在中国共产党第二十次全国代表大会上的报告》，人民出版社2022年版，第21页。

的弊端，中国应为解决人类问题和世界问题贡献什么，并推动建设更加美好的世界，既是两种根本道路、制度和意识形态的较量问题，也是中国同外部世界的关系问题。

这三大根本问题都基于世界百年未有之大变局，共同回答的是"世界怎么了、我们怎么办""建设一个什么样的世界、如何建设这样的世界"等重大问题。换句话说，科学回答"世界之问"，首先要深刻认识和把握当今世界百年未有之大变局。

世界百年未有之大变局，带来的是整个世界大发展、大变革、大调整，使整个世界进入新的动荡变革期；这种新的动荡变革必然导致整个世界的不稳定不确定；这种不稳定不确定必然使整个人类面临世界性的系统性风险和挑战。面对整个人类所面临的世界性的系统性风险和挑战，人类发展的前途命运究竟如何？或者应怎样以胸怀天下的世界眼光关注人类发展的前途命运？这是"世界之问"的第一层内涵。

世界百年未有之大变局，必然导致世界力量转移、世界格局调整、世界话语重构。世界各国都被卷入这种大变局、大变革、大调整、大转移、大重构的世界历史进程中。在这一世界历史进程中，能抓住这种大变局的历史机遇，聚力解决上述习近平同志所讲的"三个突出矛盾"和难题，亦即当今世界经济增长、治理、发展模式问题，就会顺势而为、迎势而上，否则，就可能被历史淘汰出局。世界究竟向何处去？这个世界究竟怎么了、我们究竟怎么办？这是"世界之问"的第二层内涵。

世界百年未有之大变局，最关键的变量，是中国和美国，是社会主义和资本主义两种道路、制度、意识形态的较量。资本主义道路、理论、制度和文化在根本上解决不了人类发展的前途命运和世界究竟向何处去的问题，难以真正解决"三个突出矛盾"和难题，也难以有效应对整个人类面临的世界性的系统性风险和挑战，反而会制造出许多问题。因为从学理来讲，资本主义道路、理论、制度和文化的哲学根基，是"主客二分""主统治客"。基于"主客二分""主统治客"的哲学理念和范式，只能导致世界的分化，使整个世界陷入困境，而且其资本占有劳动并控制社会的资本主导逻辑，只能把整个人类和世界引入暴力、战争的歧途。这是一种通过战争、殖民、掠夺等方式实现现代化的老路，是一种损人利己、充满血腥且给广大发展中国家带来深重苦难的邪路。相反，只有社会主义，只有中国特色社会主义道路、理论、制度、文化的不断发展，才能以全球天下视野、世界眼光来回答当今世界面临的重大问题，才能使中国站在历史正确一边、站在人类文明进步一边；它高举和平、发展、合作、共赢旗帜，积极参与全球治理体系改革和建设，积极构建人类命运共同体，在坚定维护世界和平与发展中谋求自身发展，又以自身发展更好维护世界和平与发展，进而能为解决人类问题和世界问题贡献中国理论、中国智慧、中国方案、中国力量；世界的发展需要中国，中国的发展离不开世界。这里就涉及了中国与外部世界的关系。显然，在21世纪"两制并存"的格局下，社会主义和资本主义如何相处，如何发挥社会主义制度的优越性、克服资本主义制度的弊端，中国如何为解决人类问题和世界问题作出贡献，推动建设更加美好的世界，这是"世界之问"的第三层内涵。

回答"世界之问"，需要发展21世纪马克思主义。

发展21世纪马克思主义，是"中国理论"走向世界和未来的标识性符号。如前所述，最早提出"发展21世纪马克思主义"这一论断，是习近平同志在2015年12月全国党校工作会议上的讲话。之后，习近平同志多次在重要时间、关键场合反复强调，发展21世纪马克思主义是当代中国共产党人义不容辞的神圣职责。依据习近平同志具有代表性的相关重要论述，从学理上讲，他是按着"作出努力—继续发展—如何发展—引领时代—'是'的判定"之逻辑，从与时俱进推进理论创新的高度，反复强调发展21世纪马克思主义的，体现了中国共产党人的责任担当。这为从学理上全面准确深入研究21世纪马克思主义这一理论界涉及较少的基础性问题，提供了根本遵循。可以从五个维度理解和把握21世纪马克思主义的理论内涵。（1）21世纪马克思主义具有"原体"规定。它是与马克思主义本质相关的概念，属本源向度，即首先是"马克思主义"，马克思主义的根本立场、价值取向、基本原理、方法原则、理想信念不能丢，丢了，21世纪马克思主义就不是马克思主义。（2）21世纪马克思主义具有"关系"规定。它是与现代化道路直接相关的概念，属反思超越向度，是在"深刻反思"西方现代化道路与拓展中国式现代化新道路、创造人类文明新形态基础上发展起来的。21世纪马克思主义，既要超越以资本至上为主导逻辑的各种现代性的西方资本主义话语，更要书写坚持人民至上的中国式现代化道路新版本。（3）21世纪马克思主义具有"过程"规定。它是与时间意识鲜明关联的概念，属时间向度，即承接过去、立足现在、面向未来，致力于把马克思主义发展到21世纪时代和实践发展所要求的新境界。21世纪马克思主义，是"与时俱进"（过程生成）的马克思主义，离开与时俱进，就不是21世纪马克思主义。（4）21世纪马克思主义具有"空间"规定。它是与空间明确相关的概念，属空间向度，是以"胸怀天下"的世界眼光立足中国、放眼世界和直面"两个大局"的马克思主义，舍此，21世纪马克思主义就成为"无源之水"。习近平同志指出，发展21世纪马克思主义必须"立足中国、放眼世界"。①（5）21世纪马克思主义具有"功能"规定。它是与解释和引领世界相关的概念，属话语向度，是为观察时代、把握时代、引领时代、解释21世纪世界并掌握话语权贡献的科学理论体系。不然，21世纪马克思主义就不是能够"解释世界""引领时代"的马克思主义。正如习近平同志所言，我们必须"用马克思主义观察时代、把握时代、引领时代，继续发展当代中国马克思主义、21世纪马克思主义"。

21世纪马克思主义是解答"世界之问"的中国理论，在解答"世界之问"上充分彰显了思想的力量。之所以如此，就在于它提出的积极参与全球治理体系改革和建议，倡导的全人类共同价值，创造的人类文明新形态，积极携手共建的人类命运共同体等，都为回答"世界之问"贡献了中国智慧、中国理论和中国方案。

三、"人民之问"之答

究竟什么是"人民之问"？这也是没有提供现成答案的问题，因而也是一个需要从学理上进一步深入探究的重要问题。

习近平同志对坚持人民至上作出了一系列重要论述。他指出，人民性是马克思主义的本质属性，人民立场是马克思主义政党的根本政治立场。一百多年来，我们党始终代表中国最广大人民的根本利益，坚持人民至上、维护人民利益。也指出，人民对美好生活的向往，就是我们的奋斗目标，江山就是人民，人民就是江山，守江山就是守人民的心。又指出，中国式现代化是全体人民共同富裕的现代化，我们把实现人民对美好生活的

---

① 参见《习近平谈治国理政》第二卷，外文出版社2017年版，第65页。

向往作为现代化建设的出发点和落脚点，着力维护和促进社会公平正义，着力促进全体人民共同富裕，增进人民福祉，推动人的全面发展。还指出："马克思主义博大精深，归根到底就是一句话，为人类求解放"[①]，"民之所忧我必念之，民之所盼我必行之"[②]。实际上，在习近平新时代中国特色社会主义思想科学体系中，"坚持人民至上"具有基础性、根本性、核心性的地位。

依据习近平同志相关重要论述，以及我国理论界研究的相关成果，"人民之问"强调的是人民性，它注重马克思主义必须与人民共呼吸，其实质，就是为中国人民谋幸福。展开来讲，它具有三层含义：（1）如何超越资本主导的逻辑进而走向民本主导的逻辑，着力维护和促进社会公平正义，推动人的全面发展；（2）如何满足人民日益增长的美好生活需要，增进人民福祉，促进全体人民共同富裕，使改革发展成果、现代化建设成果更多更公平惠及全体人民，解决人民生活"美好不美好"的问题；（3）如何在各个领域、各项工作中坚持人民至上，全面贯彻以人民为中心的发展思想。

第一，如何超越资本主导的逻辑进而走向民本主导的逻辑，着力维护和促进社会公平正义，推动人的全面发展问题。这是"人民之问"的第一层内涵。

前有所述，此处不再展开。

第二，如何满足人民日益增长的美好生活需要，增进人民福祉，促进全体人民共同富裕，使改革发展成果、现代化建设成果更多更公平惠及全体人民，解决人民生活"美好不美好"的问题。这是"人民之问"的第二层内涵。

在《习近平谈治国理政》第三卷中，习近平同志强调，以前我们要解决"有没有"的问题，现在则要解决"好不好"的问题。1978年我国改革开放以后一段历史时期，我们党所解决的社会主要矛盾，是人民日益增长的物质文化需要同落后的社会生产之间的矛盾。党的十八大以后，中国特色社会主义进入了新时代，我们党致力于解决的社会主要矛盾，是人民

---

① 习近平：《在纪念马克思诞辰200周年大会上的讲话》，人民出版社2018年版，第8页。
② 《习近平谈治国理政》第四卷，外文出版社2022年版，第65页。

日益增长的美好生活需要和不平衡不充分的发展之间的矛盾。这意味着，我国历史发展的必然性，把促进全体人民共同富裕，使改革发展成果、现代化建设成果更多更公平惠及全体人民，解决人民生活"美好不美好"的问题，推到了我国历史发展的前台和中心。

第三，如何在各个领域、各项工作中坚持人民至上，全面贯彻以人民为中心的发展思想。这是"人民之问"的第三层内涵。

中国特色社会主义进入新时代，人民对美好生活的向往更加强烈，期待有更好的教育、更稳定的工作、更满意的收入、更可靠的社会保障、更高水平的医疗卫生服务、更舒适的居住条件、更优美的环境、更丰富的精神文化生活。党的十八大以来，我们党从"人民有所呼、改革有所应"的全面深化改革、"一个也不能少"的全面建成小康社会，到"一个也不能掉队"的共同富裕，从"功在当代、利在千秋"的生态文明建设，到"刮骨疗毒、壮士断腕"的党风廉政建设和反腐败斗争，一直把坚持人民至上、坚持以人民为中心的发展思想自觉主动地贯彻落实到一切领域、一切方面，强调把人民当作主体，一切依靠人民，把人民当作目的，一切为了人民，把人民当作根基，牢牢扎根于人民，把人民当作尺度，加坚持人民标准。

我们党关于坚持"人民至上"的理论是为人民立言、为人民代言的理论，这一理论有助于解答"人民之问"。党的十八大以来，中国特色社会主义进入新时代。这是历史上超越"物的依赖"，不断推进人的全面发展的新时代，是在实践上坚持以人民为中心的新时代。基于这样的新时代，以习近平同志为核心的党中央大力推进和拓展中国式现代化，创造人类文明新形态。从学理上讲，它既超越以物为本、以资为本的资本主义文明，是体现人类社会发展一般规律的社会主义人本文明和中国特色社会主义民本文明；也超越以个人至上、资本主导、西方中心为支柱的西方文明，是以人民为本、走和平发展道路、构建人类命运共同体为核心的中华民族现代文明、人类和合普惠文明；又超越单向度发展的工业文明，是集物质文明、精神文明、政治文明、社会文明、生态文明于一体的全要素文明。

为人民立言、为人民代言的人民至上理论，是解答"人民之问"的中国理论，在解答"人民之问"上充分彰显出思想的力量。

四、"时代之问"之析

究竟什么是"时代之问",它与"世界之问"有什么区别?这也是一个值得探究的重要学理性问题。

先看看习近平同志有哪些相关重要论述。"时代之问"必然涉及中国特色社会主义"新时代"。在讲到中国特色社会主义进入新时代时,习近平同志提出了"三个意味着",这在实质上就是从新时代意义的角度来回答"时代之问"。关于"三个意味着",这里从回答"时代之问"角度加以分析。第一个"意味着",是中华民族迎来了从站起来、富起来到强起来的伟大飞跃。这实质上讲的是中华民族强起来的叙事,回答的是"如何为中华民族谋复兴"问题;第二个"意味着",是科学社会主义在21世纪的中国焕发出强大生机活力,在世界高高举起中国特色社会主义伟大旗帜,这实质上讲的是中国特色社会主义如何使科学社会主义、马克思主义焕发生机活力的叙事,回答的是"如何为科学社会主义、马克思主义谋生机"问题;第三个"意味着",是中国特色社会主义道路、理论、制度、文化的不断发展所具有的观察时代、把握时代、引领时代的伟大意义,这实质上讲的是中国特色社会主义之世界意义的叙事,回答的是"如何彰显中国特色社会主义的世界意义"进而如何观察时代、把握时代、引领时代的问题,其实质是"为世界谋大同"。习近平同志指出:"中国特色社会主义进入新时代,在中华人民共和国发展史上、中华民族发展史上具有重大意义,在世界社会主义发展史上、人类社会发展史上也具有重大意义。"① 习近平同志的这些重要论述,为回答"时代之问"指明了方向、提供了思路。

依据习近平同志的相关重要论述,吸收我国理论界的相关研究成果,从学理性来讲,所谓"时代之问",指的是一个时代的核心问题是什么,注重的是开放性或发展性,强调的是马克思主义必须与时代发展同进步,与时俱进地回答时代发展所需要进一步关切的根本问题。它有以下几层含义:(1)如何为中国人民谋幸福;(2)如何为中华民族谋复兴,即实现强起来;(3)如何为世界谋大同;(4)如何为中国共产党谋强大;

---

① 《习近平著作选读》第二卷,人民出版社2023年版,第10页。

（5）如何为科学社会主义、中国特色社会主义、马克思主义谋生机，即如何更好地坚持和发展中国特色社会主义、马克思主义，进而观察时代、把握时代、引领时代。

进入新时代，我国正在实现从"赶上时代"到"引领时代"的历史性跨越。中国特色社会主义进入新时代，我国发展的历史必然性，把不断满足人民日益增长的美好生活需要即解决人民生活"美好不美好"的问题，提到历史发展的前台和中心，它要回答"如何为中国人民谋幸福"问题。这是"时代之问"的第一层含义。

中国特色社会主义进入新时代，中华民族迎来了从站起来、富起来到强起来的伟大飞跃，全面推进强国建设、民族复兴必然成为中国式现代化的使命任务。在新时代，实现中华民族伟大复兴成为战略全局，也迎来世界百年未有之大变局，胸怀"两个大局"，至关紧要的是要为中华民族谋复兴、为世界谋大同，它要回答"为中华民族谋复兴""为世界谋大同"的问题。这分别是"时代之问"的第二、第三层含义。

打铁必须自身硬。不断满足人民日益增长的美好生活需要，全面建成社会主义现代化强国、实现中华民族伟大复兴，为世界和平发展、合作共赢作出中国贡献，必然对中国共产党提出更高的要求，所以还要进一步回答"为中国共产党谋强大"的问题。这是"时代之问"的第四层含义。

中国特色社会主义进入新时代，还需要进一步夺取中国特色社会主义伟大胜利，继续谱写马克思主义中国化时代化新篇章，不断开辟马克思主义中国化时代化新境界，进而使马克思主义、中国特色社会主义彰显其时代意义和世界意义，进一步焕发出强大生机活力，它要回答"为马克思主义谋生机"的问题。这是"时代之问"的第五层含义。

党的十九届六中全会通过的《中共中央关于党的百年奋斗重大成就和历史经验的决议》，浓墨重彩地阐述了中国共产党百年奋斗的历史意义。这就是：从根本上改变了中国人民的前途命运，中国人民对美好生活的向往不断变为现实；开辟了实现中华民族伟大复兴的正确道路，中华民族向世界展现的是一派欣欣向荣的气象，巍然屹立于世界东方；展示了马克思主义的强大生命力，使马克思主义以崭新形象展现在世界上，使世界范围内社会主义和资本主义两种意识形态、两种社会制度的历史演进及其较量发生了有利于社会主义的重大转变；深刻影响了世界历史进程，为解决人类重大问题，建设持久和平、普遍安全、共同繁荣、开放包容、清洁美丽的世界贡献了中国智慧、中国方案、中国力量，成为推动人类发展进步的重要力量；锻造了走在时代前列的中国共产党，保持了党的先进性和纯洁性，党的执政能力和领导水平不断提高。这五大历史意义，从根本上是紧紧围绕"中国人民""中华民族""世界历史""中国共产党""马克思主义"五大根本主题来讲的，其实质性的时代意义，分别是为中国人民谋幸福、为中华民族谋复兴、为世界谋大同、为中国共产党谋强大、为马克思主义谋生机。因而，它以"历史意义"的方式彰显了中国共产党百年奋斗的时代价值，与"时代之问"实现了无缝对接。

由此，可以把上述"时代之问"简要概括为"五为五谋"，即为中国人民谋幸福、为中华民族谋复兴、为世界谋大同、为中国共产党谋强大、为马克思主义谋生机。

要解决好这里的"五为五谋"，需要中国理论。这里的中国理论，主要是中国式现代化理论。走自己的路，是我们党全部理论和实践的立足点，同理，中国式现代化是中华人民共和国成立特别是改革开放，尤其是中国特色社会主义进入新时代以来全部理论和实践的立足点，我们可以基于中国式现代化理论，来解答"五为五谋"问题。"时代之问"的开放性或发展性，实质上就是要求与时俱进地大力推进和拓展中国式现代化，以中国式现代化全面推进强国建设、民族复兴。中国式现代化是人口规模巨大的现代化，是全体人民共同富裕的现代化，是物质文明和精神文明相协调的现代化，是人与自然和谐共生的现代化，这在实质上就是要解答"如何为中国人民谋幸福"的问题；要以中国式现代化全面推进强国建设、民族复兴伟大，这在实际上就是要解答"如何为中华民族谋复兴"的问题；中国式现代化是走和平发展道路的现代化，它能为人类实现现代化提供新的选择，这在实质上就是要解答"如何为世界谋大同"的问题；中国式现代化是中国共产党领导的社会主义现代化，它同中国共产党领导是相互成就关系，在不断推进和拓展中国式现代化进程中，必须解答"如何为中国共产党谋强大"的问题；中国式现代化是马克思主义通过"两个结合"而产生的重大成果，它是创新发展马克思主义的立足点，推进和拓展中国式现代化与创新发展马克思主义也是相互成就的关系，它要解答"如何为马克思主义谋生机"的问题。